U0058051

憂鬱症最新療法

人際心理治療的理論與實務

Scott Stuart & Michael Robertson　著

唐子俊、唐慧芳、黃詩殷、戴谷霖　譯

Interpersonal Psychotherapy
A Clinician's Guide

Scott Stuart MD
Michael Robertson FRANZCP

First published in Great Britain in 2003 by
Arnold, a member of the Hodder Headline Group,
338 Euston Road, London NW1 3BH

http://www.arnoldpublishers.com

Distributed in the United States of America by
Oxford University Press Inc.,
198 Madison Avenue, New York, NY10016
Oxford is a registered trademark of Oxford University Press

© 2003 Arnold

All rights reserved. No part of this publication may be reproduced or transmitted in any form or by any means, electronically or mechanically, including photocopying, recording or any information storage or retrieval system, without either prior permission in writing from the publisher or a licence permitting restricted copying. In the United Kingdom such licences are issued by the Copyright Licensing Agency: 90 Tottenham Court Road, London W1T 4LP.

A member of the Hodder Headline Group
LONDON

目錄

CONTENTS

目錄

　　（正文頁邊數碼為原文書頁碼，供索引檢索之用）

作者簡介

Scott Stuart MD

美國 Iowa 城，Iowa 大學精神醫學及心理學副教授

Michael Robertson FRANZCP

澳洲，New South Wales，Mayo Wesley 心理健康中心主任

譯者簡介

唐子俊

現職：高雄醫學大學附設中和紀念醫院精神科主治醫師

　　　　高雄醫學大學附設中和紀念醫院精神科心理治療督導

學歷：高雄醫學大學醫學系學士

　　　　高雄醫學大學行為科學研究所碩士

　　　　國立臺灣師範大學教育心理與輔導研究所博士

唐慧芳

現職：自由翻譯作家

學歷：臺北醫學大學藥學系學士

　　　　美國奧勒岡大學碩士

黃詩殷

現職：高雄醫學大學輔導老師

　　　　國立高雄師範大學輔導與諮商研究所博士班

學歷：國立臺灣大學社會系社工組學士

　　　　國立臺灣師範大學教育心理與輔導研究所碩士

戴谷霖

現職：專任張老師

　　　　國立屏東教育大學諮商所碩士班

學歷：國立臺灣科技大學營建工程系工學士

　　　　國立雲林科技大學技術及職業教育研究所碩士

致謝

　　我們非常感謝許多人幫助我們完成這個計畫。特別是 Mike O'Hara 和愛荷華憂鬱及研究中心（Iowa Depression and Research Center）的工作人員。感謝 Bryanne Barnett 協助我們並提供依附理論方面的討論，還有 Richard White、Jackie Curtis 和 Kay Wilhelm 支持我們，並且協助我們整理在這些章節的問題。我們還想要謝謝 Arnold 出版社的 Georgina Bentliff 和 Serena Bureau，由於他們的支持和耐心，才能夠完成這個計畫。

　　最後要感謝我們的太太 Shana 和 Amanda，有了她們永遠都在的支持和鼓勵、友誼與協助，我們才能夠有力量，來擔負起我們原來未曾預期的責任和工作。

Scott Stuart

於美國愛荷華市

Michael Robertson

於澳洲雪梨

前言

　　這個部分希望能夠引導大家知道如何操作人際心理治療（Interpersonal Psychotherapy, IPT）。我們使用「引導」這個字，就是想要傳達這樣的訊息。人際心理治療是一種經過實證研究、理論，以及臨床經驗所概念化而來的心理治療，而且必須要使用臨床的判斷來調整安全的劑量。這並不是一種單一劑量的治療方式，不是所有的人都可用同一種劑量來做治療。

　　我們主要的目標，就是希望能夠協助治療師針對不同的個案都能夠產生療效，而且我們相信人際心理治療是一個非常有用的架構，對於臨床工作人員及其個案都是有效的，能夠協助他們相互投入並且達成治療的目標。我們客觀的希望能夠達到引導大家操作人際心理治療的目標，但是，我們也主觀的希望能夠協助治療師，達到比個案更加了解這套模式的目標。這也就是人際心理治療的最終目的，即治療師必須要協助個案解除他們客觀的痛苦，而且能夠了解病人主觀的感受，並且協助個案更加地了解自己。

　　我們非常感謝這個學派的先驅者 Gerald Klerman 和 Myrna Weissman，在 1984 年和其他作者寫下了 *Interpersonal Psychotherapy of Depression*[1] 一書，幾乎所有人際心理治療的研究，都是根據這本手冊，而且人際心理治療的許多運用，也都是根據這本手冊延伸到憂鬱症狀以外其他疾病的治療。[2,3] 這些研究對於心理治療整體的研究有相當大的影響，尤其是對於憂鬱症更有著特殊的影響。

　　無論人際心理治療的效能本身是否受到了實證研究的支持，但是真正的有效性，一直到現在為止都未曾做過臨床測試。[a] 也就是說經過實驗證明人際心理治療在以下的情況是有效的：

---

[a] 同樣的批判也會發生在絕大部分的心理治療，事實上並沒有真正的實證資料，證明這些按照手冊操作的、實驗情境的心理治療，如何運用到真實的臨床情境當中。

- 在一個學術的環境，某些治療師特別專注於使用這些治療。
- 在某些受試者（而非真實的個案）身上，他們能夠符合嚴格的診斷準則，且未合併其他的精神疾病。
- 某些受試者，同意接受隨機指派的臨床研究。
- 某些受試者，通常不對此治療付費。
- 嚴格地遵守治療手冊的控制項目，並且嚴格按照手冊操作。

相反地，大多數治療師所工作的場合，要能夠每個星期會見個案[b]連續達十六次，就如同大部分的研究計畫所要求的一樣，幾乎是令人無法想像的，大多數治療師的所得是來自於他們每天所治療病人的數量，而非研究獎助金的資助。大多數的治療師視與「典型」且未合併其他症狀的嚴重憂鬱症患者為一種奢侈的享受——典型「真實生活」中的個案可能是同時患有憂鬱症和焦慮症，並且有著功能不佳的人格特質以及藥物濫用的問題，而大多數尋求治療的個案都會要求選擇治療方式，且對於他們想要接受的治療方式、種類會有一些見解，無論是藥物治療、心理治療，或甚至是完全不同的其他方式——它們僅僅是不同的受試者，同意被隨機分派至治療中的研究。[4]

雖然我們認為有關治療療效（efficacy）的實證研究是必要的（如：在嚴謹的治療環境中透過隨機分配加上控制組所作的研究，以了解治療的成效），我們同時也堅定地認為，治療的有效性（effectiveness）（如：運用於臨床環境中治療的成效）是其臨床運用上的最終基準。[4,5] 儘管關於人際心理治療在臨床使用的實證研究目前是不足的，但還是有許多可以處理相關議題的臨床知識以及經驗，我們相信應該以實證研究以及臨床經驗來實行人際心理治療。

這類看法所產生的結果便是將人際心理治療變成操作化的形式，以及操作化的治療方式，嚴格地要求依據研究規則之外的手冊（a manual outside

---

[b] 我們使用「個案」（patient）而非「當事人」（client），認可兩者都是可交換使用的，並且兩者皆可用於精神健康專業中以表示尋求心理治療的人們，然而這樣的用法不應該傳達出任何不把人們視為一個獨立個體的意思。

of a research protocol）很可能削減治療的有效性，因為這樣一來便阻礙了治療師練習其臨床判斷的機會，治療過程中治療師從個案身上獲得的資料，像是個案發展洞察能力的程度、尋求改變的動機程度，或者是在互動中轉移關係的影響為何，這些都應該能協助治療師做出較佳的決定，個案是否能從家庭作業的指派獲得助益、隨著治療師適時的自我揭露發展出更多的洞察，或是從二十次比十六次的治療會談中獲得更多的改善，這些決定應該在每一次治療搭配中彼此相互地討論而定，而非由手冊事先規定所有的事情。[6-9] 因此，本書應該主要作為一本指南而非手冊——它應該提供一套原理原則，作為實施人際心理治療的架構而非一套限制治療的規定。

這反映了我們在本書所呈現的人際心理治療方式。例如，使用人際心理治療的臨床經驗證實，某些個案可以從指派的家庭作業中獲益甚多，反而人際心理治療的療效研究（efficacy studies）否定明確的家庭作業的指派。臨床經驗已經證實了，每週一次持續實施的人際心理治療會談，在第十二次或十六次會談之後突然結束治療，在臨床情境中並不是最有效的實施人際心理治療的方式。然而，使用人際心理治療評估急性治療的所有療效研究均要求要提供持續每週一次的會談。與個案協商會談的時間表，並在結束治療之前有兩週一次或每月一次的會談，通常在臨床上，這會是比較有效的方式。臨床經驗認為，在人際心理治療的架構之下善用臨床判斷會比固著於手冊上的操作方式來得更有效。

人際心理治療的臨床經驗也清楚地說明了，用以理解尋求人際心理治療並概念化其個別的問題，重要的方法便是奠基於生物心理社會的模式，手冊化的治療方式常常意味著（或甚至是要求）個案必須要有精神病理疾病（psychopathologic disease）的「診斷」，而且治療方式要被概念化為一個醫療模式的介入。[10,11] 而我們的觀點是，人類的心理功能是複雜的、多元的，而且是遠超過只是單純的描述醫療「疾病」的特性。即便是「生物心理社會」這個名稱，在描述心理困擾的本源上它已經風行超過十年的時間，也認定我們不只是個人的基因或醫學（medical）的自己，如此而已。[12-15]

我們相信，嚴格地固守於精神病理的醫療模式，不管是對治療師或者與其一起工作的人都是一種去人性化（de-humanizes）的方式，這樣的醫療

模式要求病人（而非人）必須透過特定醫學疾病的方式來診斷，通常都是透過 DSM[16] 或者 ICD[17] 的規範，這種方式不僅因「症狀」或「診斷」來分類並定義和我們一起工作的人們，也限制了治療師將其視為獨立個體，及解決與他們相處時所經歷的問題的創造力。因為通常治療的主要目標，尤其就人際心理治療來說，就是要了解尋求治療的這個人，若只是使用嚴格的醫療診斷發展出對於個案的理解並且反映給個案知道，很明顯地就會偏離了原來的目標。

　　因此，儘管使用具醫療基礎的診斷系統作為了解個案的方法有著很高的價值，卻不應該用以作為概念化個案問題的主要基礎，也不應該作為治療的基礎。應該要對人際心理治療的臨床使用敞開心房，以處理那些普遍有著人際問題的個案，他們其中的某些人會是憂鬱的、某些人會是焦慮的、某些人會是有著人格議題的，而許多將是這些因素的結合；他們一些是老人、一些是青少年、一些是男性、一些女性、一些會是來自不同於治療師文化背景的人、一些是窮人、一些是富有的人，但都將是獨立的個體，在某種程度上可以被理解為社會人（social beings），需要親密地投入社會網絡之中並且都因而會是人際心理治療的可能人選。個案是否符合嚴重憂鬱症的精確診斷標準，與在臨床情境中是否應該運用治療法，這個問題並不是很重要，重要的是，個體獨特的問題以及社會脈絡，才應該是用以作為決定其於人際心理治療中適合度的判斷指標。

　　總之，有效的實證證據應該作為形成人際心理治療的基礎，應該透過臨床經驗來建立，並且經由臨床判斷來做增補。

■■■ 人際心理治療的歷史

　　人際心理治療的發展軌道一直有點不同於當前所實施的多數「品牌」的心理治療法，大多數的心理治療是源自於臨床的觀察，逐漸結合為大概一致連結的理論以解釋治療如何「有效」，在許多以行為治療法為例的案例中，這些關於改變機制的理論性假設也會導致採用特定的治療技術，隨

著時間，來自於持續地臨床觀察以外的一些洞察都不斷地被納入這些理論之中，這些理論便成為（至少是）動態的以及不斷進化的成因解釋，而非僅是一組靜態的原理原則，這些治療法以及其支持理論對於改變的抗拒，不管是過去或現在都是時常在發生的，因此，增補或修正治療法的那些人常常是品牌的破壞者，並會被逐出於先前建立且根深柢固的心理治療學派之外，精神分析便是這種發展方式的一個極佳的例子（就其逐步的以及高度地政治性的發展方式，以及其不同學派的嚴格把關而言）。

認知行為治療（cognitive behavior therapy, CBT）[18]則是另一個心理治療發展過程中的一個顯著的例子，儘管與精神分析形成對比，在過去二十年「實證基礎」醫學的支配下要求著心理治療的經驗性驗證過程中，認知行為治療乃成為心理治療發展的一個模範，受到精神藥物學試驗的大量影響，隨機化及良好控制的療效處理試驗已證實成為「心理治療」有效的「必要條件」。[19]因此，心理治療發展的典型進程，可以認知行為治療法作為其縮影，近來從臨床觀察進展到理論再到實證的療效測試，理想上，實證的結果被散播並影響著臨床上的實施，而且就如同獲得額外的經驗並累積額外的觀察一般，理論和臨床的技術就可以獲得修正以及改進。

相反地，人際心理治療卻是以相當不同的方式發展而來，並非開始於一組臨床的觀察作為基礎來發展精神病理學上的協調性理論，並依次地提出特定的技術以帶來改變。人際心理治療是為了實證研究的規則（protocol）而開始發展出來的一種手冊化治療方式，事實上，人際心理治療一開始的發展並非是為了憂鬱症的臨床治療，而是為了在憂鬱症的精神藥物學試驗中專門作為手冊化的「安慰劑條件」目的之用，[20-22]卻很意外地發現人際心理治療有著相當大的助益。

人際心理治療發展於 1970 年代，[20]是一個精神病理學醫療模式至高無上的時代。此外，越來越強調實證的治療測試，尤其是精神藥物，更刺激了製藥工業的興起以及許多精神科醫師希望能被視為正統合法、以經驗為基礎的「醫學」專家。[23,24]在這樣的典範（paradigm）之下認為，心理治療不是特別有效的治療方式，而且應該被納入精神藥物學的治療方式之中。

儘管如此，一些早期使用藥物治療憂鬱症的研究會包含心理治療為構

成要素，因為這樣的試驗是想要反映出當時的臨床措施，一般都會包含某種形式的心理動力治療來伴隨藥物的施用，Klerman、Weissman 以及他們的同事們加入一種手冊化的心理治療於其藥物治療試驗中來作為憂鬱症的維持性治療，這種手冊化的治療方式，即為後來的人際心理治療。在治療試驗中，它剛開始是被稱為「高度接觸」的條件（"high contact" condition），[25] 假定與治療師接觸的非特定效果可能會產生一些幫助，但這些助益並無法被歸因到任何特定的技術之中。[22]

　　隨著藥物治療試驗所建立的醫療模式，發展出了一本彙編的手冊，描述在心理治療環境中所使用的技術以及程序，使得治療的精確度得以被保存並維持下來，研究者主要的關切在於使有療效的處理方式成為可再現的——這時，被使用到的技術以及心理治療介入策略的理論基礎則都變成次要。[22]

　　與研究者期待相反的是，人際心理治療的早期研究顯示了它具有治療的效果。[20,26] Klerman 等人隨後更完整地描述這種治療方法，並且開始發展理論以解釋為它是有效的，隨著人際心理治療被構想為一種「社會工作」（social work）或「社會支持」（social support）的介入策略，它假設在社會環境及社會關係中改變很大的部分會是支持改善的驅動力量，實證資料已經為這樣的假設提供了證據。同時，原來的研究者不斷地透過實證的方式嚴格地控制試驗以測試人際心理治療，其熱忱大大地推廣了人際心理治療在研究情境中的採用。

　　本質上，人際心理治療是以「逆推」（retrograde）的方式建構而成，而非從臨床觀察，然後發展成理論，接著才以實證的方式做測試。人際心理治療開始是以治療手冊的姿態呈現，被認為是一種無謂（inert）的治療方式，至多也只是普遍見於所有治療方式中非特定性（non-specific）治療因素的彙集罷了。人際心理治療原本的目的只是作為一種可信，且可再現的安慰劑式的心理治療法，它原本並非從臨床觀察發展而來，且只是到了最近才開始有許多的注意力集中在其理論基礎上。

　　這種模式的發展，普遍對於當代的治療法產生了兩個深刻的效應：第一，手冊化的人際心理治療主要建構以因應實證研究標準的要求，人際心

理治療並非只用以滿足臨床情境的需求，因此，人際心理治療的使用一直大大地受限於學術研究的情境以及療效的研究，所以臨床上的推廣（clinical dissemination）落後於實證研究之後；第二，強調療效研究中的重新再製這樣的歷史性，會導致一個堅持，人際心理治療必須跟隨著研究手冊的指示，當它需要符合臨床情境而來調整的時候，就變得無法允許臨床的判斷。

這兩種效應會被人際心理治療的內涵擴大，因為它是國家心理衛生院的憂鬱症治療協同研究計畫（NIMH-TDCRP）[27] 中所研究的兩個心理治療處遇方式其中之一，NIMH-TDCRP的使用仍被視為心理治療療效研究一種金科玉律（gold-standard）的方法論，主要是想用以決定性地回答，以心理治療（尤其是人際心理治療與認知行為治療）和藥物治療作為憂鬱症的急性治療方法可以如何地發揮效用，NIMH-TDCRP的嚴謹設計規定人際心理治療必須要符合於研究的標準，而非調整標準的設計來反映出人際心理治療的最佳臨床運用。[28] 這更進一步地僵化了人際心理治療是一個「研究」的治療方法，以及人際心理治療的可以再複製性（reproducibility）是很重要的——相對於人際心理治療為個別個案所做的臨床修正，這兩個概念。可以再複製性（reproducibility）的強調以及對於人際心理治療手冊的堅持，就好像剛開始的療效研究與 NIMH-TDCRP 所要求的那樣，會導致一種執著，持續地依照 1984 年手冊 [1] 所指示的那樣實施治療。若非被概念化為一種動態發展性的治療方式並涵蓋新的臨床觀察以及臨床經驗進來，在NIMH-TDCRP 研究中所描述的人際心理治療方式就會變成操作時唯一的且「正確」的方式。

在 NIMH-TDCRP 中人際心理治療內涵的其他分支考量（ramification），就是某些特定於人際心理治療的元素會被包含（或者排除），主要是作為與認知行為治療法區隔的方法。NIMH-TDCRP在過去是用以僅涵蓋實證測試的治療方法，並且在目的上，這兩種心理治療為了要做比較而必須盡可能地有所差異，像是假設的效應、治療的立場，以及特定的介入策略上，[27] 因此，特定的技術，像是指派家庭作業原本就是認知行為治療固有的方式，就會完全地被排除在人際心理治療之外。人際心理治療於是就被描述為主要憑恃於非特定性（non-specific）的技術，像是非指導性（nondirective）的探索以及澄清，只是為了要與認知行為治療法的行為成分做區隔，因此，例如家庭作業的排除，很大的部分是由於研究上的權宜之計而非由於特定的理論原則所支持或是基於臨床經驗而來。缺乏了專屬於人際心理治療的技術，或者由支持人際心理治療的理論而來的技術，已經導致一些批評，認為人際心理治療除了「限定時間的心理動力式的心理治療」以外什麼都不是，或者僅是比促進社會支持更精緻一些的方法而已。[28]

　　人際心理治療此後便被視為僅是「以研究為主」的一種治療方法而已，調整人際心理治療符合的 NIMH-TDCRP 標準方式只是更加助長了開業的治療師這樣的印象，雖然人際心理治療一直適用於許多不同的疾患，它仍保持在療效研究的典範之中──例如，它一直都以手冊化的形式被運用著，只為了具體化隨著嚴格的醫療模式而來的診斷本質，[28] 雖然人際心理治療的臨床運用在歐洲及澳洲有增加的趨勢，卻一直到了最近才被大量地用在北美的學術研究中心裡面，臨床的推廣（clinical dissemination），儘管是療效研究中令人印象深刻的一批，卻一直未曾給人留下深刻的印象，在我們的看法中，這主要是由於人際心理治療尚未擺脫療效研究（efficacy research）所加諸的狹隘限制，而未能持續地受到臨床經驗的歷練。

■■■人際心理治療的隱喻

　　學習人際心理治療就如同學習下西洋棋一般，如果你想要學習如何才能下得好，你需要做兩件事情，閱讀說明如何下西洋棋的書籍，以及與你所能遇到的最好對手進行多次的比賽。

　　幾乎所有的西洋棋教科書都會將西洋棋比賽分為開始、中間以及最後階段，總是極為詳細地討論如何開始一場比賽，從簡單地描述不同棋子的移動到精心設計的開始防禦方式，像是義大利式比賽或是維也納式比賽。而許多不同的心理治療方法，也會根據首先提出它們的學者而命名。

　　西洋棋手冊也詳細地描述比賽的結束，而好的棋手會被期望要去研究偉大的老手在比賽最後階段的走法，就和開始階段一樣，會對結束比賽的

一些走法提供精細的描述以及分析。

相反地，對於比賽的中間階段發生了些什麼並沒有太多的資訊，就比賽的「中間」階段實際上到底發生多少事情，這個部分尤其引人注目，比賽的中間部分稍微被覆著幾分神祕的色彩——連結著開始階段的輸入到最後階段的輸出，這過程本身就是一個黑箱作業。

心理治療手冊就像西洋棋教科書一般，多數會提供詳細的資訊，描述特定品牌的治療方法該如何選擇個案、如何開始治療，以及如何對個案引介治療模式，而這通常會隨之簡潔地描述可能會使用的技術（簡單地描述在真實比賽的情境之外如何移動棋子），然後再詳細地說明治療的結束階段。

有一個理由可以批評這樣的方式，因為它很明顯地忽略了在整個治療情境中理解技巧的重要性，然而，在西洋棋以及心理治療的開始階段都會花費多得不成比例的時間，而且在比賽／治療的結束階段也會耗費許多的心力，其中的理由是因為它們是在過程中較能夠將狀況做精確說明的兩個時段，除了這兩個時段之外，其他就有著太大的變化以及太多的可能性，甚至連才開始要去談比賽或治療的中間階段所發生的事情就會產生困難。

相反地，在開始的階段，移動和反制（move and countermove）、主張和回響（statement and response）之間的可能性就不那麼多，因而更能夠準確地去描述或說明；當最後只剩下少數棋子或者只剩下一或兩次的會談，才又再一次地有可能提供較為精準的描述——就沒有那麼多可以違抗分析的走法或行動了。

這就是為何與最好的對手進行許多比賽——或者與最具挑戰性的個案一起工作——會有很大幫助的原因。經驗是學習如何操作中間階段最好的方式——若是能夠有一個西洋棋老手或心理治療督導可以一路上提供進一步的洞察以及技巧，會是更好的方式，你必須不斷地參加比賽或者為他人實施治療，才能夠成為一個專家。學習中間階段並且熟悉要走哪一步，不只要依賴手冊，更要依賴直覺及判斷的發展，熟練的西洋棋比賽者以及熟練的治療師，都能夠發展出一些直覺，知道與特定的個案在特定的比賽中可以怎麼做最好，也有一些判斷力能夠決定何時以及如何做，熟練的西洋

棋比賽者以及治療師都是工匠（artisans）而非技術員（technicians），而且，就像能貢獻畢生心力精通西洋棋的人一般，專家治療師也可以同樣透過持續性的研究、自我省察，以及時時刻刻的練習而不斷精進。

在透過「如何做」（how-to）的手冊學習並獲得一些經驗之後，西洋棋比賽者會持續進到「案例研究」（case-study）的研讀，了解老手們在偉大的比賽中的作法，此外，不只是獲得技術層面的資訊，這些案例研究的研讀還能磨練出西洋棋比賽者的判斷能力、掌握時機以及直覺能力——進入偉大的西洋棋專家的精神之中。相同地，在發展的特定層次中，治療師也可以從描述個別案例的個案報告中學習，找出一些普遍的原理原則。

資深的心理治療師往往都會努力地了解心理治療方法的藝術以及有效的技術，儘管開始的防衛（eponymous opening defenses）以及不同學派的心理治療，像是人際心理治療、認知行為治療、催眠治療等之類的都是必備的重要工具，但它們不會是構成整個治療的經驗或歷程，就如同西洋棋老手諳熟地了解不同的開頭策略一般，資深的心理治療師也應該了解並實施種種不同的方法，西洋棋以及心理治療兩者的藝術就是要知道，且常需要有些直覺，何時要採用某個特定的策略，並且要具備這樣的實作能力。

資深治療師，如同資深的西洋棋比賽者一般，認為教科書和手冊都有其限制，儘管有助於提供治療的架構，臨床的實施還是需要治療師能夠具備彈性，並且對個別的個案運用治療法做出臨床的判斷。

■■■結論

這段文章主要是希望能讓臨床的工作人員知道如何去實施人際心理治療。我們主要的目標是希望能夠讓更多人都可以使用人際心理治療，而且更廣泛流行地被採用，因為我們相信這對於人際問題以及所產生的不同精神症狀是相當好的一種治療方式。我們提供了一個新的治療典範，人際心理治療可以當作是治療概念化的過程，由不同的治療師來操作，並且可以根據他們的臨床判斷，以及各種不同的治療關係來做調整。人際心理治療

必須要根植在理論、實證研究、臨床的經驗，而且常常必須要輔以臨床判斷。臨床上的工作人員可以問自己，人際心理治療並不是一種按表操課、非要這樣做才對的技術，而是操作的方式，應該要符合特定病人的最大效益才是正確的方式。

■■■ 人際心理治療：一個新的典範

1. 人際心理治療的操作，必須要根據實證研究以及臨床經驗。
2. 必須要整合新的實施證據，以及臨床的經驗，這樣人際心理治療的模式才會隨著治療的經驗而有所改進。
3. 人際心理治療必須要視治療本身實際情況而調整，而非只是按照手冊的規定操作。
4. 必須要使用臨床的判斷能力，而且是在人際心理治療的架構之下，才能夠有效地達到療效。
5. 人際心理治療並沒有限定在特定的診斷族群，但是可以運用在各種不同類型的人際問題和處理。

1. Klerman, G.L., Weissman, M.M., Rounsaville, B.J., Chevron, E.S. 1984 . *Interpersonal Psychotherapy of Depression*. New York: Basic Books.
2. Klerman, G.L., Weissman, M.M. 1993. *New Applications of Interpersonal Psychotherapy*. Washington, D.C.: American Psychiatric Press.
3. Weissman, M.M., Markowitz, J.W., Klerman, G.L. 2000. *Comprehensive Guide to Interpersonal Psychotherapy*. New York: Basic Books.
4. Nathan, P.E., Stuart, S., Dolan, S. 2000. Research on psychotherapy efficacy and effectiveness: between Scylla and Charybdis? *Psychological Bulletin*; **126**, 964–81.
5. Barlow, D.H. 1996. Health care policy, psychotherapy research, and the future of psychotherapy. *American Psychologist*; **51**, 1050–8.
6. Edelson, M. 1994. Can psychotherapy research answer this psychotherapist's questions? In: Talley, P.F., Strupp, H.H., Butler, S.F. (eds), *Psychotherapy Research and Practice: Bridging the Gap*. New York: Basic Books.
7. Garfield, S.L. 1996. Some problems associated with 'validated' forms of psychotherapy. *Clinical Psychology: Science and Practice* **3**, 218–29.
8. Strauss, B.M., Kaechele, H. 1998. The writing on the wall- comments on the current discussion about empirically validated treatments in Germany. *Psychotherapy Research* **8**, 158–70.
9. Henry, W.P., Strupp, H.H., Butler, S.F., Schacht, T.E., Binder, J.L. 1993. The effects of training in time-limited dynamic psychotherapy. Changes in therapist behavior. *Journal of Consulting and Clinical Psychology* **61**, 434–40.
10. Henry, W.P. 1998. Science, politics, and the politics of science: the use and misuse of empirically validated treatment research. *Psychotherapy Research* **8**, 126–40.
11. Horowitz, M.J. 1994. Psychotherapy integration: implications for research standards. *Psychotherapy and Rehabilitation Research Bulletin* **3**, 8–9.
12. Engel, G.L. 1980. The clinical application of biopsychosocial models. *American Journal of Psychiatry* **137**, 535–44.
13. Engel, G.L. 1982. The biopsychosocial model and medical education: who are to be the teachers? *New England Journal of Medicine* **306**, 802–5.
14. Sadler, J.Z., Hulgus, Y.F. 1992. Clinical problem solving and the biopsychosocial model. *American Journal of Psychiatry* **149**, 1315–23.
15. Hartmann, L. 1992. Presidential address: reflections on humane values and biopsychosocial integration. *American Journal of Psychiatry* **149**, 1135–41.
16. American Psychiatric Association. 1994. Diagnostic and Statistical Manual of Mental Disorders, 4th edition. Washington, DC: *American Psychiatric Association*.
17. World Health Organization 1992. International Statistical Classification of Diseases and Related Health Problems : ICD-10. 10th edition. Geneva: World Health Organization.
18. Beck, A.T., Rush, A.J., Shaw, B.F., Emery, G. 1979. *Cognitive Therapy of Depression*. New York: Guilford Press.
19. Parloff, M.B. 1986. Placebo controls in psychotherapy research a sine qua non or a placebo

for research problems? *Journal of Consulting and Clinical Psychology* **54**, 79–87.

20. Klerman, G.L., DiMascio, A., Weissman, M.M., Prusoff, B.A., Paykel, E.S. 1974. Treatment of depression by drugs and psychotherapy. *American Journal of Psychiatry* **131**, 186–91.

21. Weissman, M.M., Klerman, G.L., Prusoff, B.A., Sholomskas, D., Padian, N. 1981. Depressed outpatients: results after one year of treatment with drugs and/or interpersonal psychotherapy. *Archives of General Psychiatry* **38**, 51–5.

22. Weissman, M.M. 2001. International Society of Interpersonal Psychotherapists web site (interpersonalpsychotherapy.org).

23. Detre, T. 1987. The future of psychiatry. *American Journal of Psychiatry* **144**, 621–25.

24. Detre, T., McDonald, M.C. 1997. Managed care and the future of psychiatry. *Archives of General Psychiatry* **54**, 201–204.

25. DiMascio, A., Weissman, M.M., Prusoff, B.A. 1979. Differential symptom reduction by drugs and psychotherapy in acute depression. *Archives of General Psychiatry* **36**, 1450–6.

26. Weissman, M.M., Prusoff, B.A., DiMascio, A. 1979 The efficacy of drugs and psychotherapy in the treatment of acute depressive episodes. *American Journal of Psychiatry* **136**, 555–8.

27. Elkin, I., Parloff, M.B., Hadley, S.W., Autry, J.H. 1985. NIMH Treatment of Depression Collaborative Treatment Program: background and research plan. *Archives of General Psychiatry* **42**, 305–16.

28. Markowitz, J.C., Svartberg, M., Swartz, H.A. 1998. Is IPT time-limited psychodynamic psychotherapy? *Journal of Psychotherapy Research and Practice* **7**, 185–95.

譯序

　　在臨床的情境當中，人際心理治療算是新的學派，在參加許多研討會當中，很少聽到有人在描述人際心理治療的操作情形。由於自己的興趣在憂鬱症的處理，而門診和心理治療的個案中，憂鬱症個案也占了相當多數，因而對這種治療方式開始產生興趣。於是開始找了一群同好來整理人際心理治療的手冊，這本書將要出版，它將人際心理治療的源頭、發展，以及各項研究描述得相當的清楚。

　　由於長期擔任臨床及心理治療的督導，開始帶領新的諮商人員和住院醫師來使用人際心理治療，並且對於中學輔導老師，開始灌注人際心理治療的概念，獲得相當不錯的迴響。主要是因為認知行為治療對於憂鬱症的個案雖然有效，也相當符合專業人員教導的角色，並且治療的效果比較快，但是維持的時間比較短，而且必須要來回的增強。這對於接案量相當大的心理治療工作人員而言，是十分辛苦的事情。因為個案會重複地回來尋求治療，接受治療的期間好了一些，但是下學期開學的時候，尤其是學生，雖然很相信治療師所給的建議，但是離開一段時間又可能會復發。

　　人際心理治療之所以受到重視，主要也是因應大量的個案需求，我們希望能夠協助這些個案，在短暫的時間之內，迅速地發展出自己一套觀察和調整的能力，這個部分是所有心理治療都期待個案能夠快速地獨立，靠自己的能力來克服生活當中遭遇的困難，並且達到症狀緩解的效果。人際心理治療除了是一種限定時間的短期治療，也符合了心理治療的最新觀點，它促成了個案朝向改變的起點，只要將個案和改變的大方向加以連結，個案也開始啟動自己的能量去改變，心理治療就只是一種輔助的工具，因為個案真實面對的情境，是在治療師之外的。人際心理治療所討論的議題，都是發生在診療室之外的人際關係，這促成了心理治療能夠快速地類化並且遷移到現實的人際情境。人際心理治療之所以快、之所以好用，關鍵就在於此。

在 1984 年的第一本人際心理治療手冊當中，看起來人際心理治療像是一個只有具備比較大的方向，但是卻沒有精細的架構和統整的理論，雖然實證研究可以證明它有效。在這本技術的手冊當中，兩位作者將理論與實務的操作加以結合，是一本非常實用的手冊。我們可以看到人際心理治療的概念化，是如此具備統整性，並且納入了個案本身的概念化，藉由個案本身的動機來借力使力即可。這是一種相當省力的心理治療方式，但是卻加入了許多豐富的理論和技術架構。

在實際的臨床和督導情境當中，我們已經大量地運用人際心理治療，不論是在個別心理治療、團體，以及社區的情境當中，已經編好了許多的操作手冊，實際去運用並且加以修正。這要非常感謝投入這些操作的諮商師、研究生、心理治療師、輔導老師以及臨床工作人員。當然非常感謝的是個案能夠提供相當多正向的回饋以及修正的意見，讓我們更加能掌握本土化的人際心理治療究竟是如何。

華人是一個講求人際關係的民族，人際心理治療正好配合了這樣的趨勢，它不僅沒有要求接受心理治療的個案，一定要遵守或者是修改某些想法，這樣反而會加重了處在情緒障礙個案的心理負擔，它希望能夠隨著每一個人究竟希望能夠從人際關係當中得到什麼，如何去滿足互動對方的人際需求，也讓自己的人際需求能夠有效地尋求滿足的來源，這是一種雙贏的策略，不僅可以應用在臨床的情境當中，也可以運用在不同的企業、學校以及社區的生活當中。我的個案告訴我，當他知道原來人際關係的障礙是他問題的焦點，而且解決的方法是可以雙贏的時候（也就是可以讓自己快樂、也讓別人快樂），他心裡的大石頭就放下來了，而且更能夠適當地使用人際資源，不僅能解決原來的憂鬱焦慮的症狀，更可以擴展自己的人際圈。這真的是太棒了！

我們在團體心理治療當中，也運用了人際心理治療的技巧，甚至以人際關係為名的團體，常常可以得到許多個案和家長的認同，這些部分即使在還沒有衛教之前，許多人就已經接受，而人際關係可能是症狀的來源，而且改善人際關係是十分重要的。人際關係的障礙是常見的情形，而且比精神疾病更加沒有被貼標籤的感覺，這也是相當好的去污名化的動作，而

且不是只有撕掉負向的標籤，還能夠改善實際的人際關係和功能。後續的
團體心理治療和督導，我們也會繼續加入人際心理治療的新概念。

　　很高興在南台灣，我們是第一群團隊，系統性地使用人際心理治療，
並且運用在不同的族群，希望能夠快速有效地解決情緒的症狀並且改善人
際支持網絡。對於現代社會除了經濟和工作所造成的壓力之外，如果說能
夠有良好的人際能力，解決人際衝突，建立支持的人際網絡，相信除了症
狀的解除之外，更可以促進每一個人都朝向更成功而快樂的生活！

唐子俊 醫師

高雄醫學大學附設中和紀念醫院

精神科主治醫師及心理治療督導

2006 年 4 月

前　言

緒　論

　　人際心理治療（interpersonal psychotherapy, IPT）是一種限定時間、在
互動中隨時提供訊息（dynamically informed）的心理治療法，目的在於減
輕個案的痛苦並改善他們的人際功能。人際心理治療特別聚焦於以人際關
係帶出改變的方式，而協助個案的目標在於改善他們的人際關係或是改變
他們對於人際關係的期待。除此之外，治療也朝向協助個案改善他們的社
會支持網絡，使他們更能夠因應當前的人際困擾。

　　人際心理治療原來是在一個研究的脈絡下為嚴重憂鬱症患者所做的治
療，並由 Klerman 等人於 1984 年研發並編纂成手冊。[1] 從那之後，便已累
積大量的實證研究支持其功用。此外，隨著治療中臨床經驗的增加，人際
心理治療的使用在個案的治療上已經擴展到 DSM-IV[2] 所描述的各種具體明
確的診斷，更涵蓋了各種人際問題的個案治療。

　　在研究者和臨床工作者普遍的觀點中，人際心理治療的運用反映了實
證研究和臨床經驗兩者最佳的使用，而且應該繼續納入一些改變，像是其
他資料（包括質性和量化的）以及經驗的持續累積，而非僅是一個靜止且
固定的療法，臨床的經驗和研究已顯示人際心理治療所需做的調整。這些
持續的改進可使人際心理治療被廣泛地運用於一般的臨床環境，並非專門
運用於學術研究環境之中。此外，於臨床環境提供人際心理治療時，治療
師使用臨床判斷的能力也能夠提升其效能並使之被應用於更廣泛的個案群
體之中。

004

　　因此，本書主要是希望反映出當前人際心理治療的「藝術境界」（state of the art），指出未來研究以及臨床經驗可再進一步琢磨並隨著時間持續開展之處。基於人際心理治療的手冊以及臨床經驗兩者的實證資料，已經促成人際心理治療當前使用上的內涵。

■■■ 人際心理治療的特色

　　人際心理治療的特色主要有三個要素：

表 1.1　人際心理治療的特色

1. **人際心理治療**主要聚焦於人際關係為治療介入的重點。
2. 當用以急性治療的介入時，人際心理治療是限定時間的。
3. 隨著治療的發展，在人際治療中使用的介入策略上不直接處理個案和治療師之間的關係。

　　此外，人際心理治療是奠基於心理功能的一個生物心理社會的模式。[3] 並非僅是狹隘地視心理困擾或精神問題為一些醫學上的問題，人際心理治療取向主要認為，個案的功能廣義上為他／她的先天氣質、人格、依附型態的一個產物，並且植基於某些生物因素如基因和生理功能，再放回到其社交關係和廣泛社會支持的脈絡之中來看。

　　即便這樣的模式有其限制，它仍是最適合人際心理治療的，主要有三個原因。首先，它與人際心理治療的理論基礎是一致的，關係中的依附以及個人的有效溝通能力被假設與心理功能有非常密切的連結。第二，生物心理社會模式直接地導出人際心理治療所使用特定的技術和介入策略。這個部分不但包括心理的介入策略，也和人際心理治療結合精神異常醫療上的使用是相符合的。第三，此生物心理社會的模式澄清了個案需要更積極並負起改變的責任——而非僅僅「坐著等待」某個生物媒介能夠產生效果，個案應該更積極地在他／她的社交環境中做出改變，並應該負責在某些特

定的人際關係中製造改變。

第一、人際心理治療的人際導向

人際心理治療假定人際困擾與心理症狀有密切的關聯。因此，治療的
焦點是雙重的：

- 其中一個焦點是個案所處人際關係中的衝突和轉換：目標是協助個
  案改善那些關係之中的溝通，或者改變他／她對於這些關係的期待。
- 第二個焦點是協助個案建立或善用他／她廣大的社會支持網絡，讓
  他／她更能夠聚集所需的人際支持，而能處理陷入困擾的危機。

這個方法相當適合治療正在經歷產後憂鬱症的婦女，許多處於這類處　　005
境中的婦女的主要困擾是與伴侶關係衝突有關。[4,5] 此外，許多婦女也提到
她們苦於從「工作婦女」轉換到「母親」的角色，而且這樣的社會情境和
社會支持上的改變也一再造成她們的問題。使用人際心理治療的治療師會
協助個案解決與她伴侶在議題上的衝突，像在照顧孩子工作上的不一致，
並且也會協助她從其社會網絡中獲得更多的支持。這些可能包括了與其他
朋友有所連結或尋求支持，尤其是有孩子或大家庭的成員，或工作上的同
事。也可能包括了鼓勵個案多參加新手媽媽的支持團體。當角色轉換能夠
有所調和，以解決特殊的人際衝突並改善人際支持時，就可以改善症狀。

人際心理治療也因此能更清楚地與其他療法，像認知行為治療
（CBT）[6] 及心理分析取向心理治療法有所區別。與認知行為治療的差異是
其治療的焦點為個案內在的認知，而人際心理治療則聚焦於個案在其生活
範圍中與其他人的人際溝通。與分析取向療法的差異是，其治療的焦點在
於了解早年生活經驗對於心理功能的影響，而人際心理治療則聚焦於協助
個案改變他／她當下的溝通與社會支持，過去的經驗即便清楚地影響現在
的功能，亦非治療介入時的主要焦點。

後者的觀點衍生了人際心理治療取向的必然結果──它在有限時間下
的優點以及它能聚焦於此時此刻的人際功能，故人際心理治療是用以解決
精神症狀並改善人際功能，而非改變深層的動力結構。雖然自我強度、防

衛機轉以及人格特徵對於評估治療法的合適性都是重要的，但是，在人際心理治療中並不認為要產生這些功能的改變。它們反而被視為是驅使治療師做出介入方式的特定個案與問題，像是：「知道此個案的人格型態、自我強度、防衛機轉和早年生活經驗，那麼可以如何協助他／她改變此時此刻的人際關係並建立更有效的社會支持網絡？」

第二、使用人際心理治療做急性治療的時間限制

人際心理治療的主要特色在於急性治療階段的時間限制，並在特定的幾次晤談後與個案建立契約。臨床經驗顯示對於治療的急性階段有一個明確的結束時間點，常常可以「迫使」個案在關係中更快地做出改變，[1]這也是其他限定時間療法的大師所強調的一個重點。[7,8]此外，時間的限制也影響了個案和治療師雙方都能維持對於手邊重要事件的注意力，亦即改善個案眼前關係中的人際功能。

時間架構也是極為重要的，尤其是有助於避免治療從聚焦於症狀的介入變成使用轉移關係（transference relationship）為基礎的治療方法。人際心理治療聚焦於人際危機的迅速解除，以及個案當前人際關係中所經歷的難題。轉變為以個案和治療師的關係為主的焦點會讓一切——像個案的社會網絡以及他們在治療以外的關係，要產生立即性的改變顯得更加困難。因此，鼓勵轉移關係的發展，會造成會談深度與期間的增加，而很可能將原本是關係改變的工作轉變成內在心理的探索[9]（見註釋[a]）。故維持限定時間的方式有助於避免這種情形發生。

一般而言，十至二十次的會談可用於人際問題、憂鬱症，或其他嚴重精神疾病的急性治療。雖然實證研究中關於急性治療的部分，目前受限於控制型研究的不可為，因為其必須提供每星期持續的治療而後突然間停止，但臨床經驗指出，隨著時間逐漸減少會談頻率（tapering sessions over

---

[a] 這絕不是暗喻著以轉移為基礎的心理治療是無效的——事實上，對於嚴重人格疾患的個案，它們可能比人際心理治療更有助益。更確切地說，處理治療關係中轉移方面介入策略的使用並不在人際心理治療的範圍之中。

time），普遍來說是運用此療法一個更有效的方式。換句話說，每個星期的治療約可提供六至十星期，而後隨著個案的改善慢慢延長會談之間的間隔，如此一來，每個星期的會談可以變成兩個星期一次，甚至每個月一次。雖然急性治療應該限定時間，但是，不管人際心理治療的實證研究或臨床經驗都清楚地指出，應該提供維持性的治療給曾經急性治療的個案——尤其是對於那些重複發生的疾病，像憂鬱症，以避免其陷入不斷復發的危機之中。[10] 維持治療應與人際心理治療中的急性階段區隔開來，而維持階段的特殊契約也必須與個案協商。[9] 因此，即使是治療的急性階段也需限定時間，而治療師將常常明確地協商契約，尤其要明確地指明未來聯繫的方式。在人際心理治療中並不需要在急性治療將結束時做「結束」，何況這麼做並不符合大多數個案利益之考量。

第三、避免直接處理個案和治療師關係的介入策略

　　人際心理治療的主要特色是不介入處理治療關係。雖然認知行為治療和其他幾個焦點解決治療法也都有這個特色，人際心理治療很清楚地還是不同於那些動力取向的治療法。人際心理治療中治療關係的使用還有一個更完整的解釋，是需要完全地了解治療的元素。

　　Bowlby[11] 和 Sullivan[12] 兩人都概括地指出個體的生活經驗會引領著他們與後續關係的互動。Sullivan 使用「似是而非的扭曲」（parataxic distortion）來描述個體將先前關係的特徵（characteristics）帶入（impose）新關係[12] 之中的這種現象。換句話說，個體在先前關係中的經驗告訴他們在新關係之中的期待。而後這個期待會引領著他們「帶入」某些特徵來與他們所接觸到的新個體互動。這些被帶入的特徵往往都是不正確的，但卻重現了他們之前關係經驗的總和。新的關係就被這些帶入的以及不正確的期待所「扭曲」了。

　　舉例而言，假若個體早先擁有受虐關係，他／她將可能認為新認識的人們也會施虐於己，而與之以此想法互動。先前的經驗會被覆蓋在新的上面。新的關係將會是扭曲的，因其期待新的重要他人將會虐待人，即使事

實並非如此。同樣地，若是個體已有受騙的經驗，那麼他／她將也會在新的關係之中加入缺乏信任感，而與人互動得「像是」這個新來的人不應該被信任一般。

雖然 Sullivan 認為這些經驗的形成絕大部分是早年生活經驗的產物，被個體所強加的似是而非的扭曲還是可以在成年期的經驗中隨著時間而被修改。例如，嚴重的創傷（如：性侵害），可能會深深地改變不同信任對於新關係可能會有的預期個體。更進一步來說，Sullivan 也主張這樣的扭曲可以透過正向或負向的方式而修改。雖然前面的例子指出是負面的改變，這些扭曲也可以透過豐富、親密以及信任的關係正向地修正。

Bowlby[13] 則用「關係的運作模式」（working model of relationships）來描述相同的現象，以說明個體在新關係中所表現出的行為方式。這個心理的概念，就像 Sullivan「似是而非的扭曲」概念一般，代表著個體在他／她所有的關係中所累積而來的經驗。此運作模式的目的是要組織人際行為——它讓個體能預測他的行為並據以行動。如同 Sullivan「似是而非的扭曲」一般，這個運作模式反映了所有個體的經驗，以一個重要而不排除的方式強調了早年經驗的互動。這個依附的運作模式形成了新關係發展的基礎，隨著個體帶入舊的運作模式於新的關係之中，而期待新認識的人能如同過去關係中的人們一樣表現。

根據 Bowlby 和 Sullivan 兩人的看法，這樣會產生的問題就是，儘管似是而非的扭曲和運作模式也許是早期關係的準確重現，也可能實際上保護了個體免於可能的受虐情況，但卻嚴重地限制了新親密關係的發展。新關係變得受限於該模式或扭曲，而無法被允許無拘無束地發展。在孩童時期反映出他人會施虐觀點的運作模式，長大後對於所有新關係將不再是正確的，但是在這個模式的強加之下會阻礙個體信任他人或發展任何的親密感，同時，也限制了好與壞關係的真實評價。由於早期關係中的信任被破壞，扭曲會表現出對他人的不信任，但是當這些扭曲被帶入新的關係中，而在其中信任和親密感的發展反而是可能的，這些扭曲會嚴重地限制了個體人際功能的運作。

因為這些扭曲和運作模式是被強加於所有的關係之中，它們也會發生

在治療關係之中。只要有足夠的時間，個案就會對其治療師表現出這樣的行為，反映其似是而非的扭曲或者依附的運作模式。此即為轉移關係的理論基礎。因此，治療師是在一個獨一無二的位置上經驗並審視個案發展與維持關係的方式，因為治療師正處於一段關係之中，也就是被強加入扭曲或運作模式的那一個人。

Bowlby 和 Sullivan 兩人是來自 Freud 和其他心理分析師的傳統，都相信要想致力於修正這些扭曲最有力的方式之一就是詳細地檢視治療師與個案之間的關係。欲清楚明確地做到這個部分就需要使用一些技術，像是透過直接討論轉移所做的解析（interpretation），以及治療師會直接詢問個案對他的反應所用的澄清（clarification）。

此外，特別在心理分析治療中，治療是很結構化的，以使轉移能被放大而夠更貼近地被檢視。心理分析治療被用以促進個案「似是而非的扭曲」或者「關係的運作模式」可以被投射到治療師的「空白螢幕」上。這是透過治療師的神祕感，以及高頻率的會談次數（每週四到五次），以及可能持續數年開放式的治療所達成的結果。所有用以加強個案和治療師關係的方式，都是用以達成在治療關係中能夠展現轉移而得以檢視的目標。

轉移、似是而非的扭曲以及運作模式的帶入在所有的心理治療中都是一般的現象，包括人際心理治療。然而，在人際心理治療中治療師對於個案和治療師關係的經驗是用以提供個案與他／她的人際世界資訊，這個關係中的轉移元素並不會被治療師當作治療的一部分而直接處理。在人際心理治療中治療關係的使用主要是用以了解個案的人際功能，並評估個案的依附型態。治療關係的使用對於形成個案在治療之外人際關係的問題尤為重要。轉移的使用是讓治療師知曉治療中的抗拒以及可能困難的──以預測治療的可能結果──主要的指導方針。

個案和治療師關係的檢視在人際心理治療中是不被鼓勵的，因為它會轉變治療的焦點，從很立即性處理個案當前的社會關係轉成與治療師關係的體驗與分析。直接地處理個案和治療師的關係作為主要的技術會轉變治療過程，使它從朝向症狀和立即性人際功能的改善變成朝向內在心理的洞察。

表 1.2　人際心理治療中個案和治療師關係的使用

- 評估個案的依附型態。
- 形成個案治療之外的人際關係問題。
- 了解個案在治療關係之外的人際功能。
- 讓治療師了解發生抗拒的可能點。
- 讓治療師了解治療中的可能困難。
- 計畫治療的結束。
- 預測可能的治療結果。

009

　　雖然這也許對經過挑選的個案有相當的幫助，但大多數在一般心理治療實施過程中的個案通常會更關心立即性的症狀紓解而非自我實現——他們完全不是在馬斯洛需求層次最頂端上運作。[14] 通常，自我實現甚至不在「雷達螢幕」上出現，反之，個案是有困擾而來尋求治療，因為他們缺乏親密、接受或自尊的感受。換句話說，他們正經驗著人際困擾，而他們的目標是盡速解除困擾。談論轉移關係，一個昂貴而冗長的治療療程，以及接受一個讓人感覺不到支持的治療師，既不是他們想要亦非他們需要的。

　　因此人際心理治療是在一個轉移問題較不可能發展的方式下建立的。首先最重要的是，很明確地不鼓勵與個案討論個案和治療師的關係。此外，人際心理治療師普遍會採取支持性的立場，而非中立的。治療的急性階段是限定時間的，而且特別聚焦於個案社交關係中的人際議題。

　　雖然人際心理治療在治療的實施上是特別用於延緩或消除似是而非的扭曲，忽略治療關係中所蒐集關於個案資訊的特別發現也會是嚴重的錯誤。儘管個案和治療師關係在會談中不會被直接處理，治療師可以——使用他／她的觀察技巧以及對正在發展的關係所具有精雕細琢的直覺能力——蒐集大量關於個案的資訊。這是因為個案在治療中所表現的方式就是他／她在治療之外的關係溝通及表現的直接反映。蒐集這個資訊很重要，它就好像告訴治療師關於個案對於治療的適合度、治療的預後、可能發生的困難，並且在治療期間提示了特定技術的運用。了解轉移關係，辨識個案帶進治療中的扭曲，並發展關於個案人際運作模式的假設，對於人際心理治療而

言都是重要的。

以下說明在治療中發生似是而非的扭曲相關訊息的使用，試想一名個案與他／她的治療師形成的關係在本質上是依賴的。個案可能會在結束會談的困難上顯現這樣的依賴，在兩次會談之間打電話給治療師，或者以更微妙的方式請求治療師的協助以及再度保證。這樣的轉移關係應該提示了治療師關於個案功能的幾個可能面向：

1. 個案可能在與他人形成依賴關係時有相同的問題。

2. 個案與他人結束關係時可能有困難。

3. 個案可能透過不斷地打電話尋求協助而使他人筋疲力盡。

慮病症（hypochondriacal）的個案就是這種行為極佳的例子，會以所描述的方式呈現。這個訊息之後可由治療師用以形成個案與他人關係困難的假設，並可以帶領治療師詢問個案是如何尋求他人協助、結束關係，以及當他人不回應他／她的需求時的感受。這些問題直接就是詢問治療以外關係，不過，是個案當前所處的人際關係，而非針對治療師與個案之間的關係。

進一步而言，這個訊息應被治療師用以預測治療中可能出現的潛在問題，並據以修正治療的方式。例如，治療師也許會假設個案的依賴性可能在治療結束時引發問題，比較不依賴的個案也可能提早於治療中討論治療結束的事。治療師可能也想要對依賴個案強調需要去建立一個有效的社會支持網絡，讓個案的依附需要在治療之外可以完全地滿足而非在治療中培養出一個依賴或退化的關係。對於逃避型或其他人格特徵的個案也要做出適當的修正。

除此之外，從治療關係所蒐集的資料應該提供治療師有關於個案治療的預後資訊。更多嚴重的似是而非的扭曲，以及治療中早期所呈現的那些，都提示了不佳的結果。這個訊息不應該被忽略而不去使用，但仍可用以引領治療者對於治療有更真實的期待。

總之，個案和治療師的關係——尤其是在關係中個案產生的扭曲——在人際心理治療中極為重要，但在治療中不直接做處理。這麼做會減損降低症狀的焦點和人際功能之中的快速改善，也就是人際心理治療的基礎，

而且也會將個案帶向比人際心理治療更長的治療療程。人際心理治療的目標是確實地與個案工作以期快速解決其人際困擾,而且是在困難的轉移關係發展並成為治療的焦點之前。

■■■對於人際心理治療的比喻

雪梨港灣大橋(The Sydney Harbor Bridge)完工於 1932 年,即使到了今天仍被視為是工程界的奇蹟。單一拱形的跨度超過 500 公尺長,橫跨世界上最美麗的港灣之一,附近有宏偉的雪梨歌劇院、岩石區(the Rocks)以及雪梨的鬧區。在晴空萬里的日子裡,視野可一直延伸到比太平洋還要更遠之處,這就是世界上最壯觀的奇景之一。

1998 年起,人們可攀登一條非常狹小的通道到達這座大橋的頂端。這個拱形距港灣高約 134 公尺,是整座橋的最高點。它毫無遮掩,而在風大的日子裡,整座橋會跟著前後搖晃,讓攀登的人們有著不安的感覺,就好像他們會向前摔且自 134 公尺高度的橋上掉落到水底。

極具冒險精神並決定要攀登這座橋的人們,就能夠一睹世界上最令人嘆為觀止的景觀。那是可以到達的,也是壯觀的——但這需要冒險。要爬上這座橋需要放下一個人心理上的安全感,也需要能擴展自己,超越許多人所願意去做的。可以擁有的收穫就在那裡,具體而極其明瞭,但那需要身心的努力及付出。

試著想像爬上雪梨港灣大橋會是怎樣的情景。對於某些大膽的人或者天生就有冒險傾向的人而言,攀登雪梨港灣大橋是一個令人振奮的經驗。沒有恐懼、沒有焦慮,只有如懸掛在 120 公尺高(400 呎)的空中般,伴隨著腎上腺素激增而來的興奮之情。

對其他人而言,登高會引發焦慮的升高。其中一些輕微焦慮的人們擁有足夠的心理能量可以如實地「告訴他們自己」正在攀登大橋。而這個自我對話可能包括了這樣的登高是真正安全的合理化(儘管似乎並非如此),或者可能含有「這樣的努力和風險將會是值得的」等持續的自我提醒。我

們就可以用像是自我強度和延遲滿足的能力這類的專有名詞來描述這些人們。

而另外一些人，因為生活經驗、生物學的（biological）、性格的或其他的因素，需要某些協助才能控制這樣的登高。對於某部分的人來說，提供認知資源就足夠了。來自可信賴的重要他人提醒對於情況有正確的認知評估是必要的。「畢竟」，重要他人也許只是說：「雪梨港灣大橋自 1932 年完工後就屹立不搖至今，數十萬人攀登過也都沒有出事。」而以蘇格拉底的話來說，即便是一個非職業的治療師也會問「上次你是何時在《雪梨晨報》（ *the Sydney Morning Herald* ）上讀到有人從橋上掉落的消息？那你想，以真實的機率而言，你來爬會有多少可能的厄運發生在你身上？」如此在認知上的再保證，這些輕微焦慮的人們就能夠放心地去攀登了。

對於那些焦慮的程度再高一點或在人格上更依賴一點的人，這樣的認知資源是不夠的。他們要的不只是認知上的評估，而是人際間的再保證。這樣的人會期待某個人能實實在在地挽著他的手，而在心理層面上能象徵性地與他在一起並支持著他。這樣的人雖然對於登高感覺非常地焦慮，卻也能夠說：「若你和我一起，我願意這麼做。」

一些需要這種再保證的人能夠直接地做出要求，而結果也相當成功地得到他們需要的支持。他們的重要他人能容易地回應他們，而且是雙方都方便也都願意提供人際及情感上的支持。相反地，其他人面對雪梨港灣大橋的攀登「危機」時，在人格或溝通型態上，會以間接的或產生不良後果的方式來傳達他們的需求。嘀嘀咕咕、抱怨、變得被動攻擊以及依賴地黏著不放，都不是讓別人來挽著你的手去攀登大橋的好方法。

最後，還有一些到了雪梨的人，看著這座大橋並告訴自己：「我絕對不要上去。」而因為種種的心理、生理、性格和社會原因，他們就是不要。

攀登雪梨港灣大橋可能是個危險，然而那也是個唯有冒著風險才能得到的高峰經驗。人們對這個危險所採取的方法絕大部分是基於他們生物心理社會的構成。基因、性格、早期生活經驗、依附、人格、社會支持以及成人的經驗全都扮演著決定性的角色，誰會嘗試——誰會成功地攀登這座大橋。

人際心理治療就是用來協助那些懸而未決（get hung up）的人們，因為他們需要人際支持以完成登高。人際心理治療是用以協助人們承認人際需求中的依附以及再保證，並以一個能成功的方式來表達他們對他人的需要。人際心理治療不能用於每一個人，也並非每個人都需要它。許多人不透過專業協助還是能夠處理其特殊危機。而有一些問題比較嚴重的人會需要更多、更廣泛的協助。但仍有很多人則是需要協助以解決其特定的危機，以及需要能夠產生或使用社會支持系統的協助來順利度過他們的問題。

人際心理治療就是用以協助人們面對他們如前所述的橋樑危機，到達更高的高度，並陪著人們享受那些景觀。

012　■■■**結論**

人際心理治療在定義上的特色主要有三個元素：人際導向、限定時間以及避免直接處理個案和治療師關係的介入策略。人際心理治療也是奠基於心理功能中的生物心理社會模式，讓治療師得以廣泛地概念化個案的問題，包括生物因素、早期和晚近的生活經驗、性格與依附型態，以及當前的社會支持。對於篩選過，並面臨著無法獨自處理的急性危機的那些個案，那是一個相當有用的介入方式。

 參考文獻

1. Klerman, G.L., Weissman, M.M., Rounsaville, B.J., Chevron, E.S. 1984. *Interpersonal Psychotherapy of Depression*. New York: Basic Books.
2. American Psychiatric Association. 1994. *Diagnostic and Statistical Manual of Mental Disorders*. 4th edition. Washington, DC: American Psychiatric Association.
3. Engel, G.L. 1980. The clinical application of biopsychosocial models. *American Journal of Psychiatry* **137**, 535–44.
4. O'Hara, M.W., Stuart, S., Gorman, L., Wenzel, A. 2000. Efficacy of interpersonal psychotherapy for postpartum depression. *Archives of General Psychiatry* **57**, 1039–45.
5. Stuart, S., O'Hara, M.W. 1995. Interpersonal psychotherapy for postpartum depression: a treatment program. *Journal of Psychotherapy Practice and Research* **4**, 18–29.
6. Beck, A.T., Rush, A.J., Shaw, B.F., Emery, G. 1979. *Cognitive Therapy of Depression*. New York: Guilford Press.
7. Malan, D.H. 1976. *The Frontier of Brief Psychotherapy*. New York: Plenum.
8. Sifneos, P. 1972. *Short-term Psychotherapy and Emotional Crisis*. Cambridge: Harvard University Press.
9. Stuart, S. (in press) Interpersonal psychotherapy. In: Dewan, M., Steenbarger, B., Greenberg, R. (eds), *The Art and Science of Brief Psychotherapies: A Practitioner's Guide*. Washington, DC: American Psychiatric Press.
10. Frank, E., Kupfer, D.J., Perel, J.M. *et al.* 1990. Three-year outcomes for maintenance therapies in recurrent depression. *Archives of General Psychiatry* **47**, 1093–9.
11. Bowlby, J. 1988. Developmental psychiatry comes of age. *American Journal of Psychiatry* **145**, 1–10.
12. Sullivan, H.S. 1953. *The Interpersonal Theory of Psychiatry*. New York: Norton.
13. Bowlby, J. 1977. The making and breaking of affectional bonds: etiology and psychopathology in the light of attachment theory. *British Journal of Psychiatry* **130**, 201–10.
14. Maslow, A. 1943. A theory of human motivation. *Psychological Review* **50**, 370–96.

理論和臨床應用

Chapter 2

■■■簡介

　　人際心理治療主要是由三個理論組合而成。首先，也最重要的是依附理論，它形成了概念化個案人際關係困難的基礎並且讓治療師知道在治療過程中需要做的修正及改變。第二，溝通理論說明個案適應不良的溝通組型是如何導致他們此時此地人際關係中的困難，溝通方式是個體依附行為的一種展現，但同時也是人際心理治療中非常重要的一環，因為它是許多人際心理治療技術介入的重點。第三，社交理論是了解個案與他人互動的人際脈絡的基礎，以及他們的社會網絡對於其人際功能的影響。

　　人際心理治療奠基於一個概念，根據精神疾病的生物心理社會模式，由於人際因素和生物因素的相互結合而導致了精神上及人際上的困難。[1]帶有產生心理問題的遺傳傾向或生物因素的個體，在人際上感到緊張或有壓力時，更可能會發生問題，根據個人氣質、人格特質以及早年生活經驗所形成的基礎，會輪流地透過特定的依附型態而反映出來，依附型態可能是較適應或較不適應的，並且會對個人當前的社會支持網絡以及獲取重要他人支持的能力產生影響。人際功能就是藉由社會支持脈絡中當前壓力源的嚴重程度所決定的。

　　因此，人際心理治療即是設計來治療精神症狀，特別是聚焦於個案主

014　要的人際關係，尤其是在哀傷和失落、人際衝突、角色轉換以及人際敏感等問題領域中。雖然，不論是人格或依附型態，在短期治療中都不太容易有根本的改變，但只要能協助個案修復他們中斷或混亂的人際關係，並且學習新的方式來溝通他們所需要的情緒支持，症狀的消解卻是可能的。

　　我們需要有一個廣泛且絕佳連貫的理論來支持人際心理治療，主要有幾個原因，最重要的就是它能協助治療師知悉個案問題的本質及特性，並指引治療師一些有助於解決問題的不同介入方式。因此，一個廣泛的理論可以形成治療師對個案概念化的基礎，並且決定何種治療性的介入方式可能對個案最有幫助。它應該也要提供一些指引，在治療過程中預期或提示個案可能會出現的問題（如：抗拒的問題或者形成治療聯盟一類），並應該讓治療師了解該如何預防或有效地管理這些過程中的障礙。

　　人際心理治療的理論基礎有以下幾項特徵：

1.基於一些有用的實證研究而來。

2.盡可能正確地反映臨床的經驗以及臨床的觀察。

3.形成了一些假設的基礎，可以透過特定的個體在臨床情境中做檢視。

4.形成了一些假設的基礎，可以透過傳統科學方法研究個案來獲得驗證。

5.是可以做修正的，只要累積了足夠的實證研究或臨床研究證據。

　　因此，支持人際心理治療的理論並不是一組靜態的觀念或見解，而是一組不斷開展的假設及前提，可能隨著臨床及研究經驗的累積而不斷地被研究及修正（圖 2.1）。

■■■ 依附理論

　　依附理論（Attachment Theory）作為人際心理治療的基礎，誠如其所描述的，即個體形成、維持及結束關係的方式，以及他們從中發展問題的方式。John Bowlby 特別系統性地發展出依附理論的原理，[2-7] 假設人類有一個內在本能的驅力，想要和他人形成人際關係，這個驅力是基於生物性的

015

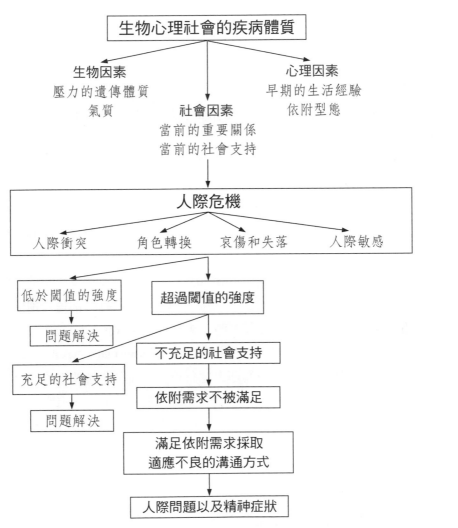

圖 2.1　人際心理治療概述

生物心理社會的疾病體質是人際危機所憑恃的基礎，在不充足的社會支持之下，足夠強烈的危機便會導致人際問題與精神症狀，因為依附未能被滿足，而個案也無法有效地溝通並表達自己。

一個概念，受到動物行為學研究以及演化理論所支持，[5] 因為這種能形成親密關係的能力和驅力對於人類生存極為重要，人類只有在依附需求被滿足之後才能發揮最好的功能，而在其依附需求未能被充分滿足時，則會發生

問題，且常常會以精神症狀的方式顯現。

　　簡單來說，依附關係組織了人際關係當中的行為方式，它形成相當穩定而持久的內在經驗和人際行為的基礎，引領著個體以獨特的方式尋求關心以及安慰，儘管總是有效，但是，當個體感受到壓力以及安全感被威脅時，它會激發到更大的程度，而後依附行為就會驅使著人們尋求關心及照顧。

　　Bowlby簡單地提到：「依附行為被認為是，引發個體與某個較喜歡且有差異的他人獲得並保持親近的行為方式，在幼年時期尤其明顯，依附行為常會被用以描述人類一生的特性，在成年人身上，它會特別明顯地出現在一個人感到痛苦、生病或害怕的時候，個體所呈現依附行為的特定組型會展現在他目前的年齡、性別和環境，而這時候的表現，部分也和早年生活中與依附對象的經驗有關聯」（p. 203）。[3]「需要被愛與關懷是人類終其一生的特性，而這種需求的表達在每一個人成長過程中都是被預期會發生的，尤其是在生病或者遭遇災難時，更是如此」（p. 428）。[4]

016　　因此，依附行為是人類行為常規範圍內（the normal repertoire）的一個部分，而且會在個體生理上或心理上感到壓力時產生。想要被愛和關心都是生而為人的一個內在部分，在一個人生病、孤獨、疲累、沮喪、焦慮或者有情感上的需求時，尋求關心的驅力會變得很強，在人際心理治療中，當個體的依附需求無法滿足時，就會產生心理問題，而且人際關係會崩解，這樣的情況可能會發生在個體無法有效地將其需求溝通讓別人知道，或者是他的社會支持網絡無法適當地回應他的需求。

　　Bowlby假設特定的依附型態主要是來自於幼年的經驗，就如同兒童與其主要照顧者所形成的依附關係一般。[2]這些形成的經驗會引發所有關係的運作模式的發展，因而個體實際的依附經驗可以轉換成對於一般關係的期待，尤其是新關係的期待。換句話說，個體所累積的關係經驗可用以了解其對於之後新關係的期待，這樣的模式讓個體可以在人際上發揮功能，因為它提供了個體一個模型，可以預測在不同的情況下其他人行為表現的方式。

　　這個模式實質上為個體架構了這樣的描述，「在我感覺到壓力並且需

要關心和支持的時候，其他人可以透過……來給我一些回應」。這個描述的反應形成一個基礎作為個體尋求滿足其依附需求的方式。如果個體期待這些需求能由他人來滿足，那麼個體將會以直接地要求支持來表現；如果根據迄今真實的生活經驗裡，其預期是：這樣的要求將會被拒絕，那麼個體就可能會避免要求幫助，或者以一種可能自我挫敗的方式來要求。

　　人際關係的運作模式都是基於真實的生活經驗發展而來，因此，曾有過受虐經驗的個體會預期在其所形成的新關係中被相同地對待，這不難理解；一直遭受拒絕的個體將會預期有更多相同的對待；而一個擁有豐富且信任關係的個體則會預期新的關係也將是如此，這些預期性的效應在幼年時期都很明顯，但同時也會延伸至成年時期的行為。[8,9]

　　Bowlby 對依附關係運作模式的概念與 Sullivan 對似是而非的扭曲的概念有相當大的相似性，個體累積而成的經驗提供了他會如何與其他個體形成人際關係的資訊。[10]Sullivan 和 Bowlby 都主張人際關係的運作模式，以及由此模式所產生的扭曲，絕大部分（雖然並非絕對）都是根據早年生活與其主要的照顧者所形成的人際關係而來。

　　例如，曾受過虐待的個案很可能會發展出一套人際關係的運作模式，認為人們是不值得信任的，或者，其他人可能會利用自己——這些模式會被一貫地套進其所有的人際關係之中。這當然是可以理解的，但在面對可能的虐待傷害時，這個模式會削弱個案在人際功能運作上的能力，即使是在虐待不太可能發生的狀況下，這樣的個案在發展親密關係上可能會出現困難，因為其人際關係的模式在訴說著人們是不可以信任的——即使是非常值得信賴的人也會被推得遠遠的。這樣的治療案例相當多，個案會將其扭曲的人際關係模式加諸於其他人身上，包括在這種模式並不適用的情境之中，終而導致之後的自我挫敗感以及困擾，這樣似是而非的扭曲削弱了個案在所有人際關係當中，包括治療關係，與人互動以及感受安全的能力。

　　個體人際關係的運作模式在關係之內（within）與之間（across）通常會是一致的，據此形成具特色的依附型態，也就是說，隨著時間個體傾向於在一個關係之中維持相同的依附型態，並且以相同且與依附型態一致的方式形成新的人際關係，這種現象特別會發生在慮病症這類的個案身上，

其與家族成員、重要他人以及健康照護的專業人員等，這類比較是以依賴的依附型態相處的人，容易形成依賴的人際關係——他們不會在一段關係中突然改變和他人依附的方式，也不會馬上進入新的關係。

在依附型態上的一致性也形成了轉移關係發展的理論基礎，例如，若有足夠的時間，個案將會對治療師呈現相同的依附型態，就如同他在治療之外與其他人所形成的一樣，因此，對於治療關係的敏感度，讓治療師得以扣住許多極為重要的資訊，像是關於個案的依附型態以及人際關係模式；並讓治療師得以開始發展一些假設，針對個案可能經歷的人際問題的種類，以及他人對個案會有何感受的方式，先形成一些看法，儘管不是以人際心理治療的方式進行，但這些資訊對於了解個案在當前所經驗到的依附與溝通的問題仍然是十分重要。

同時，治療師要能記住，個案所經驗到依附關係上的困難以及個案在新人際關係中所加入的扭曲，都是個案真實經驗的產物，這是很重要的一點。人們都是誠實地帶著他們的人際關係模式來到治療師的面前，他們的模式和扭曲反映了早期處理壓力源、虐待傷害或者剝奪的真實嘗試以及努力。而可悲的是，這些過去的經驗持續透過影響依附關係與人際功能而不斷地出現在個案的身上，這樣的悲劇需要同理心的支持，而非心理學標籤的加註。

Bowlby[2] 描述了依附關係的一些型態：(1)安全型；(2)焦慮矛盾型；(3)焦慮逃避型；[a]所有這些型態都直接地應用到人際心理治療中，安全依附的個體將他們的人際關係建立在健康而具彈性的運作模式上——換句話說，他們通常信任其他人，相信他們的需要可以被滿足，而且能夠「探索」這

---

[a] 其他的學者曾提出其他的型態。某些理論學者提出增加錯亂的依附型態，也有一種包括四種型態的模式被提出（Main, 1986, p. 944; Bartholomew, 1991, p. 945; Pilkonis, 1988, p. 946; Brennan, 1998, p. 947），我們在人際心理治療的經驗也讓我們提出一個「強迫性照顧者」的依附型態，在治療某些個案時也相當有幫助，這個型態也被Bowlby等注意到了，儘管沒有被收入到他的主要理論模式之中，我們相信Bowlby原來的說明在臨床上有許多運用，並因為其簡潔性而一直是討論的焦點。

個世界，並帶著安全感尋找新的人際關係與經驗。如同 Bowlby 所說的，他們表現良好的心理健康特徵：當有需要時，他們能有效地尋求他人的關心與照顧，而在被需要時，也能夠提供關心與照顧給他人。他們的關係通常是滿足而豐富的，他們擁有廣泛的社會支持網絡，並因而能有效地處理生活中大部分的危機事件。

018

　　相反地，有著焦慮矛盾依附型態的個體，通常都關注於確認他們的依附需求能夠獲得滿足，他們在人際關係上的運作模式也是如此，以致他們會預設其他人無法適當地照顧他們。同時，為了滿足他們自己的依附需求，他們必須常常尋求關心和持續的承諾（reassurance）。慮病症的個案就是這種依附行為的典型範例——他們常常尋求持續的承諾，也關注在依附關係之中獲取足夠的關心，以致他們缺乏關心他人的能力。[11] 此外，他們不斷尋求承諾的行為也將令他們的照顧提供者感到疲乏，終而導致被拒絕的窘境，結果，這些個體所能發展的親密關係就變得不穩定，而他們對於那些威脅到依附關係的衝突或失落就容易顯得不堪一擊，更進一步來說，既然他們無法發展相互的支持性關係，他們的社會支持網絡就會變得非常貧乏。

　　焦慮逃避依附型態的個案則通常是在早期生活經驗從未獲得適當的照顧，他們因此發展出的人際關係運作模式，讓他們了解到所需要的關心是絕不會足夠的，甚至一點都得不到。而依附需求也從來不會被滿足，一些人際行為，例如，逃避或強迫性自我依靠，就與這種依附型態伴隨出現，焦慮逃避型的個體不相信自己在人際關係中會受到照顧，因此他們不是與他人形成表面的連結關係，就是全然地避開人際關係，結果是他們的社會支持網絡常會變得非常貧乏，社交畏懼症或精神分裂的人格疾患便符合這個種類。

　　同時擁有兩種不安全依附型態的個體，更可說是雪上加霜了。首先，他們的生活經驗會讓他們發展出一些人際關係的運作模式，使他們相信在有需要時，關心並不容易獲得。第二，因為他們根本就缺乏關心他人以及發展親密關係的能力，他們的社會支持網絡通常都十分貧乏，因而無論其內在世界或外在世界，都使他們無法適應處理人際壓力的過程。

　　總而言之，依附理論假設，當個體在與他人的依附關係經歷中斷時，個體會產生困難，這是由於特定依附關係的失落，以及他們的社會支持網絡並不能在失落、衝突或轉換時，給予支持。不安全依附的個體面對個人衝突尤其脆弱，像是離婚或關係中斷，以及角色轉換（如：離開或失去一份工作），這都是因為他們主要的人際關係貧乏以及社會支持網絡不佳的緣故。[12] 此外，他們在面臨重要的失落，像是主要依附對象死亡時，會比較容易產生問題。[13,14] 這些問題領域——人際衝突、角色轉換、哀傷與失落——在人際心理治療之中均會個別加以處理。

　　不安全依附個體的脆弱性不但是他們內在不安全感的結果，同時也是由於他們的社會支持網絡未能良好地建構以及未能適當地回應他們的需求。進一步來說，不安全依附的個體大多無法直接為他們的人際以及依附需求溝通，[15] 因而使他們無法像其他人一樣；一般來說，即使回應的方式有所偏離，大部分也都能夠有效地回應其他人的需求。

　　若是面臨足夠大的壓力源（如：配偶死亡），甚至連具有安全依附的個體都可能發展出精神症狀或者人際問題，但是他們發展出問題的閾值會高過不安全依附的個體，他們內在的安全感以及較佳的社會支持系統能夠使安全依附的個體在其他人可能產生困難時，持續獲得支持。若有必要，安全依附的個體也能夠有效地尋求他人的支持——他們先前的經驗以及內在的運作模式會指出那是可能被提供的——而且能夠溝通他們所要的特定支持。

　　依附理論與清楚建立的生物學對於憂鬱症及其他疾病的致病因素是一致的，基因的貢獻結合依附型態而影響了個體對於壓力的脆弱性，而此壓力是在與足夠的心理社會危機連結後才導致精神症狀的。不良適應的依附型態會發展形成，常常是由於個體在其父母患有精神症狀而有的教養行為之下長大，因而這樣的個體就同時擁有了遺傳的生物傾向以發展精神症狀和不良適應的依附型態，會形成如此的困境其實並不令人驚訝。因此，人際心理治療的基石便是廣泛地透過一個生物心理社會模式作為理解個體的方式。

　　依附理論認為改善個案功能的一個方式便是改變其基本的依附型態，

這意味著治療目標便是協助個體辨識其依附型態、了解其依附型態的形成方式，並且修正其依附關係的內在模式，如此依附組型的修訂需要透過檢視早期童年經驗，以及不斷地討論治療關係來檢視互動的組型，而發展出一些洞察。仔細地檢視個案與治療師的互動，主要是想藉此作為改變的媒介，其中重要的技術就是對於轉移經驗的詮釋，其本質上就是治療當中一個開放性的心理動力取向。

　　雖然這樣的取向對適當的個案有很大的效用，但要引起如此重大的改變所費時間不貲，而治療也必定相當密集，Bowlby 自己便說道：「重建一個人的表現模式及其對人際關係某些面向的再評價，會令其對待人們的模式有相應的改變，可能會是緩慢且不完整的」（p. 427）。[4]專門致力於如此深刻而持續之改變的治療法需要相當程度的動機、洞察、時間、財務資源，以及個案與治療師都能夠獻身於這樣的任務中而不求即刻的滿足，重點在於，決定「多少的治療」（how much therapy）對於一個考量這些因素的個案而言是適當的。

　　除此之外，將治療聚焦於個案依附型態的內在模式可能會轉移快速解決其症狀的焦點。大多數的治療作用是在個案和治療師的關係間以及從中產生的互動之中，依其定義而言，建構於專注在治療關係中的治療法將會花費較少的時間致力於解決個案當下的人際問題。此外，心理動力的治療師總是關注於一個事實——在有足夠時間的前提下，儘管努力地在支持個案，最後可能還是無法滿足個案在治療情境中所呈現的依附需求。因此，持續以密集而開放的治療法，最後還是需要討論治療關係，作為治療的一個主要特色。

　　相反地，人際心理治療並非去嘗試改變個案根本的依附型態，而是聚焦於個案溝通其依附需求的方式，以及他如何能夠建立更具支持性的社交網絡。將個案的依附型態當作一個常數來看，人際心理治療是透過一個即時的關係以協助個案更有效地溝通其需求；不是去改變個案內在的結構、自我功能，或者防衛機轉，而是協助個案認同或者發展社會支持系統，並且協助個案在其所處脈絡之中溝通其依附需求。滿足個案依附需求的經驗有助於以更精確地反映出現實的方式來重建個案的內在模式，但這並非治

020

療的主要目標，當然，第一優先還是快速解除症狀並且改善人際功能，治療則因此能夠以短期的方式來實施（圖 2.2）。

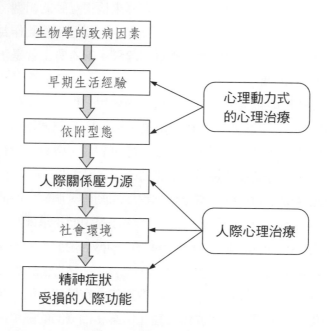

生物學的致病因素

↓

早期生活經驗 → 心理動力式的心理治療

↓

依附型態 ←

↓

人際關係壓力源 →

↓

社會環境 ← 人際心理治療

↓

精神症狀
受損的人際功能

圖 2.2 人際心理治療和心理動力式的心理治療：介入重點的差異

人際心理治療的介入在於急性的人際壓力源以及當前的社會環境，其目標在於減輕症狀並改善社交功能；心理動力式的心理治療則主要透過早期經驗以及轉移關係來促進根本依附型態上的改變。

依附理論的治療意涵

依附理論形成了概念化的根據，個案的困擾乃由於其依附需求未能獲得滿足而產生。這可能是因為個案擁有一個適應不良的依附型態，與不適當的他人形成依附關係，而這些他人使其相信來自於他人的關心會是不足夠的或者不可得的，也可能發生於具有安全依附型態的個案在面臨壓倒性人際關係危機時。在人際心理治療中，重點是擺在迅速協助個案更有效地使其需求獲得滿足，將其依附型態視為一預先設定的條件（taking the attachment style as given），聚焦於個案依附關係之中的溝通方式及其社會支持

系統，而加以處理；在長期的心理動力式心理治療之中，重點則是擺在修正根本的依附型態本身。

依附理論同時也提供了人際心理治療一些有助益的介入策略，探索並 021 澄清個案當前的人際關係，以及最近在這些關係中的轉變（transition）。這些方式均有助於了解個案的依附型態，探索關係的型態，例如，個案如何向他人尋求協助、認為別人會如何看待他自己，以及其結束關係的典型方式，應該也是有相當的幫助。

辨識出個案在治療過程中與治療師形成依附關係的方式，是非常有助益的，因為它可以指引治療師了解個案如何與重要他人形成依附關係。雖然個案和治療師的關係並不會在人際心理治療中直接被處理，這樣的理解應可協助治療師對於個案的人際功能及其將會如何引起個案困擾，發展出一些假設，同時，引導治療師詢問更加具體而直接的問題，以了解關於個案在治療之外的人際關係。

依附理論形成一個基礎，告知治療師關於潛在的治療阻抗，以及可以如何因應的方式。例如，具有逃避依附型態的個案可能會比較困難與治療師形成治療聯盟，因此，治療師可能會想要投入更多時間在與個案的關係上，並且在治療療程的早期就表達同理；具有矛盾依附的個案可能在結束治療時會有困難，並且結束他們與治療師的關係，因此，治療師可能會想要花更多的時間提早討論治療的結束議題，並且在治療要結束時，在治療環境中就可能特別著重於協助這些個案建立外在的社會支持系統，讓他們可以在需要時使用；另一方面，安全依附的個案或許較能受益於治療師的自我揭露，並且更可能可以建設性地使用指派的回家作業或者來自治療師的直接建議。

依附理論也提供預後的判斷，越具有安全依附的個案會有越好的預後，而且有許多理由證實這是真的。一個越具安全依附的個案通常會有越好的社會支持，也會有較佳的能力在需要時尋求協助；一個越具安全依附的個案也能與治療師形成更豐富的聯盟，並且對治療抱持著有助益的期待而進入治療之中。這樣的個案也較不會在結束治療時產生困難，因為其於治療之外的依附關係會更加滿意，且更甚於較不具安全依附型態的個案。

　　依附型態對於各種心理治療法的結果似乎是一個有力的預測因子，這個事實是，「富者益富」（the rich get richer）——個案具有更多人際資源以及內在心理資源，擁有更好的社會支持網絡，以及更加適應良好的依附型態與人格，便能從治療中獲得更多。

　　儘管事實上，依附關係似乎與治療的結果有密切關聯，治療師不應因為與較不良適應依附型態的個案工作，就感到沒有用或沒有價值，還是有許多的個案有著各種不同的依附型態而能在治療中表現不錯，而這樣的個案不應該被拒絕在治療之外。此外，也沒有證據顯示，具有較不良適應依附型態的個案在人際心理治療之外就能表現得更好——事實上，對這種尖銳的問題可以做出一個合理的論證，人際心理治療對於許多這樣的個案是能良好地適配的，因為治療是聚焦的，且相較於動力取向的治療法也不那麼強烈，基本的底線是，治療師應該辨識出依附型態是否會影響結果，而且應該調整其對於治療可能達成的目標之期待。

表 2.1　依附理論的治療意涵

依附理論形成以下各項的基礎：
- 個案人際問題的概念化。
- 治療中所能使用的介入策略。
- 理解個案和治療師的關係。
- 預期治療中潛在的問題。
- 預測個案的預後狀況。

■■■ 溝通理論

　　正如 Kiesler[16-19] 和 Benjamin[20,21] 所說，溝通理論（Communication Theory）與依附理論有著相當密切的關聯，而此一理論可透過人際心理治療的架構來理解，人際心理治療就是在描述個體如何對特定的重要他人表達自己的依附需求，依附理論連結至寬廣的、巨觀的社會脈絡，而溝通理論則

在這樣的設定下，用以處理個體人際關係的微觀層面，依附關係即為發生特定溝通方式的範式（template）。

　　根據 Kiesler[16] 指出，人類的性格其實就是重複發生的人際互動行為中一組持久的模式，這個模式會透過個體社交網絡中各種不同的人際關係表現出來。失調的或失功能的人際關係，其特徵為失調的人際溝通方式，主要是不斷地受到個體對於一般人際關係如何形成及維持的期待所影響，這種關於人際關係的期待，或者信念，是建立於 Bowlby[5] 所提出的以依附為基礎的關係「運作模式」之上，這樣似是而非的扭曲迫使人際關係成為不正確的運作模式之下的結果，而嚴重地影響到人際溝通的方式。

　　在每段關係中，Kiesler[16] 指出，個體於人際關係中不斷在協商三個特定面向，因為這些面向是個體之間溝通的產物，它們被稱為「後設溝通」——它們是關係本身品質的一些溝通方式，同時亦會反映出關係為何，而這些元素是：

- **親和力**（affiliation）：例如，個體對於他人所有的正向（高親和力）或負向（低親和力）感覺的程度。
- **支配性**（dominance）：例如，某人或另一人在關係或關係的事項之中負責決定的程度（支配 v.s.順從）。
- **涉入性**（inclusion）：例如，每一個個體而言，關係的重要性的程度（高度涉入性 v.s.低度涉入性）。

　　這三個人際關係中的面向可以透過一個三軸系統的圖形來描述，而個體在任何時刻中的溝通方式均可以用這個圖形上的某一方格點來表現，圖2.3 顯示出此三軸的位置及樣式。

　　個體的後設溝通方式（metacommunication）可以透過這樣的三軸圖形來標定描繪，例如，對親密伴侶所說的「我愛你」這句話，就傳達了非常高度的親和力和涉入性，以反映出關係的重要性，以及中度的支配性；一個敘述，例如，「這個計畫是不被接受的」，由老闆對員工說的話，就會傳達著高度的支配性以及低度的親和力，而若是這位員工想要保住工作，這樣的一句話也傳達著一個高度的涉入性，因為這個關係帶著相當的重要性，而且這位員工最好能強烈地留意此訊息；在兩個陌生人之間所傳遞的

一句話，像是「今天真是個好日子」，雖然具相當高的親和力，卻只具低度的涉入性，因為這個關係對於雙方而言，並不特別重要。

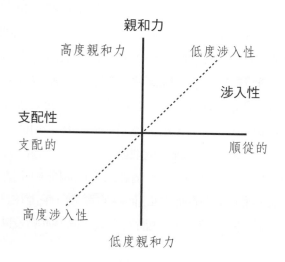

圖 2.3　人際關係的面向

不同的軸代表了關係中的元素：X軸代表支配性，Y軸代表親和力的程度，Z軸則是涉入性的程度。

以一個微觀的層面而言，溝通的行為是時時刻刻（moment-by-moment）、字字句句（statement-by-statement）都在發生的。[22] 這些後設溝通決定了一段關係的性質，並且呈顯了雙方在關係中的依附型態。

除了發生在關係中直接的溝通行為之外，親和力、支配性以及涉入性的後設溝通也會引發別人特定的反應。[16] 這些交互的回應方式有其可預測的組型，高度支配性的溝通傾向於引起順從的反應，高度親和力的溝通典型地就會引發親和的反應，而那些高度涉入性則自然地會引發高度涉入的反應，此互動可由圖 2.4 的圖形觀之。

根據 Kiesler 所言，會產生人際問題是因為個案往往會不注意地引起他人負向的相對回應。[22] 不良適應的依附型態因而以一個微觀層面反映出來，成為特定的溝通方式而引發無法有效地滿足個體依附需求的反應，這些溝通方式的累積會形成一個關係，反映出雙方的依附型態，如上所述，依附關係的組型隨著時間會在關係之內（within relationships）與關係之間

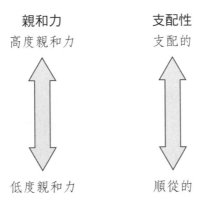

親和力　　　　　　支配性

高度親和力　　　　支配的

低度親和力　　　　順從的

圖 2.4　相應的溝通

相應的反應是由特定的人際溝通方式所引起的，來自於 A 的一個親和性溝通通常會讓 B 產生相同的反應，而來自於 A 的一個支配性反應則會引起 B 相反的回應：順從性會引來支配性的回應，反之亦然，來自於 A 的涉入性溝通方式也會引來 B 相同的反應：高度的涉入性會引發相同高度的涉入性回應。

（across relationships）變得一致，而隨著時間過去，個體也傾向於以一致的方式溝通其依附需求。

　　焦慮個體的依附需求無法被有效地滿足，是因為他們傾向於引發他人使用與其需求相反的方式來做出相對的回應。試想，假設個體以一種不友善的方式表達出需要人照顧的期待，而非引發高度親和力的反應，這種溝通方式幾乎可以確定的是，會引起他人低度親和力的反應——事實上，這樣的不友善可能會趕走潛在的照顧提供者，高度支配性的嚴格溝通方式也可能會遭到抗拒，因為他們所引發的被動性（passive）反應，也會把別人推得更遠。

　　這種適應不良的人際溝通方式可以在身體化（somatizing）疾患的個案身上發現，[11] 其容易有這種典型類別的溝通組型，例如，這樣的個案常常會顯現出焦慮逃避的依附型態，認為別人絕對無法滿足他們的依附需求，然而，他們在溝通這樣的恐懼以及依附的困擾（attachment distress）時，常會以一種憤怒的方式來傳達沒有人關心、沒有人了解，以及未能被認真對待，而最後的結果就是照顧提供者（caregiver）拒絕了身體化的病人（som-

024

atizer），而身體化的病人也拒絕了他人的協助，此時，與這些個案接觸的醫療專業人員通常會相當高興地就讓個案離開，因為個案持續不友善的溝通方式長期下來往往會粉碎了照顧提供者想要幫忙的期望，而個案不友善的溝通方式也會不斷地引來別人的敵意和拒絕。

慮病症個案是另一種例子，他們常常會有焦慮矛盾的依附型態，會呈現不斷地尋求協助的行為。然而，與身體化的個案不同的是，他們的依附需求會以一種高度親和力的方式來表達，而且是相當順從的。許多慮病症的個案一開始都很容易相處，他們容易引起他人照顧的反應，然而，隨著時間過去，不斷尋求協助的行為會開始連結非常被動而順從的溝通組型，並且無法藉由任何的介入策略使其安心，因而會讓他人變得受挫，導致最後拒絕了這位慮病症的患者。

最後一個例子，則是一個比較屬於類分裂型人格（schizoid personality）的個案，帶著焦慮逃避的依附型態，這種個案典型的溝通方式較是低度親和力以及涉入性，儘管不具敵意，個案還是無法忍受親密的關係並且會持續保持疏離。這樣疏離的行為和溝通方式也會一致地引起他人疏離的或低度親和力的反應，社交技巧的缺乏也可能阻礙溝通行為，導致尋求依附需求的挫敗，因為他們無法有效地與他人溝通，隨著如此不良的溝通以及逃避行為的普遍化（generalized），個案的社會支持網絡就可能會變得非常貧乏了。

總之，適應不良的依附型態會導致不適當或不充分的人際溝通行為，而阻礙了個體依附需求的滿足，持續而刻板的語言與非語言的溝通組型會促使他人回應的範圍也變得苛刻而受限，終而引致他人拒絕的反應，這些適應不良的依附型態和溝通方式主要的特色是，它們的刻板及其所引來受限且拒絕的反應。

此外，個案適應不良的依附型態和溝通組型會透過它們所激起的反應而不斷地增強，由於具有不安全依附關係的個案容易把他人推開或引發拒絕的反應，成為他們無效溝通的結果，因此，他們本身所具有的似是而非的扭曲或關係的運作模式就會不斷地被增強。他們自己的行為以及溝通方式所招致的拒絕就進一步成為他們無法接受適當關心的明證，既然他們傳

達需要關心的能力嚴重地受限，為了要得到微小的關心，他們會有變本加厲地使用相同的不良適應溝通方式的威脅，因而持續並擴大了這樣的惡性循環。憤怒的身體化個案（angry somatizing patients），在引發照顧提供者（care provider）的拒絕反應時，會在下次與醫療專業人員碰面時表達更大的憤怒與敵意，而這樣的情況只會讓他們的依附需求無法被滿足，並更進一步地強化了他們原來的人際運作模式以及不良適應的依附型態（圖2.5）。

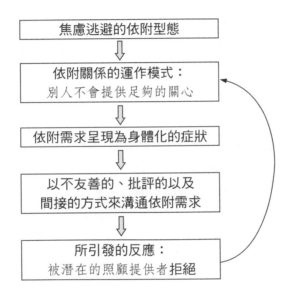

圖 2.5 身體化個案的人際溝通方式

傷害再加上羞辱，個案表現出適應不良的溝通組型，往往只是因為對 026 自己的溝通困難缺乏覺察。[16] 換句話說，他們自己也不了解為何別人無法提供關心給他們，為何別人到最後都會拒絕他們。他們相當了解自己感到困擾，以及自己的需求無法被滿足，但是他們並不了解，他們的溝通方式大部分會為自己帶來困擾，他們不清楚自己無法有效地溝通自己的需求，也無法表達自己好讓別人能夠有效地回應他們。

■■■■社交理論

　　憂鬱症和焦慮症的研究都一致強調人際影響因素的角色，像是失落、缺乏的或中斷的社會支持，以及對於生活事件適應不良的反應這類的因素。個案發展人際關係的社會情境，特別是其社會支持的力量，都強而有力地影響著個案因應人際困擾的方式。

　　社交理論（Social Theory）主要是由 Henderson 等人[24] 所提出，實際上，社交理論假定社會關係的缺乏是發生心理困擾的一個原因，而這樣的缺乏所導致的影響包括了無論個體是處於高度或低度的困境當中的情況。Henderson等人接著提出，最重要的是個體當前環境的影響，雖然過去的關係和早期的生活環境可能會扭曲個體對於當前環境的知覺而影響到整體圖像，但在社交理論中那並非是造成影響的必然媒介。[24] 總之，當前社會關係的壓力才是影響心理困擾發生單獨的主要因素。

　　因此，社交理論是站在一個與心理分析理論極度相反的位置，並且使人際心理治療清楚地有別於心理分析及心理動力取向的要素，心理分析植基於兩個原則：精神決定論（Psychic Determinism），並且認為潛意識的心理歷程是個體意識層面想法和行為的根基。換句話說，根據心理分析理論，個體多半無法察覺驅動其行為的歷程，而且這些潛意識的因素才是導致精神官能症和精神病理（psychopathology）的原因。[25]

　　相反地，社交理論並非根據這些原則，其主要的依據為當前的人際壓力源會引起精神病理——不需要仰賴於潛意識的歷程或者精神決定論來作為心理功能不正常的致病因素。這個差異的意涵其實相當清楚——心理分析主要是用以引出精神病理中潛意識的決定因子，而社交理論則認為透過一些能影響當前社會關係的介入策略就能夠導致功能的改善，因此，後者的取向與人際心理治療是相當一致的。

　　社交理論當中，另一個重要的概念是對於社會壓力的定性反應（qualitative responses），並非視精神疾病為一個二分法的前提假設（dichotomous proposition）——例如，一種是有病的，一種是沒病的。許多的社會理論學家主張，情緒困擾和情緒疾病僅僅只是程度上的不同。[26] 換句話說，對於難以應付的社會壓力源，從輕微困擾到嚴重困擾，這些反應都是在同一個光譜上，精神疾病只是被定義為越過一條專斷的界線（crossing an arbitrary line of severity）。此外，個體對於經驗憂鬱症的差異主要是受到心理社會因素所影響 [27]——這些經驗上的差異並不會反映在只涵蓋一些症狀的診斷上，將這樣的概念納入人際心理治療之中是重要的，因為它能讓有困擾的個體接受治療，而非只限於治療符合特定疾病診斷規範的個體。

027

許多研究顯示了社會支持的品質與心理問題之間有關聯，包括一系列由 Henderson 等人所做的研究，[24,28] 顯示了不良的社會支持與憂鬱症及其他「精神官能症」（neurotic illnesses）相關。[29,30]Henderson 也假定，在其他因素中，個體的人格和依附的品質可能與某些個體對於獲得別人的關心和支持有困難，有很大的關係。[31]

「社會支持網絡」的概念與人際關係和心理困擾有著相關性，研究證實了社會隔離（social isolation）或者有限的社會互動會使個體處於心理疾病的高度危險中。然而，互動的品質似乎是比較重要的，甚於人際關係的數量，所被知覺到的社會支持是個體主觀評價的一組方程式，包括了其社會網絡的可靠性、網絡之中互動的舒適性、個體歸屬於其網絡的感覺，以及其與網絡成員親密度的感受。[32]

由 Brown 及其同事所做的研究也同樣顯示，不利的社會事件與精神疾病間有關係存在。[33,34] 當前的社會壓力源和孩童時期被忽略及虐待的經驗兩者，與女性的焦慮症和憂鬱症也有關聯性。[35]

婚姻衝突似乎是心理困擾最相關的危險因子之一，嚴重憂鬱症的比例在分居和離婚的人們中最高，而在單身及已婚的人們身上則最低，剛守寡的人在全程的人生週期中有較高比例的嚴重憂鬱症，[36] 而缺乏配偶也是嚴重憂鬱症的高危險因子。[37] 悲傷與失落在男性與女性之中一直與憂鬱症狀有著相關性，尤其是那些社會支持不足的人們。[38,39] 相反地，失落期間能夠用以支持個體的依附關係若是存在，就能有助於預防憂鬱症的發生。[40]

嚴重憂鬱症與缺乏知己好友之間的關聯性顯示了不適當的社會支持與

心理困境之間的關係。Brown 的研究指出，對於社經背景處於弱勢並缺乏支持性關係的女性，失落會是憂鬱症發展的主要因素。[37] 好幾個關於社會支持網絡與精神官能症的長期性研究，顯示憂鬱症最重要的預測因子並非是客觀的支持網絡本身，而是個體對於社會支持足夠與否的知覺。[32]

總而言之，個體的社會支持網絡往往影響其是否會產生精神症狀的可能性，在個體面對重大的心理社會壓力時，這樣的關係會顯得更加重要，那些沒有、或不認為他們有知己好友、或足夠的社會網絡的個體會更可能陷入困境之中。

028

■■■ 人際心理治療：從理論到介入

依附、溝通，以及社交理論都在提醒我們關於人際心理治療的實施方式，基於這樣的理論模式，人際心理治療的治療師在實施人際心理治療時有四個基本的任務：

1. 創造一個具有高度涉入性以及親和力的治療環境。
2. 經由個案在治療之外與治療關係之中的人際場域，辨識其所發生的人際溝通方式的模式，以發展出對個案溝通問題的理解或概念化。
3. 找出個案適應不良的溝通組型，並協助個案覺察它們，以修正其溝通方式。
4. 協助個案建立良好的社會支持網絡，並善用當下可就近獲得的社會支持。

◈ 任務一

首先最重要的是，治療師必須創造一個治療環境，是具有高度涉入性及親和力的，簡單來說，一個好的治療聯盟在人際心理治療中是絕對必要的，而要創造這樣的環境是治療師的責任。治療關係必須要以這樣的方式發展，因為它對治療師和個案兩者而言都很重要——雙方都能積極投入，並且專注於彼此的溝通。若是未能如此，來自於治療師（以及來自於個案）

的回饋很容易就被錯失掉，進而危及到治療本身，因為個案也會變得容易放棄。若是未能建立一個豐富的治療聯盟，個案將會很輕易地就貶低治療關係，並且因而忽視任何來自於治療師的投入，包括所有在治療中治療師可能使用的技術，也會發揮不了作用。

當然，創造一個有意義的治療關係是所有心理治療的必要條件，在人際心理治療中尤其如此，因其為限定時間的治療法，治療師有責任要盡快建立好治療聯盟，讓治療的「工作」可以順利完成，因此在人際心理治療中，需要多加注意所有治療中的「非具體元素」：溫暖、同理心、情感調和（affective attunement）、積極關懷——所有 Rogers[41] 提到的元素，以期引發心理治療中的改變。重要的是，人際心理治療的治療師不能只是個技巧熟練而不能創造豐富治療聯盟的人，否則，人際心理治療的技巧和策略都將宣告無效。

治療師應該也要常常記住治療聯盟的品質是心理治療結果的主要預測因子，研究均一致顯示出，幾乎曾經檢視過治療聯盟的各種方式的治療法，都是如此認為。[42-45] 當然這並非意味著，不同治療法所使用的特定技巧和治療方法不重要，而是它們與治療聯盟的效果相較之下是相形見絀罷了。

治療聯盟對於具有適應不良依附型態的個案甚至更為重要，因為他們會使治療師很難一致地回應出同理心與治療方法，這樣的個案將會引發敵意和拒絕，而非治療師的同情心（sympathetic）和提供關心的反應。治療師必須覺察這類個案有這些部分的傾向，並且甚至要更積極地傳達同理心和積極正向的關懷給這些無法自然引發這類反應的個案。例如，具逃避型態的個案可能會引發治療師無聊的感覺或者拒絕，而假若治療師以此種方式來回應個案的挑釁，將會破壞治療關係。與這樣的個案一起工作，治療師必須辨識出被個案所引發的人際反應，了解引發它的溝通方式，並且調整其反應方式，以創造一個更豐富的治療關係，與這樣的個案一起工作，治療師或許會選擇使用更具同理心的話語，或者可能選擇在早期的會談中讓個案設定議題而不去過早加強治療師本身的預設，以免讓個案有被拒絕的感覺。

相反地，具矛盾型的個案可能不斷地要求再保證而「磨耗」（wear

029

down）了治療師的耐心，隨著時間流逝，個案很自然地就會引起他人惱怒和拒絕的反應，再一次地，治療師必須要能辨識這種溝通的組型，覺察個案所引發的反應，並且持續以一致性的關懷來反擊個案的挑釁。儘管是被迫要做相反的事，與此種類型的個案一起工作，治療師要辨識出個案可能變得依賴以及在限時治療關係結束時可能會有的困難，而能夠更加強調個案需要在治療之外發展出一個更具支持性的社會網絡。

　　幸運的是，部分個案在依附關係上是相當安全的，且能有效地溝通他們的需求，包括治療關係的在內，這樣的個案在治療師的部分只需要少許的調整，能從治療師那兒獲得回饋並有效地使用它，同時也能在他們外展的網絡做出調整。在這些個案當中，治療師可以更迅速地進入人際心理治療的中間階段，並且更迅速地提供回饋給個案，因為治療師會認為那是相當有幫助的，而不是拒絕。

　　因此，人際心理治療與以移情為基礎的心理動力治療間有一個重要的差異，在人際心理治療中，治療師會嘗試辨識個案基本的依附需求，並努力協助個案在治療之外去滿足其需求，而在以轉移關係為基礎的心理治療中，治療師會嘗試著變成「空白螢幕」，好讓個案能夠投射出其轉移關係的精神官能症——治療師會在治療中積極地抗拒個案的依附需求，這樣做的目的就是要激發出個案這樣的反應。

任務二

　　人際心理治療的第二項任務就是要透過辨識個案治療之外的人際範圍，以及治療關係中所產生的人際溝通組型，對個案的溝通問題發展出一個理解或是概念化，依附理論提及依附型態會呈顯在不同的關係中，當然也包括治療師與個案之間所發展出的關係。換句話說，人際心理治療師必須要非常小心地照料個案和治療師關係，因為它會提供有關個案與他人形成依附關係以及典型溝通方式等極有價值的資訊。個案在治療關係中因溝通所經驗到的困難也會在個案的其他人際關係中顯現，在治療關係中變得清楚的依附型態也會在個案的其他人際關係中顯現。而治療師在溝通時被個案引發的回應方式，尤其是引發照顧行為的溝通方式，也有可能會是個案在

治療之外，引發他人的類似人際反應。因此，在發展對於個案依附行為以及人際溝通的精確概念化過程中，了解人際心理治療中的轉移關係至為重要。

然而，在人際心理治療中，這樣的資料會被用以詢問治療之外關係的相關問題，而非用以處理個案和治療師之間的關係，轉移關係的經驗可以引導人際心理治療師去詢問個案在治療之外的人際關係溝通方式為何的問題，而治療關係本身在人際心理治療中並不會是介入的處理重點，例如，當治療師感覺到個案是被動或消極的，就應注意並詢問個案，在治療外的關係會不會也出現被動的這類相關的人際問題；當治療師感覺到會被吸引以具敵意的方式回應個案時，可以詢問個案在治療之外感覺到他人具敵意地回應時的相關事件；當治療師感覺到挫敗時，可以詢問別人會對個案覺得挫敗的可能性為何等這些問題。

如前所述，人際心理治療的特色是限定時間，並且以解除症狀為焦點。然而了解人際心理治療中所發展的轉移關係對於實施治療仍相當重要，因為它能告訴治療師，個案在治療之外形成以及維持關係的方式，人際心理治療相對於心理動力治療，並不以轉移關係或者治療關係作為治療介入策略的討論重點，其原因是因為一旦採取此方式，很可能會將個案推離解除症狀的此時此地焦點（a here-and-now focus），並進入一個用以修正人格或深層依附問題的治療中。儘管這樣的治療可能對於許多個案相當有幫助，且對嚴重的人格或依附關係上有困難的個案而言，甚至可能會是介入的首要選擇，但是，它們仍是人際心理治療範圍之外的。人際心理治療的重點是快速的解除症狀，因此，治療關係並非用來作為討論或介入的重點，因為它很快就會把個案引至解除症狀以及人際問題之外的地方。

因為治療的重點是解除症狀而非轉移關係發展的檢視，人際心理治療師會有一些空間可以讓自己在治療中站到最佳的位置。在以轉移關係為主的治療中，治療師在理想上會是一個「空白螢幕」，讓個案有最大的機會去投射自己並讓自己的轉移反應可以更加地清楚。轉移關係為主的治療便是這樣的一個方式，讓治療師不只詢問關於它的問題，而且還要是非揭露性且中立的，以期鼓勵轉移關係的發展。相反地，因為人際心理治療是用

以聚焦於治療之外的關係，因而不需要鼓勵轉移關係的發展。治療師可以將自己放在一個「教練」或「導師」的角色上，技術上來說，治療師的立場乃是一個持續不變且前後一致的照顧提供者，旨在促進與個案積極正向的轉移關係，並被視為一位願意且能夠提供協助的專家。

在實用的層面上，這意味著人際心理治療師有更大的自由能夠使用別的技術，能掩蓋轉移關係的發展而不用去關注它，例如，自我揭露對部分較具安全依附的個案就非常有助益，治療師可能希望說出一些解決之道，是其他有類似問題的個案發現有助益的方法（注意保密原則的維持）。人際心理治療師也可能會積極地協助個案擴展自己的社會支持網絡，而做出一些參與團體的建議，像是戒酒匿名團體、宗教團體、新媽媽支持團體之類的，需要的話，也會盡可能協助個案尋找資源，讓個案能夠找到管道參與此類團體。

事實上，人際心理治療師的目標是使用個案和治療師的關係來蒐集足夠的資訊，以了解個案的依附型態，並且作為了解其溝通發生困難的原因。在治療中，並非是去檢視與個案的轉移關係，治療師應該是置身於一個提供協助的專家位置。這樣的觀念是，在有問題的轉移關係發展之前能正確地「進出」治療，如此一來，人際心理治療中至為重要的時間限定以及聚焦於治療之外的此時此地關係，便能達成症狀解除的主要目標。

❦ 任務三

人際心理治療師的第三項任務就是，發現個案適應不良的溝通組型，並且使個案也能覺察它們，以期個案能夠修正其溝通的行為。簡單地說，目標就是協助個案發展對自己溝通型態的洞察能力，治療師需要去了解個案溝通的方式、個案溝通方式所引發的回應，以及個案溝通型態中不變的方式。此外，治療師必須協助個案去領會其溝通方式是無效的——例如，要達成滿足個案依附需求的目標，那樣的溝通方式是無效的。最後，治療師必須協助個案藉由發展並練習新的行為以改變其溝通方式。

人際心理治療的治療目標就是改變個案的溝通方式及行為，如此一來，其依附需求才能完全地被滿足，在大部分的案例中，這需要個案至少要有

某種程度的洞察能力，此一洞察能力是要個案能夠辨識其溝通型態以及其可能引發的回應，這樣的洞察能力只需要個案能夠辨識其此時此地與他人溝通的後果，並且足以形成改變的動力即可。

　　理想中，個案本質上會說：「我有偏好以特定的方式與他人溝通，我的溝通方式似乎也會引起別人特定的回應方式，而我所引起的這些回應對我並沒有幫助，而且還產生了讓我自己變得更加挫敗的反應。我現在認知到我可以透過不同的溝通方式，讓別人有比較正面的回應，來使我自己的需求可以被充分地滿足」。

　　將個案的溝通方式以其所能夠承認的方式回饋給他就需要有一定程度的治療關係，而這種治療關係的創造，其重要性一直被廣為討論著，就如同要理解治療中所發生的轉移關係一樣地重要。雖然轉移關係的經驗提供了許多個案依附及溝通型態的資訊，但這些絕對不是治療師應該使用的唯一資訊，事實上，理解個案溝通方式資訊的主要來源應該是，個案嘗試與重要他人溝通其需求的一些事件或小插曲。關係中的組型應該以最大範圍加以探索，以協助個案看見這些組型，並且協助治療師更完整地來理解個案。此外，人際問卷除了提供個案社會支持的相關資訊之外，也應該用來作為開始理解個案人際關係組型的一種方法、詢問一些問題，關於個案形成關係、結束關係的典型方式，或者，對於關係中普遍所經驗到的失望及沮喪，也是相當有幫助的。

032

　　詢問一些特定人際互動的問題也有助於了解個案溝通的型態，檢視人際事件的技術，如第十章所述，是一種很好的方式，能夠仔細地檢視為何個案在關係中無法有效地溝通其需求。人際心理治療的技術，例如，問題解決可以幫助個案辨識並改變溝通方式，使其依附需求得以充分被滿足，角色扮演提供機會來固化新近所建立的溝通方式，目標就是要協助個案辨識溝通的組型、修正這些組型，以期能有效地滿足個案的需求，一旦新的溝通方式被建立起來便能夠將其維持。

❧ 任務四

　　人際心理治療師的第四項任務就是協助個案建立一個較佳的社會支持

網絡,並且善加利用當下方便取得的社會支持,社交背景與個案因應人際危機的能力有密切的關聯,支持的力量越大,則個案就越有可能平安度過其生命中的暴風雨,因此,治療師的任務就是鼓勵個案發現可能的以及現有的支持資源,並且開始加以善加利用。

■■■結論

人際心理治療立基於三個理論的組合:依附理論、人際(溝通)理論以及社交理論。作為一種概念化的方法來了解個案產生困擾背後的原因,並且指出一些在治療中可供使用的介入策略,並全部結合於生物心理社會模式之中。一個急性的心理社會壓力源,產生在一個具有特定生物與依附傾向的個案身上,同時其又處於不充足的社會支持脈絡中,於是,造成了症狀的發展以及心理的困擾,人際心理治療便是特地設計用以幫助個案改善他們的人際溝通方式,並且充分地發展及善用他們的社會支持系統,進而協助個案。

1. Engel, G.L. 1980. The clinical application of biopsychosocial models. *American Journal of Psychiatry* **137**, 535–44.
2. Bowlby, J. 1969. *Attachment*. New York: Basic Books.
3. Bowlby, J. 1977. The making and breaking of affectional bonds: etiology and psychopathology in the light of attachment theory. *British Journal of Psychiatry* **130**, 201–10.
4. Bowlby, J. 1977. The making and breaking of affectional bonds, II: some principles of psychotherapy. *British Journal of Psychiatry* **130**, 421–31.
5. Bowlby, J. 1988. Developmental psychiatry comes of age. *American Journal of Psychiatry* **145**, 1–10.
6. Ainsworth, M.D. 1969. Object relations, dependency, and attachment: a theoretical view of the infant–mother relationship. *Child Development* **40**, 969–1027.
7. Ainsworth, M.S., Blehar, M.C., Waters, E., Wall, S. 1978. *Patterns of Attachment: A Psychological Study of the Strange Situation*. MahWah, NJ: Erlbaum.
8. George, C., Kaplan, N., Main, M. 1985. *Adult Attachment Interview*. 2nd edition. Berkely, CA: University of California at Berkely Press.
9. Hazan, C., Shaver, P.R. 1987. Romantic love conceptualized as an attachment process. *Journal of Personality and Social Psychology* **52**, 511–24.
10. Sullivan, H.S. 1953. *The Interpersonal Theory of Psychiatry*. New York: Norton.
11. Stuart, S., Noyes, R. 1999. Attachment and interpersonal communication in somatization disorder. *Psychosomatics* **40**, 34–43.
12. Parkes, C.M. 1971. Psycho-social transitions: a field of study. *Social Science and Medicine* **5**, 101–15.
13. Bowlby, J. 1973. *Attachment and Loss: Volume 2. Separation*. New York: Basic Books.
14. Parkes, C.M. 1965. Bereavement and mental illness. *British Journal of Medical Psychology* **38**, 1–26.
15. Henderson, S. 1974. Care-eliciting behavior in man. *Journal of Nervous and Mental Disease* **159**, 172–81.
16. Kiesler, D.J., Watkins, L.M. 1989. Interpersonal complimentarity and the therapeutic alliance: a study of the relationship in psychotherapy. *Psychotherapy* **26**, 183–94.
17. Kiesler, D.J. 1996. *Contemporary Interpersonal Theory and Research: Personality, Psychopathology, and Psychotherapy*. New York: John Wiley & Sons.
18. Kiesler, D.J. 1992. Interpersonal circle inventories: pantheoretical applications to psychotherapy research and practice. *Journal of Psychotherapy Integration* **2**, 77–99.
19. Kiesler, D.J. 1991. Interpersonal methods of assessment and diagnosis. In: Snyder, C.R., Forsyth, D.R. (eds), *Handbook of Social and Clinical Psychology: The Health Perspective*. Elmsford, NY: Pergamon Press.
20. Benjamin, L.S. 1996. *Interpersonal Diagnosis and Treatment of Personality Disorders*. 2nd edition. New York: Guilford.

033

21. Benjamin, L.S. 1996. Introduction to the special section on structural analysis of social behavior. *Journal of Consulting and Clinical Psychology* **64**, 1203–12.

22. Kiesler, D.J. 1979. An interpersonal communication analysis of relationship in psychotherapy. *Journal for the Study of Interpersonal Processes* **42**, 299–311.

23. Weissman, M.M., Paykel, E.S. 1974. *The Depressed Woman: A Study of Social Relationships*. Chicago: University of Chicago Press.

24. Henderson, S., Byrne, D.G., Duncan-Jones, P. 1982. *Neurosis and the Social Environment*. Sydney: Academic Press.

25. Brenner, C. 1973. *An Elementary Textbook of Psychoanalysis*. New York: Anchor Press.

26. Bebbington, P.E. 1984. Inferring causes: some constraints in the social psychiatry of depressive disorders. *Integrative Psychiatry* 2, 69–72.

27. Brown, G.W. 1998. Genetic and population perspectives on life events and depression. *Social Psychiatry and Psychiatric Epidemiology* **33**, 363–72.

034   28. Henderson, S., Duncan-Jones, P., Byrne, D.G., Scott, R., Adcock, S. 1979. Psychiatric disorder in Canberra: a standardized study of prevalence. *Acta Psychiatrica Scandinavica* **60**, 355–74.

29. Henderson, S., Byrne, D.G., Duncan-Jones, P., Adcock, S., Scott, R., Steele, G.P. 1978. Social bonds in the epidemiology of neurosis. *British Journal of Psychiatry* **132**, 463–6.

30. Henderson, S., Byrne, D.G., Duncan-Jones, P., Scott, R., Adcock, S. 1980. Social relationships, adversity and neurosis: a study of associations in a general population sample. *British Journal of Psychiatry* **136**, 574–83.

31. Henderson, S. 1977. The social network, support, and neurosis: the function of attachment in adult life. *British Journal of Psychiatry* **131**, 185–91.

32. Henderson, A.S. 1984. Interpreting the evidence on social support. *Social Psychiatry* **19**, 49–52.

33. Brown, G.W., Bifulco, A., Harris, T., Bridge, L. 1986. Life stress, chronic subclinical symptoms and vulnerability to clinical depression. *Journal of Affective Disorders* **11**, 1–19.

34. Andrews, B., Brown, G.W. 1988. Social support, onset of depression and personality: an exploratory analysis. *Social Psychiatry and Psychiatric Epidemiology* **23**, 99–108.

35. Brown, G.W., Harris, T., Eales, M.J. 1996. Social factors and comorbidity of depressive and anxiety disorders. *British Journal of Psychiatry* **168** (suppl. 30), 50–7.

36. Paykel, E.S. 1974. Life stress and psychiatric disorder. In: Dohrenwend, B.S., Dohrenwend, B.P. (eds). *Stressful Life Events: Their Nature and Effects*. New York: Wiley.

37. Brown, G.W., Harris, T.O. 1978. *Social Origins of Depression: A Study of Psychiatric Disorders in Women*. London: Tavistock.

38. Walker, K., MacBride, A., Vachon, M. 1977. Social support networks and the crisis of bereavement. *Social Sciences in Medicine* **11**, 35–41.

39. Maddison, D., Walker, W. 1967. Factors affecting the outcome of conjugal bereavement. *British Journal of Psychiatry* **113**, 1057–67.

40. Parker, G. 1978. *The Bonds of Depression*. Sydney: Angus and Robertson.

41. Rogers, C.R. 1957. The necessary and sufficient conditions of therapeutic personality change. *Journal of Consulting Psychology* **21**, 95–103.

42. Lambert, M.J. 1992. Psychotherapy outcome research: implications for integrative and eclectic theories. In: Norcross, J.C., Goldfried, M.R. (eds), *Handbook of Psychotherapy Integration*. New York: Basic Books.

43. Barber, J.P., Connolly, M.B., Crits-Christoph, P., Gladis, L., Siqueland, L. 2000. Alliance predicts patients' outcome beyond in-treatment change in symptoms. *Journal of Consulting and Clinical Psychology* **68**, 1027–32.
44. Martin, D.J., Garske, J.P., Davis, M.K. 2000. Relation of the therapeutic alliance with outcome and other variables: a meta-analytic review. *Journal of Consulting and Clinical Psychology* **68**, 438–50.
45. Zuroff, D.C., Blatt, S.J., Sotsky, S.M., *et al*. 2000. Relation of therapeutic alliance and perfectionism to outcome in brief outpatient treatment of depression. *Journal of Consulting and Clinical Psychology* **68**, 114–24.

第二部分

開始的會談

人際心理治療的結構

Chapter 3

■■■簡介

本章主要是提供關於人際心理治療結構的綜合論述，一個見樹更見林的觀點。人際心理治療可以分為不同的階段，包括：評估、治療的開始階段、中間階段以及急性治療的結束階段。人際心理治療結構中的各個組成要素都包括了個案和治療師雙方必須進行的特定任務（圖 3.1）。

■■■人際心理治療的階段

評估

人際心理治療的評估（assessment）階段主要目標為決定個案是否適合成為人際心理治療的對象，若適合的話，則人際心理治療即為可用的最好治療方式。評估期間，治療師應該聚焦於個案所呈現的問題及依附型態，並應詢問人際互動上明確的事件，以期了解個案溝通方面的典型風格。若治療師判斷人際心理治療是最適合個案需求的治療方式，則在彼此同意以

人際心理治療的方式進行之後，評估階段亦告一段落（表 3.1）。

038

評估	人際心理治療的適合度
開始階段	**第 1～2 次會談** 人際問題的概念化（interpersonal formulation） 診斷 治療契約 人際問卷
中間階段 悲傷和失落 人際衝突 角色轉換 人際敏感	**第 3～12 次會談** 人際工作 特定的技術
急性治療的結束階段	**第 13～14 次會談** 分離反應 進行過程的回顧 之後的規劃
維持治療	**第 15 次以上的會談** 復發的預防 保持聯繫

圖 3.1 人際心理治療的結構

在評估階段，治療師會對個案是否適合於人際心理治療做一個判斷。若適合，則治療師會形成一個人際問題的概念化，並與個案協商治療契約。人際問卷會於早期的會談中完成。在中間階段，治療師會使用四個問題領域以及人際心理治療的技術和個案一起致力於解決關係的問題。隨著結束急性治療，治療師和個案會回顧問題領域的進行過程以及對未來可能問題的規畫。若需要維持人際心理治療，個案和治療師會再聯繫之後較少頻率的會談，但是仍保持聚焦於人際。

表 3.1　人際心理治療的組成

評估

1. 評估個案接受人際心理治療的合適性。
2. 評估人際心理治療對於個案的合適性。

開始階段

1. 徹底評估精神病理和人際問題。
2. 發展人際問題的概念化。
3. 施測人際問卷：列出個案當前主要的關係以及與那些關係相關的問題。
4. 辨識問題的領域：衝突、角色轉換、悲傷和失落以及人際敏感。
5. 說明人際心理治療的目的以及原理。
6. 與個案建立治療的契約：強調治療的焦點、時間架構以及個案與治療師的期待。

中間階段

1. 關照於治療關係。
2. 將討論的焦點維持在特定的人際問題領域。
3. 探索個案的期待和對特定人際問題的看法。
4. 人際心理治療介入策略：例如澄清、人際影響、情感的鼓勵。
5. 問題解決：
   (1)特定人際問題的澄清。
   (2)腦力激盪可能的解決之道。
   (3)所提出解決之道的付諸實行。
   (4)監控結果，並修正所採行的解決方法。

急性治療的結束階段

1. 回顧個案的進行過程：回到人際問卷並透過問題領域來做追蹤。
2. 預期未來可能發生的問題。
3. 正向增強個案的努力。
4. 建立特定契約以維持必要的治療。

維持治療

1. 建立特定的契約。
2. 聚焦於問題的領域：工作在原來的問題上，或者探索突然出現的人際問題。
3. 監控進行過程。

038 ## 開始階段

　　人際心理治療的開始階段（initial phase）包括許多特定任務。主要的目標是發展一個人際的概念化——它必須是一個能描述並解釋個案人際困難的詳細假設，並衡量個案一般性的社會支持。這個過程的內涵即為人際問卷的發展。開始進行人際心理治療時，應該與個案建立一個契約，並選定幾個特定的人際問題來處理。

039 ## 中間階段

　　人際心理治療的中間階段（intermediate phase）是由治療師和個案一起工作，以解決個案的人際衝突，協助個案適應他／她的角色轉換，或處理悲傷和失落的問題。一般說來，在開始階段辨識幾個問題的領域後，治療師會蒐集更多關於個案人際問題的資訊。然後，個案和治療師致力於發展每個問題的解決方法，例如改善個案的溝通技巧或修正他／她對關係衝突
040 的期待。挑選一個適當的選項，接著理想上來說，個案應該在兩次會談間嘗試將之付諸實行。再來，個案和治療師就在後續的會談中一起工作以修正解決方法，並且進一步，若他／她要完全地實行卻有困難時，就協助個案實施這些方法。

結束急性治療

　　結束急性治療（concluding acute treatment）階段是在人際心理治療密集性的限定時間結束時，一個彼此的協調。它包括個案對整個治療過程中的回顧，例如解決人際問卷中辨識出的人際問題、預期新人際問題的出現，並對未來可能產生的問題做規畫。個案（及治療師）對於急性治療結束的反應也應該被承認，若有需要，則可進一步納入討論。

維持治療

　　若有需要，或者對個案及治療師而言是合適的，可以討論維持治療（maintenance treatment）的提供及效益相關的契約。萬一個案的問題可能復發，個案和治療師應該發展出一個契約，可以做後續一系列的維持性會談，在約定的間隔下會面，以監控持續的人際問題，並協助個案繼續努力精進他／她的人際技巧。這應該是個結構化的療程，而治療的急性階段也是以相同的方式結構化。維持性人際心理治療會談的時程需要臨床上的判斷，像是延長治療會增加問題轉移關係發生的可能性。約定維持性的會談也需要小心考量個案的依附型態，例如長期治療會促成某些不安全依附個案的依賴性。關於人際心理治療這方面的複雜性會在後面的章節再做討論。

■■■人際心理治療和生物心理社會模式

　　人際心理治療是基於心理功能的生物心理社會模式。[1]與早期生活經驗和依附型態連結的生物學因素可能導致個案的脆弱性（vulnerabilities），再加上足夠強度的人際壓力源，沒有適當社會支持的個體很可能就會產生人際困難。

　　人際心理治療所使用的介入方式及其本身架構，與依附理論和人際理論有直接的連結。人際心理治療師聚焦於個案的人際關係——特別個案的依附方式在這些關係中相當明顯。治療師也會去關心個案在開始、維持、脫離一段關係的過程中所使用的溝通型態。這些會發生在人際心理治療限定時間的型態上，並會聚焦於此時此地的症狀緩解，而非個案和治療師的關係。

041 ■■■**人際心理治療的問題領域**

　　人際心理治療聚焦於四個特定的問題領域，它們分別反映了治療中的人際特性。這些領域分別是：⑴悲傷和失落（grief and loss）；⑵人際衝突（interpersonal disputes）；⑶角色轉換（role transitions）；以及⑷人際敏感（interpersonal sensitivity）。心理社會的壓力源就是來自於這些問題領域的任何一個，當在一個不佳的社會支持背景下，依附關係的瓦解會造成人際問題或精神上的症狀。

- 　**悲傷和失落**：一般而言，可以了解悲傷是重要他人死去時的反應，但在人際心理治療中的悲傷可以被概念化為個案的失落經驗。除了死亡之外，離婚也會被視為個案的悲傷事件。失落的生理功能，例如伴隨而來的心臟病發作或者創傷，也會在悲傷和失落的問題領域中來考量。[2]

- 　**人際衝突**：這包括了個案與另一個人之間的衝突，也可能起因於溝通的問題或者任何一方的不實期待。

- 　**角色轉換**：這些名副其實包括了個案社會角色的改變以及伴隨轉換而來的社會支持變化。不只是生活層面的轉換，例如青少年時期、分娩、老化，還包括了許多社會層面的改變，如：離家、結婚、學校或工作職位的改變等。

- 　**人際敏感**：這可以透過個案在形成滿意人際關係時的困難點，其相關的獨特型態來了解。這個型態所產生不良的社會支持網絡會使個案發展出許多人際問題或者憂鬱，尤其社交的壓力源也會油然而生。通常，人際敏感反映出一個不安全及逃避的依附型態，也常會與逃避型的人際特質有所連結。基本上，問題符合此種類型的個案對於拒絕會有過度敏感的情形、與他人形成關係有其困難，結果也無法滿足他們自己的依附需求。

雖然這些分類對於將個案聚焦於特定的人際問題有很大的助益，對治

療師而言，很重要的是使用時要有足夠的彈性，而非給個案適當的問題領
域當作診斷，問題領域主要應該用來維持焦點於一個或兩個人際問題上，
尤其是人際心理治療在定義上有時間限制。一般說來，個案對問題本質的
觀點應該是可以被接受的，例如，若個案認為他／她最近的離婚事件是一
個悲傷事件而非角色轉換，那麼就應該以悲傷和失落的問題領域處理之。
不要只為了將「正確的」問題領域的「診斷」加諸於個案身上，而犧牲了
治療的聯盟。

　　治療師也應該注意到，個案的人際問題會與他們一直以來沒有足夠社
會支持系統所引致的急性人際壓力源有一些關係或相似性。除了處理特定
的問題外，也應朝向改善個案的社會支持去努力。

■■■結構性心理治療的優勢與限制

042

　　欲描述不同心理治療方法，比較有效的方法之一，就是找出「結構性」
與「非結構性」心理治療之間的差別。心理治療的介入方法可以放在這個
面向的光譜圖上來看，大部分時間限定的治療在量尺上是更具結構性的那
一端，而多數分析取向的治療方法則是在另一端。在結構性和非結構性的
取向上各有清楚的優勢以及限制——重點在於考量特定的治療方式如何能
夠滿足個案最大的需求。表 3.2 比較了結構性與非結構性心理治療方法。

　　要概念化人際心理治療和其他更具結構性的心理治療，在臨床實務上
有效的作法，就是將它們用來與身體症狀用的藥物治療做對照。從此一觀
點而言，人際心理治療慢慢地可以成為一個「處方」，針對個案所呈現的
特定問題作為一個合適的指定治療方式。

　　舉例而言，人際心理治療的結構提供一個時效性的方式可以類比於肺
炎上的抗生素療法。大多數的肺炎個案會需要一個結構性的抗生素療程，
是有限定時間的，並特定使用一種細菌病原體（bacterial pathogen）；此種
療法常常能相當有效地消除此種疾病。然而，有些個案容易有復發性的感
染或是變得沒有抵抗力。這些個案需要長期使用這些或者更多種類的藥劑，

表 3.2 結構性和非結構性的治療之特徵

	結構性	非結構性
舉例	人際心理治療、認知行為治療	心理動力、自我心理學
時間架構	限定時間	開放式
聚焦	改善功能	心理動力改變以及洞察
治療關係	支持的、積極的	不透明的、被動的
討論問題	治療師直接主導	主要由個案主導
轉移關係	並非介入的重點	介入的主要重點

且標示不同的劑量以及療程時間。儘管這些個案是少數，他們仍需要重大醫療資源的投入。

　　相同地，許多呈現心理健康問題的個案也多有急性且特定的問題，並能由急性的介入方式獲益。在其他狀況下，結構性以及具時效性的介入方式（如：人際心理治療），能夠提供個案在有限的時間架構上最大的益處。那些需要持續且低結構性介入的個案，例如嚴重與複雜的創傷經驗、深度困擾於人格功能、或是嚴重的情緒或精神疾患，可能會需要更長期以及更彈性的心理治療。

　　更進一步來看這個相同的部分，「劑量—反應」（dose-response）和「順從性」（compliance）的概念也可應用在這些較為結構性的心理治療中。證據顯示，個案能從前五次至十次的會談中，以指數成長方式（exponentially）獲得助益，而後那些助益就會慢慢稀釋掉了。儘管後續的會談仍持續有些助益，但那些有助益的部分會隨著每增加一次的會談而減少或消散。[3]因此，這些治療的助益或「反應」必須要按照所提供的「劑量」或會談次數來考量，尤其每增加一次會談，就會增加個案費用的負擔以及不方便。

　　研究也指出，在五至十次會談之後，[4]會診的參與以及心理治療處理上的順從性都會急速降低。這個觀點在澳洲最近的研究中被進一步證實了，其指出與精神科醫師會談的約定有40%都是「一次結束」（如：只有一次會談），而對於一位個案而言，拜訪精神科醫師的平均次數大約是七次。[5]

在美國也已有相同的發現。[6,7] 對於多數個案而言，一個短期間架構的「機會之窗」（window of opportunity）似乎已被開啟；隨著這扇窗而來的，便是使用結構性治療法的充分開發。

　　將研究部分先放一邊，有個不幸的事實是，近來合理化醫療保健（healthcare）的風氣以及治療成本效益的強調，都已深深地影響了整個醫療保健系統。儘管更開放式以及低結構性的治療有許多優點，人際心理治療以及其他更結構性的介入方式會常常在管理性照護系統（managed care systems）的限制下被提供。此外，人際心理治療也相當適合於這樣的風氣，因為有證據支持其效果，同時它也是主管機關在照護上強調的重點之一。

■■結論

　　在最後的討論中，「結構性」以及「非結構性」的心理治療之間應該不是互相競爭的，每一種治療在協助個案克服心理困擾時都有它自己的重要之處。人際心理治療的結構是其主要關鍵長處之一，然而維持結構性也不應該凌駕（supercede）於個案獨特的需求之上，因為那才是主要的關切所在。完全按照手冊指示而犧牲個案需求的代價，如此的人際心理治療療程必定無效，治療師應依著人際心理治療的原理原則並具備彈性的臨床判斷提供個案治療。

參考文獻

1. Engel, G.L. 1980. The clinical application of biopsychosocial models. *American Journal of Psychiatry* **137**, 535–44.

2. Stuart, S., Cole, V. 1996. Treatment of depression following myocardial infarction with interpersonal psychotherapy. *Annals of Clinical Psychiatry* **8**, 203–6.

3. Howard, K.I., Kopta, S.M., Krause, M.S., Orlinsky, D.E. 1986. The dose–effect relationship in psychotherapy. *American Psychologist* **41**, 159–64.

4. McKenzie, K.R. 1997. *Time Limited Group Psychotherapy in Managed Care*. Washington, DC: American Psychiatric Press.

5. Goldberg, D. 2000. Impressions of psychiatry in Australia. *Australasian Psychiatry* **8**, 307.

6. Howard, K.I., Davidson, C.V., O'Mahoney, M.T., Orlinsky, D.E. 1989. Patterns of psychotherapy utilization. *American Journal of Psychiatry* **146**, 775–8.

7. Howard, K.I., Vessey, J.T., Lueger, R., Schank, D. 1992. The psychotherapeutic service delivery system. *Psychotherapy Research* **2**, 164–80.

評估與個案的選擇

Chapter 4

▓▓▒■簡介

実施評估的主要目的在於決定何時應使用人際心理治療，以及要用在什麼人身上。治療方式要適合於個案，以確保能夠解決個案人際問題的最大可能性。在決定治療後，治療師應該考量幾個因素，包括：個案的依附型態、溝通型態、動機與洞察力，以及人際心理治療的相關實證研究。這些考量的因素都應該被整合為臨床的判斷依據。

治療師不應在未經適當評估之前就對個案實施人際心理治療，這是本書少數的限制之一，同時，治療師也必須基於臨床經驗上的判斷，包括時間的驗證以及治療師本身的評估。轉介不見得就是正確的，個案的臨床表現可能在轉介和最初的評估之間會發生變化，治療師在考量何種治療方式對個案有益的見解上，也可能會有不同。

在建立治療契約之前，必須完成一些評估動作，以確認人際心理治療是否適用於個案身上。若是提供個案一個治療契約後，才發現人際心理治療並非合適的治療方式轉而取消契約，這很明顯地就不是一個好的臨床作法。轉介時——無論是個案自我轉介或者是其他助人專業轉介過來的——要先行實施人際心理治療的評估以為確認之用，而非私下或直接決定要提供人際心理治療。

046 　　此外，也不應該倉促地實施人際心理治療的評估。在臨床的環境中，治療師是可以花上幾次會談的時間來完成評估工作的，只要其臨床判斷認為應該這麼做，對於各式各樣的個案來說，若以為一份適當的人際心理治療（或任何其他治療方法）契約可在一次會談中完成，這其實是相當天真的想法，因為這需要花時間去傾聽與了解，更不用說還要發展一個有意義的治療關係。

　　因此，雖然評估工作是人際心理治療中固有的部分，也不應該成為一個框架，迫使治療師進行人際心理治療，除非是有根據要使用人際心理治療法。評估是要做好準備的，也就是說，顯示出必須要做人際心理治療時才實施，而不應該強迫治療師提供人際心理治療，亦非要引導個案期待人際心理治療，除非它是最適當的治療方式。

　　這樣的評估至少應該要回答兩個簡單的問題：

　　1.這位特別的個案能從人際心理治療中獲益嗎？

　　2.人際心理治療是提供這位特別的個案的最好治療方法嗎？

■■■評估的歷程

　　本章主要在於說明人際心理治療特有的評估要素，而非重新介紹實施評估工作的整個歷程。然而，這不應該減損一個事實，就是對每一位個案實施徹底的心理評估，包括：精神病史、家族史、身體疾病史，以及完整的社交評估等，都是非常重要的。而在人際心理治療的評估中，同時要列入考慮的還包括個案的依附型態和溝通型態、提供故事述說的能力、治療的動機，以及心理的專注。實證研究的證據支持了人際心理治療對於特定疾病的效能，故考量人際心理治療的適合性時，這方面的研究證據也應被納入考量。

依附型態和溝通型態

　　一份好的心理或精神醫學的評估能協助治療師同時「見樹又見林」。在人際心理治療中，這是由兩個部分組合而成，一個是比較大範圍的地圖，描述個案如何導致現在的人際環境，另外一個是比較詳細的藍圖，描繪當前個案所掙扎和衝突的人際和心理困境；治療師可以將個案的依附型態想成地圖上的地形──清楚描繪出其採行的固定路徑的特徵，縱使沿途仍有許多其他可供選擇的路線。這個比較詳細的特徵，也就是這些地圖當中的樹木，每一棵樹木就代表當前的人際關係。這些樹木就被個案的人際關係所灌注營養，或者因而被推倒。

　　在人際心理治療的評估階段，有幾個理由必須要檢視個案的依附關係。首要的理由是，評估工作應該要能決定個案的依附型態是否讓他成為接受人際心理治療的人選。第二，個案的依附型態是否與他在治療中的預後有密切的關聯，讓治療師對於治療如何進行與結束有一個合理的預期。第三，　　047由個案的依附型態，可以找出特定的治療技術來使用。

表 4.1　依附關係的評估

個案的依附型態應該透過評估來決定：
- 實施人際心理治療的合適性。
- 整個治療可能的預後。
- 治療中可以使用的介入策略。

依附型態的評估

　　在評估個案的依附型態上，有三個主要的議題：
1. 個案描述關係的內容。
2. 個案描述內容的優劣。
3. 個案與治療師之間的關係。

個案描述關係的內容

個案依附型態的初始評估，應該從個案過去與現在的關係開始。採用開放式問題詢問個案的人際關係就是一個很好的開始方式。比較特定的詢問方式可以朝向確定個案在痛苦、生病或尋求照料時，做了什麼或溝通些什麼。同時也應該去詢問個案，當有人來請求協助時，他典型的反應會是什麼。

這些資訊其實很容易取得，只需要一點點的推敲，同時也是評定個案依附型態的一個常用的方式。不管是引導性或開放性的問題都可用來清楚了解個案在人際關係中的運作方式。

個案當前的人際關係是重要的資訊來源。這個部分應包括一些特定的問題，以及需要個案有所洞察的一些問題。例如，可以直接詢問個案，是否注意到自己的人際關係中有任何的模式在運作著，同時，也可以檢視關係的開始與結束上是否有一些不變的方式。此外，也應該詢問個案，在有需要時他都如何請求協助，在覺得心煩或生氣時都是用什麼方式與別人溝通。

親密關係和家庭關係都需要仔細地探索，也應該涵蓋工作上的人際關係，其約會史或者性關係史也很重要。由此，治療師可以一點一滴地蒐集個案用以形成各種人際關係的方法的訊息。

這些訊息的獲取都應該要包括個案的過去與現在，雖然人際心理治療在治療中並不關注於過往人際關係的修改，但是過往人際關係的訊息仍是必須要蒐集的。例如，詢問個案與主要照顧者的互動方式，就是對個案的依附型態發展出基本假設的一個極佳方式。

048

可用的問題句型有很多，列也列不完——重點在於直接從個案身上蒐集資訊，以便開始對個案的依附型態發展出一些概念。依附關係對於個案人際關係的形成與維持有相當的影響程度，因此，這類訊息非常地重要，尤其在發展正確的人際概念化，以及決定個案是否適合接受人際心理治療時，更需要這些訊息的提供。

表 4.2　評估依附關係的典型問題　048

- 在你完成某些事情時，例如，在學校拿了好成績，你的父母都如何回應？
- 你受傷時，父母有何反應？
- 你生氣時，他們又是如何反應？
- 在你有需要時，你都怎麼去尋求協助？
- 除了父母之外，還有哪些人提供你基本的照顧？
- 你和兄弟姊妹都是怎麼相處？
- 在成長過程中，你和兄弟姊妹的關係像什麼？

　　與這些描述性的訊息同等重要的是，個案對於自己與他人之間關係的知覺，這些個案所說的互動方式和個案對於其人際行為的知覺之間可能會一致，也可能完全不一樣，而這兩種情況其實都提供了關於個案的許多資訊。那些知覺與其所說出的互動方式是符合一致的個案，普遍而言，具有更多的洞察能力，尤其是就人際心理治療的使用而言。另一方面，他們能夠辨識自己溝通方式，承認這些方式對他人的影響，並且了解到他們的溝通對別人的特定影響。而那些自我知覺（self-perceptions）與所說不一致的個案，一般而言，則相當缺乏這方面的洞察，而治療師面對這類個案將會遭遇到更大的困難，因為他們需要的是更基礎層級的治療方式。

　　以下的兩個案例可以說明這樣的狀況。

 案例 1　一致的描述與自我知覺

治療師：告訴我你和太太的相處方式。

個　案：直到這次為了我岳母吵架之前，我和太太都相處得很好，當我生氣時，她都會離開並且給我獨處的空間。上個星期我們發生了一次很嚴重的關鍵爭吵，為了是否將她的母親安置到療養院或者讓她來跟我們住。然而從她的立場，我得說我也會覺得很生氣——當我生氣時，我聽不進任何話，也會變得非常固執。我想，她真的沒有什麼選擇，就只能保持沉默吧！

不一致的描述與自我知覺

治療師：告訴我你和太太的相處方式。

個　案：關於我岳母的事，我和太太一直有很嚴重的爭吵，我總是很憤怒，因為她根本不關心我的需要，就只想要讓她的母親來和我們住，完全不考慮讓她母親住進療養院的方案。

治療師：當你憤怒時，你都如何回應？

個　案：我就是很生氣……你知道的，要是你太太這麼對你的話，你一定也會很生氣的。

有許多技術上的說法，能夠說明治療師為何認為個案是接受治療最佳（或不那麼好）的人選，然而，那些都可以歸結成一個簡單的直覺上的問題，而且是透過經驗和臨床的判斷，而這個問題就是：

你會想要和這位個案一起工作嗎？

關於上面的這個例子，連一個火箭科學家（或一位碩士、博士）都不難理解，很明顯地，個案 1 是心理治療的好人選，技術上來說，不需要治療師的引導，他就已經能夠辨識出他的溝通方式影響到別人了，他能承認對於問題該負責任，並且顯現出好像有點知道他的溝通可能會是一個問題。其描述和自我知覺是一致的。

個案所有的描述訊息儘管很容易獲得，但通常無法完整地呈現出其互動型態和依附型態。記住這一點是很重要的。在任何的治療情境中，總會有一些訊息是被個案隱瞞、扭曲、簡化過的，發生這種情況有許多原因，但是，對於人際心理治療而言，有一些明顯的原因是：⑴個案可能會想要表現較好的一面給治療師看；⑵個案可能有目的地想要責怪他人引起問題而不去承擔自己的責任；⑶治療性連結（therapeutic bond）和對治療師的信任程度尚不足以讓個案更開放或說得更多；⑷個案想要取悅治療師，並說出他認為治療師會想要聽到的「正確答案」；⑸治療師未能詢問正確的

問題或未能對個案表現出足夠的興趣，讓個案願意冒險做自我揭露。有時候人們會隱瞞或扭曲個人的訊息，那也是人的天性，同樣地，在治療情境中也不例外。

因此，治療師應小心翼翼地對待被說出來的事實，是如何被說出來的，以及對個案因而形成的評估基礎。這反映了個案傾向於隱瞞或扭曲提供給治療師的資訊。這樣的隱瞞可能是有意識的，但也常常會是引發個案問題或尋求治療困難點的顯現。

Bowlby[1]（p. 425）對這樣的概念做了一個很好的總結：

> 事實上，最有意義的資訊當中，有許多都是令人非常痛苦或害怕的事件，會讓個案寧可遺忘而不願再提起。有些記憶，例如：總是受到責備；必須照顧憂鬱的母親而無法照顧自己，或者，當父親施暴或母親恐嚇時感覺到的驚恐和生氣；被告知自己的行為會造成父母生病而產生的罪惡感；經歷失落之後感覺到的哀傷、絕望、生氣；被迫分離的期間，強烈的想念得不到回應⋯⋯等等。沒有人可以在回顧這樣的事件時不會感受到那些重新燃起的焦慮、憤怒、罪惡或絕望感，也沒有人會在意，那就是他自己的父母，他們在其他時間裡也是和藹且支持的，只是偶爾表現得令人痛苦而已⋯⋯，因此，我們會發現，防衛機制的過程常常發生在辨識或回憶真實生活事件的時候，個案往往無法發覺潛意識所引發的衝動或幻想。的確，常常只有在回憶或重現一些困擾而煩惱的關係時，那樣的感覺會再被喚起，而情節則會回應思考並且浮現在腦海。

除了可以從個案身上直接取得資訊外，治療師也應該尋找一些從個案的描述及個案和治療師的關係之間可以推論出來的訊息。在其他個案中，若有重要他人願意一起參與治療的會談，也可以從中蒐集一些訊息。所有這些資料均可以連結形成人際概念化的基石。 050

個案描述內容的優劣

除了直接蒐集個案人際關係的資料，對個案依附型態的推論也可以透過個案描述內容的優劣來形成。簡單地說，描述內容的優劣是指個案是否

有能力說出一個好故事的意思。

這樣一來，治療師應該思考的是，到底哪些部分會讓一個故事可以更加吸引人。更好的是，治療師可以想想在哪些部分，他被個案說的故事觸動情緒，而那時到底個案說了什麼——那些會觸動治療師的部分，通常就是好故事的原型。

第一，一個好的故事應該要有一個好的情節，換句話說，它應該讓人感覺有意義（make sense）。在治療過程中，它應該有其脈絡性，而非被說得「突然間蹦出來」（out of the blue）似的，其中的情節應該要有其意義，故事應該有其論點，也應該要有一個開始和結束。在治療中，故事說得相當好的個案常常會加入一些其所預期的結局——預期治療結束時，他們希望事情會是什麼樣的一個樣貌。

第二，一個好的故事或者引人入勝的敘說應該會有某些情節，而這應該會發生在故事中的角色之間。應該要有對話以及人際互動的表現和闡述，情節描述得越詳細越好，以及許多情感的部分，兩者都是組成一個好的故事不可或缺的要素。

第三，應該詳細地交代故事發生的脈絡，在治療過程中，故事不應該是「從前從前有一個……」（once upon a time），個案應交代事件發生的時間，並說明其中有意義的人際互動脈絡，例如，一個與配偶發生衝突的故事就應該交代其間的時間和地點、空間。

思考以下兩個案例。

案例 3　一段不引人入勝的描述

治療師：請描述一下你父親的喪禮。

個　案：我記得不是很清楚了，那是一個下著雨的日子……許多親人都來了，後來，我們在教堂守靈，我不記得有跟任何人交談過，我的父親和我並不親近。

治療師：你的父親是怎麼過世的？

個　案：他得了攝護腺癌，我想，他病了好久一段時間了。

案例
4

一段引人入勝的描述

治療師：請描述一下你父親的喪禮。

個　案：其實也沒有什麼好說的——那是一個典型的愛爾蘭儀式……事實上，
　　　　那是一個我父親一直想要的守靈儀式，他是一個很風趣的人，而他
　　　　總是說著要有一個守靈儀式，要大家都能來參加，並且記得他們和
　　　　他曾有過的快樂時光。他是一個令人驚喜的人，真的——即便患了
　　　　攝護腺癌幾乎兩年的時間，也從未稍減過他的幽默感。我記得在他
　　　　過世前幾天，我到醫院去探望他時，總覺得我們聊了好久、好久，
　　　　像永遠那麼久，而我想，其實我們兩個都知道結束的那一天即將到
　　　　來。真的很難去描述那種感覺，一方面，我不認為自己曾經感覺到
　　　　與他如此地親近，在那一刻，我們就只是擁抱著彼此，並說著「我
　　　　愛你」。然而，每當我想到這裡，還是覺得如此地悲傷，因為我們
　　　　往後再也不會擁有那樣的時光了，就在我要離開的時候，他跟我說：
　　　　「一定也要讓你的兒子清楚地知道你有多愛他」，在我禱告時說到
　　　　這裡就哭了……

051

　　能夠以一種有意義的方式來說故事是很重要的，主要有幾個原因。第
一，每一種心理治療都需要個案能夠產生某些討論的材料，可以是夢、可
以是認知，也可以是自由聯想或者是減敏感法練習的報告。總之，所有的
治療法都需要個案可以報導些東西，越詳細越好，如此一來才有更多的材
料和資料可供檢視及了解個案。

　　敘述人際互動過程的能力在人際心理治療中是不可或缺的。完整的治
療包括了讓個案提供描述的資料——個案在人際心理治療中將會不斷地被
要求複製特定的人際互動於治療過程中，完整呈現對話、情緒內容以及非
語言的資訊，個案能夠提供越詳細的資料，同時資料越正確，則個案在治
療中就能表現得越好。

　　第二，能夠以引人入勝或有意義的方式來敘述故事，這樣的能力和個

案對他人溝通自己經驗的能力有很密切的關聯。而隨之也會深深地影響到個案的社會支持網絡。個案若能以富吸引力的方式來描述他們的經驗，通常會擁有更大、更親密的社會支持網絡，勝過於那些沒有這方面能力的個案。

第三，個案描述經驗的天生能力會與其處理特定個人衝突的能力有關。能夠有效地傳達自己的經驗、情緒和支持的需求，這樣的個案將更能有效解決特定的衝突，勝過無法有效傳達的個案。

第四，個案若能述說一則引人入勝的故事，將更能吸引治療師的投入。身為更深具人性關懷的治療師，也和個案人際關係世界中的其他人一樣，會受到那些相同的因素所影響，治療師也會被一則則引人入勝的故事所吸引——與那些個案一起工作會是愉快的，而治療師會專注在他們身上。當然，這很巧妙，但是也會深深地影響到治療的結果。

總之，越能引人入勝的故事，治療結果可能也就越好；越是安全依附的個案，故事就越是能夠引人入勝，個案也就越可能有意義地投入與他人的關係中，並分享自己的經驗。在評估期間，治療師應直接要求個案敘述有意義的或有趣的人際互動的故事。

個案對於別的個體的描述

除了一般描述內容的優劣之外，個案描述其人際互動世界中其他人的方式也正透露著其依附型態。隨著故事的進行，治療師應該直接尋求與個案互動的那些人的描述。

052

比較具有安全依附的個案通常較能夠透過立體三度空間（three-dimensional）的措辭來描述其他人。換句話說，他們能夠較為真實地描繪其他人，透過優點和缺點、利他和自私的目的、氣質和長處。這反映了他們在人際關係中更精確的運作模式，或是他們較為缺乏的似是而非的扭曲。比較具有安全依附的人們能夠更精準地的描述「一個人真正的樣子」（call it like it is）。

焦慮矛盾依附的個案常常以較為二度空間（two-dimensional）的措辭來描述其他人，因為這樣的個案比較關注於讓自己的依附需求被滿足，他

們不喜歡去評論能帶給他們關懷的人們，因此，他們可能會說出一個理想化，或偶爾是貶抑他人的一些描述，慮病症的個案就是這一類依附及相應描述的典型例子，他們會完整地理想化當前的以及可能的照顧提供者，而責怪那些以前曾讓他們失望的人們。在焦慮矛盾依附的個案世界裡沒有一個人是完整的——他們只有全好或者全壞的部分，從心理分析而言，分裂（splitting）影響了個案概念化他人的方式。

相反地，有逃避依附型態的個案，通常會以單一向度（one-dimensional）的方式來描述他人，和這些個案一起工作，實在沒有什麼細節可言，沒有什麼東西可以值得停下來談論——沒有資料、沒有詳情……什麼都沒有。這反映了逃避型個案的人際世界，其人際關係毫無一點意義可言。

思考以下三個案例。

案例 5　安全依附型

治療師：告訴我關於妳母親的事。

個　案：我的母親……嗯，現在她和我相處得相當好，儘管她有她的事情要做。在我成長的過程中，她是很偉大的，我記得我五歲時長了水痘，她馬上請假不去上班，留在家裡陪我，我們一起玩遊戲、讀書……那是很棒的時光。在我十歲的時候……嗯，那又是另一個故事了。她是有點跟不上時代了，所以，她和我會有一些大聲的爭吵，像是關於我要穿什麼，以及晚上可以在外面待到多晚之類的，整體來說，我想她一直都是相當支持我的。像對我的孩子——她總是願意伸出援手幫忙看顧他們，但她還是常會挑剔我們教養孩子的方式。

案例 6　焦慮矛盾依附型

治療師：告訴我關於妳母親的事。

個　案：我的母親……嗯，她真的很偉大，她總是在那裡，給我們幫助，她

> 對孩子也很好……坦白說，我不認為我能找到比她更好的母親了，我想不到有任何一件事情是我需要她去改善的。
>
> 治療師：我剛想了一下，妳提到妳和她對於如何教養小孩這件事情上有過不小的衝突。
>
> 個　案：哦！那個啊……嗯……那很少發生……那真的不那麼重要。

053

案例 7　焦慮逃避依附型

> 治療師：告訴我關於妳母親的事。
>
> 個　案：我的母親……嗯，她已經 56 歲了。
>
> 治療師：她是什麼樣的一個人？
>
> 個　案：她人很好，我想，她是一個很好的母親。
>
> 治療師：妳有想到任何關於她的特定事情？
>
> 個　案：沒有，她是個好母親。

　　儘管是一些相當簡單的案例，以上這些案例還是說明了一些回應的類型，正是不同依附型態的個案可能會給予的回應。在案例 5 當中，安全依附的個案能夠對母親提供一個周全的觀點——她有好的，也有不好的一面，個案都能夠描述出來，且個案也能夠將這些優缺點拼湊成一致而有意義的完整的一個人。更棒的是，她也自然而然地提供了故事的材料，為她的描述提供了脈絡和細節。

　　在案例 6 當中，個案的描述是很理想化的，當面對治療師時，她似乎無法整合她母親的兩個不同面向成為協調的一個整體。失去母親的威脅感以及母親所提供的有限支持，讓個案將母親理想化了，除了慮病症的患者外，這偶爾會不幸地發生在受虐者身上，儘管受到嚴重創傷，還是會一直將犯罪者理想化並責怪他們自己。

　　在案例 7 當中，逃避特質的個案就是無法提供太多有意義的資料，可

以想像的是，這樣的個案很難在治療中和治療師一起工作，這不僅僅是因為她所提供的資料不夠或不好，同時也因為她似乎無法向別人傳達她的內在經驗、感覺和想法。除此之外，這樣的個案會很快地變成大部分治療師的沉重負擔，因為她無法有效地投入人際關係之中，即便是與治療師也是一樣。

　　很清楚地，在依附型態中其實有很多重疊的部分，所有的個體都有某些安全與不安全的依附特質。然而，有些人會比其他人更具安全感，而也就是這些個案在治療中會有比較好的預後。

✨ 個案與治療師之間的關係

　　評估依附型態和溝通方式的三角關係中，最後一個部分就是治療關係，透過個案對於關係的報告、個案描述內容的優劣，個案和治療師的關係對於個案的依附型態及治療中的預後情形有很大的關聯性。

　　隨著評估階段以及整個治療的進行，治療師應立即調和治療關係的節奏，治療師尤其應該敏銳地覺察到自己對個案的反應，這是十分重要的，因為依附關係和溝通方式都可以透過這個方式來評估。

　　可以據此評估依附關係，主要是因為個案和治療師發展出的關係會是個案在治療之外所呈現的依附型態。個案的人際運作模式，或者似是而非的扭曲，將會強加在治療師身上，這可能會也可能不會很快就發生。具備較少安全依附的個案，他們常常在第一次會談的時候表現得亮眼，由於個案的運作模式如此地不正確，以致很快地，不一致的部分就變得明顯。憤怒的邊緣型人格、自戀型人格以及反社會型人格都是這類型個案的例子。另一方面，那些較為安全依附型態的個案不會將如此扭曲的特性強加在治療師身上，或者，至少在短期間內不會這麼做，他們會是很合作的、樂意接受幫助，並且令人愉快地與之工作的一群人。

054

　　溝通方式也可以被評估，因為個案在治療中特定的溝通方式和後設溝通，會和他們在治療之外所有的溝通方式類似，可以找出一些獨特的回應方式。既然如此，它們就會從治療師身上引發出一些反應，因此，治療師應敏銳地覺察到自己對個案反射出的回應。個案會讓治療師感到無助？生

氣？無聊？或者，有效而且有幫助？每一種反射出來的回應都能指出個案特定的溝通型態。

為了讓依附型態的評估更加完整，治療師也應該對自己和個案之間的適配性實施評估，有句古老的諺語「了解自己」（know thyself，編注：古希臘著名的德爾菲神諭），不可被過度強調。治療師本身和個案一樣，也有一些特定的依附型態和溝通方式，例如，傾向於過度指導性的治療師在與逃避型的個案工作時可能就會產生困難；當治療師發現很難結束治療的時候，可能就是因為遇到一個依附型態是依賴型的個案；安全依附型態的治療師，就像個案一樣，在治療中會是比較有效的一種。

■■■依附型態與溝通方式的評估：總結

個案的依附型態和溝通型態在人際心理治療中的評估至少可以有三種不同的資料來源。第一，個案對於關係直接的報告，應加以檢視。第二，個案描述內容的優劣，尤其是要求其「說故事」時，應該對其回應做些評估。第三，個案和治療師兩者關係的品質也可以提供相當的資料。所有這些資料加在一起，就可以讓我們了解個案對於人際心理治療的合適度，以及個案參與治療的可能預後。

因此，個案的依附型態對於其與治療師發展治療同盟的能力，以及從治療中獲益的可能性，具有相當的指標性。不幸的是，和其他心理治療法一樣，在人際心理治療中，有句古老的諺語是這麼說的：「富者益富」。絕大部分說明了：比較具有安全依附型態的個案，通常較能與治療師形成工作關係，而且，也因為在治療之外關係品質較為健康，所以就能夠很容易有效地形成社會支持系統。具有焦慮矛盾型依附的個案通常可以很快地就和治療師形成關係，但是常常在結束治療的時候會產生很大的困難——尤其是在有時間限制的治療方法中會有問題。而具備焦慮逃避型依附的個案則在與信任治療師以及與之形成關係上會有困難。因此，與焦慮逃避型的個案工作時，治療師可能需要在治療開始的幾次會談中，致力於發展一

個有效的治療同盟，等到建立了一個好的同盟關係，才能接著進入正式人際心理治療的工作之中。

除了評估治療的合適性，治療師也應該透過評估工作，針對治療過程中可能出現的問題加以預測並計畫。例如，既然焦慮矛盾型依附的個案在結束關係時可能會產生困難，敏銳的治療師可能就會修正其治療方式，藉由強調治療的時間限制、在治療的中間階段就開始討論結束的議題，同時，還可以透過提早開始結束歷程的方式。另外，重要他人也可能於治療中常常被提起或加入，以確保其對於治療師的依賴不會成為一個問題。而與逃避型的個案工作時，治療師應該計畫用幾次的會談來完成一套評估，同時關注於對個案的同理與了解的傳達。不斷地邀請個案回饋關於治療的密集性，尤其是在考量較低頻率的見面次數時，會是改善與這些個案治療聯盟關係的另外一項可行策略。

055

■ ■ ■ 傳統個案在限定時間心理治療中的特徵

一般而言，只要個案具備成為任何一種限制時間治療法的特徵，就適合於人際心理治療法。已經有許多學者提出選擇個案的要素，且大多數會強調，在短期治療方法中小心地選擇個案，對於治療的成功是很重要的一個要素。[2-5] 這些要素仍強調有賴於臨床經驗和實證資料。

關於短期治療中個案選擇的實證研究提出，有幾個特定的要素與好的結果具有相關性。[6-8] 儘管大部分現有的研究多是以心理動力取向的短期治療為主，但這些對於考量個案在人際心理治療中的合適度仍有相當的幫助。

在臨床和實證的文獻中最常被提及、且可被整合於人際心理治療中個案選擇的要素，包括：

1. 病症的嚴重性。
2. 動機。
3. 形成治療聯盟的能力。
4. 自我強度。

5.心理專注。

病症的嚴重性

病症嚴重性的資料可以作為短期治療結束的預測因子，這主要是一個直覺性的概念，在精神病理學上狀況越嚴重，個案就越不適合做治療。[9,10] 這不只包括了精神醫學的症狀（如：精神病），更嚴重的人格疾患也是如此。[11,12] 高度的症狀嚴重性（如：憂鬱症），通常也預示了不好的治療結果。[13]

動機

在限定時間治療當中，所謂的「動機」，我們可以說是一種更想改變的渴望，而非只是片面解除症狀。[6] 這類動機的要素，包括個案能夠辨識其所對抗症狀的心理特質，願意積極地參與治療，願意探索新的問題解決之道，並且願意以務實的方式來擴展自己，例如犧牲時間來參加會談並且付費[14]——當然，後者對於治療師和個案一樣都尤其重要。這些要素的本質在直覺上是很明顯的，尤其是在人際心理治療中，正如問題解決是治療過程的主要構成要素一般。實證研究的文獻也支持了動機在理論上的重要性，[15] 儘管有一些學者仍建議於治療晚期再評估動機的部分，而非在開始會談的階段，因為實證研究[16]和臨床經驗都指出，稍晚再做動機的評估會比較正確。[2,17] 而這也更進一步地提示以下論點的可信度——在為人際心理治療選擇個案之前要先做好一個徹底而完整的評估。

形成治療聯盟的能力

形成一個治療聯盟的能力包括了治療關係的許多不同面向，但是，它實質上也說明了個案能否與治療師富有生產性地一起工作的能力。為了要這麼做，個案必須要能夠把自己擺在一個願意尋求並接受協助的位置上，

如實地告訴治療師自己的感覺，並且相信治療師。在人際心理治療中，其中大部分會被概念化為安全地與治療師形成依附關係的能力。實證研究支持這個要素的重要性，在測量治療中幾次會談的過程時，發現包括動機、治療關係、工作聯盟或者治療性的連結力（therapeutic bond）……等等因素，和治療結果有了更清楚的相關性。[18,19]

治療聯盟的品質也一直與好的治療結果有所相關，尤其在人際心理治療當中。國家心理衛生院的憂鬱症治療協同研究計畫（NIMH Treatment of Depression Collaborative Research Program, NIMH-TDCRP）[20] 中發現，治療聯盟的品質對於治療結果有著相當重要的影響力。[21] 尤其個案對聯盟的投入程度更是占了絕大部分的比重。[22] 個案投入有效治療關係的能力對於治療師能夠實施人際心理治療的勝任程度有重大影響力，更甚於個案症狀嚴重性的影響，[23] 這也再一次說明了治療聯盟的重要性。

自我強度

自我強度長久以來在心理治療成功的傳統中扮演了一個很重要的要素，它是個一般性的構念，包括了許多的組成要素，有些是抽象的，有些則是其他基礎要素的具體呈現。自我強度被定義為抵抗內在或外在壓力的容忍度、在治療過程中經驗令人痛苦的材料的能力，以及具建設性地整合情感和經驗的能力。[24-26] 可以作為自我強度的具體客觀的量測項目包括：個案的智力、工作史以及教育程度。[3] 若要考量這個構念的抽象特質的話，其特定的實證研究文獻是很稀少的，儘管好幾位學者已找到證據支持此一概念普遍而言會是一個正向的預測因子。[9,15] 而在人際心理治療中，用描述的內容來整合情感的能力正可以有效地協助個案。

心理專注

057

心理專注涵蓋了許多的元素，例如，願意聚焦於個人的內在歷程、自省的能力，以及對自己好奇而願意去探索自己的想法和感覺，與這個概念

密切相關的能力是，要能夠覺察個人自己的想法和感覺，並且能將之有效地與他人溝通。[24] 在任何治療當中這個部分都是十分重要的，因為個案若無法描述其內在與外在經驗，那麼治療將無以為繼。而溝通個人的經驗當然也會是人際心理治療所不可或缺的一部分，不管是對於治療過程本身，或是對於個案投入其社會支持網絡的能力而言，都是必備的。

雖然對於心理專注重要性的實證研究資料混雜而不清楚，但使用人際心理治療的臨床經驗指出，它對於治療結果是一項重要的影響因素。實證研究的支持會有所欠缺可能是由於不同心理專注的品質對於不同的治療方法而言，其重要性會有所不同。例如，人際心理治療中，個案需要連結人際事件和症狀之間的關係，而在認知行為治療法（CBT）當中，這樣的連結卻是在內在認知和症狀之間，動力式的治療則要求不同的洞察，因此，這些論點需要持續透過實證研究來驗證。

所有短期心理治療的大多數共通因素，在直覺上都是較為明顯的類別（或典型），除此之外，大部分都是相當抽象的概念，而這也說明了為何缺乏相關的實證研究以及文獻上可供參考且較確實的結論。同時，也要注意診斷並不常被用為治療篩選的主要根據，以評估個案是否需要人際心理治療，最好的方式就是使用一般的準則規範，就你所知的原理原則之下來操作——換句話說，個案的特徵（如：心理專注和動機），都不難在治療中來做辨識，即使它們常常無法被具體地描述。

■■■具體的人際心理治療個案特徵

較能從人際心理治療中獲益的個案，其特徵包括：

1. 擁有相當安全的依附型態。
2. 能夠做出條理清楚的描述，並能敘述人際互動中特定的對話片段。
3. 引發困擾的特定人際焦點。
4. 良好的社會支持系統。

安全的依附型態

　　安全的依附型態與其他能導致良好治療結果的因素有高度的相關性。具有安全依附型態的個案通常會有很好的自我強度，能真誠地期待尋求協助並參與治療的進行、能信任他們的治療師對他們是有幫助的，並且能更快地形成豐富的治療聯盟關係。通常他們也有內在及外在的資源得以在治療中表現得更好：他們的自我強度讓他們更能承擔風險，並且更有改變的動機，而他們的社會支持系統通常也較那些具不安全依附的個案為佳。因此，安全依附型態可能是決定個案是否適合人際心理治療的最重要決定因素。

058

條理清楚的描述

　　除了能夠辨識人際議題並將之與症狀及不良功能做連結之外，人際心理治療中的個案一定要能夠以條理清楚的方式來溝通他們的經驗。人際心理治療特別憑恃溝通分析，需要個案能夠詳細地敘述發生在治療之外的事件，其溝通的情況及方式為何，亦即能夠重新創造對話、仔細思考所溝通的情感，並且能夠平實地說出故事，這些在人際心理治療中都是必要的。事實上，在評估階段具體要求個案說出幾個重要的人際互動故事，將可讓治療師藉此做出合理的判斷。

特定的人際焦點

　　就人際心理治療的時間限制性而言，個案若能呈現更聚焦的問題，通常在治療中也會表現得更好，因為很少會有足夠的時間去處理較一般性或歷史性的議題。因此，問題的性質需要能聚焦且特定。在開始治療時便能將其症狀和人際議題做連結，這類型的個案通常會是人際心理治療的最佳人選，因為不需要特別使他們確信人際心理治療對他們似乎是可靠而且可

行的方法。實質上，前來尋求治療的個案，若是抱怨「我覺得很不好，但我不知道原因」，就可能為不適合此治療法的人選；但若是抱怨「我正處在離婚的十字路口上，這讓我無法活下去，也讓我覺得沮喪」，這就是個好的人選了。

　　個案的傾向這個概念在人際心理治療中也是很重要的一環，以人際互動的方式來架構問題的個案較可能有好表現，勝於無法這麼做的個案。個案一開始對於其問題的描述方式其實很大的部分已經說明了他的關注焦點。例如，一位女性描述其產後憂鬱症是由於「與先生的衝突，以及在生完小孩後回到工作崗位的問題，都困難重重」——典型的人際衝突和角色轉換——可以透過人際心理治療有相當好的處理。相反地，另一位女性描述其問題是由於感覺自己「不夠資格作為一個母親，而且我常常會擔心孩子會發生不好的事情」，這位女性就比較適合認知行為治療，因為她的表現其實較符合認知組型發生扭曲的狀況，此一部分的研究正在持續進行中，但是這樣的區別已經發現在臨床上相當有幫助。

059　良好的社會支持

　　社會支持越好的個案，越能夠在治療中獲得改善，尤其是人際心理治療更是聚焦於協助個案善用他們的社會支持系統，以及因應他們的依附需求。因此，越多可用的資源，個案就越可能獲得他們的依附需求，良好的社會支持與依附的安全性有高度相關，因為安全依附型的個案通常都會有比較好的社會支持系統，治療師也應該評估個案所發展出來的關係親密度——能夠投入更深且在情感上更親密的關係，這樣的個案在治療中能表現得更好，因為他們會有人可以分享他們的經驗，並在需要支持的時候有人可以依靠。

▪▪▪人際心理治療的實證研究

　　有許多研究與人際心理治療中個案的評估有關，首先，有一些效果的試驗（efficacy trials）是在研究人際心理治療於特定診斷中的使用。其次，有好幾個研究的目的在於了解有哪些因素會對人際心理治療形成良好的反應，這些研究資料應可告訴治療師什麼對個案會有幫助，但絕不應該是做決定時唯一的或決定性的因素。實證研究都是基於個案的母群得到的——並非特定的個體——而治療師要工作的對象當然是一個獨一無二的個體。除此之外，所有的實驗研究（efficacy studies）都有其限制。因此，其結論亦有所限制，可能無法適用於非研究情境的人際心理治療之中。雖然實證研究應該要是做決定時的主要考量，但在最後做合適性的決定時，也應該要取決於臨床經驗並且應該包含良好的臨床判斷的量測。

　　使用人際心理治療法來治療特定診斷的個案，這類的實驗研究一直都在進行著（需要更完整的描述或其他的研究，請見第二十二章）。人際心理治療普遍對於憂鬱症的治療相當有幫助，[13,27] 也有助於其他憂鬱的母群體，包括：老年的憂鬱個案、[28] 憂鬱的青少年、[29]HIV 陽性反應的憂鬱個案，[30] 以及情緒低落疾患的個案。[31] 同時，人際心理治療也被使用於周產期憂鬱症（perinatal depression），包括產後憂鬱症 [32] 以及產前憂鬱症。[33] 除此之外，它也對飲食疾患的個案做過試驗，[34] 以及透過一個開放性的嘗試，將人際心理治療使用在社交恐懼症的研究也已經出版。[35]

　　儘管有許多不同的診斷已經獲得實證性的測試，目前可用的資料還是相當少，例如，關於人際心理治療在一般臨床情境上的運用（如：非研究性的），當他們面對共同罹患的診斷（comorbid diagnoses）或者人格病理學方面的個案時，還是需要治療師善用他們的臨床判斷。然而，還是有幾份研究指出，在人際心理治療中會導致好的治療結果的個案因素。

　　人格疾患合併憂鬱症的表現在憂鬱症的治療上一直沒有好的治療結果，在國家心理衛生院的憂鬱症治療協同研究計畫（NIMH-TDCRP）中，伴隨

060 著人格疾患的憂鬱個案由於憂鬱症狀和社會功能的情形，其治療結果也並不好。[11] 雖然實證研究僅限於此單一研究，其建議認為，人格疾患可能與治療中較困難的療程有關，而這肯定是個直覺式的呼籲罷了。[36]

因此，應該特別注意此類診斷出具有人格疾患的個案，因為實證研究的資料以及在此類個案身上所累積的臨床經驗，均如此指示，屬於 A 群疾患者，包括：妄想性人格、類分裂人格、分裂型人格等人格疾患，可能都無法在短期治療中與他們的治療師形成有效的聯盟關係；而屬於 B 群疾患者，包括：自戀型人格、戲劇化人格、邊緣型人格、反社會人格等人格疾患則可能需要更密集式的治療，而非提供其人際心理治療。然而，許多憂鬱症或焦慮症加上人格疾患的個案或許可從人際心理治療的短期治療獲益甚多，因為它將焦點限制在憂鬱症或焦慮症的治療上。

NIMH-TDCRP 中另外的一些資料指出，在進行人際心理治療時，有一些其他的因素與正向的治療反應有關。[37] 包括在初次會談較低程度的社會失功能性，以及高度的人際敏感度。在開始治療時會提到對關係感到較為滿意的個案也比較可能從人際心理治療中獲益，勝於其他的治療方式，NIMH-TDCRP 的結果可以總結指出，這類沒有嚴重人格病理、有相當好的社會支持系統，並對人際關係中的溝通方式有足夠覺察能力的個案相當適合於進行人際心理治療。

有好幾個人格特徵也發現和人際心理治療的結果有相關性，完美主義者對結果一直都有著不良的影響。Blatt 等人指出，[38] 完美主義者會在治療的後半段開始阻礙治療過程，他並提議，這可能是由於完美主義的個案表現出反覆無常、不斷地要求結束約談。在 NIMH-TDCRP 之中，具有逃避特質的個案使用認知行為治療勝過於人際心理治療，而具備強迫特質的個案使用人際心理治療勝過於認知行為治療。[39]Frank 等人發現，在一群具有週期性憂鬱症（recurrent depression）而接受人際心理治療的女性之中，那些自我報告中有較高程度的恐慌和懼曠症（agorophobia）症狀的人較不可能會回應人際心理治療。[40] 沒有復原的人（non-remitters）也發現有較高程度身體化的焦慮症狀。[41]

關於生物學上預測因子的實證資料也很有限，但是研究調查睡眠的變

數以及它們對於人際心理治療相關的反應，結果發現，憂鬱個案接受治療之前在睡眠腦電圖（EEG）上都有不正常的曲線圖，會比正常睡眠曲線圖的憂鬱個案有明顯更低的反應速率。[42,43] 更多與生物性量測相關的預測值研究有其必要。

　　關於個案選擇的實證研究可以總結為以下幾點：首先，儘管效果的資料相當有限，好的實證研究資料要能夠支持人際心理治療的功效，尤其是對於數種明確指定診斷的個案。人格疾患的出現雖然清楚地對人際心理治療而言並非是一種禁忌的症狀，但可能會使療程複雜化，並造成不良的治療結果。社會因素（如：良好的社會支持系統），則與好的治療結果有關。目前，需要找到更多關於有療效反應的生物指標資料供我們參考。

■■■結論

061

　　個案的選擇可以透過一個光譜圖來了解，一端是高度合適的個案，一端是不適合的個案。雖然人際心理治療並沒有任何禁忌，還是有一些個案很清楚地可以從人際心理治療之外的治療方法獲得更大的幫助。應該使用臨床判斷來權衡個案對於短期治療的合適度，實證研究所支持許多可用的治療法的功效，以及選擇治療法在臨床上的價值。

　　總之，評估的歷程應該協助治療師能夠衡量個案對於人際心理治療的合適度，而那也應該基於臨床的經驗、實證研究的資料、臨床的判斷，而後開始評估個案的依附型態、溝通組型，以及完整的精神醫學評估。評估應該協助治療師事先處理並規畫治療中可能發生的潛在問題，例如，抗拒或者依賴，並且應該指引治療師適時修正治療的方法，以確保這些問題的最小化。評估常常要花好幾次會談才能完成，考慮到一些需要完成的任務，只有在評估完畢，決定個案是否合適之後，才應正式進入人際心理治療。

參考文獻

1. Bowlby, J. 1977. The making and breaking of affectional bonds, II: some principles of psychotherapy. *British Journal of Psychiatry* **130**, 421–31.
2. Malan, D.H. 1976. *The Frontier of Brief Psychotherapy*. New York: Plenum.
3. Marmor, J. 1979. Short-term dynamic psychotherapy. *American Journal of Psychiatry* **136**, 149–55.
4. Schneider, W.J., Pinkerton, R.S. 1986. Short-term psychotherapy and graduate training in psychology. *Professional Psychology: Research and Practice* **17**, 574–9.
5. Sifneos, P. 1972. *Short-term Psychotherapy and Emotional Crisis*. Cambridge: Harvard University Press.
6. Lambert, M.J., Anderson, E.M. 1996. Assessment for the time-limited psychotherapies. In: Dickstein, L.J., Riba, M.B., Oldham, J.M. (eds), *American Psychiatric Press Review of Psychiatry*. Volume 15. Washington, DC: American Psychiatric Press, 23–42.
7. Barber, J.P., Crits-Cristoph, P. 1991. Comparison of the brief dynamic psychotherapies. In: Crits-Cristoph, P., Barber, J.P. (eds), *Handbook of Short-term Dynamic Psychotherapy*. New York: Basic Books, 323–56.
8. Demos, V.C., Prout, M.F. 1993. A comparison of seven approaches to brief psychotherapy. *International Journal of Short-Term Psychotherapy* **8**, 3–22.
9. Luborsky, L., Crits-Cristoph, P., Mintz, J. 1988. *Who Will Benefit from Psychotherapy?* New York: Basic Books.
10. Hoglend, P. 1993. Suitability for brief dynamic psychotherapy: psychodynamic variables as predictors of outcome. *Acta Psychiatrica Scandinavica* **88**, 104–10.
11. Shea, M.T., Pilkonis, P.A., Beckham, E., *et al.* 1990. Personality disorders and treatment outcome in the NIMH Treatment of Depression Collaborative Treatment Program. *American Journal of Psychiatry* **147**, 711–18.
12. Shea, M.T. 1992. Some characteristics of the Axis II criteria sets and their implications for assessment of personality disorders. *Journal of Personality Disorders* **6**, 377–81.
13. Elkin, I., Shea, M.T., Watkins, J.T., *et al.* 1989. National Institute of Mental Health Treatment of Depression Collaborative Research Program: general effectiveness of treatments. *Archives of General Psychiatry* **46**, 971–82.
14. Sifneos, P.E. 1987. *Short-term Dynamic Psycotherapy*. New York: Plenum.
15. Orlinsky, D.E., Grawe, K., Parks, B.K. 1994. Process and outcome in psychotherapy noch einmal. In: Bergin, A.E., Garfield, S.L. (eds), *Handbook of Psychotherapy and Behavioral Change*. 4th edition. New York: Wiley.
16. O'Malley, S., Suh, C.D., Strupp, H.H. 1983. The Vanderbilt psychotherapy process scale: a report on the scale development and a process-outcome study. *Journal of Consulting and Clinical Psychology* **51**, 581–6.
17. Garfield, S.L. 1989. *The Practice of Brief Psychotherapy*. New York: Pergamon.
18. Strupp, H.H. 1981. Toward the refinement of time-limited dynamic psychotherapy. In: Budman, S.H. (ed.), *Forms of Brief Therapy*. New York: Guilford, 219–25.

19. Binder, J.L., Henry, W.P., Strupp, H.H. 1987. An appraisal of selection criteria for dynamic psychotherapies and implications for setting time limits. *Journal of Psychiatry* **50**, 154–66.

20. Elkin, I., Parloff, M.B., Hadley, S.W., Autry, J.H. 1985. NIMH Treatment of Depression Collaborative Treatment Program: background and research plan. *Archives of General Psychiatry* **42**, 305–16.

21. Krupnick, J.L., Sotsky, S.M., Simmens, S., *et al.* 1996. The role of the therapeutic alliance in psychotherapy and pharmacotherapy outcome: findings in the National Institute of Mental Health Treatment of Depression. *Journal of Consulting and Clinical Psychology* **64**, 532–9.

22. Zuroff, D.C., Blatt, S.J., Sotsky, S.M., *et al.* 2000. Relation of therapeutic alliance and perfectionism to outcome in brief outpatient treatment of depression. *Journal of Consulting and Clinical Psychology* **68**, 114–24.

23. Foley, S.H., O'Malley, S., Rounsaville, B., Prusoff, B.A., Weissman, M.M. 1987. The relationship of patient difficulty to therapist performance in interpersonal psychotherapy of depression. *Journal of Affective Disorders* **12**, 207–17.

24. Bauer, P.B., Kobos, J.C. 1987. *Brief Therapy: Short-Term Dynamic Intervention*. London: Jason Aronson.

25. Malan, D.H., Osimo, F. 1992. *Psychodynamics, Training, and Outcome in Brief Psychotherapy*. Boston: Butterworth-Heinemann.

26. Davanloo, H. 1980. *Short-Term Dynamic Psychotherapy*. Northvale, NJ: Aronson.

27. Weissman, M.M., Prusoff, B.A., DiMascio, A. 1979. The efficacy of drugs and psychotherapy in the treatment of acute depressive episodes. *American Journal of Psychiatry* **136**, 555–8.

28. Reynolds, C.F., Frank, E., Perel, J.M. 1992. Combined pharmacotherapy and psychotherapy in the acute and continuation treatment of elderly patients with recurrent major depression: a preliminary report. *American Journal of Psychiatry* **149**, 1687–92.

29. Mufson, L., Fairbanks, J. 1996. Interpersonal psychotherapy for depressed adolescents: a one-year naturalistic follow-up study. *Journal of the American Academy of Child and Adolescent Psychiatry* **35**, 1145–55.

30. Markowitz, J.M., Klerman, G.L., Perry, S.W. 1993. Interpersonal psychotherapy for depressed HIV-seropositive patients. In: Klerman, G.L., Weissman, M.M. (eds), *New Applications of Interpersonal Psychotherapy*. Washington, DC: American Psychiatric Press, 199–224.

31. Markowitz, J. 1998. *Interpersonal Psychotherapy for Dysthymic Disorder*. Washington, DC: American Psychiatric Press.

32. O'Hara, M.W., Stuart, S., Gorman, L., Wenzel, A. 2000. Efficacy of interpersonal psychotherapy for postpartum depression. *Archives of General Psychiatry* **57**, 1039–45.

33. Spinelli, M.G., Weissman, M.M. 1997. The clinical application of interpersonal psychotherapy for depression during pregnancy. *Primary Psychiatry* **4**, 50–7.

34. Fairburn, C.G., Jones, R., Peveler, R.C. 1991. Three psychological treatments for bulimia nervosa: a comparative trial. *Archives of General Psychiatry* **48**, 463–9.

35. Lipsitz, J.D., Markowitz, J.C., Cherry, S., Fyer, A.J. 1999. Open trial of interpersonal psychotherapy for the treatment of social phobia. *American Journal of Psychiatry* **156**, 1814–16.

36. Shea, M.T., Widiger, T.A., Klein, M.H. 1992. Comorbidity of personality disorders and

depression: implications for treatment. *Journal of Consulting and Clinical Psychology* **60**, 857–68.

37. Sotsky, S.M., Glass, D.R., Shea, M.T., *et al*. 1991. Patient predictors of response to psychotherapy and pharmacotherapy: findings in the NIMH Treatment of Depression Collaborative Research Program. *American Journal of Psychiatry* **148**, 997–1008.

38. Blatt, S.J., Zuroff, D.C., Bondi, C.M., Sanislow, C.A., Pilkonis, P.A. 1998. When and how perfectionism impedes the brief treatment of depression: further analyses of the National Institute of Mental Health Treatment of Depression Collaborative Research Program. *Journal of Consulting and Clinical Psychology* **66**, 423–8.

39. Barber, J.P., Muenz, L.R. 1996. The role of avoidance and obsessiveness in matching patients to cognitive and interpersonal psychotherapy: empirical findings from the Treatment for Depression Collaborative Research Program. *Journal of Consulting and Clinical Psychology* **64**, 951–8.

40. Frank, E., Shear, M.K., Rucci, P., *et al*. 2000. Influence of panic-agoraphobic spectrum symptoms on treatment response in patients with recurrent major depression. *American Journal of Psychiatry* **157**, 1101–7.

41. Feske, U., Frank, E., Kupfer, D.J., Shear, M.K., Weaver, E. 1998. Anxiety as a predictor of response to interpersonal psychotherapy for recurrent major depression: an exploratory investigation. *Depression and Anxiety* **8**, 135–41.

42. Thase, M.E., Buysse, D.J., Frank, E., Cherry, C.R. 1997. Which depressed patients will respond to interpersonal psychotherapy? The role of abnormal EEG sleep profiles. *American Journal of Psychiatry* **154**, 502–9.

43. Buysse, D.J., Tu, X.M., Cherry, C.R., *et al*. 1999. Pretreatment REM sleep and subjective sleep quality distinguish depressed psychotherapy remitters and nonremitters. *Biological Psychiatry* **45**, 205–13.

治療契約的協商

Chapter 5

■■■簡介

人際心理治療和其他所有的心理治療一樣，需要共同建立一套實施過程中的「規則」。人際心理治療的契約是為了個案與治療師雙方的利益著想。對於個案，它建立起對治療的期待，以及在實施治療過程中個案和治療師雙方的責任。對於治療師，人際心理治療的契約對治療提供了一個實務以及理論的引導，特別是與某些個案——其個人特質會增加造成困難的可能性，亦即心理動力過程的引發。既然個案與治療師雙方對於契約的訂定都有重要貢獻，就應該要經由共同協商，找出個案與治療師之間的一個「治療的協議」（treatment agreement），而非只是僵化地由治療師指定。

■■■為何契約在人際心理治療中有其必要？

不同於治療環境以外的人類關係，治療關係會受到倫理以及實務的關係所限制（雖然有人可能會主張，若所有關係都可以被相同的倫理關係所約束，那將會很令人滿意）。臨床的「界限」就是這方面最好的例子之一。除了對特定的治療時間及地點一致的實際需求之外，治療關係也有一些限

制，治療時間以外與治療師的接觸、確實可行的付費服務安排等等。理想上來說，這些都要優先且清楚地確立，並非等到後來治療出現問題才做。設立好這些界限可以保持治療關係的健全，並且保護個案和治療師不被剝削。協商治療契約的過程中，個案和治療應該建立治療關係的界限。

儘管這本書一直在強調治療師需要具備彈性以及臨床的判斷，但人際心理治療仍然是高度結構性以及焦點介入式的治療方式。建立治療契約能夠「設定發生的場景」（sets the scene）並限制治療介入的範圍，如此可幫助治療師確認個案能從治療中獲得最大的益處。

就像人際心理治療的所有要素一般，治療需包括個案及治療師之間共同同意的過程。雖然在某些情形中，一致的同意可能需要一步步地奠下基石（set in stone），不斷修正以及重新協商治療契約的能力在整個治療過程中都需要持續保有。臨床的判斷自然地應該要引導這整個過程。

治療契約的協商基本上就是個案與治療師之間的一個人際歷程。接著，契約應該要在治療師有機會評估過其臨床表現、依附型態及社經地位後，才被提出來協商。治療師在整個評估完成後，對於治療關係的本質應該要有發展得相當好的感受能力。

契約也應涵蓋彼此協商出來的治療目標。若個案和治療師進入的治療契約，是來自一個分享治療目標的角度，那麼成功地緩解個案心理症狀的治療可能性就會大大地提升。因此，治療師應該協助個案盡可能清楚地表達出其對於人際心理治療的特定目標（亦即，在指出的人際問題領域中特定的結果）。個案的依附型態也會在某個程度上引導這個過程：那些安全依附型的個案會比較能夠容許治療師主導（taking the lead）目標的設定，那些不安全依附型的個案則可能對治療師太指導性地設定時程，會感覺到孤單或被拒絕。

■■■人際心理治療的契約

人際心理治療契約的核心組成要素有以下幾項：

| 表 5.1 | 人際心理治療契約的核心組成要素 |

- 會談的次數、頻率、持續期間。
- 協議而成的臨床焦點。
- 個案和治療師的期待。
- 意外狀況的規畫（contingency planning）。
- 治療的界限。

　　人際心理治療的契約可以是用文字記錄或口頭同意即可，端視治療師的臨床判斷。以文字描述治療實施的規定與個案在治療中角色的描述對於與某些個案（附錄 A「告知個案關於人際心理治療的相關資訊」）形成契約時會有極大幫助。如此工具的使用，有很大的程度是決定於和治療師一起工作的個案，而非武斷地用在所有個案身上。安全依附型的個案可以在治療中表現得相當好，用不著字面上的同意，而那些不安全依附型以及人際型態有問題的個案則需要對人際心理治療的實施，以及明確的目標和治療中角色的期待，都要有清楚的文字描述，才比較能有所助益。

　　無論是紙筆的或口頭的描述，人際心理治療的契約均應明確指出以下各點：

- **會談的次數、頻率、持續期間**：這個部分主要是決定於個案問題的嚴重性以及他／她的依附型態。會談可以隨著治療師的風格以及可取得性（availability）而定，但普遍來說，將有八至二十次的會談，每次持續五十分鐘。費用以及付款方式的相關問題也要清楚明白。

- **協議而成的臨床焦點**：這個部分包括由個案及治療師所找出的問題領域和關係議題，並且可能也要限制心理動力議題的討論以及個案早年經驗的探索。

- **個案和治療師的期待**：個案必須負起責任，包括善加利用會談的時間，以及兩次會談之間在其社會環境與人際關係中努力處理自己的問題。個案常常會有不正確的偏見，以為人際心理治療的主要改變會發生在會談中而非在會談之外他們人際功能運作的脈絡裡。人際心理治療的「基本目標」（bottom line）是改變個案在社會環境中的

功能，因此，治療「實際的操作」（work）必須發生在會談與會談之間。

- 意外狀況的規畫：這包括錯過會談、遲到或生病等事件。一般而言，若是治療師遲到或錯過會談，時間應該被妥善地安排在稍後的時間。若是個案錯過會談或因為某些原因遲到，經過個案和治療師討論後，被認為是不合理的，那麼通常這些時間會視為是種損失（lost）。治療師應該框架遲到或缺席為一個明顯的人際行為，而非以心理動力為基礎來直接與個案檢視這樣的行為。治療師也可以運用這個關於個案行為的資訊，進一步地發展對個案人際關係以及依附型態的假定。之後，治療師可以關注到其他個案在其社交網絡中也常遲到或者未能負起責任的狀況，作為在治療關係之中相似議題的對照。

- 治療的界限：在治療實施過程中，「界限」或許是倫理和實務約束下的最佳解釋，可用以區別治療關係與非專業的關係。相關「界限」的議題包括：治療師自我揭露的程度、其他時間裡治療和非治療的接觸、其他時間中緊急情況的適當安排、關於藥物使用的期待、攻擊性或不適當的行為。儘管許多人會主張這些議題在任何治療關係中都是不言明的，但它們常常值得被正式拿來與個案討論，並協商出個案與治療師之間的共同同意處。

■■■「違反」契約

即使再明確的契約，「違反」或破壞契約還是有可能發生。這些行為可能涵蓋了從簡單的事件（如：遲到或延期付費），一直到重大的問題（如：會談中不適當的行為，或治療之外不適當的接觸）。雖然所有這些問題可以被視為有一些心理動力和轉移關係的重要意義，但是人際心理治療師對這些事件回應的焦點仍在於把它們當作此時此地的人際行為來做處理，而非潛意識所決定的行為。

契約或界限上的違反，被概念化為意識上的人際行為，常常可以提供

關於個案對治療關係的經驗一些有價值的資訊，以及他／她在治療之外的關係的行為表現。在某些狀況下，行為可能有一個簡單的解釋，像是邏輯性的爭論（如：下班時間、照顧孩子等等）或是經濟的限制，這些都可以由治療師善加處理。而其他狀況下，它們反映了個案的依附型態與回應了溝通行為上的困難，也可能反映了個性所造成的困難以及心理的防衛機轉。分析這些資訊，整合形成對個案整體性的了解，並用以協助個案改善他／她與治療之外他人的溝通，這些都是治療師的任務。

　　人際心理治療界限的違反通常可以透過三個步驟來處理。首先，治療師應直接對個案說明已經產生違反界限的狀況。接著做一個簡短的討論以確定個案了解這個情形，並且能繼續同意設定這些界限。第二，治療師應該清楚地溝通其對個案的期待。換句話說，治療師應該指引個案其所希望的特定行為，以取代個案原來的干擾行為。第三，治療師應該引導討論朝向相同行為在治療之外會對個案產生關係方面的問題。

　　舉例而言，如果個案在兩次會談之間會一直頻繁地打電話給治療師，治療師應該直接對個案指出，雙方曾經同意要限制電話次數的約定。接下來，治療師應該引導個案新的行為——需要時再隔幾個小時才打電話至急診室，或者讓個案在一星期中的特定時刻打進來，而非每隔一段時間就隨意打電話進來。治療師此刻應該確定個案能了解其不適當的行為以及應該如何修正的方式。

　　在這之後，治療師可以使用這些由於違反契約而得到的資訊作為一些可詢問的問題，以了解個案在治療之外的關係。例如，治療可能會詢問個案，他／她在有困擾時會如何尋求他人協助？當他／她常常打電話給別人時，會發生什麼事？他／她曾經因為太過固執的部分而得到他人的負向回饋？個案都如何處理這些狀況？

　　在人際心理治療之中，大多數違反界限的情形都可以直接用這種方式處理。這一切都提供了重要資訊給治療師，關於個案在其社交關係中可能會有的問題，而非使用違反界限來聚焦於個案和治療師的關係上。在人際心理治療中，這樣的討論應該要很快地轉向治療之外相類似的問題來進一步討論。

069　　　不管違反界限的本質為何（除了攻擊治療師或其他人之外），在任何「契約上的違反」（contractual violations）所使用的介入方式都應該用在具治療效果及著眼個案利益之處。

違反契約的實際理由

　　對於錯過約定時間、付款，或是不履行治療契約的其他部分，許多個案都有相當合法而實際的理由。身為個案的一位擁護者（advocate），治療師的職責就是主動協助個案尋求並善用社區裡可用的資源。治療師可以提供轉介一些支付治療款項的協助、住屋，以及孩童照顧等資源。雖然很清楚地，這些並非人際心理治療主要的目標，若個案無法前來接受治療是因為這類實際理由，那麼治療很明顯地將不會成功。個案的責任是要善用這些資源，但治療師可以帶著個案去尋找，而非將之解釋為個案無法尋找並使用這樣的資源，當作是對治療的抗拒。

　　在某些情況下，會違反治療是由於個案誤解的結果，因為個案僅僅只反映了他／她在溝通上的問題。重新看待違反界限為個案與治療師之間溝通不良的結果，會因而增強了在其他關係中也需要溝通清楚的觀念，而來自於其他關係的例子也可在治療中加以討論。當問題的發生是由於個案不切實際或不合理的期待，這也可以當作是個案在其他關係中的一個典型過程來處理。

違反契約對個案的社交關係意味著什麼？

　　無論治療關係中發生什麼，都可以與其他關係相比較與對照，在人際心理治療中就是一個原則。治療關係就是一個真實的關係，會受到影響個案所有關係的相同因素所影響。個案的依附型態以及其他關係的經驗將會影響他／她體驗治療契約約束的方式。若是問題發生在治療關係中，它們會因此而清楚地說明這些因素以及個案在治療外所牽涉的關係。因此，個案對於治療契約的體驗及反應會成為他／她在人際關係方面極有價值的訊息。

違反契約對治療關係意味著什麼？

在某些狀況中，個案對界限的違反或者對於治療師的反應會相當地激烈或難以處理，以至於必須要直接處理治療關係。在人際心理治療中，治療關係的維持必須是主要的考量，失去它，治療將無以為繼。若是治療關係受到威脅，治療師可能會選擇再與個案協商治療契約。這麼做對於個案可能會有額外的好處，他／她也許會以一個新的方式來表現與溝通，而這個過程可能就會類化到其他關係之中。若是這個方式失敗了，治療師應強烈地考量換另一種形式的治療方法，以直接處理個案和治療師的關係。

070

個案覺察到他／她行為的影響嗎？

在許多的情況下，個案可能沒有覺察到自己人際行為的本質與意涵。個案所體驗到的這些盲點（blind spots）或溝通問題被放到治療契約的背景下來檢視時，對治療師而言都是顯而易見的。透過使用這些資訊，治療師可以開始檢視在他的情況下，有哪些是個案沒有注意到而造成溝通問題的原因。治療師可以透過一些假設來處理這個部分：其他人可能會用治療師曾經用過的方式來回應個案；挑起或引發他人如此反應的情況會發生在個案的關係之中。透過治療師與個案在相似的互動經驗中可以得知，討論這些互動的種類並反映出他人可能的反應是一個有效的方法，可以協助個案發展覺察以洞悉自己的溝通方式，以及隨之而來的後果。

總而言之，治療師的行動應藉由隱含的與明確的提醒方式以強化契約的實施。關於契約的介入方式首先而且最重要的是能夠務實（pragmatic）。溫和地提醒契約上的同意，而後討論個案的社交關係中可能會發生相似的溝通問題。

　　Barry 是一位 21 歲的男性，有一段穩定的關係，被他當地的醫師以憂鬱處理而轉介過來。Barry 描述他與女友的關係出現困難，並且已煩躁不安了好一陣子，因而有一些模糊的自殺意圖。Barry 當地的醫師開始為他做一些抗憂鬱的藥物治療，對緩解他的症狀已經有了些許助益。

　　接下來就是治療方式的評估，Barry 和他的治療師協商了一份治療契約並且同意要做十二次的人際心理治療會談。他們討論了一個合理的費用項目、重新排定會談時程的方式，以及治療後降低會談頻率的可能性。在完成人際問卷後，Barry 選擇了分別和女友以及母親的人際衝突作為治療時聚焦的問題領域。

　　Barry 在第四次會談時遲到了十分鐘，說是工作的關係。治療師便實施縮短了時間的四十分鐘會談，並且告訴 Barry 必須試著充分利用為了治療所撥出來的時間。Barry 在第五次會談時準時到達，但取消了第六次的會談，而且是在排定時間前的兩個小時才取消。治療師決定不補做會談，因為 Barry 並沒有在排定時間前的二十四小時提出通知，而這是一開始就已經協議好的事。治療師與 Barry 討論這一連串的事件，並不斷重申 Barry 必須努力準時來會談，不這麼做會限制他在治療當中所獲得的助益。治療師提到她對 Barry 的行為感到挫折，並且對於 Barry 似乎不重視她在時間與專業上的付出感到生氣。然而，身為一位敏銳的治療師，她辨識出她的反應是 Barry 與其他人可能的互動方式。她把自己的挫折感和惱怒擺到一旁，提醒自己在療程中所採取的行動應該是基於療效以及個案的利益為出發點，而非被迫將感覺反應回去給 Barry，治療師了解到她的反應是重要的「診斷」資訊，而且可被用以處理 Barry 在治療之外的關係。

　　Barry 在第七次會談中遲到了十分鐘，促使治療師在會談的一開始就處理治療契約的問題。她計畫要從那兒推論到 Barry 在其他關係中對於信守他的承諾會出現困難。

071

治療師：Barry，在過去的幾次會談中你一直有一些問題，不是無法依約前來
　　　　就是無法準時。我想要提醒你的是，我們曾一起同意每次會談中會
　　　　見面五十分鐘，當你遲到時，我們就無法有這麼長的會談時間了。
　　　　雖然你仍可以在這次會談所剩的時間中獲得許多助益，但我不認為
　　　　你會因遲到而獲得全部的助益。那就好像只服了一半的藥——你可
　　　　能會覺得好一些，但效果還是不如全部服用來得好。

Barry　：我可以了解你所說的……但是要讓每件事都安排好，然後準時到達，
　　　　對我來說就是有一些困難。

治療師：我們也同意過，若你必須錯過一次約定，你可以提前二十四小時打
　　　　電話過來通知，我想要提醒你的也是這個。

Barry　：我會盡我所能，但是我錯過時間是因為我工作上真的是有急事。

治療師：我很感謝可以將事情提出來討論，但我真的想要確定我們對於彼此
　　　　的期待都夠清楚了。Barry，既然這在我們一起工作期間發生了好幾
　　　　次，我想知道的是，如果這是你在其他關係中的一個問題，你會有
　　　　何想法？

Barry　：嗯，我遲到總是會被我的女朋友抓到。她說那是她對我最主要的抱
　　　　怨之一，因為如果我遲到，那表示我不夠重視那些事。

治療師：那你的反應是什麼？

Barry　：我會試著說服她，我遲到與她無關——那只是我長久以來的壞習慣。
　　　　我希望她不要把這件事當作是針對她個人。

治療師：聽起來好像她並不能如你所想的那樣理解你的遲到。

Barry　：沒錯，但是我一直無法用別的方法來說服她。

　　　Barry同意他的某些行為很令人挫折，而後就開始探索一些方法，他可以
更有效地管理他的行為。同時，他也了解到那對於其他人也會是個問題，並
且無法像他所想的那樣去溝通。

072 ■■■**結論**

　　契約是人際心理治療開始階段的必要部分。建立清楚而一致的契約是十分重要的,因為它是一個參考架構,當治療界限被威脅時,治療師和個案就能回得來。既然在人際心理治療中不鼓勵處理治療關係,契約就扮演了更重要的角色,因為它讓界限問題可以獲得處理而不用依賴轉移關係的討論。

人際問卷

Chapter 6

■■■簡介

基本上，人際問卷（the Interpersonal Inventory）[1]是個案生活當前主要關係的一本登記冊。它是人際心理治療獨有的特色，組合了過去歷史的蒐羅以及人際問題領域形成的過程，並提供實施人際心理治療所需的參考要項。雖然人際問卷主要是在人際心理治療的前二至三次會談中蒐集，它仍被視為是「進行中的工作」（work in progress），正如同大多數的治療師和個案發現他們對於問題和關係的看法會隨著人際心理治療進行而有所改變一樣。

人際心理治療是以介入策略為焦點的治療，需要個案與治療師在可用的有限時間內盡可能地善加利用，以期在困難重重的關係中達成有意義的改變。人際問卷的功能即為治療過程中主要的結構組成，透過個案與治療師聚焦於：

1. 當前的人際關係。
2. 個案最近問題的歷程。
3. 解決人際問題過程的相關資訊，例如：溝通型態（communication styles）或是互動的組型（patterns of interaction）。
4. 透過檢視個案對於關係的期待並確保它們是實際可行的，而設定適

當的治療目標。

雖然人際問卷可透過更正規的方式來蒐集，但它本質上就是一個全面性以及延伸性的社交歷史，並具有個別差異——人際問卷（就如人際心理治療聚焦於此時此地一般）所要強調的是目前與個案的心理困擾可能有關的當前關係。在治療開始介紹這種聚焦以及結構性的人際資料蒐集方法，能夠建立個案和治療師使用這種治療方法的行為，同時對未來的方向提供清楚的引導。

074

表 6.1 人際問卷

- 包括目前所有重大的關係，以及最近的失落事件。
- 涵蓋有困難關係過程中的特定細節以及特定問題領域的歷史。
- 涵蓋社交支持的細節。
- 包括最近的溝通問題。
- 包括最近在關係期待裡的問題。
- 促成治療介入方式的計畫。
- 在人際心理治療過程中引發改變並作為治療進行過程中的監控。
- 提供一個參考用途，作為治療的「重新組成」與「再定向」。

人際問卷的特徵

人際問卷中的特徵如下：

- 包括目前所有重大的關係，以及最近的失落事件。

  人際問卷主要應該聚焦於個案「此時此地」的重大關係。雖然並非每段關係的詳盡歷史，卻應涵蓋到個案重要依附的所有關係中。這也就意味著，如此可以促使個案聚焦於最近的關係並且努力地去改變它們，而非只是談更多關於過去的歷史。

- 涵蓋有困難關係過程中的特定細節以及特定問題領域的歷史。

  從個案那兒獲得的經歷是要更能反映他／她所發生的問題，而非是

竭盡所能地去挖掘「真相」。然而，治療師必須要確保所獲得的資訊要盡可能完整，有些個案會傾向遺漏相關的細節，而那些可能就是他們要為問題負責的部分。過去的經歷具有相當的意義，因其可以闡明個案現在的行動，而過去經歷要蒐集的範圍與程度則需要經由臨床上的判斷來決定。

• **涵蓋社交支持的細節。**

除了特別困難的關係之外，治療師應該蒐集個案一般社交支持的資訊。人際心理治療的一個主要目標就是協助個案能有效地善用他／她的社交支持。因此，一個準確的可利用資源評估就變得極為重要。這些資訊也將協助治療師更加了解個案的依附型態以及取得他人支持的能力。

• **包括最近的溝通問題。**

人際問卷應該註明個案所要處理的特定問題，及其對那些問題相關的情緒反應。治療師詢問衝突或轉換的經歷時，也應涵蓋與相關重要他人在溝通與互動方式上出現困難的一些例子，這些常常就可以直接引導出特定的人際心理治療介入方式。

• **促成治療介入方式的計畫。**

人際問卷重視這個議題不只能協助治療師及個案了解現有的關係問題，而且還能指引何種介入方式可能會有幫助。例如，若個案有人際衝突的問題，且在人際問卷發展的過程中，提出在牽涉到的關係中出現了不良的溝通，治療師就可預期處理該問題的最佳方法，可能會聚焦於改善溝通方法的那些技術。像是溝通分析與角色扮演等技術，就能充分地適合於這樣的目標。

• **在人際心理治療過程中，引發改變並作為治療進行過程中的監控。**

個案和治療師都認為人際問卷是最能引發故事或「進行中的工作」的工具。人際問卷就如一開始所呈現的那樣，常常是不完整的或是被個案扭曲的——有時候是故意的，因個案希望避免說到負面觀點的自己；有時則是因為個案無法完全地組織訊息，或者可能想要避免令他／她不好受的議題。然而，隨著治療過程的進行，個案的看

法改變了，更多資訊就隨之浮現，個案的情況便也因此改變。

在急性治療結束時，個案與治療師應該回到人際問卷在一開始的概念化方式，並且比較目前的狀態以回顧整個進行過程，同時，討論未來需要持續進行的工作。此外，以個案能夠更加了解的方式，尤其是能夠帶領個案感激其對問題的貢獻，以及在解決過程中所能努力的部分，將這些資料重新組織以及再次整合是治療中很重要的一個部分。

個案與治療師之間形成的依附，其本質會影響人際心理治療進行的方式。發展人際問卷的過程亦不例外。個案對治療師形成不安全的依附，則較不容易對治療師表現出敏感的或極困擾的資訊，會因而扭曲了人際問卷編輯的方式。因此，實施人際問卷的過程就如同人際心理治療其他過程那樣，治療師要識別出個案依附的性質並持續小心地蒐集資訊或議題，尤其是在治療關係還很薄弱而無法揭露的部分。

- 提供一個參考用途作為治療的「重新組成」與「再定向」。

  人際心理治療並非完全免疫於心理動力的過程，如轉移關係以及抗拒。當這些關係變得困難重重時，個案與治療師可能會發現他們自己也變得困惑，或者，無法決定治療該往哪個方向進行。在這些狀況下，轉向以人際問卷來「重新組成」以及「再定向」整個治療的方式會很有幫助。在發生直接去處理治療關係時，個案和治療師雙方都可以慢慢地回到問卷上所指明的特定問題領域裡去看看。當內在療法的歷程（intratherapy processes）威脅並取代了人際心理治療的人際焦點時，人際問卷就像一盞明燈或一座燈塔，照亮治療歷程的路徑（如圖 6.1）。如此一來，它便可以協助治療師航向更清楚的路徑而不致迷失方向，陷在轉移關係的錫拉（Scylla）與抗拒克里布地斯女妖（Charybdis）之中，進退維谷〔當然，除非治療師是一位受過訓練的分析師或者是亞哥號的船員（argonaut）。編注：錫拉與克里布地斯為荷馬史詩中的妖怪，傳說生活在海峽的兩端，錫拉在岩礁上、克里布地斯主管漩渦，亞哥號船員為了躲避其中一個危害，又落入另一個危險〕。

人際問卷不必然是一份正式的文件，它常常可以是在個案檔案中一系列的筆記（圖 6.2）。一些治療師比較喜歡將人際問卷當成一份分散式結構

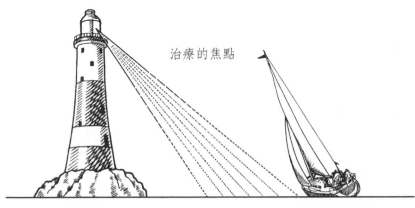

治療的焦點

人際問卷　　　　　　　　　　　人際心理治療

圖 6.1 以人際問卷引導治療

人際問卷

Bill（丈夫）

- 結婚六年（在一起九年）
- 想要有個小孩　　　　　　　　　• 在她懷孕前討論過
- 通常溝通良好　　　　　　　　　• 看起來似乎很忠誠

問題

- 不願談論　　　　　　　　　　　• 面質時容易生氣
  （注意：她提到具有敵意的互動）
- 不付出（won't contribute）　　　• 似乎都藏在工作中

期待

- 想要他能夠遵守承諾（當個爸爸）
- 「相等的時間」
- 溝通之中較少敵意

溝通──似乎沒有清楚地溝通到重點
問題解決──事先出現（previously present）

圖 6.2 人際問卷

性的表格（separate structured form）歸回個案檔案中，並且準備把它當成人際心理治療中的重要性文件（圖 6.3）。問卷也可以透過類似家系圖（genogram）的方式來蒐集，但應該也要包括個案家庭以外重要他人的資訊。為了闡發人際心理治療的共同性質，會提供個案一份文件的副本以供其使用。人際問卷的格式如附錄 B。

人際問卷

個案姓名：*Jeffrey Snout*
出生日期：*1971.9.11*
其他的治療師：
保險細節：*Blue Cross – "HMO Buster" Top*
第一次諮詢的日期：*2000.3.23*
契約訂定的會談次數：*12*
  其他關係人的姓名：*Jemima*
  和個案的關係：女友
  個案主訴的問題：他們在一起兩年──在同一家公司上班
      女友想要搬進來而他說不──症狀
      「不想講話」──說她不會處理衝突
      溝通還可以
      他們最初去旅行，進展得很好
      他的期待是「有趣和朋友」，而她的期待呢？
  必須進一步澄清的問題領域：溝通？角色扮演；問題解決
  雙方同意的問題領域：~~衝突~~ 角色轉換 哀傷反應和失落 人際敏感
特殊的議題：

圖 6.3 結構性人際問卷

在人際心理治療的療程中使用人際問卷

開始階段

　　在人際心理治療的開始階段，人際問卷可用以為治療確立方向。人際問卷也有概念化的用途，就像個案對於關係的描述若能夠提供豐富的資訊，就可用以了解他們的依附型態以及溝通的傾向。個案描述事件的不一致處，或者是缺乏關於人際問題的細節，都可以充分表現出個案的看法以及對關係的期待。個案描述自己的溝通型態或嘗試解決問題的方法也可以提供豐富的資訊。此外，人際問卷也可以凸顯出有問題的歷程，尤其是以整體方式詳細檢視時，可以發現許多關係當中會有相似之處。換句話說，人際問卷應該可以提供一個見樹又見林的好視野。

　　蒐集人際問卷時，可以討論的問題包括： 077

- 個案如何投入社交關係？
- 個案如何解決人際問題？
- 個案如何處理失落？
- 個案如何處理依附關係分離？
- 個案如何照顧其他人？

　　這些問題的答案有助於辨識個案的力量和脆弱性（vulnerabilities）， 078
並應據以引導人際心理治療的療程，讓特定的人際問題能夠獲得處理。

中間階段

　　如前所述，人際問卷可以當作是治療實施時的一個參考用途。因而，在這個階段是相當有用的，當治療有被轉向到轉移關係和抗拒的威脅時，可做「再定向」之用。

急性治療結束和維持治療階段

　　人際問卷可作為個案在整個治療過程中的測量工具。在治療結束階段，與個案回顧原來的問卷可以總結整個療程所發生過的改變，這常常是很有幫助的。這不只包括辨識出來的問題被解決了，也包括任何在個案關係和問題概念化方面的改變。例如，在治療結束時，個案會認為人際衝突並非是不能化解的衝突，而是一個溝通上的問題。個案洞察自己對於所討論問題的貢獻，治療師強調這個部分極有幫助，就好像在回顧個案採取解決問題的步驟那樣。

　　人際問卷也可作為討論未來可能發生問題的導引。若是問卷最初的版本指出某一特定的人際問題一致性地不斷發生，或出現一段很長的時間——例如，對失落所產生的複雜性悲傷或者失功能反應的組型——而這也提供了一個重點，關於未來另外的失落可能導致個案心理症狀惡化的關注方向。

　　人際問卷對於維持人際心理治療有很重要的意義。維持治療的焦點通常是持續地在一個或兩個問題領域上做處理。人際問卷就可以確保維持治療的人際焦點並且有效運用可取得的時間。

案例　Lana

　　Lana 是一位 34 歲的已婚女性，正在接受人際心理治療結合抗憂鬱藥物以治療憂鬱。她來求助是因為與丈夫的衝突，她認為這是讓她產生憂鬱的主要原因之一。在人際心理治療的開始階段，Lana 似乎很願意投入治療，參與討論她人際衝突的過程，並且很有動機想要處理她的人際問題。

　　在人際心理治療中間階段的一次會談中，Lana 對於自己是否應該說出來丈夫所做的一些不智之舉，她要求治療師給她建議。治療師回應說，若她能自己做決定將會更有幫助，而非由他人來告訴她該怎麼做，因此他願意花時間來討論這些選擇，以及贊成與反對兩種不同選擇的可能結果。治療師也告

訴Lana他在人際心理治療中的角色，是協助她決定對她而言什麼會是最好的決定，而非為她做任何決定。儘管並非直接與Lana溝通，治療師還是認為這樣的位置比較合乎倫理，而且確定這樣做更符合人際心理治療的運用。

Lana對於治療師拒絕告訴她該如何做而變得非常生氣，但她並未將這件事告訴治療師。相反地，她開始藉著沉默和隱瞞，慢慢地將自己抽離治療關係。治療師注意到這個情況也很可能發生在她治療之外的關係中，便開始有計畫地討論及探索當 Lana 與丈夫發生這種情況時，她處理對他人生氣的方法。然而，治療師也注意到 Lana 對他的反應，更讓治療脫離了原來 Lana 與丈夫衝突的焦點，因此，個案和治療師之間這樣有問題的互動就會阻礙治療的進行。

從之後那次會談開始，治療師便選擇直接處理他與Lana之間的衝突。沒有去探索治療關係之中衝突的意涵，反而是立即轉換到Lana與丈夫相似衝突的經驗裡去看。

「Lana，在過去的幾個星期，妳似乎一直對我相當生氣，而且明顯地對於治療感到很挫敗──我們似乎陷入一個僵局，因為我沒有如妳所想的回應妳要建議的需求，就是關於妳先生的部分。我一直想要知道這個問題如何讓我們兩個人都可以更清楚地了解妳原先來這裡想要解決的問題。若我們回到人際問卷的部分，我們原先決定了主要的問題是妳與妳先生的「衝突」。同時，我們蒐集了共同同意的問卷，妳對妳先生的一些期待、與他溝通時所期待的方式，都是我們應該處理的問題。我想知道妳對我的期待，以及你與我溝通我沒有回應的方式，是否能讓我們更了解這些事件發生在他身上時的方式。例如，當他無法達成妳的期待時，發生了些什麼？」

Lana 開始描述她感覺丈夫沒有回應其要求的事件，並且開始關聯到她「拒他於門外」（shut him out）當作是對他表現自己挫折的方式。而治療則因此有效地重新聚焦於 Lana 與她先生的衝突了。

■■■結論

　　人際問卷是人際心理治療的重要元素。以某種方式而言，它是治療的保證書，將個案與治療師雙方導向治療中所要處理的特定人際問題。此外，問卷有助於維持整個治療過程中的治療焦點，並協助避免在人際焦點之中迷途。在回顧個案治療過程以及未來可能的問題時，問卷也是一個很有助益的工具。

1. Klerman, G.L., Weissman, M.M., Rounsaville, B.J., Chevron, E.S. 1984. *Interpersonal Psychotherapy of Depression*. New York: Basic Books.

080

人際問題的概念化

Chapter 7

081

■■■ 簡介

　　對於個案的問題，能夠精確而詳細地給予概念化，是治療師一個非常重要的技術。有效的概念化需要綜合個案所提供的生物、心理的表現、依附型態、人格、社會背景，並且能夠提出一個合理的假設，來解釋個案為什麼會有這些生理的症狀。這樣的概念化將可引導：

- 促進個案更加了解自己的經驗。
- 提出相當合理的假設來解釋個案症狀的來源。
- 引導治療師能夠在治療當中採取合理的角度。
- 作為使用特別技術的引導。
- 能夠正確的評估問題的預後。

　　基本上來說，對於個案的問題概念化，不只是用理論的背景來了解個案的問題，而是針對不同的個案，判斷在治療過程當中形成的關係。從許多的角度來看，如果我們暫時拋棄習慣使用的「概念化」以及「個案」這些字眼，對於這個過程會相當有幫助。這兩個字詞本身都是用非人的角度來看：首先，我們用個案這個字眼，因為可以將某一個獨特的人，置於某一個特定的精神病理或疾病當中。而概念化，則假設治療師對於問題更加正確地了解，而且比個案本身更能夠整合他自己的經驗。我們必須特別強

調，努力了解尋求治療的每一個獨特個體，是人際心理治療中最重要的任務。概念化本身並不是由全能的治療師來絕對性地解釋個案本身的問題。

在人際心理治療中，問題概念化還有一個目的，就是希望整個過程不要陷入將個案視為廢人的取向。事實上，如果我們使用概念化得當，且讓個案了解這樣的概念化，不僅可以增加治療聯盟，也讓個案了解治療師真誠且嘗試著想要了解他的問題。

082

因為人際心理治療主要是根據依附和溝通的理論，而這個問題的概念化就是想要盡量從這樣的觀點來了解個案的經驗。如果可以這樣做，就能夠連結一般人類行為的理論，以及個案特定的、個人獨特的問題本質。

簡要來說，概念化本身不僅是一種假說（人際心理治療中的資訊來源主要是依附和溝通理論），更能夠討論以下的問題：

1. 個案如何演變成今天的樣子？

2. 哪些因素會讓這個問題繼續維持下去？

3. 對於這個問題我們可以做些什麼？

人際問題的概念化本身不是一種診斷，並且需要讓個案知道：概念化並非治療師形成的一種假設，而必須是治療師和個案雙方合作，來描述個案的困擾，以及問題如何形成的過程。問題概念化特別強調人際因素，一方面需要知道人際問題的背景和根源，另外，人際心理治療是要協助個案來克服自己的症狀。治療師和個案成功地合作，共同形成問題的假設，並且建立如何執行治療的場景，是人際心理治療相當重要的一部分。

人際問題的概念化，希望能夠讓個案和治療師得到：

1. 能清楚地形成假設來解釋個案問題、如何開始、臨床表現以及整個病程。

2. 能夠認證個案的經驗，能表達治療師了解個案及其所產生的問題。

3. 雙方共同決定介入的焦點，而且是根據四個主要的問題領域。

4. 能夠因此根據人際心理治療的理念來操作，並且根據這些資料來使用特定的人際心理治療技術。

■■■生物心理社會模式

精神疾病的生物心理社會模式[1]確立了在同一個人身上的生物因素、心理因素，以及社會因素會造成這個人的特殊生病體質，或者對壓力的因應模式。當我們遭遇到夠強的人際危機時，比較脆弱的人就可能會有心理困境。生物心理社會模式建構了一個架構，就是一個人有獨特的、多面向的反應，當面臨到一個特殊的壓力源時，就會產生特定的心理困境，而非只是種種不同的疾病分類而已。

生物心理社會模式運用在當前臨床的操作中，這個架構已經越來越明顯，讓我們對於心理衛生朝向一個大向度的觀點。這種生物心理社會功能的向度，整合好的心理健康以及疾病的狀態，認為一個人的健康強度以及症狀都很重要，而不只是認為生病本身就只是一群病理的症候群。因此，生物心理社會模式提供了個案和治療師一個使用者友善的介面，能協助我們了解，心理症狀和人際困境的複雜且具多重決定因素的觀點。

精神疾病的醫療模式，需要將一個人的問題分類當作是一種症候群的診斷。反觀生物心理社會的模式，則是強調整個人的觀點，以及他所遭遇到的痛苦，而不純粹只是聚焦在疾病本身。這種作法不僅不會減少診斷的重要性，反而會更加強調這個人以及他所遭受的痛苦。這個部分更加符合人際心理治療的目標，治療師應該要努力在個案的個人和社交背景中，來了解其獨特性，個案常會更加重視這些因素也會對他有所影響。生物心理社會模式的真正價值，就是將疾病本身概念化成為一個多重因素所影響的、其中沒有任何一個因素可以解釋個案所有的困擾、表現及其生病的病程。

生物心理社會模式運用在人際問題的概念化，因此我們接受這些想法：

- 生物因素：例如，基因的脆弱性、身體疾病、物質濫用、藥物的副作用，以及對於中樞神經系統的傷害。
- 心理因素：例如，依附型態、氣質、心理防衛機轉、認知型態、智能、人格、心理發展以及自我強度。

• 社會因素：例如，失落、手邊擁有的社會支持、財務資源、文化、家庭功能以及工作環境。

■■■ 人際心理治療概念化的組成

　　人際問題的概念化，主要根據生物心理社會的模式而建立。再者，由於符合人際心理治療的理論基礎，特別強調依附關係以及溝通理論。這個假說考慮到個案當前的功能，它並不是一種靜止或固定的狀態；而是應該持續地與個案一起合作，並且隨著治療持續進行時，與治療師一起合作加以調整和修改。當個案及治療師更加了解個案獨特的環境時，這個概念化會逐漸進化並且隨著時間而改變。

造成困擾的生物原因

◈ 基因的因素

　　家庭中曾經有記錄過的、懷疑的疾病或症候群，都有明顯的重要性。最常見的失誤就是：知道個案沒有家族史的記錄就認為沒有基因的問題。治療師不應該只有詢問及診斷與治療有關的部分，他同時也應該要問到是否呈現異常的症狀或行為，並聯想到某些家庭成員是否可能有精神疾病。

◈ 藥物及酒精使用

　　這個部分不是從個案身上蒐集到的，因為在許多社區中，用來娛樂的藥物或酒精相當常見。個案常常會害怕被舉發而經常否認自己嚴重地使用這些藥物。治療師需要協助個案了解，即使是中等強度、對神經系統有影響的藥物使用，都可能造成心理和人際功能的障礙，對於個案來說，這個部分好像還不太明顯，且不太容易被注意到。這些因素的影響和藥物及酒精使用等人際決定因素也應放入人際問題概念化中。

❧ 生理的疾病

　　在治療的評估階段，完整的身體疾病史必須要加以蒐集。某些疾病可以很清楚地由個案來報告，雖然他們還沒有辦法連接到跟現在心理困境的關係。某些疾病的歷程，尤其包括中樞神經系統的部分，對個案來說可能不太感覺得到。對於整理神經系統有哪些問題，必須要詳細地詢問，而且必須要使用個案可以了解的語言來詢問他，例如，要詢問他是否有癲癇時，可以問他是否有「一陣失神、眩暈」。同樣地，病毒感染以及生理的改變，例如，第一次月經來，或者月經期間內分泌的變動，都是非常重要的生理因素，個案常常沒有察覺到這些部分也和其本身心理症狀有關。

❧ 藥物治療的效果

　　許多藥物會造成心理上的後遺症，也必須將之放到人際問題的概念化中。某些時候藥物可以救人一命，由於這些藥物是必須的，即使可能有心理後遺症仍然不能停用（皮質類固醇就很像這一類的藥物），所以藥物使用通常充滿了兩難。概念化本身不僅應該了解醫療行為可能有的效果，而且包括了個案對於這個疾病以及對他人際關係影響的重要性。例如，使用控制高血壓或治療憂鬱症的藥物有可能會造成性方面的副作用。使用這些藥物而造成的後遺症可能導致個案心理的障礙，也可能導致婚姻關係和親密關係的困境。這些議題和服用精神科藥物是否能夠遵從醫囑有相當大的關係，都應該加以討論。尤其抗憂鬱劑可能造成疲累或是性功能障礙，都有可能造成身體的、人際關係的後遺症，而讓個案不願意使用藥物。

造成困擾的心理原因

❧ 依附型態

　　個案的依附型態通常會在當前人際關係以及過去的人際關係明顯地表現出來。當個案描述到自己有長期的人際關係困境，以至於沒有辦法滿足

自己的依附需求，常常可能呈現出兒童早期和他的原生家庭之間，沒有辦法提供適當的感情和親密感有關，而且也會造成在學校和同儕關係的障礙。在成年早期的關係，可以被描述為維持得很短，或者不令人滿意。整個工作的歷史，都是充滿了混亂，並且缺乏中心的主題，這種情形通常在沒有安全依附關係的個案上可以看到。對於失落的不良適應反應，也是不安全依附關係個案常見的問題。

085　　　治療師在治療情境當中和個案相處的經驗，可以讓治療師了解，個案的依附型態是如何導致當前的人際問題。當治療師發現自己沒有辦法和個案產生連結，或發現個案常常挑戰治療師時，這些都是線索。還有其他常見的溝通矛盾情境或依附關係的焦慮，也都會成為治療當中界限的問題，例如遲到、產生有問題的轉移關係，都是常見的例子。

❧ 氣質

氣質可以當作是由基因或是生理因素來決定的，是這個人對於環境的回應方式。許多研究者描述了細緻的特殊型態，其中在人際心理治療中可以操作的，即為 Cloninger 所提出的理論。[2] 根據他的理論，一個人可以被描述成三個軸向來決定他的氣質。這些軸向包括了逃避傷害：也就是對於環境和人際關係採取警覺和保留的態度；還有一個是刺激渴求，這種類型和其他人接近會採取比較衝動，有時候甚至是混亂的方式；還有包括了依賴獎勵，會習慣從他人身上尋求贊同，而且對於拒絕非常地挫折。治療師可以用類似的方式來評估個案的氣質，因而了解個案的依附型態以及防衛機轉。

❧ 認知型態

個案也有可能呈現出有問題的認知歷程，包括過度類化或者斷章取義，尤其是在討論到他的關係時更可發現這樣的狀況。包括她提到「這種情況總是發生在我身上」，或者「他只會為了孩子才留下來陪我」等等，這些描述充滿了豐富的訊息，因為個案對於關係本身常常堅持著這樣的認知。如果這種思考型態已經影響了病人的人際生活層面，治療師可以試著找出

這些規則。而處理這些部分必須要針對不合理的期待或是認知的假設加以修正，在後續的章節中我們會詳加敘述，而人際心理治療主要的焦點，就是處理此種認知所導致的人際關係問題和這個問題的各種分支。

❧ 心理的因應機制

一個人如何處理心理的壓力，是心理衛生的決定關鍵。Vallant[3] 提出的心理防衛機轉被廣泛地運用，他將心理防衛機轉分類為成熟的或是適應良好的，以及不成熟的（或稱為適應不良的）。會使用心理防衛，如身體化、行動化，以回應心理及人際方面的困境，這樣的個體比較容易發展出疾病和人際困境，因為他們處理內外在壓力的能力很可能因為被放棄而削弱了。治療師應該要發展出對於個案防衛機轉的整體了解，並且要考慮個案是如何描述自己嘗試解決當前人際問題。常用的問句包括：「當你生氣時，你都怎麼處理？」或是「當你有困難時，你會怎麼做？」等等，都可提供更進一步的細節讓我們了解這個人。

其中一個例子就是，有一個個案面臨將要處理的離婚問題。他常常描述自己有許多的生理症狀，或者整天專注在自己是否健康的主題上。他描述自己行為時使用的字詞包括了身體的暴力和攻擊性，或是不良的藥物濫用。當討論到婚姻瀕臨結束時，他表現出淡漠的情緒、或將所有因素都怪罪到太太身上。在這種情況下，治療師可以推論這個個案較易使用不成熟的或者是神經質的心理防衛機轉，例如投射、行動化、隔離情緒的因應方式。這樣不僅可以協助治療師了解個案如何處理當前的情境，也可以了解在人際心理治療中將會遭遇到的是什麼挑戰，還有在整個治療中，個案可能呈現給治療師看到的會是哪些障礙？

086

造成困擾的社會原因

在人際問題概念化中，治療師需要了解個案當前人際關係的困境，特別是要包括了四個人際問題的領域，如何影響心理症狀的產生和進展，而個案當前的人際功能、如何受到症狀的影響也必須加以探索。治療師不僅

應該將個案的心理壓力放在人際的背景之中探討,而且也應該了解症狀開始出現以及人際問題逐漸進展,兩者之間在時間上的關聯性。

再者,治療師也必須討論個案當前的社會環境。他可能缺乏支持,或是沒有人可以提供他安全的依附關係,對於他當前困擾程度會有相當大的影響。相反地,如果有相當不錯的社會支持系統,對於面臨的危機所產生的心理困境,則其脆弱性會減少許多。

■■■讓個案知道人際問題的概念化

一旦治療模式完成了完整的臨床評估後,治療師必須要讓個案知道,他如何使用生物心理社會模式,如何將這些重要部分組成,以協助個案概念化他當前所遭遇到的問題。人際問題的概念化,必須要包括人際心理治療的核心問題領域,而且這些領域必須和個案當前問題相關。我們並不是要說服個案,只有這四個人際問題的領域導致今天問題的困境,而是希望人際問題的概念化能夠協助他將自己的問題放在社會及人際的背景中加以考量。我們這麼做是想讓個案知道,如果重心放在解決這些問題領域,比較能夠協助其緩解症狀。這個歷程整合了生物、心理以及社會的各項因素所形成的人際問題概念化,如圖 7.1。

治療師應該要採取合作的方式,將人際問題的概念化呈現讓個案知道,並且將這個假設當作是暫時性的,然後詢問個案的回饋。這個概念化必須要對個案是有意義的,不僅是能夠認證他所遭受的痛苦,更要能了解和關心他是如何看待這麼多因素導致今日的危機。某些個案會將所有的精神症狀完全歸咎於家庭歷史,或者身體健康的狀態,而不是自己的人際問題。相同地,個案也可能只是看到人際問題造成今天的困境,而沒有考慮到其他部分也可能導致或解決此問題。

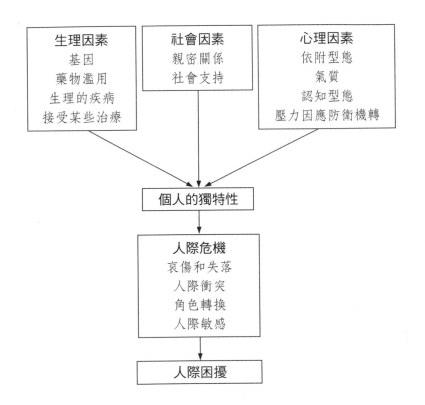

生理因素
基因
藥物濫用
生理的疾病
接受某些治療

社會因素
親密關係
社會支持

心理因素
依附型態
氣質
認知型態
壓力因應防衛機轉

個人的獨特性

人際危機
哀傷和失落
人際衝突
角色轉換
人際敏感

人際困擾

圖 7.1　人際問題的概念化

主要是根據生物心理社會的模式，由生物、心理以及社會的因素一起組成，導致人際危機，並且對於某些比較脆弱的個體，造成人際困擾。

案例　Penny

　　Penny，是一個 32 歲的律師祕書，被轉介至精神科醫師，想要評估她在生下女兒三個月後所產生的憂鬱症狀。她抱怨自己十分易怒、注意力不集中、自責、對一般活動失去樂趣、過度哭泣。她發現這些症狀和她原來相當不一樣，而且在孩子出生後，這些症狀也造成了現在和先生之間的衝突。

　　Penny 告訴精神科醫師，她和先生對於孩子的來臨和安排，有過許多討論，最後同意她自己為孩子請一年的育嬰假，而先生 Brad 則繼續全職工作。

根據個案的描述，先生願意協助部分家事，並同意在週末時照顧小孩，讓太太可以有自己的一段時間。個案討論了和母親安排照顧小孩的事情，母親也同意了每個禮拜提供一天來照顧這個小孩，讓個案可以去處理工作上的事情，然而由於個案請了育嬰假，事實上並不需要顧慮工作。

在孩子出生後，個案發現自己因為照顧小孩過度勞累，比較沒有時間和先生相處。為了能夠有錢付房租，先生開始延長工作時間，想要補足太太因為請假所造成的收入減少。個案也發現母親在照顧小孩的事情上，變得越來越不可信任。

Penny 描述，在整個懷孕過程中，身體的狀況都相當不錯。她提到在懷孕期間覺得很好，但是孩子出生後她卻經歷了強烈的情緒低落，她覺得這是內分泌造成的。她提到有間歇性的情緒波動，尤其是在月經週期的後半段，這個部分她在從前從來沒有想過要尋求治療。而決定要懷這個孩子的因素，主要是由個案決定的，因為她認為自己年紀越來越大，可能不適合懷孕。她提到如果想要有小孩，一定要在這個時候懷孕，年齡更大的時候，危險性會更高。

Penny 是她父母親唯一的獨生女。她說母親在自己童年時也為憂鬱症所苦，很明顯地就是在產後出現的。個案和母親的關係，在青少年階段充滿了衝突，她覺得在那個階段和父親比較親近。她描述了母親現在有時候對她是很有幫助，但是，一般而言都是不可信任的。相對地，她提到在結婚之後，和父親已經較少聯絡。

Penny 提到在整個求學過程中，她的成績相當優越，而她卻沒有想過再繼續進修。她提到自己特別被注意到的部分是零缺點的文書工作，而且非常投入自己選擇的游泳運動。她說整個工作經驗都令她相當滿意，在法律事務所中，她是非常被重視的成員之一。她提到了其他的工作夥伴，常常需要她協助他們處理其他案件。她非常喜歡工作，而且提到她非常懷念在工作場所當中所得到的社會支持。

Penny 已經結婚八年。她描述在婚姻關係中很快樂，有點遺憾的部分是沒有太多時間和先生在一起，而且她也沒有辦法規律地去看看她的朋友和同事，因為每個人都有自己要忙的事。她描述自己的婚姻關係時，呈現了某些

訊息，她和先生的結合主要是因為他們兩個人一起工作得相當愉快。她提到自己的先生有時會抱怨他們的關係缺乏了親密感，而且對於性關係常常不滿意，但是個案卻提到她對於婚姻關係的這兩個部分都很滿意。

個案描述自己是一個完美主義者，而且告訴醫師她的自尊心主要是來自於她有能力完成很多事情。她提到在孩子來臨之前，她能夠完全掌握自己的生活，但是整個母親的角色看起來缺乏結構，而且這個角色的需求越來越高，並且缺乏明確的目標對她來說是一個難題。她提到，在剛開始的幾個禮拜，用母奶餵小孩時所遭遇的困難，讓她覺得生活好像是失去控制一樣。

對於個案人際困擾的因素加以概念化，也就是導致產後憂鬱症發生的原因，包括了：

1. 生物因素：
   - 母親的憂鬱病史。
   - 受到內分泌的影響導致的情緒波動。
2. 心理因素：
   - 不安全的逃避、完全靠自己的依附特質。
   - 強迫症人格特質。
   - 依賴獎勵的氣質。
3. 社會因素：
   - 家庭的不良支持。
   - 從先生身上沒有得到足夠的支持。
   - 從同事身上得到比較好的社會支持。
4. 人際危機：
   - 角色轉換：進入母親的角色，必須要調節擔任母親的生理和心理需求，以及失去了全職工作的各種好處。
   - 人際衝突：和母親之間的衝突來自於母親未滿足她對照顧小孩的期待，沒有受到足夠的支持，而且沒有辦法適當地表達自己的需求。
   - 和先生的人際衝突：無法互相滿足先生和個案之間的期待。
   個案人際問題的概念化的呈現在圖 7.2。

089

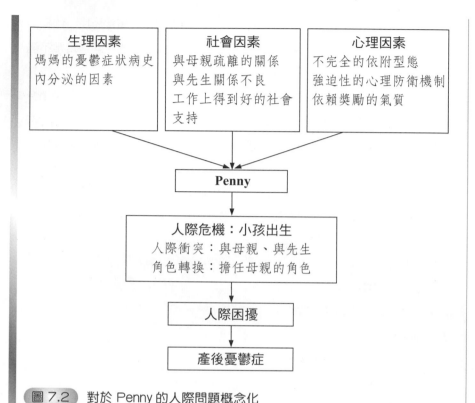

圖7.2 對於 Penny 的人際問題概念化

　　個案困境的概念化，以及憂鬱症狀，讓我們可以考慮好幾種治療的選擇：

1. 認知行為治療：個案呈現出完美主義，並且在過去的歷史中，提到了某些
   思考習慣反映出功能不良的認知基模。她的完美主義需求，亦即傾向於全
   有或全無的思考方式，可以提供她明確的認知治療介入焦點。

2. 自體心理學：個案描述了和母親之間疏離的關係，有證據顯示，在自己的
   母親角色當中又出現類似的議題。自體心理學能夠提供個案一個良好的治
   療關係，讓她有機會產生鏡映或者是理想化的轉移關係。這個部分能夠明
   顯改善個案的症狀和功能，但是焦點主要放在促進個案統整自己錯亂的自
   體狀態。雖然個案本身沒有呈現出明顯的人格障礙，對於這種取向的治療
   方式也有相當的好處，但是由於個案必須提供照顧小孩的責任，因而有許
   多時間上的限制，沒有辦法接受這種類型的長期治療。

3. 家族治療：個案與其延伸家庭系統看起來處在危機中，主要是因為有了一
個新成員進入這個家庭系統，對於個案與先生、個案與母親之間的關係有
了明顯的改變。如果能夠帶其他的家庭成員來治療中，一起努力來處理相
互之間的困境，並且用家族系統的角度來看待這樣的問題，使能協助個案
適當地進入母親的角色。

4. 人際心理治療：個案明顯的有好幾個人際心理治療的困境，而其中最明顯
的議題，就是個案當前的情境改變主要是和先生之間的關係，而且也出現
和母親之間關係的困擾，我們可以稱之為是進入新角色所產生的困境。人
際心理治療能提供個案一個了解自己困擾來源的架構，同時也是協助個案
能發展出解決人際問題的一種很好的治療，而最後的目標就是要達到症狀
的解除。限定時間的、聚焦的這種治療特質，特別適合個案能夠盡快回復
到原來的功能，而且能夠協助個案和孩子趕快建立健康的依附關係。再者，
人際心理治療對於角色衝突以及角色轉換這兩個部分更直接相關，而且和
個案現在當下的經驗更加符合。

治療師讓 Penny 了解她人際問題的概念化

　　為了要讓治療師和個案能夠合作來建立人際問題的概念化，雙方必須
加以溝通，並採取一個可以互相了解的方式來加以討論。最典型的就是口
頭上對個案解釋，我們也常常用書面的方式來作為討論的根據。口頭上的
概念化讓個案有機會再加入更多的訊息，而不是看起來像治療師將自己的
解釋硬加在個案身上。另外，提供個案書面的概念化，看起來比較正式，
而且有象徵意義的功能，讓個案有時間能夠仔細去反省我們所呈現的這個
概念化。

　　在這個案例中，治療師提供了個案以下的人際問題概念化：

案例

Penny，我相信妳經歷了一段嚴重憂鬱症疾病期，這就是為什麼妳會有上述提到的各種症狀。因為它是一個非常複雜的疾病，受到許多因素的影響。看起來在妳的案例中，有生理的因素會導致今天的症狀，包括了妳母親也曾經有過憂鬱症狀。這個部分看起來是妳有憂鬱的基因。再來，妳的月經週期看起來和情緒的波動也有相當的關聯，因此內分泌的因素也有一定的影響。

還有某些因素也會導致妳的心理狀態，造成妳今天的困擾。看起來妳常常藉由很努力工作的方式來讓許多事情順利完成，而且是一個高成就的人，因此覺得生活能由自己掌控是非常重要的事。毫無疑問地，這種控制生活的感覺，在妳女兒出生後有所改變。嬰兒本身就是一個專家，能讓自己的父母親沒有辦法按照一定的時間表，而且造成許多時間都無法預測。

在擔任母親的生活轉變中，其他關係也受到了影響。顯而易見的就是妳和先生之間的關係，在有孩子之前關係相當良好，但是為了雙方必須要擔負起新的責任而受到影響。聽起來和母親之間的關係，也因為孩子的出生而呈現了更多的問題。

所有的這些因素都很重要，因為在孩子出生後，憂鬱症狀更加明顯，主要是來自於眾多因素的結合所造成。變成一個母親的角色非常清楚地導致了生活的極大改變，這些改變包括了好的改變，也有不那麼好的部分，這些改變挑戰妳過去習慣處理壓力的因應能力。

為了對我們的計畫能夠有所幫助，我相信對於這個過渡階段的努力，能夠讓妳的問題有所改善，而且可以將焦點放在妳所描述的，與先生及母親之間的衝突。人際心理治療看起來是一個非常適合的方法，因為主要的治療焦點就是要協助人們解決他們的人際衝突，並且對於主要生活改變的調適，就如同有了小孩的調適一樣。使用人際心理治療也讓我們更能處理妳的症狀，而不需要使用抗憂鬱劑，因為妳很擔心藥物可能對小孩造成影響。

我這樣的概念化解釋，妳感覺如何？

這種概念化的討論不需要看起來很技術性、很專業，而且必須用個案可以了解的字眼來描述。再者，必須要特別強調個案的優點。在這個案例中，個案有許多壓力因應的優點，但是因為變成母親的角色轉換，是她這個時候沒有辦法用原來習慣的方式和人際資源來加以因應的。我們可以想像，如果和母親的關係有所改善，產後期間就會出現比較少的問題，或者如果她比較不要那麼強迫性、比較不要那麼想控制所有的事情，她就更能夠適應新的情境。將個案的困境解釋成暫時的，而且只是對於困境的過渡性反應，能夠增強個案相信自己有能力可以因應壓力，而且暗示她，這個壓力只會維持一段時間，終將被克服。

概念化的討論必須要保持合作的關係。治療師應該要請求個案給予回饋，對於回饋保持開放的態度，而且希望能夠將這些回饋納入新的概念化，當作是治療中的相關資訊，並且持續地修正自己的概念化。

▪▪▪結論

人際問題的概念化是一個相互合作的立場，讓個案和治療師對當前人際困境產生的因素，能夠達到共同的了解。概念化是一個整合了生物、心理以及社會因素的產物，而且這些因素共同導致了個案的心理脆弱性，人際因素則是在個案生活中的某個點，促成明顯症狀的呈現。這個歷程的確能夠認證個案生活的經驗，並且將這些因素連結到當前的人際困境。這樣的概念化能夠運用人際心理治療的理念，來提供後續的介入，而且能夠讓治療師有適當的資訊，知道何時要採取哪些人際心理治療的技術，才能符合個案的最大利益。

092 參考文獻

1. Engel, G.L. 1980. The clinical application of biopsychosocial models. *American Journal of Psychiatry* **137**, 535–44.
2. Cloninger, C.R. 1987. Systematic method for clinical description and classification of personality variants. *Archives of General Psychiatry* **44**, 573.
3. Valliant, G. 1977. *Adaptation to Life*. Boston: Little and Brown.

人際心理治療的技術

093　■■■**簡介**

　　人際心理治療的操作需要許多特殊的技術，這些技術對於順利成功地治療相當重要。更重要的是，必須要建立建設性的治療性聯盟關係，才能夠真正達到療效。溫暖、同理心、真誠、無條件的正向關心，雖然只有這些尚無法達到人際心理治療的效果，但它們卻是人際心理治療的根本。如果個案沒有投入整個治療當中，特殊的技術也無法產生效果；如果沒有適當的聯盟關係，個案可能就會終止治療，這樣的障礙不論多麼有技巧的專家都沒有辦法克服。

　　人際心理治療師在治療中的主要目標就是去了解個案。如果個案不覺得治療師真的投入了解他的這個過程，他將不會嘗試表露自己，也不會覺得被當作一個個體般受到尊重，更不會和治療師發展出有意義的治療關係。努力地想要去了解個案，應該被當成所有步驟的最前線，而且超越使用技巧的其他介入。

　　人際心理治療的技術應該具治療性。一個治療價值的最終引導，在於能夠協助個案到什麼有效的程度。技術本身不應只是根據手冊所描述的，094　而是立基於該怎樣做對病人會比較有利的原則上，來決定要使用哪些技術。

　　這本書有關技術的這個部分，常常被比喻為自己的工具盒，裡面有各式各樣的工具，有鐵鎚、有鋸子，就如同是人際心理治療所對應的許多技術一樣。為了達成那些特殊任務，需要使用不同的工具，而且有技巧的工匠，即使看起來工作內容有點類似，還是可能需要使用不同類型的工具，經由這些工具的運用來完成複雜的工作，或者有時候必須要拿起大鐵鎚，暫時拋開其他工具，來克服這些頑固的問題。更常見的是，必須要用更小的、更精細的工具來處理問題，而又不能破壞到被處理的事物。人際心理治療的技巧，如同工具箱的工具一樣，就是要協助個案解決不同類型的人際困境。如果一個工匠（治療師）對於所有的釘子（個案），都是用同樣

鐵鎚來處理，那麼他就不是一個好的工匠了。

　　下面的章節就是要描述人際心理治療的技術，技術的使用應該要遵守上面所提到的大原則。

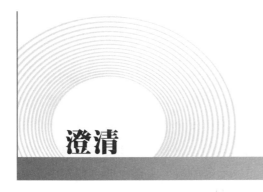

澄清

Chapter 8

■■■簡介

澄清是人際心理治療中最常用的技術。它是人際心理治療初期評估的靈魂核心,但是在整個療程當中都可以使用。澄清在本質上脫離不了以下幾個概念:

- 能問好的問題,治療師才能夠更佳了解個案的經驗。
- 能問非常好的問題,個案才能夠更加了解自己的經驗。
- 如果能問出超級好的問題,個案就能有動機改變自己的行為。

澄清本身是一個非特異性的心理治療技術,並非專屬於人際心理治療的技術。在其他治療模式中,澄清能夠促進治療師更加了解個案,個案也能夠更加了解自己,並且能增進兩個人的治療性聯盟關係。對個案來說,這種合作探索的歷程是一個特殊的人際經驗,而且可以藉由以下幾種方式達到治療的效果:

1. 能提供治療師驗證個案的經驗及困境的機會。
2. 能提供個案探索,並回顧自身人際經驗的機會,而整個合作的歷程是建立在支持的、有建設性的治療關係之下。
3. 能協助個案更清楚地向其他人溝通自己的經驗,就如同在治療師的引導下所做的練習方式一樣。

4.能夠協助穩固治療聯盟關係，因為強調雙方在合作的歷程當中，一起探索個案的經驗。

　雖然澄清本身是一個非常簡單的技術，但能夠問出好問題真的是一門藝術。它必須要治療師對個案真正地感到興趣，而且還要治療師能真誠地傳達對個案的興趣讓個案知道。對比較沒有安全依附的個案，他／她對於治療師是否真誠會特別敏感，而且臨床工作人員必須要小心且有創意地使用澄清的技術，才能與這樣的個案建立治療的聯盟關係，相信最主要的目的應該是了解個案，並且協助建立治療性的聯盟關係。

■■■人際心理治療中的澄清

　我們可以把澄清這種技術整合為以下幾個部分：

1. 直接的詢問：治療師應該要小心引導個案，在澄清的歷程中，朝向討論持續的人際議題。焦點應放在人際議題的澄清，這樣才符合人際心理治療的特色。

2. 同理式的傾聽：治療師應該要認證個案的經驗，並且關心個案的人際問題。

3. 反應式的傾聽：治療師應該要努力去澄清自己是否真的了解個案，常常使用的敘述包括「所以你剛剛說的是……」來檢核自己是否真正理解剛才的議題。

4. 鼓勵個案自發性的表露自己：治療師應該要藉由語言和非語言的線索，來鼓勵個案多談談自己。

澄清在人際心理治療當中想要達到的效果是：

● 促進治療模式能夠更加抓住個案的經驗。

● 發展治療聯盟關係。

● 引導治療的方向。

▪▪▪ 澄清以及個案的依附型態

在整個澄清的歷程中，治療師可以藉由開放性的問句評估個案對關係的反應，而更加了解個案的依附型態。這種推論有助於治療師了解個案人際問題的實際狀況，也能夠協助治療師預測治療關係中將可能出現的問題。它也能引導治療師要使用多麼封閉或開放的問句，還有問題本身應該要多有引導性。更具安全依附的個案，更能夠接受較多的引導性，而比較沒有安全依附的個案則沒有辦法接受引導性，他們需要得到更多的同理和治療師的回應，才能維持良好的聯盟關係，在早期的治療更是如此。

097

▪▪▪ 澄清的藝術

澄清技術的使用，必須要在鼓勵個案自發性地描述他的故事，以及使用更引導性的句子，這兩者之間取得平衡，目的是要使討論的內容能夠聚焦。治療師應準備能在兩者之間移動的彈性，這樣子個案才能表達出更多的資料，以便做更深入的討論。

能夠將澄清的技術使用得很藝術，就好像我們使用爐火煮東西這種比喻一樣。引導式的問句可以用來讓火開大一些，而比較非引導式的問句，就能夠讓火關小一些，以確保火勢不會超出我們的控制。我們還需要足夠的火勢來產生熱能，以便讓個案有足夠的改變動機；但火勢太大，則會造成個案心裡感覺像要爆發一樣。比較有安全依附關係的個案，能夠忍受內心的火焰較大，而比較沒有安全依附關係的個案，則必須使用小火為佳。治療師的工作就是讓火焰持續，而且能藉由這種方式來引導會談，使之朝向更有效率的方式。

在比較表達性的，以及以心理動力為基礎的治療，治療師常常要鼓勵個案自由地談論，而且有時必須圍繞某一個主題，或者採取漫談的方式。

因為這種方式能夠協助個案找出潛在的、潛意識的心理內容，而這個部分已經超過人際心理治療意欲處理的範圍了。

　　為什麼這種自由聯想性的對話在人際心理治療中並不被鼓勵？第一，它會讓我們遠離想要解決症狀的焦點。第二，這種限定時間的人際心理治療，必須要針對某些主題加以討論，而不是使用比較非結構的治療方式。如果我們讓開放式的焦點持續一段時間，就可能讓治療朝向轉移關係為基礎的這種治療模式。第三，重要的是要能讓治療聚焦，尤其是使用比較指導性的澄清技術，能夠讓治療師鼓勵個案對於自己的溝通方式直接加以修改，並且解決在治療情境之外所面臨的真實問題。

■■■剛開始會談階段使用澄清的技術

　　比較要注意的是，人際心理治療為了要維持人際的焦點，而且特別注意到當前遇到的一些問題，治療師應避免在剛開始會談時，使用非引導性的句子做開頭，例如：

自我們上個禮拜談過之後，這個禮拜過得怎麼樣？

　　比較正確的，而且比較具有引導性的句子，包括必須要讓個案聚焦在上次討論過的人際方面的問題作為開頭，而且要清楚地讓個案知道，哪些議題是要在兩次會談之間先去採取一些行動的。這些引導性的句子，必須要包括以下的幾個部分，例如：

在過去幾個禮拜，我們已經討論了你和你太太相處的一些問題。可以請你讓
我知道你們相處的最新狀況，還有關係是否有哪些進展嗎？

　　這種敘述可以將討論的焦點放在人際議題上，引導個案能專注在目前所遭遇到的特定問題，自然地就會將他導入，在這一次會談當中延續原來

主題的討論，而且增強治療師對於希望個案在兩次會談之間要去處理何種問題表達出明顯的期待。

■■■使用澄清技術可能遭遇的困境

個案持續地偏離主題

治療師應持續專注於引導問題的討論。如果個案開始偏離主題，治療師應該要重新引導個案，或者溫和地面質個案，讓他能夠回到主題。治療師應強調，整個會談需要聚焦在人際議題，並可能需要重新回顧人際問卷所蒐集到的資料，讓個案專注在當初決定的問題領域，使之成為治療的焦點。使用比較封閉式的問題，更能夠重新引導個案回來討論人際問題的領域，而且在回到人際議題後，就可以重新使用開放式的問題來加以討論。

治療師持續地偏離主題

在某些情況中，治療師發現自己已經走到人際心理治療的三不管地帶。也就是當個案的主題糾結了太多的心理動力，治療師忍不住被誘惑去詢問有關於個案的夢境、個案對治療師的幻想，只因為這些主題太過吸引人了。這在心理動力背景的治療師特別容易出現，因為在治療過程中，治療師會覺得自己變得很辛苦，因為沒有辦法讓轉移關係呈現出來，卻逐漸疏忽而採取了較非結構的取向。當我們發現自己受到這些主題的誘惑，最好的方式就是避免自己朝向動力的討論，如果個案開始提到他所幻想的夢境，治療師只要詢問，夢境本身的意義是什麼，而這個部分可以如何引導個案和重要他人溝通。

當個案某些時候變得很模糊，或無法整理自己的思緒時，常常會引起治療時的離題。治療師發現自己已經被導引到離題的方向時，最好的方式

就是重新回到人際問卷來整理思緒。回到原來的問題根源，就能讓治療師及個案重新回到討論的焦點。我們也可以採取人際溝通的角度，來看看這種混淆是不是屬於溝通的問題，讓個案了解這種溝通方式是否會導致他在治療情境之外的關係問題。例如，治療師可以說：

> 在我們會談時，有時會有一些離題。這個部分讓我們兩個人都有點困惑，到底要處理的主題是什麼。你是否也發現，這樣的情形同樣會出現在你和其他人討論某些問題的時候？這種習慣可能對你和其他人的關係產生哪些影響？

099

案例　Henry

　　Henry 是一個 36 歲的律師助理，尋求治療是由於婚姻問題所引發的焦慮症狀惡化。個案接受認知治療並且得到了一些效果，但關係上的困難持續存在，也導致症狀仍無法完全解除。

　　Henry 對治療師抱怨自己的太太「不夠了解自己」，而且他「不想再停留在婚姻當中了」。經過了評估之後，治療師和個案雙方同意接受十二次的人際心理治療，焦點聚焦在他和太太之間的人際衝突。

　　個案開始描述他和太太的關係，結果發現他對婚姻關係的存在並沒那麼關心和在意。他和太太在婚前相處了六個月，他的太太提議要結婚，而他自己只是配合而已。治療師詢問個案當時太太提議結婚時，他的感覺是什麼，他回答道：「我不知道，我實在沒有認真去想過。」他的其他關係對他而言，看起來也都不是那麼讓他在意。

　　在整理人際問卷時，治療師試著想要澄清他和太太之間的衝突是什麼：

治療師：Henry，請你描述一下你的太太。

Henry ：好像沒什麼好說的。

治療師：或許你可以告訴我你們之前相處的情形。

Henry　：也沒什麼好說的，我們彼此相遇，她提議結婚，我也沒想太多，就結婚了。

治療師：告訴我你們當時碰面的情形。

Henry　：譬如說什麼？

治療師：譬如說，當時你對她的感覺是什麼？

Henry　：和現在沒有什麼不同。

　　根據個案的回應及其所描述的人際關係型態，治療師認為個案的依附型態是一種不安全的、逃避的依附型態。再者，個案傾向於過度簡化他與太太之間的關係，而且認為討論這個部分對治療關係會造成影響。治療師後來發現必須要先做兩件事，且必須有技巧地來完成。第一件，治療師必須要重新蒐集有關於個案和他太太之間互動的資料，這樣才能對這個主題有更清楚且深入的了解。同時，治療師必須要確認治療的聯盟關係是否足夠，這樣個案才不會逃避與治療師討論這些事情。再者，必須巧妙地合併使用引導性的問句、同理心、溫暖與真誠，這樣才能夠誠懇地了解個案所遭遇的問題。

治療師：我們先暫時放慢一點，我真的想盡我的努力來了解你，關於你和你太太的關係，現在的狀況是什麼？

Henry　：我實在不太容易去描述，因為一直以來都讓我覺得很挫折。

治療師：聽起來好像一直都是這個樣子，雖然一直有這種感覺，但是我仍需要很努力地去想像。可以請你更詳細地告訴我你的經驗嗎？

Henry　：不論我做了什麼，看起來對她沒有什麼太大的差別。雖然我的表達和她一樣也不太直接，但是她也不太重視我的感受。她常常告訴我，我都不會和她溝通我自己的感覺，我實在覺得很討厭。我認為她根本就沒有在聽我說話。

治療師：聽起來真的很挫折。如果可以的話，我希望能夠聚焦在你和她之間的一兩個特定的互動，這樣我才能夠更了解你們互動的細節。

Henry　：嗯哼。

治療師：請你告訴我，上次你們意見不合時是什麼樣的情形？

100

Henry ：好的。

治療師：是在什麼地方？

Henry ：在家裡。

治療師：你們兩個人當時在做什麼？

Henry ：我正好在看球賽，然後她對著我講話。

治療師：「對著你講話」，這真是一個很有趣的描述。你還記得當時她說的那些內容嗎？

Henry ：記得，她說：「你總是有事可做，就是不跟我講話。」

治療師：你怎麼回應她？

Henry ：我說，「我現在正在和妳講話，不是嗎？」。

治療師：然後她說了什麼？

Henry ：我想她是說：「你可不可以把這無聊的棒球比賽關掉，專心和我說說話？」

治療師：好，你的回應是什麼？

Henry ：我沒有真的做什麼回應，我只是繼續看球賽——雖然結果也只是一場混戰而已。

　　治療師持續地澄清個案和他太太之間許多互動的層面。治療師仍然非常注意個案的依附型態，而且持續地、充滿藝術地使用開放和引導的語句，來引導個案討論自己的人際經驗。

■■■結論

　　澄清絕對不是只有問個案問題而已，澄清還包括能夠在指導性的詢問以及鼓勵個案自發性的說話之間取得平衡，且必須根據個案的安全依附型態程度來做決定。澄清本身對於建立和維持人際心理治療的焦點是非常基礎的技術。使用澄清的技術主要是希望能夠了解個案的人際經驗，然後協助他發展出洞察自己的問題，並且促進他有動機改變。

溝通分析

Chapter 9

▪ ▪ 簡介

　　人際心理治療的基本假設是，一個人之所以會遭遇困境，主要是因為壓力太大，再加上沒有足夠的社會支持系統，這些支持系統包括了親密的關係，以及一般的社會支持網絡。雖然缺乏足夠的社會支持，常是由於個案本來就沒有建立足夠的支持系統，也可能常常是因為自己的溝通不良所造成的。這主要是因為個案並未清楚表達出自己的需求，而且他們的社會支持系統也無法採取適當的回應方式。由於這種不良的溝通型態所產生的直接後果，個案滿足不了自己的依附需求，也無法滿足自己情緒和身體上的需求。

▪ ▪ 溝通分析的目標

　　基本上，溝通分析（communication analysis）是想要了解個案的人際困境是如何產生、如何惡化，以及如何誘發衝突的一個歷程，希望能夠藉由蒐集這些資訊，對於個案的不良溝通形成假設。溝通分析的主要目標有以下各項：

- 協助個案找出自己習慣的溝通型態。
- 協助個案找出自己有哪些溝通行為會導致這些溝通問題。
- 讓個案有動機去做更有效率的溝通。

102　　為了要達到這樣的效果，治療師必須按照以下的順序來協助個案調整自己的溝通：

1. 蒐集個案關於人際關係，及其如何溝通其人際關係的資訊。
2. 對於溝通問題的成因形成假設。
3. 讓個案了解這些溝通問題的假設，可當成對個案溝通的回饋。
4. 對治療師的評論，請求個案給予回應。
5. 修正自己的假設。
6. 藉由問題解決的技巧，建立並且練習新的溝通方式。

　　在這樣的歷程中，必須維持強而有力的治療聯盟關係。因為個案必須要能夠忍受治療師給予的回饋以及造成的衝擊，並且能夠善用這些意見來達成改變。我們必須要選擇特殊的回饋方式，仔細考慮病人的依附型態以及對問題的病識感程度為何。

■■■ 溝通的來源

　　我們要如此嚴格地要求有溝通的分析，主要是因為人際心理治療必須要有可以被分析的素材。治療師主要依賴以下四個重要的訊息來源：

1. 個案本身對於自己溝通的描述，可以包括特定事件的描述和一般的描述。
2. 個案向治療師描述自己狀態的對話品質。
3. 個案在會談中與治療師溝通的習慣。
4. 個案的社交網絡中，重要他人所提供的資訊。

　　這四大方面的訊息，讓我們有不同的訊息來源，才能夠抓住這一隻「溝通的大象」。因此，溝通分析必須要蒐集完整的社交歷史、詳細地描述個案的關係，以及他對於其他人的期待是什麼。再者，治療師必須要了解個

案對於他人期待的感覺是什麼。我們想要找到人際困境是否有哪些公式和規則，而且主要是來自於不良的溝通，或來自於雙方不能互相配合或不合現實的期待。

　　大部分的個案都能夠清楚描述自己對於別人的期待，不過大家習慣在說故事時會有部分的加油添醋，而且據其對問題的洞察程度，描述的故事便會有所不同。不幸的是，個案在日常生活中，對於自己的社交網絡所採取的不良溝通方式，同時也會出現在他與治療師的溝通上。再者，個案如果容易誤解日常生活中其他人的溝通和意圖，常常會在與其他人溝通時產生觀念偏差。個案因此會將別人解釋成有惡意的，或是當自己的依附需求沒有被滿足時，覺得別人是沒有動機來關心他們的。儘管事實上許多個案的重要他人，可能表達得相當清楚，實際上也相當投入關係，但仍會被個案所誤會。治療師應該要探索各種溝通問題的可能性，以及溝通可能導致的各種問題，如以下所示：

- 個案並未清楚表達自己的需求。
- 個案並未適當地對他的社會支持系統表達自己的需要，讓這些系統有機會能夠適當地給予回應。
- 社會支持系統中的其他人，對於個案也未做出清楚的溝通來讓個案了解。
- 在社會支持系統中的這些人，他們所表達的溝通方式也無法讓個案做出適當回應。

103

個案描述自己的溝通

　　在剛開始蒐集人際關係史，並且建立人際問卷時，個案應該要主動地提供治療師，讓治療師了解他習慣的溝通型態。這些部分包括了，比較有洞察能力的個案，能夠直接地描述自己的溝通習慣，也可能有些個案出現了常見的抱怨方式，例如：「我先生從來不了解我」或者「我太太從來都不聽我說話」。這種方式的描述，容易讓治療師在推論雙方溝通型態的時候造成偏差。

　　人際心理治療師在評估的過程中或是在後續的會談裡，都應該直接詢問個案的人際溝通習慣。治療師可以詢問以下這些問題：

- 你在你的互動關係中，是否已經看出了某些習慣的模式？
- 在你和其他人溝通時，你看到了哪些習慣出現的模式？
- 哪些事情是你比較不容易向其他人表達或說清楚的？
- 你如何表達自己的憤怒，或是對某些人的不高興？
- 別人對你生氣時，你是怎麼做回應的？
- 你有哪些關係出現障礙？
- 當你遇到壓力時，你都怎麼做？
- 當你有壓力時，你都如何表達自己的需求？
- 當別人向你尋求幫忙時，你習慣的回應方式是什麼？
- 在你的關係中，別人給你的回應是什麼？
- 你覺得別人了解你的程度為何？

　　個案對於這些問題的回答方式，可以讓治療師對於個案特殊的溝通困境產生某些假設。這些訊息非常重要，我們可以用來判斷個案對自己的問題有多少的病識感，以及他是否有能力去同理其他人，或了解別人的觀點。例如，如果個案本身了解自己的問題較多，認為自己對溝通的困境也應該負起某些部分的責任，他也可以了解別人對他的回應可能會有哪些。如果具備了這些條件，應該會比凡事都指責是別人的錯的個案，療效要好上許多。

　　個案本身所提供的資訊，會受到許多因素影響，治療師應考量的因素包括：個案的病識感、動機、是否有能力表達個人的訊息，以及是否有能力同理。個案的依附型態也產生相當大的影響，會影響他呈現整個問題的方式。比較有安全依附關係的個案，能夠在治療關係早期就建立信任感，更能夠隨時準備好透露相關訊息，而且比較能夠了解其他人的觀點。

104 　　另外的訊息就是治療師應該要專注於個案有可能傾向會對自己的問題做太過廣泛而表面的敘述。他也可能用絕對的字眼來描述這些問題，例如：「我的老闆從來沒有看到我的成就」或是「我太太總對我百般挑剔」，這些都呈現出個案對自身溝通和關係的了解程度，是受到局限的。當面臨這

類過度類推的描述時，治療模式應該要朝向使用人際事件的方式來蒐集資料，這部分我們將在下一章詳加描述。

　　一般而言，在溝通分析的蒐集資料過程中，會有「富者益富」的原則，意思是說，本來有比較好的溝通技巧的個案，因為能夠更加清楚詳細地描述自己的人際問題，也比較能夠傾聽和了解其他人為什麼對他有這種反應，他們比較有病識感，也比較能夠接受其他人的回饋。相反地，溝通技巧比較差的個案，其溝通型態會讓治療師更加難以理解他們的問題，而且不太容易給他們適當的回應，也不太容易協助他們建立適當的病識感。以下的幾個例子，就是在治療的評估期，對兩個有婚姻衝突的個案所做的描述。

案例 1

治療師：請告訴我，當別人挑剔你時，你會如何回應？

個　案：一般而言，我不喜歡這樣。我習慣將這些挑剔當作是針對我的。即使我知道其他人可能也試著給我一些回饋，想要對我有所幫助，我也有可能把這些話當作是在挑剔。不過如果當我覺得被挑剔時，我就會和這個人保持距離。我記得有一次我穿了一件七天前也有穿過的衣服，我太太說：「這條領帶看起來不太能夠搭配這件襯衫。」理智上，我知道她是想要幫我，但我卻覺得她是在挑剔我的能力，而且想要把我打壓下去。然後我變得很生氣，雖然她的這種建議可能是對的，但是我卻覺得更糟。

治療師：在你太太對於這件襯衫有意見之後，你的回應是什麼？

個　案：我就按照平常習慣的方式來做回應：我看著地板，而且嘟起嘴來。她看起來生氣，於是離開現場。她走到樓下去，我走到大廳站在她的後面，然後說：「我知道妳是想要幫我，但是只要妳挑剔我的時候，我就不能忍受。」我和她談了幾分鐘，但是後來彼此就都必須去工作了。

案例
2

治療師：告訴我，當別人挑剔你時，你是怎麼做回應的？

個　案：這真是個好問題。我太太常常沒什麼理由就來找我麻煩。她的習慣很糟，常常會情緒失控，實在是沒有辦法和她講理。

治療師：請告訴我，某一次當你覺得被挑剔時，那是什麼樣的情形？

個　案：每一次都是這樣的，上個禮拜、昨天、下個禮拜也會如此。她是不會改變的。

治療師：當你覺得被挑剔時，你做了什麼？

個　案：我和其他人一樣都做了回應，我告訴她不要再講了。當然我是用一個很合理的方式……我並沒有和她一樣大吼大叫……

　　為了想要讓病識感和同理心更加具體，我們只要考慮到上面的兩個個案，哪一個人會讓我們比較喜歡和他一起討論這個事情。第一個個案已經了解到，自己溝通的習慣就是在爭吵時會退縮，且能了解自己的反應習慣，也能了解太太的動機，甚至他嘗試和太太直接討論兩人之間的衝突。相反地，第二個個案會將自己的問題推給別人，認為自己太太完全是無理取鬧，而且沒有動機改變自己的行為，再加上也沒有能力去認真了解自己的行為對於溝通的問題產生了哪些影響。

　　第一個個案對於溝通中發生了哪些事情，做了很好的描述。治療師能夠直接使用這些訊息給予個案回饋，協助他修正自己的溝通型態。而治療師必須要從第二個個案所提供的訊息中做某些程度的推論，治療師暫時假設他無法直接溝通、比較傾向於挑剔別人，而且會將問題廣泛地類推到其他情境中，而這些部分也在個案會談中清楚地呈現出來。

個案描述他對話的品質

　　除了個案對治療師詢問溝通所給予的回應之外，個案報告的品質也反

映了個案的溝通型態。個案有能力表達出前後一致的對話時，相對地，他也可以清楚在治療情境之外有這樣的表現。如果個案沒有辦法適當地同理治療師，了解治療師是一個經過訓練的人，是來協助他把自己的問題做一些整理，那麼我們也可以推論個案在現實情境中，對其他人也不太能夠同理甚或是有所誤解。治療師應嘗試從個案的對話中回答以下的問題：

- 個案所描述的溝通習慣，前後的連貫性和一致性為何？
- 個案能夠自發性地、清楚地呈現出多少溝通的例子？
- 描述的故事中，個案只顧著自說自話的程度為何？也就是個案是否能夠投入和治療師互動的對話中？
- 個案是否能夠適當地傳達自己的情感？
- 整個訊息所呈現的明確性和清楚的程度為何？個案所描述的是一種一般或類推的描述嗎？或是他能夠描述出某些特定的互動？

個案在治療性會談中與治療師的溝通

在會談中，個案和治療師互動的情形是非常重要的訊息來源。在人際心理治療中，並不會直接討論個案與治療師之間的關係，所以這些訊息主要是由治療師在互動經驗中蒐集到的，而不是直接詢問的結果。這種蒐集訊息的過程，和在治療歷程中如何運用關係來達到治療的效果，是有所不同的。也就是說，如何能讓個案和治療師一起合作，而且是在人際心理治療的架構下，希望藉由個案對治療師特殊的溝通型態，來找到個案在日常生活習慣中，如何用同樣的方式和其他人溝通？

例如，當治療師和個案在協調契約問題時，個案是否有能力參與整個歷程？個案是否只是被動地接受治療師的建議，或是能直接對於治療師無法提供足夠的會談，馬上提出抱怨和回應？或者他可以建設性地投入整個討論中，加入自己的意見，並對於現實條件做部分的妥協？在談到家庭作業時，個案是否也能提供自己適當的意見，與治療師有效率地合作，或只是頑強地抵抗不要去做家庭作業，表現出被動的不配合或是攻擊性？所有治療情境中的溝通和互動，都是重要的訊息來源。

106

　　人際心理治療中有一些基本的假設認為，個案在不同關係中，行為和溝通的習慣都是類似的，當然也包括在治療關係中的表現。也就是說，個案沒有辦法特別去壓抑不表現出自己的這種習慣。所以在治療關係中所蒐集到的訊息也意味著：在治療關係之外，其溝通習慣也可能是如此。對於關係詢問和蒐集資料的過程，當然也需要受到治療師和個案在會談中互動訊息的影響。

來自於個案重要他人的報告

　　還有其他很好的訊息來源，能夠提供個案的溝通型態，我們可以想到的就是個案的重要他人。雖然不是常常可以邀請到這些人，但人際心理治療特別鼓勵治療師應與個案的配偶或家屬，在治療當中碰面談一談。這可當作提供家屬心理衛教的好機會，能夠讓他們對治療不要有太多迷思，並且協助家屬幫忙個案解除症狀，邁向復原之路。更重要的是，有機會讓治療師觀察到現實情境中雙方的互動，而且可以從個案的家屬身上，蒐集到其他他們所觀察到的重要訊息。

　　最常見的情況是，許多治療師在進行個別心理治療的前二至三次，都會和家屬保持碰面和接觸。個案雖然非常詳細地描述自己的另一半，但是當治療師有機會能與這個人面對面接觸時，就更有機會來看看個案所描述的是否有欠公平。個案可能描述自己的另一半是一個疏遠的、不關心別人的人，而治療師在和對方碰面後，才發現他的另外一半其實是相當理性可以討論的，和個案描述有所不同。相反地，個案可能用比較誇張或過度美化的話來描述他的另一半，結果治療師與之碰面後才發現，這樣的描述完全不正確，原來是個案對另一半太過理想化，他的另一半其實是一隻披著羊皮的狼。

　　溝通分析主要根據這樣的前提，認為個案的溝通問題與其症狀以及人際困境有直接相關。然而，我們必須要注意的是，治療師必須要持續謹慎，因為溝通的困難也可能出現在溝通的另外一方沒有能力適當地表達自己。因此，改善個案的溝通技巧，也可能被對方誤解，甚至被對方拒絕。

再者，個案的溝通對象想要溝通的動機，可能也和個案有很大的差別。例如，個案可能試著想要在配偶身上尋求浪漫關係，來滿足自己的依附需求，但另一半卻不願意投入時間在這樣的關係中。如果個案繼續保持直接的溝通和表達，最後得到的結果可能是對方負向的回應而已。

也就是說，如果治療師與個案的重要他人碰面，尤其是他婚姻關係當中的另一半，或者是親密關係的對象，大部分都會有所幫助。尤其對於雙方之間正好以衝突成為主要議題的另外一方，如果可以和治療師碰面，則效果更好。這麼做可以讓治療師得以：

- 在現場直接觀察兩個人的互動。
- 了解另外一個人對於這個問題的觀點和看法。
- 更正確地能邀請對方（重要他人）投入這個治療。
- 向重要他人提供心理衛生的訊息。
- 能夠讓重要他人對於整個治療「修改不正確的迷思」。
- 能夠直接對他們兩個指定溝通的家庭作業。
- 能夠直接了解治療情境中討論的這些主題，個案能夠掌握多少並且在溝通上能夠有哪些實際的改變。

107

■ ■ ■溝通分析的歷程

我們花了許多的時間和方法來蒐集個案的溝通，主要是為了以下兩個理由。第一，在治療中評估各種訊息，能讓治療師了解，到底這個個案是否適合這種治療，以及整個治療預後會是如何，並且能夠引導治療師做出決定，後續將要採取哪一種方式的治療。第二個理由是，溝通分析本身其實是相當簡單的技術，也就是對於造成個案溝通困境的部分可以形成假設，然後將這種假設回饋給個案，個案能夠接受這種回饋並且開始投入改變。當然，由於技術的層面是很直接的，所以能夠善用有效的回饋是一種相當複雜的、藝術層面的操作，因為治療師必須要能根據每位個案特殊的個性，來調整自己的回饋型態。

面對蒐集資料的整理，了解個案的各種溝通方式，然後針對特定情境給予回饋。它可以是來自於個案直接描述自己的溝通習慣、治療師對個案會談中的表現、治療的聯盟關係，或是從其他人身上蒐集到的資訊都可以包含在其中。這些資料都可以加以整理，並且幫個案做摘要，然後將之運用在特定的人際情境中給予回饋。例如，前述的案例 1，治療師對於婚姻的衝突可以給予以下回饋：

> 根據你告訴我有關你和太太之間的關係，對我來說，我覺得你對她的評論相當敏感，而且有一種傾向就是，你將她所說的話都認為是針對你。一旦有了這樣的傾向，你所習慣的反應就是退縮。我的印象是，當你用這種方式抽離自己的情緒，或者關閉溝通的大門，你很希望太太能夠察覺到你現在正在做的這些動作，而且希望她主動來找你，然後做一些補償。對於我所說的這些，你有什麼樣的想法？

我們並不是要將個案的溝通困境一成不變地、沒有彈性地加以概念化，治療師應隨著自然的進展而調整自己的看法。如果這個假設是真的，也會隨著自然的進展再增加許多的新訊息。人際心理治療會隨著治療的進行而蒐集到更多、更詳細的關係資訊，以及溝通的情境。因此，這些假設需要隨著治療的進行，做出即時修正的版本。

再者，要讓個案能夠了解溝通困境，在我們的概念化之下是什麼樣的情形，這個部分不是一次就可以讓個案完全同意。我們必須要將概念化讓個案知道，他再提供更多的資訊，然後我們就會再加以修正。陸續加入新的資料之後，才能夠形成更加精細的假設，然後就可以逐漸找出個案的溝通要如何修正，問題要如何解決。

給予個案回饋

一旦治療師能夠從各種資源蒐集到資料，並對於個案特定的溝通困境做出重要的假設之後，我們就應該開始和個案互動，進入相互回饋的歷程。

最重要的部分就是要有足夠的治療聯盟關係。

如果用 Kiesler 和 Watkins 的話來說：[1]「個案和治療師之間的關係必須有相互的包含性，這樣治療師對於個案的回饋，效果才能有所不同。」換句話說，治療關係對於個案和治療師都很重要，個案必須對治療師的回饋採取重視的態度，而且這種回饋一定要對個案產生相當程度的影響。如果關係還是相當緊張，或是太早給予回饋，治療師對個案的評論就容易被忽視。

最理想的回饋結果就是，個案對治療師的評論能夠有口頭上的回應，例如：「你真的這樣覺得嗎？」這個句子中特別強調「你」──也就是治療師獲得個案高度重視，而且他的意見對個案也有相當大的意義。而這種重要性、尊重，以及被個案認為是專業的意見，都被歸因於治療師，也就是治療關係當作是最主要的因素，因為這會決定個案要如何去接受這樣的意見。治療師應該要和個案建立關係，關係當中能夠傳遞溫暖、同理、真誠、無條件的正向關心，[2]所有的這些因素，雖然不足以構成人際心理治療的充分條件，但卻是人際心理治療改變的基礎。

治療師應修正自己的風格，來符合個案本身的依附型態。比較安全依附關係的個案就能忍受直接的回饋，而他們的安全感讓他們可以在治療早期，就能夠忍受適當程度的回饋。相反地，對於比較矛盾依附關係形態的個案，必須要先鼓勵他們多談談對於自己溝通的一些想法，而不是由治療師太早就開始給予直接的回饋。比較非指導性的介入方式，較不會引起被動式的阻抗或依賴，然後成為治的重要焦點。比較逃避型的依附關係型態，則需要更多的時間才能夠發展出足夠堅強的治療聯盟關係，因此，回饋也必須要在已經建立聯盟關係，個案也能夠忍受直接的回應時，才能夠提出這樣的回饋。

給予回饋還有一個重要的歷程，就是必須要請個案對於治療師所說的話，在口頭上表達自己的意見。亦即治療師本身提出的概念化，並不是當作絕對性問題的解析，而是治療師提供個案一個正確了解的機會，希望藉此讓個案能夠接受並且達到病識感。治療師口頭上應該要提供自己的概念化和假設，這樣子才能夠提供合理的解釋，但是仍然要保持開放，容許更

進一步的探討和研究。

治療師應教導個案如何對回饋做出適當回應。例如，可以這樣說：「你給我的有關於你人際關係的資訊，顯示出……」或是「我很好奇的是，是否你和某人……的關係出現了某些問題？」而不是採取太過強硬的評論。然後要邀請個案對於剛剛所說的話發表意見，請他回應：「那你覺得如何呢？」

如果個案能夠提供更屬於自己的概念化，效果會更好。因此，應要求個案提出自己對於溝通問題的看法。治療師可以藉由以下的問句，例如：「你認為你自己的溝通中，主要的習慣是什麼？」或是：「你如何將這幾件事情放在一起看呢？」這些詢問方式可能會很有幫助。我們必須十分鼓勵個案能對概念化提供意見。

在人際心理治療中，溝通分析不只是用來了解個案心理和歷史因素，以及如何來影響溝通的問題。如果個案本身對於了解問題的先行事件相當有興趣，這樣做才有意義。人際心理治療中，只要求個案了解自己當下的溝通型態，能夠覺察到他的溝通方式會引起別人採取哪些回應，而且能夠對於自己的溝通做調整來解決當前的問題即可。

回饋本身所造成的影響是相當大的。也就是說，即使個案本身比較沒有病識感、比較沒有動機、比較沒有安全的依附關係，對於整個治療的療效比較受到限制，仍然可在治療中獲益，因為人際心理治療並不要求深度的、心理的病識感，而只需要個案能找出溝通的問題，改變自己的溝通習慣，然後問題就可以獲得改善或解決。事實上，對個案來說，即便將問題當作是外在因素所造成的（亦即「都是別人的錯」），但是個案若能發現改變自己的溝通方式也可以導致別人有不同的回應，則仍然可以解決問題。因此，無論多麼困難的個案，在人際心理治療中仍然可以獲得調整。

並不是說病識感或內在精神的改變，在人際心理治療中不加以鼓勵，當然，如果有這些部分的改變是會更好。然而，人際心理治療可以使用在某些缺乏適當洞察能力的人，或者他們也不是很有心理思考的習慣，或者不適合洞察取向心理治療的某些個案，也都可以接受人際心理治療而獲得改善。

　　或許其中最好的例子就是，人際心理治療可以用來治療身體化的病人。一般而言，這些個案對於許多治療來說都是不適當的成員，因為他們有適應不良的依附型態、不良的病識感、不相信醫療系統、沒有動機尋求治療。再者，他們常常對於主要照顧者懷有敵意，最重要的是，他們自己的想法相當固執，一直認為自己的問題是身體而不是心理的。他們絕對不是最適合治療的成員名單。

　　無論如何，即使個案仍持續地將自己的問題歸咎在醫療照護系統，因為這些系統沒有適當回應他們的需求，但他們仍然可以發現，自己的溝通習慣如果有所改變，就會得到更好的照顧和服務。人際心理治療目標可以協助個案找出溝通的改變，使他們可以用更有效的方式，來讓他們依附的需求得到回應。

　　例如，個案常常跑到急診室要求處理身體的問題，但是即使跑到醫院，也常常發現自己身體的問題沒有得到適當的回應。急診室相當忙碌，所以個案必須等待；個案可能每次都看到不一樣的醫生，當然不可能從不同的醫師身上得到他所期待的關心和照顧的程度。換句話說，我們就會教導他安排和家庭醫師規律地看診，因為這些醫師非常了解他，而且願意為他提供更多個人的關心，這樣個案就能得到更多依附需求的滿足。

　　身體化的個案無法藉由了解自己的內在動力，來調整並且改變其尋求照顧的行為。他們持續將問題歸因在其他人、持續指責醫療系統，甚至是某一位急診室的醫師沒有給他應有的照顧。但是他們如果尋求比較了解他們的醫師，那麼他們能夠得到的關心和照顧，將遠比在急診室枯坐幾個小時還要好很多。他們能夠了解到，如何改變自己的溝通，來讓自己得到更好的照顧。

案例　Fred

　　Fred是一個 32 歲的男性，主要因為對婚姻關係的不滿而尋求治療。他描述經常與太太 Sandra 爭吵，讓他常常無法順利睡覺，而且脾氣也變得越來越

壞，然後影響到他白天的工作。他提到他已經受不了了，而且對於太太不願意和他一起參與治療感到相當氣憤。他之前沒有接受過其他心理治療，也沒有藥物濫用的問題。

　　經由剛開始的兩次會談，個案描述他曾試著與太太有比較親密的關係，但遭到太太的拒絕。他提到太太並不想講話，而且「在我表達熱情時，總是持續地拒絕我」。他覺得他們之間的關係已經快要破裂了，但是他仍然願意再做最後一次的嘗試。

　　在第三次會談時，治療師要求個案能更加詳細地描述他和太太之間的關係：

治療師：Fred，請你多告訴我一些有關你太太的事情。

Fred　：好的，當我第一次遇到她的時候，其實是關係最美妙的時候。我們的關係很親密。經過這些年來，情況越來越糟，我不認為她現在還會在乎我的任何事情。

治療師：在你和她的關係中，你是否已經看出了哪些互動的習慣？

Fred　：什麼樣的習慣？我實在沒想到，我認為最重要的部分就是，我得不到她任何熱情的回應了。是的，一直都是如此。

治療師：你們之間的溝通是否有哪些固定習慣呢？

Fred　：她認為我要求太多，但是我一點也不這麼認為，不過這卻是她長久以來的抱怨。她成長的家庭相當嚴肅，幾乎沒有身體上的親密和情感，我覺得這些部分對她影響很大。

治療師：你是如何表達你需要親密的接觸，或者讓她知道你想和她更接近一點？

Fred　：通常我會藉由讓我們兩個在一起的方式，也就是緊貼在一起——也就是睡在一起。

治療師：聽起來你們的性關係對你來說非常重要。

Fred　：沒錯，但是最近一次都沒有發生，她常常不想和我這麼親密，而且根本也不想要和我有性關係。

治療師：你對她的回應方式是什麼？

Fred　　：我知道如果她真的關心我，就應該要了解性對於我們的關係是十分
　　　　　重要的。無論如何，只要我們結婚了，她就有責任要了解我。

治療師：那麼，你如何告訴她你對於這些事情感到生氣？

Fred　　：我告訴她，如果她真的愛我，她就要更加地關心我，更加注意到我
　　　　　的需求。

治療師：這句話你實際上是怎麼說的，我的意思是，可不可以舉例，並且用
　　　　　當時的語調來表達？

Fred　　：我就是告訴她，按照事實告訴她，因為我幾乎不太會生氣，所以她
　　　　　本來就應該要了解我的感受是什麼。我很確定如果您能和她碰面談
　　　　　一談，說服她，讓她能更加了解我，將會有很大的幫助。

　　治療師能夠從個案所提供的好幾個互動經驗，以及其他的訊息，暫時下
了幾個結論。個案本身直接報告的部分顯示出，一旦溝通發生時，個案有好
幾個假設，認為太太應該要了解他。他認為太太應該要了解他的需求，而不
需直接溝通和說出來，他認為她「就應該要了解性對於我們的關係是十分重
要的」。而且他認為太太應該按照某種特定的方式來表現，「如果她愛我的
話，就應該如此」。這種假設我們可以把它稱作是，個案希望太太有讀心術，
而且能夠經由這種方式來對他的需求採取正確的回應，這個部分常常會導致
他們的婚姻衝突。

　　個案所描述的故事前後相當一致，但是治療師發現，從太太的角度來看，
又是完全不同了。個案描述和太太剛碰面時相當地愉快，但現在的關係卻很
糟。我們發現，個案有一種兩極化的傾向，他會將自己的太太過度理想化，
或者是過度貶抑。再者，整個對話中，可以發現個案一直抱怨太太不夠關心
他。他並非提到兩人之間有所衝突，他認為他的問題其實是在於自己的需求
沒有得到太大的滿足。

　　個案對問題的病識感相當受到局限。他認為太太應該為這些問題負責，
而且他自己的溝通也呈現出了相當清楚的線索，他「按照事實告訴她，因為
我幾乎不太會生氣，所以她本來就應該要了解我的感受是什麼」。根據個案

其他部分的描述，治療師強烈地懷疑別的可能性，治療師認為個案對於太太的溝通，不但不清楚，而且根本不是根據事實來描述。可能他們兩人之間，除了想要溝通的訊息之外，還加上了許多不滿的情緒。

另一方面來說，個案的確呈現出某些程度的病識感。他對於治療師有關於人際關係的習慣，這些問題能夠給予正向回應，而且能夠讓他適當地思考。治療師對於這個部分覺得相當受到鼓勵，而且希望能夠在這個領域中，達到更多的成果。

個案在會談中對於治療師的溝通，能夠適當地形成聯盟關係，也是相當好的訊息來源。雖然並沒有出現明顯的依賴徵兆，治療師卻發現個案的描述：「如果你能和她碰面談一談，說服她，讓她能了解我，將會有很大的幫助。」這讓治療師蒐集到的訊息，更加去考慮個案是否有這樣的傾向，具備依賴人格特質，以及焦慮矛盾的依附型態，而且他也呈現出試著想要讓太太能夠主動地來關心他。

因此我們評估，到底怎樣的方式給個案回饋會是最有效的，治療師考慮了以下三個選擇。第一個，他將會給個案直接的回饋，可以藉由以下的方式來進行：

從你告訴我的這些內容，我們的確清楚地發現你和太太之間有些溝通問題，你覺得她並沒有採取你喜歡的方式來回應你的需求。但我很好奇的是，有些你認為你已經表達得很清楚的部分，不知你太太是否也能清楚地接收到？例如，你認為她應該知道你要什麼，不論是情感的親密或者是性的回應都是如此，但是對她來說，你的溝通似乎不夠清楚。她所認為的部分，可能完全違背你的假設，所以她才會有那些回應。對於我的這些意見，你有什麼樣的想法？

對於比較安全依附關係的個案，這種回應方式相當合理，因為他已經能夠和治療師建立穩固的聯盟關係。聯盟關係和安全的依附，對個案能夠接受直接地回饋都是必要的條件。如果個案能夠適當地接受回饋，這樣就是處理這個問題最直接而有效的方式了。在此個案中，治療師判斷個案無法在治療

的這個點就接受這麼直接的回饋，他也認為個案無法善加利用這些回饋，他可能會將這種回饋方式當作是一種批評，甚至是治療師沒有辦法同理他的一種指責。

　　第二個選擇，就是繼續堅持個案和太太之間的互動有問題，而治療的目標就是要協助他們了解自己的溝通型態，以及了解他與太太之間相互的期待，如何導致這個問題的發生。治療師應該開始詢問個案一些問題，讓他能夠更深入地去思考，而藉由這種方式能夠挑起他的病識感。我們可以用以下的方式來詢問：

　　Fred，這很明顯的顯示出你覺得你的太太並未滿足你的需求，且你試著要對她表達，但是她似乎沒有照你所期待的方式做出回應。我希望能試著更加詳細地了解，這個狀況是如何形成和發生的，並找出這些問題為何會持續出現的原因。你覺得你們兩個人，為什麼在這方面無法達成共識？

　　個案應該比較容易接受這種方式，因為治療師小心地來傳遞自己的同理心，並未指責個案必須要為這些問題負責。要求個案來引導整個進行，而不是讓他接受我們直接的回饋，這種方式比較能使個案有所回應，而且也比較符合其不安全的依附型態。治療師特別謹慎地描述自己的想法，試著想要更加了解個案。這個歷程需要比較慢的步伐，無法像直接回饋的步調那麼快。

　　第三種方法，治療師選擇要去做的事情，是希望個案能邀請太太一起來參與治療。雖然個案剛開始認為不太可能，但是當治療師直接邀請他的太太Sandra 來參與治療，Sandra 很爽快地答應了他。治療師利用這樣的機會來蒐集資訊，以了解個案的溝通型態，並且直接觀察他們之間的溝通型態。非常清楚的是，個案的太太相當投入這個關係，只是對於個案這麼多不合理的要求開始感到厭煩。她覺得她完全不知道先生到底要的是什麼，而且當先生沒有得到自己想要的東西時，常常會嘟起嘴來更令人討厭。

治療師：非常感謝您今天能夠過來。

Sandra：不用客氣，我早就告訴他我很願意參加治療。我甚至建議我們兩個
　　　　人一起去看某一個治療師，但是他卻不想要這樣做。

Fred　：我哪有這樣，我說我想要去處理我的問題，但是我從來沒有說妳不
　　　　可以來！

Sandra：但是我記得的卻不是這樣。

113　治療師：無論如何，你們現在來了，我希望你們做兩件事情。第一，我希望
　　　　能夠從妳身上得到某些回饋，妳對於妳跟先生之間的溝通，出現的
　　　　問題在哪裡，妳的看法是什麼。第二，聽起來我們必須要在這次會
　　　　談中，決定後續要怎樣進行，並且做出計畫。

Sandra：我的觀點是，我們兩個人的關係很好，大部分都還不錯，但是最近
　　　　變得比較糟糕。我可以想到的是，差不多在六個月之前我小產，是
　　　　在那個時候關係變不好的，那時候我們就再也沒那麼親密了。我先
　　　　生從那時開始就很少講話。我甚至不敢確定，他是否知道我當時的
　　　　感受是什麼，他根本就沒問過我。

Fred（對著治療師）：我忘了告訴你這件事，這件事讓我們兩個人都很難過。

治療師：這聽起來對你們的關係是非常重要的訊息。這樣的經驗對你們兩個
　　　　人有什麼樣的影響？

　　　兩個人開始對治療師分享自己的經驗，而且在這樣的歷程中，雙方開始
覺得又聽到對方的聲音。在治療結束時，治療師建議在重新開始和先生個別
治療之前，可以先和他們兩個人碰面兩、三次。雙方都同意這樣的建議，剛
開始花時間在處理小產造成的哀傷反應，然後再開始處理兩個人之間溝通的
困難。先生後續再接受七次的個別心理治療，在治療結束時，他覺得兩個人
之間的衝突已經解決了。他能夠清楚地表達自己的需求，而且能夠更加主動
地對太太表達自己的感受。

　　　綜合來說，這個案例呈現出從不同的來源蒐集資料的重要性，同時也呈
現出典型的人際心理治療典範，也就是急性的心理社會壓力會導致某些脆弱
的個案產生人際問題。在這個案例中，個案的不安全依附特質，以及習慣的

溝通型態，讓他因為小產的失落經驗顯得脆弱了許多，因而產生後續的關係問題。

■ ■結論

　　溝通分析在人際心理治療當中非常重要，其主要目標是希望能直接處理個案的困擾來源，也就是他的依附需求並沒未得到足夠的滿足。協助個案找出習慣的溝通型態，了解他的溝通到底是如何失效的，然後協助個案改變他的溝通習慣，就是這個技巧的精髓。

1. Kiesler, D.J., Watkins, L.M. 1989. Interpersonal complimentarity and the therapeutic alliance: a study of the relationship in psychotherapy. *Psychotherapy* **26**, 183–94.
2. Rogers, C.R. 1957. The necessary and sufficient conditions of therapeutic personality change. *Journal of Consulting Psychology* **21**, 95–103.

人際事件

Chapter 10

■ ■ 簡介

　　人際心理治療的主要目標，就是要改善個案的人際溝通。因為個案有原來既存的人際依附型態，想要達成這個治療目標，必須要協助個案經由更有效的溝通方式，來向其他人表達自己的需求，最後達到適當的需求滿足。在人際心理治療中，蒐集資料最有用的工具就是人際事件。這個技術能讓我們更完整地了解實際發生的溝通情形，而且能協助個案找出自己有哪些不適當的溝通方式，使其無法有效地對別人表達自己的需求。人際事件常常被當作是一種溝通分析的特例。

　　基本上來說，人際事件就是個案和重要他人之間發生的某一次溝通。因此，請個案描述人際事件，就是要他去敘述他與依附對象或是一般社交接觸的某一次特定的互動，而不是要他去描述一般常見的互動習慣。例如，我們找出一個特定的人際衝突，而且是發生在夫妻間的衝突，治療時就會請個案描述上一次他和他太太如何從討論進而產生爭吵，或者描述「你和你太太之間最近一次大吵的情形」。治療師應該要引導個案描述溝通當時發生的細節，甚至盡量重現當時正確的對話。個案應該直接被引導以描述當時的情緒反應、語言和非語言的反應，並且請他描述自己觀察到的、配偶的非語言行為。

討論人際事件主要的目的有四個：

1. 希望能蒐集雙方不良溝通的真實訊息。
2. 希望能提供個案正確的洞察，認為「問題不能解決」的這個想法並不符合現實。
3. 希望能協助個案找出自己習慣的溝通型態和溝通結果。
4. 希望能讓個案更有動機改變自己的溝通。

▇▇▇嘗試去澄清人際事件

在心理治療中，個案常常會描述自己和重要他人的互動，都是很一般的情況。於是治療師對於某些溝通所發生的細節，便沒有詳細的資料可供參考。例如，個案常常會說自己的先生「從來都不聽我說話」。這樣的描述強烈地暗示出個案相信兩件事情：

1. 第一個問題本身是廣泛的，從字面上來說，她的先生從來不聽她說話，而且沒有例外。
2. 這個情況是永遠的，而且不可能改變。也就是說，她的先生不僅現在不聽她說話，將來也會繼續忽略她說的話。

如果有了這些信念，個案當然就會產生無望感。如果她的描述和她所想要暗示的都是事實，也就是她的先生從來不聽她說話，將來也不會，個案能有的選擇就是繼續在關係中忍耐，而且繼續受苦，要不然就是結束這個關係。根據她的描述，根本沒有可能有任何中間的選擇或是妥協的空間，而且溝通根本也不會有改善的可能性。

這種一般性的描述傳遞給治療師的是個案本身的無望感，以及重要關係的挫折感，這個部分在治療中是無法長期忍受的。不論我們採取任何一種治療方式，治療師都應先處理個案的挫折以及無助感，要不然個案就只好讓問題繼續下去，帶著更多的心理困擾和痛苦繼續過日子。個案會習慣將問題歸因在其他人身上，治療師應針對這個部分加以挑戰。

當個案所描述的是一種一般性的描述時，治療師還有好幾種方式可以

處理。第一，治療師可以選擇挑戰個案的這些敘述。例如，治療師可以詢問個案：「妳的先生在任何時間、任何情況下真的都忽略妳所說的話嗎？」應該要找到某一些例外，可能過去的情況和現在有所不同。認知治療師則會挑戰個案扭曲的、絕對性的思考模式，可能會指定家庭作業，希望她能夠更加地確定，先生是不是在所有的情況下都會忽略她所說的話。

和認知行為治療不同的是，人際心理治療並未直接挑戰個案認知的正確性，此治療方式較有興趣的是個案如何表達自己依附的需求。人際心理治療師會直接引導個案去溝通，而且比較關心的是個案與重要他人溝通時，是否有哪些不良的溝通習慣。也就是說，治療師比較不討論任何內在的歷程，而比較想要了解，個案在實際人際關係中溝通的情況。

人際事件背後的假設，是希望能夠藉由分析個案的溝通，來找出不良溝通所導致的問題。換句話說，可能個案在與先生的溝通中有哪些地方出錯了。

人際心理治療並不想要去指責某些人，此治療方式認為溝通會出錯是在溝通系統，而不是在某個人。事實上，如果人際衝突明顯地發生在某兩個人之間，通常會邀請這兩個人來出席會談，直接在現場觀察他們的互動。不幸的是，常常無法這樣做，因為婚姻衝突的另一方，常常不願意參與治療。衝突中通常只有某一方接受治療，或是在許多的情境下，衝突中只有某一方願意、或是能出席治療。人際心理治療的原則就是，先去處理參加治療的人，希望這個人的溝通改變之後，整個系統也會跟著改變。

因此，我們假設個案無法有效地表達自己的依附需求，因此他的需求沒有辦法得到滿足（當然很有可能的是，她的先生也有人際和情緒的需求而無法從她身上得到滿足）。人際心理治療師希望能夠處理的位置是，雙方都能夠有效地處理，而且雙方的需求都能夠得到滿足。非常可能的方式就是，他們兩個人的溝通都被了解，而且他們也了解對方的溝通，但是向外求助時的狀況往往不是如此。

「先生從來不聽我說話」這類廣泛而一般性的描述，也傳達一種訊息，就是個案不太想要討論自己的行為，以及自己可能導致衝突的部分。換句話說，這種不適當的敘述，個案在某些層面上是想要影響治療師，並想說

服治療師能夠和她的想法一致，也就是說，認為這個問題不是個案所造成的，都是別人的錯。這樣的描述會讓治療師同情個案，並且說出這樣的話：「如果我有這樣的先生，我也會覺得很挫折。」因此，個案希望能夠將治療師拉到自己這一邊，一起來指責都是先生造成這樣的問題。

讓我們來看看下面這個不同情形的例子。在案例 1 中，個案描述了一個對於先生廣泛性的敘述，我們可以看出她完全將責任往外推，認為都是先生的錯。案例 1 的個案在字面上想要讓治療師肯定自己的世界觀，讓她自己可以免於改變的責任。相反地，在案例 2 當中，個案有某些程度的洞察，比較願意開放自己去改變，希望能夠由治療師協助她去達成一些改變。

案例 1 一般性的敘述

個　案：都是我先生的錯，他從來都不聽我說話！

（注意個案指責的焦點都放在先生身上，好像她自己對於溝通問題都不需要負起責任似的。個案的病識感受到局限。治療師可以接受個案所說的是事實，或是加以挑戰，抑或者更進一步詢問特定情境的細節）。

治療師：請你多告訴我一點。

個　案：他自己有一個壞習慣，常常會忽略別人講的話，當他覺得別人說的話是在挑剔他的時候，他就會走開，從來沒有改變過。

（個案嘗試要得到治療師的同情，希望能夠和她同一陣線來指責先生。人際心理治療師必須要更加詳細地討論人際事件，蒐集有關他們之間的溝通訊息，並且開始來挑戰個案這種絕對性的敘述方式）。

案例 2　特定的敘述

個　案：我先生和我最近在討論事情時都會有一些問題。我覺得很挫折。

　　　　（注意此個案沒有像上一個案例那種絕對性的描述，這種描述問題的方式是一種相互的、系統性的描述，包括了個案對於自己情緒狀態的描述。個案盡量要讓治療師清楚知道事實的內容，並且以專家的角色來協助他們解決這個問題）。

治療師：請你多告訴我一點。

個　案：好的，在過去幾個月來，我們對於家裡的財務問題都覺得很挫折。當他覺得我講話是在指責他時，就會開始退縮。但他卻不了解，當我想到我們家中目前的財務狀況時，我自己有多緊張。

　　　　（個案能清楚描述先生對她溝通的回應，而且可以對於自己如何影響整個溝通有某部分的洞察，個案同時也了解，這是一個相互溝通之間的問題。和前一個案例比起來，由於此個案願意開放去做改變，因而比較容易獲得協助去做改變）。

　　這種一般性的敘述，就像是「我先生從來都不聽我說話」，雖然包含了某些部分的事實，通常只呈現了非常偏差的、故事的一部分而已。雖然個案的先生可能實際上是很不敏感的，但是先生的不回應，某些部分也是因為個案的溝通型態。她雖然可能有其他的目的，但是表現出來的方式是挑剔的、不替人著想的，或者是在不適當的時間卻試著硬要去溝通，也不管對方聽到了多少。此外，她可能也忽略了來自於先生某些重要的溝通訊息。

　　這種一般性的敘述沒有辦法包含重要的訊息。我們必須蒐集更詳細的資料。因此，當我們想要呈現出人際事件，治療模式的目標就是要協助個案重新框架、詳細地描述當時的情形，尤其是她和先生之間特殊的互動細節。這應該不是一個很典型的互動，所以不要讓個案繼續用一般性的敘述來談論這些事情，一定要是一個很特定的事件。由於個案常常沒有辦法自

發性地來探討這些特殊事件，治療師必須要開始引導個案，才能蒐集到重要資料。我們治療的目標必須要一步接一步，描述個案如何表達自己的依附需求，這樣才能夠了解個案是經由什麼樣的溝通、是如何地被誤解，甚至得到她所不想要的回應。我們蒐集的資料，就是要能夠做出這樣的假設才行。

案例　Maude

Maude是一位 42 歲的女性，因為婚姻問題前來求助。她已結婚十一年，有兩個小孩，分別是 5 歲和 7 歲。她提到和先生 Harold 之間的婚姻關係，在最近兩年逐漸惡化，主要是因為先生決定要辭掉工作，成為白天交易市場的營業員。個案提到她非常擔心自己的財務狀況，但是先生從來都不太希望詳細討論這件事。先生一旦被問到有關財務狀況的事情，都會顯得非常防衛。她提到她覺得這個家不太能只靠她的薪水來過活，而先生現在做的事情，就是拿家庭的未來去做賭注。

她剛開始對於衝突的描述，就是我們典型所見的，對於關係的一般性敘述：

治療師：請告訴我妳和先生之間的關係。

Maude　：他從來都不聽我說話，我很擔心我們家的財務狀況，但是他從來都不願意說這些事情。他看起來很防衛。我來接受治療，一方面是想要決定我和孩子是否應該要離開他。

119

下面這個圖可以呈現出探索人際事件的歷程（圖 10.1）。個案的溝通可以分成一般性的敘述和特定的敘述，而對於事件的情緒描述，也可以分成一般性的和特定的情緒。個案有關於先生的一般性敘述就是：「他從來都不聽我說話。」如果這是真的，如果情況就像她所描述的，她非常地擔心，我們就可以了解為什麼現在她想要藉由離婚來逃離這個情形。在接受這個事實前，治療師應該更加詳細地討論特定的人際事件，來決定個案所描述的一般性敘述是否正確。

下一個步驟就是要求個案,將她的情緒反應和她一般性的敘述連結起來。也就是說,治療師要要求個案詳細地描述自己對於這個情境的感受。這樣是希望能夠達到將症狀以及人際的問題連結起來的目標,協助個案有更多的情緒來投入這個探索的歷程,這是非常重要的,因為這樣的過程可能會產生一些不舒服(圖 10.2)。在這個案例中,個案描述自己的情緒是相當地絕望、挫折以及憤怒。

	特定的事件	一般性的描述
內容		我先生從來都不聽我說話
情緒		

圖 10.1 人際事件:一般性的描述

	特定的事件	一般性的描述
內容		我先生從來都不聽我說話
情緒		我覺得十分憂鬱、挫折而且憤怒

圖 10.2 人際事件:一般性的情緒

120

　　在蒐集到有關於衝突所產生的情緒，並且將它連接到人際溝通的問題後，治療師應該要求個案描述一個詳細的人際事件。我們可以要求個案敘述一個最近的衝突事件，或舉一個例子來描述他們衝突的問題，個案不應以他們典型的互動習慣為例，因為這個動作會增強其使用一般性的敘述習慣。治療師應該引導個案描述最近特定的互動，這樣才能更加詳細地檢視其特定的溝通情形。必須要引導他們，「請告訴我妳上一次和先生爭吵的情形」或是「請告訴我最近你們大吵一次的情形」，這些都是治療師可以善加使用的問句。

　　一旦個案開始比較詳細地描述他們的互動情形，治療師應該要引導個案盡量描述出真實的對話情形。除了口頭上的溝通外，個案也可以被引導去描述非語言的溝通情形，也可以描述詳細的情緒內容。在這時候，治療師的目標就是要重建現場，而且要盡量詳細地，極為真實地描述當時衝突的情形。

　　治療師應該詢問當時有關口頭溝通的情形，而且要了解非語言的溝通，例如，雙方會使用敵意的沉默來做回應、甩門或者離開當時互動的現場。這就應該詳細地描述他們是如何開始互動、對方是如何回應；她是如何理解他所說的、如何做回應、一直到整個活動的結束等都要詳加描述。在互動結束時，特別要注意的是，有許多衝突會延伸到第二天，或者是在後續意見不同時，又被挑起來爭吵。

　　當我們詢問個案有關於上述的細節時，對話呈現如下：

治療師：請告訴我，妳上次和先生對於財務問題意見不同時是什麼樣的情
　　　　形？

Maude ：我們一直都為這件事情有所爭吵。

治療師：如果妳能夠告訴我某一次特定的情形將會很有幫助，可能是最近發
　　　　生的事，或是妳現在還記得非常清楚的情形。我希望妳能盡量詳細
　　　　地、清楚地來描述當時發生的情形。

Maude ：好的，上一次……我想起來是上個禮拜二晚餐後的事了。我們很晚
　　　　才吃晚餐，然後讓孩子去睡覺。

治療師：然後發生了什麼事情？

Maude：我問他白天的狀況怎麼樣，然後我們就吵起來了。

治療師：請告訴我他實際上說了什麼？

Maude：我想我自己是說：「我猜你今天又賺了很多錢了吧？」

治療師：這就是你們開始的方式嗎？

Maude：是的，然後他說：「你不要又開始了喔！」

治療師：然後妳怎麼說？

Maude：我說：「我們總是要談談這些事情，你不要再逃避了。」

治療師：然後再來呢？

Maude：他站起身來，然後離開。

　　和個案剛開始所報告的情況比起來，後面的這些訊息才是真正發生的情形，我們必須要詢問特定事件，才能夠真正地了解，到底當時發生了什麼樣的情形，最後才能夠產生有效的解決方法（圖 10.3）。 121

	特定的事件	一般性的描述
內容	禮拜二傍晚，晚餐後我們吵了一架	我先生從來都不聽我說話
情緒		我覺得十分憂鬱、挫折而且絕望

121

圖 10.3 人際事件：特定的事件和描述

　　這個歷程的下一個任務，就是將情緒的反應和對話相連結。除了口頭上的話之外，溝通時，情緒的內容也應加以檢驗。我們可以詢問他們情緒上想要傳遞的是什麼，個案對於某些特定敘述的感覺是什麼，還有她覺得

先生想要回應的情緒是什麼，這些部分都很重要（圖10.4）。

接下來的互動，便是要進一步討論特定事件：

> 治療師：請告訴我，妳在某幾個特定的互動關係中，妳的感覺是什麼？
>
> Maude ：我很生氣，即使要和他討論，但我猜我當時一定很生氣。因為這個問題已經累積了一段時間，我尤其想讓他知道，我對他這些行為相當地生氣。
>
> 治療師：妳當時說，他今天應該賺了很多錢，所使用的語調是什麼？
>
> Maude ：我很生氣，雖然我通常不會大叫，但我確定我的聲音應該快要抓狂了。事實上，我的確想讓他知道我很生氣。
>
> 治療師：你覺得他接收到妳情緒的程度如何？
>
> Maude ：我很確定他知道我生氣了，這個部分應該毫無疑問。
>
> 治療師：妳覺得他對於你們這段對話，想要回應的情緒是什麼？
>
> Maude（停下來）：我真的不知道，這倒是一個好問題。我猜他也覺得很挫折，我真的沒有想過這些。

122

	特定的事件	一般性的描述
內容	禮拜二傍晚，晚餐後我們吵了一架	我的先生從來都不聽我說話
情緒	我覺得很生氣，還有絕望	我覺得十分憂鬱、挫折而且絕望

圖 10.4 人際事件：特殊的情緒

在這個點上，治療師更加詳細地澄清了互動所產生的情緒。當治療師詢問有關於個案的各種情緒反應，關於她先生的反應與動機的問題也一起

加入討論。這樣的目的是希望能夠蒐集到更多資訊，也希望能讓個案對事情有更多的覺察。這個想法讓個案從感到非常生氣、悲傷，以及絕望、被誤解的感受轉移了焦點。讓個案能夠將當時的情境，重新解釋為她還可以做一些事情，如果她覺得自己被誤解了，那麼改變原來的溝通方式就可以讓這些問題獲得解決。

再者，我們詢問個案有關先生的反應和動機，是希望能夠協助個案重新將這個情境解釋成問題出在於兩人之間的關係，而非完全歸咎在先生身上。如果她能夠了解先生的立場，或是她有動機去找出先生是如何回應的，溝通就開始會有所改善。

治療師的互動繼續進行：

治療師：聽起來當時你們兩個人都有很強烈的情緒。我懷疑你們兩個人都沒有辦法清楚地表達自己的想法。妳可能很想讓先生了解妳很生氣，但是我懷疑你當時和他講話的樣子，是否能讓他真正了解妳的想法。他的反應，就是起身然後走開，很明顯地，他並不了解妳要的到底是什麼。

Maude：真的是這樣，雖然我想他應該知道對我來說最重要的是什麼。現在我重新再思考一次，可能對他來說，要猜中我當時的心思是有點困難。

治療師：所以妳覺得他想要對你表達的是什麼？

Maude：可能他也很生氣，而且我覺得他可能對於我繼續煩他，要與他討論這些財務問題，已經感到很厭煩了。還有，我也不知道該怎麼辦，我們總是要討論一下這些事情，而且我真的很擔心家裡的財政狀況會越來越糟，到不可收拾的地步。

在這個點上，治療師選擇了採取問題解決的方式。個案看來已了解到，她的溝通無法使她得到自己想要的，她也開始了解，先生也在溝通某些自己的感覺和想法，雖然自己現在仍不是十分清楚（圖 10.5）。問題的解決應該放在兩個焦點上面：第一，協助個案找出其他方式來表達自己，而且

能夠得到先生適當的回應。第二,希望她蒐集更多的資訊,來了解先生到底想要溝通的是什麼。

	特定的事件	一般性的描述
內容	禮拜二傍晚,晚餐後我們吵了一架	我先生從來都不聽我說話
情緒	我覺得被誤會了	我覺得十分憂鬱、挫折而且絕望

圖 10.5 人際事件:開始導入可能的解決方案

治療師:我們兩個人來腦力激盪一下,看看怎麼樣的方式才能夠溝通得更加清楚,這樣子妳先生才能了解,到底妳煩惱的是什麼。

Maude:好的,我希望能夠直接要求他花一些時間來和我說話,好幾個月之前我很生氣,想要藉由這種方式讓他更加注意我。但是這個主題這麼容易引起爭執,我不確定直接要求他和我說話這種方式是否有效。

治療師:可能會沒有效果,但是情況也不會比現在更糟。

Maude:那倒是真的,我們再這樣下去什麼事情也沒辦法處理。

治療師:還有,妳能夠用什麼方法,更加了解他真正的感覺呢?

Maude:我猜我必須要問他才會知道。

治療師:什麼時候去問他的時間會比較好,而且會比較容易能一起談話?

Maude:禮拜二傍晚是最好的時間,我們晚一點會一起吃晚餐,而且那時候孩子都去睡覺了。我希望我們不要再像上次那樣開始吵起來了。

治療師:那就決定禮拜二了,妳下個禮拜必須要讓我知道進行的狀況如何。

Maude:我現在有一點樂觀,因為他也不是那麼壞的人。

　　在治療結束時，個案對於先生和自己的互動已經有不同的看法。她現在認為這個問題有所不同，並非不能解決，可能還有一線希望。如果能夠改變自己的溝通方式，她就能夠更有效地得到自己想要的。再者，先生也可能因為太太對他的想法有興趣，而不會覺得那麼防衛和挑剔。最後個案和治療師共同建立了一個計畫，特別針對這個問題，並且讓個案覺得有改善問題的希望。

　　我們用以下的這張圖來表示，個案剛開始的一般性敘述，認為先生從來不聽她說話，是一種絕對性的描述。伴隨的情緒只是覺得十分憂鬱、挫折、而且絕望。當經由特定人際事件的討論之後，她剛開始還是描述自己很生氣，而且覺得很絕望。但是隨著更詳細地來討論互動關係，她的觀點開始有所改變，而且認為改變自己的溝通方式，甚至能達到不同的溝通結果。她的情緒轉變成為比較有希望，而且發現自己對於特定的溝通過度地一般化，因而產生許多絕對性的描述「他從來都不聽我說話」，現在我們把它轉換成另外一種，「我們在晚餐後吵了一架，因為我們講了一些話來挑剔對方」這樣的對話方式，所以這種一般化的、強烈的情緒也開始產生了改變（圖 10.6）。

124

	特定的事件	一般性的描述
內容	禮拜二晚上，我們在晚餐後吵了一架，因為我們講了一些話來挑剔對方	當我開始挑剔先生時，他從來都不聽我說話
情緒	我覺得他誤會我了	我對於改善這樣的情況，充滿了希望

圖 10.6　人際事件：情緒的轉變

　　下個星期結束後，個案開始嘗試某些不同的溝通方式，同時也和治療師討論。雖然她和先生之間仍持續有某些衝突，她也覺得問題繼續在解決

當中，而且溝通的方式也做了相當多的調整，她認為這樣的方法很有幫助。個案與治療師繼續回顧更多的人際事件，來找出到底哪些方式溝通有效，哪些方式無效，好讓他們之間的溝通能更加順暢。在第八次會談結束時，先生也發現自己和太太的溝通有所改變，開始願意來參加我們好幾次的會談。他提到說，他覺得他們的婚姻關係已經有相當大的改善。

■■■結論

溝通分析主要是來探索並建立一種假說──亦即個案的人際困境是如何產生、如何誘發，以及不良溝通是如何惡化這些困境的。相反地，人際事件就是要聚焦在特定的關鍵互動，詳細地檢查個案生活中實際互動的情形。這對於處理衝突和人際敏感的議題相當有效，而且能夠協助比較沒有安全依附關係的個案，更加了解自己溝通的型態如何造成了當前的人際問題。

表 10.1 人際事件

治療的目標就是要：
• 蒐集雙方不良溝通的重要訊息。
• 讓個案能夠有洞察，自己對於問題無法解決的這個觀點是不符合現實的。
• 協助個案找出自己的溝通型態以及溝通的結果。
• 促進個案有動機來改變自己的溝通。

治療師的任務就是要：
• 主動探討特定的人際事件。
• 協助個案找出有問題的溝通。
• 協助問題解決，這樣才能讓溝通有所改善。

運用情緒

Chapter 11

■ ■ 簡介

在治療中，情緒的辨識十分重要，這在人際心理治療也是如此。個案如果能夠在治療當中投入更多的情緒，產生改變的可能性也就越大。

在人際心理治療中，對於情緒的部分有好幾個目標需要達成：

1. 能協助個案了解他當下的情緒。
2. 能協助個案有效地和別人溝通自己的情緒。
3. 能促進個案重新找回一直被壓抑的情緒，或是個案覺得非常痛苦而不敢承認的情緒。

■ ■ 內容和如何處理情緒

最明顯的處理情緒技術，就是治療師引導個案如何去觀察自己的情緒狀態。這是一定要做的工作，而且必須在個案和治療師有足夠的治療聯盟關係下，能接受治療師的回饋，並且善加利用。這必須要關係當中已經呈現出相互包容的部分，而且也反映出治療聯盟的重要性。如果能符合這樣的條件，對於個案當時的情緒適當地加以評論，例如，當時他是悲傷的、

憤怒的、高興的，或示範其他的情緒狀態，對於個案都有很大的幫助。

另外一種不同的技術，特別和人際心理治療有關的就是，治療師可以觀察情緒的歷程面，以及情緒的內容面。歷程的情緒，就是個案在進行心理治療時所表現出來的情緒。也就是說，治療師在會談中與個案討論重要議題時，看到個案所呈現的情緒。

而內容的情緒，也就是個案描述在過去所經驗過的情緒，這也是在治療關係之外人際互動所產生的情緒（圖 11.1）。

126

情緒狀態	歷程的情緒	內容的情緒

圖 11.1 歷程的情緒與內容的情緒二者之間的比較

這兩種類型的情緒可能是一致，或是不太相似的。例如，描述到一年前配偶死亡時，個案會這樣描述：

當我先生過世，我的情緒幾乎崩潰了，我真的很憂鬱，好幾天都沒辦法吃東西，整個月都睡得很不好。

內容的情緒或是配偶死亡當時的情緒狀態，可以被描述成悲傷、煩躁或是憂慮。

當我們描述到治療中的經驗，個案可能也會呈現出情緒的歷程，但是這個部分和過去情緒的內容不一定一致。例如，治療師發現個案在描述某些情緒時，呈現出非常平坦、單調的情緒，好像描述的是發生在別人身上的故事一樣。如果有這樣的案例，歷程的情緒就被稱為是中立的、或者是平平的。

但也可能發生相反的情形。這個女性描述自己的配偶死亡的時候，也可能是這個樣子：

　　當我先生去世後，只有我來繼續維持整個家。我照顧家裡所有的事情，我覺得非常的忙，而且沒有時間哭。大部分的時候只是感覺麻木而已。

　　在這個案例中的內容情緒，是平鋪直敘或者是中立的。

　　當描述治療中的經驗時，個案表現出的情緒包括煩躁、悲傷，甚至是哭泣的，而歷程的情緒就可能是悲傷和憂鬱的（圖 11.2）。

　　當我們處理了內容和歷程的情緒時，很重要的一點是，治療師要了解個案這兩個層面是否出現了不一致的地方。也就是說，當歷程和內容的情緒不一致時，就是讓治療師知道，這個主題應該要做更加深入的探討。這也是一個訊號，當個案能夠接受某些回饋時，治療師應該指出個案的不一致性，以便能協助個案覺察到她當時的情緒狀態、她可能壓抑的情緒是什麼，或是她也可以覺察到自己不容易承認這些情緒。

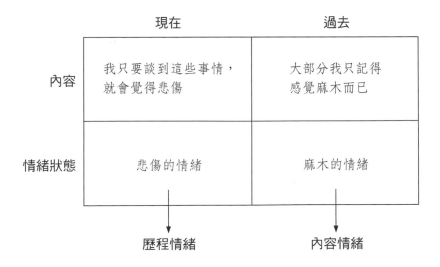

127

圖 11.2　內容情緒和歷程情緒

127

案例 Joe

　　Joe 是一位 45 歲的男性，因為父親的死亡來接受治療，這是造成他憂鬱症狀的最主要議題。他的父親在一年前過世，個案一直不想接受治療，直到太太強力建議他去看醫生。雖然他提到在家中或是在工作上都可維持一定的功能，他不太願意承認自己的生產力已經有明顯的下降；他沒有辦法專心、睡覺、對事情的興趣也明顯降低。雖然他不太願意接受治療，他還是能夠承認：「我太太是對的，我早就應該要來接受治療了。」

　　在完成人際問卷後，治療師和個案兩個人都同意主要的核心問題是哀傷和失落的反應，他們必須要一起努力來處理父親死亡的情形。在第三次會談時，治療師要求個案重新去想想當時父親死亡時周遭的情況是什麼，個案回答說：

　　　我父親是突然心臟病發作，他身體狀況一直都很好，沒有人預料到會發生這種事。母親發現父親倒在院子裡，這裡是他常常整理花草的地方，但是她發現他時，他已經過世了。母親一定覺得有很大罪惡感，因為即使父親可能已經死去好幾個小時後，她仍然堅持要盡所有的力量來拯救父親。他們把他帶到醫院去，嘗試著心肺復甦術，並且插了很多管子和點滴。當我到達醫院時，他們不讓我去看父親。好幾個小時後，我才看到父親身上插了很多管子和點滴，根本已經不像我的父親了。

　　　我不記得當我看到他的時候有什麼感覺，我只是想：「這不是真的他，我必須要把這些亂七八糟的東西清掉。」於是，我開始將這些針頭和管子拔掉，直到護士跑進來告訴我不要這樣做。

　　　我在葬禮上沒有任何的感覺，我因為太忙於幫助我的母親，且必須要照顧葬禮所有的細節，而且我從來也沒有到過他的墓地⋯⋯

　　在這個描述的過程中，治療師發現個案在談論到這件事時，其實是非常

難過而且是眼中含淚。他的聲音在顫抖，很清楚地，他試著想要描述這個故事，但卻不要情緒崩潰。當我們運用了歷程和內容情緒不一致的部分來做處理，治療師說：

> 當你在描述這件事情時，我開始了解你當時真實的情形。很明顯地，你不太能夠說出這一段往事，你說話時看起來很悲傷，而且快要哭出來了。我們清楚地看到，當你父親死亡的時候，你並未碰觸許多情緒。我的經驗是，有許多人如果能多談一談當時的經驗，對他們的恢復將會很有幫助，當重要他人死亡時，我們必須要適度地難過，即使當這個人已經過世了一段時間，還是可以這樣去做。
>
> 請你多告訴我一些你當時的經驗。

128

　　內容和情緒的不一致性，是一個非常清楚的訊號，讓治療師了解哀傷經驗是個案核心的困境。再者，我們必須努力協助個案表達自己對父親死亡的情緒，不僅是對當時情境的感覺，還有包括當前的情緒。治療師開放性的邀請：「請你多告訴我一些你當時的經驗」，主要的目的是希望能夠進入歷程的處理。

　　後續的會談中，我們也符合人際心理治療的目標，協助個案更清楚地表達自己的需求，以及將這些需求有效地在社交支持網絡中尋求滿足，我們將焦點放在要讓個案與其朋友及家人，能夠適當地討論父親死亡的情緒和經驗。他能夠順利地對太太表達自己的情緒，而太太也相當支持他。他也去找工作上的朋友，這個朋友的父親最近也正好過世，他覺得在這樣的關係中也得到了很多支持。在治療結束時，他決定和自己的母親說話，這是他一直都想逃避的，因為母親沒有讓父親在醫院當中安詳地死去，個案對母親有些許的憤怒從來沒有表達過。雖然在治療結束時，這些議題沒有完全解決，他仍覺得自己和母親之間的關係已經有了進展，至少已經開啟了溝通的大門，而且和母親的關係變得更好。

當處理哀傷和失落的情緒時，這樣的技術相當有用，使用內容和歷程情緒對於人際衝突也相當有用。這樣的技巧如果能夠和人際事件結合起來，效果特佳。

許多個案會提到自己有人際衝突，但是談得有氣無力。換句話說，個案好像是在報告一個個案給治療師聽，是用一種邏輯性的、沒有情緒的方式來說，主要是因為他想要讓治療師了解，衝突的原因都是別人造成的。他這樣做的目的是要說服治療師，自己不需為這個部分負起責任，就好像在衝突中，他都是局外人一樣。個案會修改衝突發生的真實樣貌，希望能說服治療師來同意自己的觀點。所以他要表現出更有效率的、更沒有投入情緒的樣子，他常常會在報告某些人際事件時，呈現出中立的歷程情緒，但是報告的內容卻呈現出非常憤怒或是充滿了敵意。整個衝突的故事被描述成一堆內容的情緒，包括了大吼大叫，而且個案常常在描述時，都是沒有情緒或是中立的歷程情緒。

當個案所報告的內容情緒是一個充滿衝突的人際事件，而會談當中的歷程情緒卻相當不一致，沒有強烈的情緒出現時，這就是一個訊號，治療師必須更加深入地探討這個衝突。治療師應該要將這種不一致性指出來，讓個案知道他的內容和歷程情緒不太一樣。這樣做有以下兩個目的，第一，引導個案更加投入治療的歷程，這樣他就能更有動機去改變；第二，讓治療師能更清楚地從人際事件中蒐集到正確的情緒，這樣才能夠協助他們兩個人在類似的人際事件中，正確地掌握如何修正情緒的表達。

129

案例　Debbie

Debbie是一個32歲的女性，她提到和先生的關係出現了問題。雖然她否認自己有憂鬱的症狀，而且也沒有符合嚴重憂鬱症的診斷，她和她的治療師都覺得可以從人際心理治療當中得到相當大的好處，而且焦點是放在她和先生之間的關係。她很高興能夠來接受治療，她提到先生一點都沒興趣來參加任何會談。

　　在治療早期，個案提到了典型溝通的人際事件。衝突主要是在如何照顧一歲的兒子：在會談好幾天之前，她先生在傍晚打電話叫她下班後去幼稚園接小孩，因為先生臨時想起還有一個會議要開。短暫的對話後，她掛了先生的電話，取消自己當天的會議行程，才能夠自己去接孩子。她提到她感覺自己的會議好像不比先生的重要，她覺得很憤怒，更對先生未能遵守承諾去接小孩感到很生氣。以下是治療中的對話：

治療師：請多告訴我一些，妳和先生之間的人際事件。

Debbie：我正在開一個重要的會，祕書中途打斷我，告訴我有一個重要的電話。剛開始，我很害怕是不是孩子在幼稚園發生了嚴重的事情，這種突如其來的電話常常會讓我很擔心。當我接到電話時，發現是我先生，剛開始覺得鬆了一口氣。然後他告訴我，他的會議要很晚才能結束，他忘了還有這個會議，因此他沒辦法去幼稚園接小孩。當時我第一個反應，當然要確定自己的孩子安然無恙，一定要有人去接他。當我想到這本來就是他答應要做的事，但他從來沒有遵守承諾，我對他非常的生氣（談到這件事情時，幾乎沒有歷程的情緒），但是當我用理性思考時，我決定要自己去接小孩，因為沒有人可以幫我做這件事。

治療師：這通電話是怎麼結束的？

Debbie：我掛上電話，我想應該是用力地掛上電話。我先生常對我做這樣的事情（同樣又是說得毫無情緒，幾乎只是在描述一件事實）

　　治療師當然知道還有更多的故事，個案的歷程情緒一直都很中立而客觀，她讓治療師知道她是一個很有邏輯思考和理性的人。她所呈現的方式，就是要讓治療師認為錯都是在自己的先生。然而，個案的內容情緒和歷程情緒有明顯的不同，因為它所描述的故事看起來她應該是很生氣，但在治療中卻看不到這樣的情緒。用力地掛上電話這個動作，其實是強力地表達自己的憤怒或是受傷的行為，但是在治療中卻看不到這些部分。治療師希望能夠協助個

130　案了解內容和歷程情緒的不一致性，讓個案可以更加看清自己是如何溝通，以及她的溝通方式可能造成先生哪些誤解。再者，治療師相信，這能夠協助個案更加投入治療，增強她改變的動機。治療師採取以下的方式來切入：

治療師：聽起來你們兩個人在這通短短的電話中有了某些衝突。我發現，當妳在描述這個故事時，聽起來好像妳是在說別人的故事一樣。我不太能夠了解，妳當時真正的感受是什麼。如果妳可以告訴我對於當時的這個事件，妳現在真正的感覺是什麼，就能讓我更加了解妳的溝通方式。

Debbie：是的，我現在仍然十分生氣。不過我沒有仔細去體會這些感覺，因為我害怕如果太過生氣，我會情緒失控。以前曾經真的情緒失控過一次……

　　Debbie 繼續將自己真正對先生的憤怒連結到當時的事件，當她這樣做的時候，在描述發生的故事時，就投入了許多的情緒。當她走出自己的情緒後，個案和治療師就能正確地檢查，個案是否能有效地對先生表達自己的情緒，而他們也能夠更加直接地來探討個案習慣的溝通方式，並做有效的修正。

■■■ 結論

　　找出內容情緒和歷程情緒的不一致性，對人際心理治療而言非常重要。找出這些不一致性能夠協助個案和治療師一同了解個案習慣溝通的方式，而且更能引導個案投入治療的歷程，個案只要能夠在歷程中投入更多的情緒，治療的改變就更容易發生。這樣的技術對於處理哀傷和失落，以及各種人際衝突特別有用。

表 11.1 人際心理治療中如何運用情緒

治療師的目標是：
- 找出不容易表達的情感和情緒。
- 能更正確地呈現實際溝通的情形。
- 能增加個案投入治療的歷程。
- 能增加個案改變的動機。

治療師的任務是：
- 找出內容和歷程情緒的不一致之處。
- 替個案找出這些部分的差異。
- 促進個案能夠討論情緒。

角色扮演

Chapter 12

■■■ 簡介

　　角色扮演是一種技術，在這個技術中，個案和治療師採取一種具有魔力的互動方式，來增強治療情境之外、現實情境操作成功的機會。當角色扮演時，個案的溝通型態及其情緒的互動方式，均可詳細地加以討論和解釋。再者，個案對於自己與其他人社交關係的互動，可以從角色扮演當中得到更好的了解。

　　角色扮演可以用來了解個案過去或未來是如何和重要他人互動。例如，在衝突的情境，或是人際敏感的情境中，到底如何互動。在這兩個情境下，角色扮演能夠容許更有效的溝通方式，經由討論、示範以及練習，達到更好的溝通。並非所有的人際心理治療都會用到角色扮演，最好是用在特定個案以及特殊情境。角色扮演常常使用在當個案覺得治療關係相當不錯，而且受到治療師足夠的支持，並容許治療師某些程度的面質時，最有效而且效果更好。如果個案是屬於比較安全的依附型態時，則比較容易從角色扮演當中獲益。

　　角色扮演的目標是希望能夠達到：

- 協助個案在人際行為中發展出更新的洞察和自覺。
- 能讓治療師示範更新的人際行為以及溝通的方式。

- 能讓個案學習更新的人際溝通技巧。
- 協助個案了解其溝通方式對於重要他人造成什麼樣的影響，以及重要他人的回應方式是什麼。

132　■ ■角色扮演如何運用在治療中？

角色扮演能夠協助人際心理治療達成許多治療目標。基本上，它至少有助於以下四個用途：

1. 是一種蒐集資訊的工具：治療師藉由觀察個案扮演自己的時候，可以蒐集到有關個案溝通型態的各種資訊。如果出現有問題的人際互動，也可以藉由扮演表現出來並加以檢驗，尤其是在特定情境的溝通不良。

2. 是一種促成改變的工具：治療師能夠給個案各種建設性的直接回饋，讓個案了解自己的溝通型態，能協助個案學會新的、更有效的溝通型態。

3. 是一種練習和增強溝通的工具：新的溝通型態可以在將要延伸到實際情境之前，經由角色扮演的方式先加以練習。

4. 是一種協助個案了解自己人際行為洞察力的工具：當個案在角色扮演的情境中，觀察到自己人際互動的行為，便能重新反省自己是如何溝通的，而且更清楚地看到溝通是如何發生。角色扮演本身需要個案找出自己所謂的「觀察性自我」的角色，看到溝通當中發生了什麼事情，而且需要個案能暫時停下來，想想剛剛自己到底說了些什麼。

■ ■不同類型的角色扮演

角色扮演可以先經過設計，個案可以扮演自己或扮演重要他人，而治

療師本身則扮演互補的角色。在以下各種型態中，每一個角色扮演強調的重點會有所不同。

扮演個案本身

請個案扮演自己，這種練習的方式至少在兩種情境是相當有幫助的。在剛開始人際心理治療的階段，治療目標是要更加了解個人人際問題的本質，角色扮演提供了一個非常有效的蒐集訊息的方式，了解個案真正的溝通方式是什麼，而不是只有依靠個案的口頭報告而已。個案特殊的人際溝通型態、如何與人互動、如何與人接近，通常在角色扮演中可以看得非常清楚，而角色扮演中也可以表現出清楚的情緒。角色扮演常常可以呈現出個案描述自己的溝通型態與實際發生的人際互動，二者之間其實存在相當大的差距。

在比較後面的階段，角色扮演是一個非常理想的媒介，能夠讓個案預習新學會的人際溝通技巧。行為改變，例如憤怒或焦慮的管理，可以藉由這種方式加以練習。而在某些特定的情境，例如接受面質或面試，也可以經由這種方式加以練習。

在上面各種情境中，如果治療師本身可以給予個案直接回饋，讓個案了解自己某些特定的溝通方式有什麼問題，則將更加增強角色扮演的效果。如果想要給予直接回饋，必須要建立在比較穩固的治療聯盟關係上才能進行，回饋本身對某些個案來說相當具有威脅性，尤其是那些比較沒有安全依附型態的個案更是如此。無論如何，如果在這個情境中，治療師判斷給予個案直接回饋是有效的，則需要暫時打斷角色扮演，直到給予個案直接回饋後，再繼續進行扮演。

其中一個直接回饋的例子，就是個案在找工作時進行的面試。治療師請個案扮演自己，而治療師可以在角色扮演當中，暫時抽離自己的角色直接給予回饋，尤其是對個案的語言溝通，例如，他們講話太過沒有自信、太過被動。此外，非語言溝通的訊息也可以給予回饋，而且這常常在許多情境中更加重要。治療師可以適當給予個案反映，例如要求他們要保持更

直接的眼神接觸，或是與對方握手時要更加有力，這樣才能夠讓想要雇用他們的人更為印象深刻。

個案扮演其他人

要求個案扮演重要他人是相當有建設性的，因為這種扮演能夠提供治療師了解個案，到底在個案的眼中是如何看待這個重要他人，以及他和這個人之間是如何產生人際關係的問題。個案常常在這種扮演中，會投入更多的情緒，而且能更正確地傳達其重要他人所表現出來的行為；這個部分會讓治療師更清楚地掌握實際的情形。

在角色扮演中，個案本身扮演其他人時，對於重要他人的印象也會有某些程度的改變。例如，個案可能描述這個人非常不可理喻，但是當她扮演這個重要他人時，個案可以發現，有時候重要他人的反應是被自己挑起的。

請個案扮演重要他人時，會有某種程度的危險性。如果個案在某些程度上屬於被動攻擊，他可能會很努力地想要讓治療師相信，這個重要他人是如何完全促成他們之間所產生的人際問題，和個案一點關係都沒有。個案可能將重要他人描述成完全不可理喻的樣子，試著想要讓治療師相信這個人真的就是這樣。個案可能更戲劇化地展現出重要他人是多麼具有敵意（讓治療師在角色扮演的情境中），無論用什麼樣的方式，都沒有辦法和重要他人溝通。治療判斷應適時的掌控——如果個案本身是一個攻擊的、具有敵意的、戲劇化的，非常努力地想要向治療師證明都是別人的錯，治療師就應該暫時停止角色扮演的技術，而改用其他技術。

治療師扮演個案

治療師扮演個案，讓治療師有機會能夠向個案示範，其與他人溝通可以有哪些不同的溝通型態。治療師可以示範某些溝通的技術，例如反應性的傾聽（也就是簡述別人剛才說過的話）。再者包括：自我肯定、非面質

性的回饋、適當地掌控自己的攻擊性，也都可經由治療師示範來讓個案知道，然後藉由互相交換角色來增強個案的感受，並且讓個案學習操作治療師示範過的這些技術。

在扮演過程中，也可以強調個案本身在人際溝通當中的優點，並且給予個案適當的鼓勵和保證，這是一個相當重要的治療性介入，尤其對於人際敏感的個案更是有效。如果能誠實地給予個案鼓勵，也就是正增強，是有治療效果的，治療師應避免對於個案人際溝通的負向面，給予欺騙式的回饋，例如他們溝通的方式的確不好、或者是非語言的溝通的確有問題。如果仍然沒有給予實際回饋時，可能讓個案這種溝通不良的習慣繼續延續下去。最好的方式是，治療師在角色扮演之後給予直接回饋，或是當治療師在扮演個案時，針對個案的這些溝通型態直接給予回饋。

治療師本身如果能夠示範新的、更正向的溝通方式，也是一種相當好的角色扮演。這也可以在潛移默化中，不用讓個案特別注意就引入新的溝通型態，或者是刻意地讓個案注意這種溝通型態就是治療師將要示範的。治療師能用自己的判斷來決定，在什麼時候、給予什麼樣的引導方式，對個案會是最好的。

治療師扮演其他人

在這個型態中，治療師扮演另外一個重要他人。在人際心理治療的早期階段，能夠使用這種方式來了解個案和重要他人典型的溝通型態是什麼，而這些部分在個案的自我報告中是無法觀察到的；在治療的比較後期，這種方式能夠協助個案練習新的溝通技巧。新的人際互動情境，尤其是以人際敏感作為主題的這些個案，可以經由扮演而顯現出來。在所有的情境下，治療師能夠間歇性的暫停角色扮演，對個案給予直接回饋，好讓他知道某些特定的溝通型態到底是哪邊出現問題。

■■■角色扮演可能遭遇到的困難

個案不願意、或是無法進入角色扮演

　　角色扮演本身是一種主動的、而且容易挑起焦慮的歷程，某些個案可能不願意參與，或者覺得有困難、不舒服。在這些情況中，治療師可以選擇延緩角色扮演，而進入比較沒有面質和挑戰性的技巧。治療師可以思考也許治療的聯盟關係還不足夠，讓個案不太習慣進入角色扮演，如果真的是如此，治療師更應該延遲這種介入的技巧，而致力於建立足夠的治療聯盟關係。

　　治療師也可以了解個案為什麼不願意參與角色扮演的各種可能性，這可能顯現出這個部分正好是他的人際困境所在，而在後續的治療中應該更深入地探討。如果真是如此，治療師可以細心地與個案討論，究竟是什麼原因讓他產生角色扮演的困難，並且小心切勿責備個案，也勿將沒有辦法扮演的部分當作是治療失敗。治療師可以仔細地詢問到底有哪些因素，影響個案與治療師之間的治療關係。

　　治療師可以發現個案可能是：

- 很焦慮，一直想要滿足治療師的期待。
- 擔心治療師會給他負向評價。
- 擔心自己沒有足夠的能力「表演」給治療師看。

135　　在這些例子中，治療師可以探索是否個案在一般人際關係，以及治療情境之外的關係，也曾出現類似的問題。

　　治療師可以經由考量個案不同的依附型態，預期角色扮演可能遭遇到哪些困難。比較沒有安全依附關係的個案，對於角色扮演這類比較面質式的技巧，可能會焦慮一些。例如，治療師扮演個案本身，可能讓個案很不舒服甚至挑起焦慮。治療師可能需要延遲角色扮演這種技巧，或者考慮比

較沒有面質性的角色扮演。在某些情境中，治療師可以使用單邊的角色扮演。例如，要求個案想像其配偶在現場，因此可以直接針對這種溝通加以討論。然而，藉由這種修正的方式，反而會失去真實角色扮演過程中，真正被引出更強烈的情緒衝擊。這種單邊的扮演方式，可能會讓個案傾向於認為治療師所講的都是對的，而不像完整的角色扮演中，可以更自發性地、更主動地投入自己的角色。

治療師無法正確地扮演重要他人

　　由於治療師只能根據個案所描述的重要他人角色，來加以模擬扮演這個人。如果治療師在扮演個案依附對象的過程中出現錯誤，則必須邀請個案加以指出，而且這會是一個很好的機會，根據這些不正確的部分，來協助個案探索對於重要他人的印象。藉著這個機會，亦可邀請個案比較自然地說出，重要他人是如何表現得更好以及如何溝通，然後邀請個案扮演重要他人，來示範給治療師看。在扮演越來越正確之後，這也是一個很好的機會來詢問個案，當別人出現一些困難無法解決時，個案將要如何協助他們或採取什麼樣的回應。

　　例如，當個案告訴治療師，治療師無法正確地表現出個案配偶的憤怒時，治療師就可以要求個案詳細描述對方如何表達其憤怒。這就可以更加詳細地詢問，個案是如何處理別人所表達的憤怒：當配偶面質他的時候，他是如何回應的？憤怒本身如何影響他們之間的關係？個案在回應的時候，自己的感覺是什麼，而這種感覺是如何被溝通的？

　　摘要來說，雖然治療師需要盡量在剛開始時就抓對這樣的角色，即使扮演沒有順利抓到角色的時候，也可以從這些特殊的型態蒐集到相當多的資訊。

治療師扮演個案的方式，讓個案覺得生氣

　　在角色扮演時，些許的小心能夠免除後續大量的修補。我們必須要盡

量避免上面所提到的各種情境，治療師更必須要清楚地記住，治療師主要的任務是協助個案了解自己的優點，並且示範新的溝通技巧，而不是讓個案覺得尷尬和困窘。在人際心理治療中，治療師不應該用負向的方式來扮演個案，而且不應該藉由扮演個案的角色時，來凸顯個人的缺點。不僅是因為治療師沒有權利這樣做，而且對於個案來說，這實在是相當殘忍。再者，這種間接的、挑剔的溝通型態，由治療師身上表現出來是相當不智的。如果我們想要藉由直接回饋來讓個案了解自己的溝通型態，治療師可以採取比較直接的、建設性的回應，最好的時機是當個人扮演自己的時候，而不是治療師扮演個案的時候。

136

案例　Sarah

　　Sarah 是一位 34 歲的女性，因為婚姻問題而被轉介接受人際心理治療。她抱怨在她女兒 Jenny 出生之後，她的先生 James 雖然同意幫忙照顧女兒，但卻從來沒有做到。當 Sarah 剛開始說，這是他們倆關係最早出現的重要爭執，在經過我們詳細地蒐集資料後，發現還有好幾個衝突都相當地明顯。在每個衝突中，個案習慣的溝通型態，就是試著藉由忽略的方式來避免衝突，而她也很少直接對先生表達自己的憤怒。很明顯地，這對夫妻經由個案習慣的忽略方式，跳過生產後許多有待處理的問題。和前面幾個情形不同的是，個案的憤怒一直都沒有對先生表達出來，現在已經累積到一個程度，她已經考慮要離開這個關係了。到這個程度時，她本來就應該對先生表達這些感受和想法，但先生卻只發現她與平常不同的地方是：更加麻木，且更加退縮而已。

　　為了想要更加了解她和先生的溝通方式，個案發現自己沒有辦法描述先生與她互動的細節。更重要的是，她無法找到某些讓她覺得困擾的特定點，而且沒有辦法描述出哪些部分讓她生氣。為了更加澄清這種溝通的方式，治療師建議採取角色扮演的方式，讓個案扮演自己的先生。下面的這種互動方式，就是在角色扮演發生的：

治療師（扮演 Sarah）：James，我想和你談談 Jenny 的事情。

Sarah（扮演 James）：〔Sarah 撿起一份報紙，並且用報紙遮住臉〕嗯？

治療師：我們可以一起談談 Jenny 的事情嗎？

Sarah　：嗯哼。

治療師：你的意思是可以嗎？

Sarah　：妳說什麼？

治療師：你的意思是，我們可以談一談嗎？

Sarah　：〔仍然把頭埋在報紙當中〕要談什麼？

治療師：Jenny.

Sarah　：〔仍然頭躲在報紙後面〕我們的女兒 Jenny.

治療師：是的！！！

Sarah　：嗯哼。

治療師：〔暗地裡希望手邊有東西可以打穿報紙〕你可不可以不要再看報紙了，停下幾分鐘和我一起討論好嗎？當我很努力地想要和你說話，卻覺得你根本沒有注意聽我說的時候，我會非常地生氣。

Sarah　：有啊，我有在聽啊！

治療師建議暫時停止角色扮演，然後問 Sarah：

治療師：這就是實際的情況嗎？

Sarah　：（滿意地說）沒錯，就是這樣。

治療師：如果他真的是用這樣的方式和妳溝通，我可以了解為什麼妳會覺得這麼挫折。

Sarah　：不管是誰和這樣的人住在一起，都會覺得很挫折，你一定要相信我！

治療師：當他出現這樣的行為時，哪些部分讓妳有感覺？

Sarah　：讓我快氣瘋了！我覺得被忽略，我覺得自己不重要，好像自己什麼都不是。

治療師：所以妳怎麼做？

Sarah ：我通常會走開，因為跟他怎麼說都沒有用。

治療師：妳認為他知道妳有多生氣嗎？

Sarah ：可能一點都不知道，我要離開時，他一點都沒發現，或是說一點都
　　　　不會對他造成困擾。

治療師：我在想，是否有其他的表達方式，來讓他知道妳的感受。我們來角
　　　　色扮演看看。接下來，妳在扮演先生的時候，盡量試著讓我覺得很
　　　　難為，如果妳可以多幫我一點，我們將來才能繼續往下進行。

治療師（扮演 Sarah）：好的，我們再繼續討論下去。

Sarah（扮演 James）：我想我們需要討論一些事情。

治療師：我想我們需要攤開來好好地談一些事情。我希望你知道，我覺得被
　　　　你忽略，而且非常生氣，尤其是當我和你說話的時候，你根本看也
　　　　不看我。如果你能夠放下你的報紙，然後好好跟我談談，我會非常
　　　　感激你的。

Sarah ：但是我回家的時候，想要放鬆一下啊！我只需要十五分鐘的時間，
　　　　讓我一個人看完報紙。我一進到家門，妳就塞給我一堆事情，要我
　　　　怎麼談。

治療師：這也合理。如果我同意給你十五分鐘不被干擾，你會同意花一些時
　　　　間和我談談孩子的事情，以及如何分配照顧孩子的責任嗎？

Sarah ：我想應該可以。

治療師（跳出角色扮演）：這件事妳是怎麼想的？

Sarah ：首先，我覺得他不會理性的一起討論。事實上我的確常在他剛到家
　　　　的時候逼著他，因為我已經快要累垮了，我只是想把女兒丟給他照
　　　　顧，好讓自己可以喘口氣，休息一下。

　　Sarah比較能夠了解她先生的立場，而且能夠反省她和先生溝通不良的原
因是什麼。再者，角色扮演能讓治療師有機會示範某些新的溝通方式讓個案

學習。在後續的角色扮演中，治療師能夠協助個案發展出新的溝通和行為的策略，能讓先生更有效率地參與他們的溝通，也能夠讓個案更清楚地容許自己表達真正的感受，更清楚地對先生表達自己的需求。

■■■結論

　　角色扮演是人際心理治療中要求投入最多的技術，卻也是最有收穫的技術。它是非常有價值的工具，主要能夠用來蒐集資訊，尤其是對於個案和其他人的溝通方式，以及人際互動的型態。它也是一個能夠促進有效改變的工具，能夠提供模擬情境的練習，讓個案逐漸建立並練習人際溝通的技巧。對人際敏感的個案來說，這是一個相當有用的技術。在角色扮演中，因為需要許多人的投入，而且是一種比較面質性的介入技巧，主要是用來協助個案解決所遭遇的人際問題，但是面質性高，需要治療師正確的臨床判斷才可以使用。

問題解決技巧

Chapter 13

■ ■ 簡介

　　問題解決技巧是人際心理治療中重要的技術，這是協助個案能夠達到人際關係改變的基本方法。問題解決能夠協助處理各個人際領域的問題，但對於人際衝突和角色轉換階段的困境特別有用。圖 13.1 整理出問題解決的整個歷程。

　　問題解決技術，沒有技術性的術語，直接協助個案發展出對特定人際困境的解決方案，並且從解決方案中去執行最好的方案。這個技巧包括：發展出對於問題的正確了解、與個案進行腦力激盪以找出各種可能的解決方案，然後選擇最好的解決方案來嘗試解決這個情境。在兩次會談之間，會要求個案嘗試執行這個解決方案，然後向治療師報告嘗試的結果為何。而這個結果將會在治療中討論，如果需要的話，可能會加入某些修正，或者加入某些新的想法。

　　雖然問題解決技巧，主要的目標是協助個案紓解即刻的壓力，但是一再直接教導個案如何去做，或是讓個案用同樣的方法來解決各種不同的人際情境，可能會產生後遺症。有一句諺語是：「給他一條魚，不如給他一根釣竿。」這對於人際心理治療，採用問題解決技巧的時機和可能的缺點，是相當好的一種比喻。亦即我們除了應該協助個案解決即刻的困難，還要

能教導他解決問題的整個歷程，這樣他才能具備更好的能力，面對將來可能遭遇的各種人際問題。

140

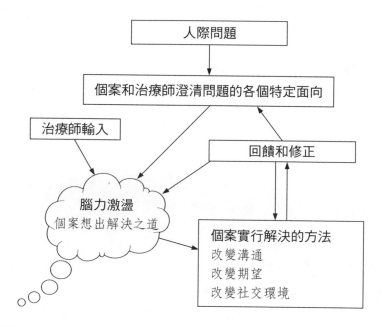

圖 13.1 IPT 的問題解決技巧

個案和治療師澄清一個特定的人際問題。個案被鼓勵去想出解決問題的方法，加以實行並監督其進步，看哪裡需做修正。回歸的過程可能會導致需加以澄清的新問題，而進入另一回合的腦力激盪，以找出解決的方法，或做某些修改，並加以實行。這樣的過程使個案能夠對此人際問題發展出更能掌握的感覺。

140

■■■ 問題解決技巧的基本概念

問題解決技巧包含了四個基本部分：

1. 能夠詳細地檢視問題。

2. 產生（腦力激盪）可能的解決方案。

3. 選擇將要採取什麼樣的行動。

4. 監控效果並且對於解決方案加以修正。

詳細地檢視問題本身

　　這部分應該包括詳細地了解問題的歷史，以及到目前為止，個案嘗試過哪些解決方法。我們認為個人在過去應該遭遇過類似的問題，可能曾成功或是失敗地處理過，無論何種都需要加以探討。經由這個歷程，問題可以被連結到個案的症狀。治療師應該協助個案更加明確地定義這個問題。嘗試著將一般的抱怨「我的婚姻越來越糟」（這種描述的方式很難加以協助），修改成為更加特定的問題描述，例如，「我和我的另一半每次討論到財務問題時，都會出現衝突。」一旦能夠更加明確地描述這個問題，就更容易討論出解決的方法。治療師的任務就是當個案出現問題時，協助個案將大問題切割成比較小且可處理的問題片段。

　　下面這個例子是一位有憂鬱症狀的已婚女性，嘗試想要解決和先生之間的人際衝突問題。她和治療師一起努力，想要找出是否需要練習更有效的溝通方式。而這個特定的問題是，這對夫妻找不到適當的時間來溝通。在這個案例中，治療師試著主動將問題的焦點聚焦：　　141

個　　案：我先生似乎從不想花時間和我講話，他整天對我一點興趣都沒有，
　　　　　我發生什麼事情他也都不想知道。

治療師：聽起來你們兩個人並沒有說太多的話。

個　　案：我整個生活和時間表常常排滿了事情，他一點也不了解。

治療師：我可以想像，妳的生活中需要負起許多責任，導致工作將時間占滿。
　　　　　回過頭來看看妳和先生之間的衝突，妳能否告訴我，你們之間是如
　　　　　何嘗試與對方溝通，還有妳到目前為止，妳都如何與先生溝通？

個　　案：我曾經告訴他，他的工作幾乎就是他的第二段婚姻！

治療師：是的，那他了解嗎？

個　　案：沒有，他只是變得更防衛。

治療師：我們可能必須專注在某些特定的溝通問題，這些問題是出現在你們
　　　　　兩個之間，而不是一直討論你們兩個人都排得滿滿的時間表，找不

到時間共同在一起。問題之間的討論是比較容易的，但是要解決妳
和妳先生之間的衝突，也可能需要花上一段時間。

產生（腦力激盪）可能的解決方案

讓個案盡量累積自己的想法，而個案應該保有整個歷程的「所有權」，
也就是他必須要養成腦力激盪的習慣。治療師應該盡量協助個案產生各種
不同的想法，並加以討論，然後協助個案了解，這樣的技巧不只是處理當
前的急性危機而已，還要協助個案發展出一整套的問題解決技巧。

經由腦力激盪來想出解決人際問題的各種方案，是一種基本的技巧，
它是屬於問題解決技巧的一部分。我們應該要鼓勵個案發展出各種可能的
想法，即使剛開始這種想法聽起來相當不可行，也要盡量鼓勵他去想。而
這個階段的目標是要協助個案列出各種可能的另類解決方案，從這些方案
中，個案可以選擇可能最有效的一個方案來執行。

在這個歷程中，治療師可以介紹一些新的解決方案，而不是直接告訴
個案接下來要怎麼做。例如，治療師可以和個案分享，由治療師與其他個
案所想到過的解決方案。治療師經由臨床的判斷之後，如果認為有治療的
效果，則可提供某些建議，但是應該由問句的形式來表達。例如，我們可
以這樣說：「你是否曾經考慮過？」或是「我在想，這種方法對你是否可
能有幫助？」這樣的方式比較不會像是指導性，而且也不會是一種敘述句
要讓個案照著去做。開始使用建議能夠讓個案考慮各種可能性，但是卻要
讓他們維持在相當程度的自主程度，尤其是當他們要選擇採取哪個方案的
時候，應尊重他們的自主性。

選擇將要採取什麼樣的行動

人際心理治療的最終結果是希望個案能夠採取行動來解決其人際問題。
這可以用很多不同的形式來改變：最常改變的是溝通型態，或是延伸自己
的人際支持網絡，但是一定要採取行動。在這個階段，希望能夠協助個案

評估各種可能解決方案的優點和缺點，然後他可以決定想要採取哪些行動。
除非當時有立即的危險性，可能危害到個案本身的福利，否則治療師通常
會鼓勵個案能夠自主地選擇要採取哪些行動來解決問題。

　　如果對個案是適合的話，我們可以採取書面的紀錄，來摘要個案所做
的討論（圖 13.2）。這樣做的目的是要讓某些個案遵守諾言，更進一步將
這些部分當作是自己的任務來完成。在某些個案中，治療師可能需要給個
案一張紙，記錄一些重要的部分，當作回家後自我提醒的字條。

問題——雇主不讓我加薪			
解決方案	優點	缺點	淨值＋
直接詢問及要求	IIII	II	III
辭職去找另一份工作	I	IIII	一
尋找工會的協助	IIII	IIII	一
修改工作說明書	III	II	I
決選	直接詢問及要求		

圖 13.2　記錄評估方案的摘要

整個過程包括列出所有的選擇，然後評估每個方案的優、缺點，以獲得一適當的選擇。在這個案
例當中，個案與其雇主有加薪方面的爭執，就在腦海中盡可能地產生許多的解決方案，之後透過
系統性的評估方式，檢視各個解決方案的優、缺點，因此，找出「直接詢問及要求」的解決方
案。個案與治療師接下來就需要嘗試著改善個案的溝通，並監控個案是如何付諸行動的，下一步
驟則包括採行解決方案並監控其過程。

監控效果並且對於解決方案加以修正

　　當我們選擇某些解決方案，並決定要採取哪些行動時，治療師應詢問
個案，對解決方案所期待達成的效果。這會加強個案在兩次會談之間，能
按照彼此的期待去採取行動，而且也能夠協助個案針對特定解決方案去努
力。這部分也讓個案對於自己解決問題以及有所改變的能力更加有信心。

　　個案應該要回報他是如何去執行所提出的解決方案。個案本身可能在

操作時可以享受某種程度的成就感，或者他可能遭遇某些困難，以及無法預見不同的後果。治療師應該引導個案，讓個案在沒有治療師的情況下能夠運用這些策略，包括能夠詳細記錄各種對話以及人際互動的細節。經由整個歷程，治療師可以對於個案所做的嘗試給予正向的增強，對個案的優點加以放大，而對缺點或沒有辦法執行的部分予以縮小。例如，治療師可以說：

143

治療師：上禮拜我和你發展了一個計畫，你說你將會與你太太討論改變工作的想法。實際的情況如何？

個　案：我猜還不壞，但是也沒有那麼好。

治療師：我想聽聽看實際的情形，你能否帶領我了解整個事件從開始到結束的歷程嗎？

個　案：什麼，整件事情嗎？

治療師：沒錯，整件事情，一步一步地、從頭到尾詳細地講。如果你願意從如何和太太開始談這個主題為起頭，那也很好。

■■■ 問題解決的技術

各種介入方式的光譜

　　問題解決的範圍其實是一種連續的、像光譜一樣的各類解決方案，而不是只有單一的方法。這個光譜從比較指導性的介入方式，例如治療師直接對個案提出建議和忠告，一直到鼓勵個案能夠比較自主地做出決定，且這兩種也都是解決問題的方案和技巧。當我們要決定介入何種層級的指導性時，必須要根據許多的因素而定，包括：治療的時機、個案的依附型態、個案能夠實際地發展出解決方案的能力，以及個案是否能接受治療師直接

指導的程度來做判斷。

在做治療介入時，治療師應考慮到個案的依附型態會如何影響他參與解決問題；當我們和比較安全、彈性依附關係型態的個案一起工作時，治療師比較可以操作光譜各種範圍的介入程度。而較有安全依附關係的個案，也能夠使用建議和指導的方式；比較沒有安全依附關係的個案就無法這麼自由地使用不同層級的介入方式。另一方面，比較獨立的人，也可以自行產生更有效率的解決方案。就如同使用其他技術一樣，依附的安全程度是一個相當良好的預後指標。

另一方面，比較逃避、矛盾地依附型態個案，對於治療師直接引導的介入策略會比較有困難，因為他們會認為治療師是一個沒有同理心、權威性的角色；而比較沒有安全依附關係的個案，也可能過度依賴治療師，如果治療師持續保持自我表露和指導性，更會加強個案這樣的行為。治療師應該要非常小心，一旦使用太多的自我表露、過度的指導性，卻沒有經過詳細的臨床判斷時，容易引起個案產生轉移關係。當我們處理比較沒有安全依附性的個案時，治療師最好的方式就是協助個案更常向光譜的另外一端，也就是更加自主地做出決定。藉由這種方式，治療師可以給予許多正向的增強和鼓勵，但不是給予他們直接的建議和忠告。

如果採取更指導性的問題解決技術，也會影響治療師本身的感受，這些會影響他們對於個案自我選擇的接受度和判斷能力。尤其當治療師個人生活的經驗和個案所遭遇的問題類似時，治療師所提供的直接建議應該是根據自己的經驗，而不是專注在專屬於個案的特殊情境。不論在哪一種治療情境中，我們都相當建議治療師必須要覺察到，個人本身的情緒和經驗對於個案可能會有的反應和影響是什麼。

■ ■發展出新的解決方案

144

解決問題的方案，可以採用許多特定的介入方式。不同的切入方式，可以分成相當指導性的，一直到讓個案自主的不同方式，以下將加以敘述。

治療師直接引導

　　治療師可能選擇明顯指導性的治療方法，直接給予個案建議。當治療師使用此方式時，最好能夠針對比較有安全依附關係的個案，他能夠忍受並且讓治療師使用指導性的建議，或是特別需要將之用在某些靠自己的能力沒有辦法產生解決問題方案的個案身上。治療師應該常常保持警覺，個案可能宣稱他們無法找出任何解決問題的想法，這可能是一個陷阱，就如同他也讓他的重要他人，認為他無法靠自己來解決事情一樣。當治療師受到個案的引誘，而產生許多問題的答案時，會讓個案變得更加被動也更加地依賴治療師。

　　有些個案因為處於相當憂鬱的狀態，是一種情境式的依賴，實在是沒有辦法能夠產生足夠的能量來做腦力激盪。如果是這種情形，尤其是在治療的早期，治療師可能會想要提供更行為取向的建議，對於個案會更具指導性。當我們這麼做時，治療師應示範整個問題解決的歷程，而且讓這個歷程相當清楚地列出各種不同的解決方案，然後評估每一個方案相對的優點和缺點。治療師應該將這個歷程描述為，個案也可以有許多的貢獻和提供想法，而不單純只有治療師一個人獨力完成。某些有用的敘述包括：

- 我希望能夠提供你某些建議，主要目的是希望藉由這種方式，讓你更能夠掌握自己的問題，而且覺得自己有能力。
- 我剛剛所提到的想法，你覺得哪些對你來說是有用的？
- 剛剛我提到的想法，你認為哪些是有疏漏而想要加以補充的？

治療師引導個案的腦力激盪

　　大部分的個案都有解決問題的內在能力。一旦我們詢問個案之前曾經嘗試過的努力，讓他們感覺到原來自己已有能力且已嘗試解決問題，而不是從頭開始的詢問方式是一種很好的指標。

　　對於那些主動投入問題解決的個案，治療師應該明確地邀請他們加入

這個討論的過程。對於個案提供正向的回饋以及鼓勵，能夠讓個案更主動嘗試去找尋、甚至去執行解決方案。這個部分能夠協助個案增加自我能力感。以下是一些有用的句子：

- 我們為什麼不試試看我所提到的某些想法，來看看這些想法的優點和缺點，我們可以找出問題的可能解決方案。
- 這種方法聽起來對你來說應該會相當地有用。對於這個想法，可能有哪些優點，或是有你可以想到的缺點？

對於每一個個案所想到的方法，治療師都應該引導個案完整地去評估每一個方案的優點和缺點，然後決定哪一種取向最為合適。

家庭作業

145

在模擬情境中，治療師直接引導個案朝向問題解決的過程，會讓個案在真實情境中更容易成功。最終的目的還是希望這些解決方案能夠應用在治療情境之外，還可以藉由監控的方式來討論這個歷程是否順利。我們常常會使用家庭作業的方式，或是引導個案在兩次會談之間，能夠運用練習過的這些方法來實際操作。不論在上面提到的任何一種情境，個案都應該在下一次會談時向治療師回報，這些解決方案在實際情境當中操作的情形。

隨著治療的進行，個案應更有能力讓腦力激盪法協助他們自行找出解決問題的方案，並且評估各種不同方案的優缺點。在這個階段，治療師應該給予個案家庭作業，試試看運用所想出來的方法，是否能在治療關係之外的地方成功地操作。我們可以經由下列方式來鼓勵個案：

> 你已嘗試過如何分析問題，並且在不同的會談中，有能力評估各種不同解決方案。我希望能夠建議你做家庭作業的練習，協助你更加熟練地運用這些技巧。你曾經提到你和你的岳母關係出現困難，而且你們還沒有機會在治療中好好討論。我們何不試試看，在這一次和下一次的會談之間，嘗試將我們討論過的、運用在你太太身上的問題解決技巧，用來處理你和岳母之間的問題上？

治療師可以和個案一起回顧將要採取的步驟，看看整個執行的流程是否恰當：

- 第一步：詢問「真正的問題到底是什麼，我能否將問題切割成比較小的不同問題？」
- 第二步：列出所有可能的解決方案，不論是否合理。
- 第三步：找出各種方案的優缺點，然後看看哪一種方案能夠執行。
- 第四步：將解決方案加以操作，而且詳細回顧操作的過程中可能出現哪些細節，並且加以微調。

治療師的自我表露

如果某些個案比較不可能發展出有問題的轉移關係，或是某些情境不會太個人化時，治療師可以選擇對於類似的問題，適度地自我表露某些私人處理的經驗，或者討論在類似的情境中，其他的個案是如何嘗試解決這些問題。如果能在適當時機而且非常小心地運用，自我表露可以促進治療的聯盟關係，並增加同理心的感受，而這麼做的危險性，應該是出現在時機不當、或者對自我表露可能產生的後遺症判斷不當時，這樣的危險性才會出現。治療性的判斷應該引導整個自我表露的進行，對大部分的個案治療師都不太會採取自我表露的方式當作主要的治療技巧。

對於中性的主題，自我表露可能會比較恰當。不過，治療師如果選擇使用這種技巧時，則必須要在比較小的、不重要的生計、工作方面的問題來自我表露，或者是一般教養小孩時可能產生的困難（盡量根據真實的經驗而來），以及家人需要共同聚會、排定時間表而可能產生的問題，最好是以這類日常生活的困難和主題為主。

個案本身的腦力激盪

146

在許多個案身上，我們已經能適當地鼓勵其參與問題解決的歷程，而且治療師也發現有許多的進步。在此情況下，治療師應該支持並鼓勵個案，

增強他們本身就可以達到問題解決的目標。治療師可以協助個案回顧找到問題解決方案的整個歷程，然後對個案自我產生的歷程加以鼓勵：

> 那似乎是一個很好的想法。我非常好奇，是否能夠帶我詳細地走過這個歷程，看看你到底是怎麼做出這個決定的？

根據個案過去的經驗

其中一個促進問題解決最有效也最有幫助的方式就是不斷地詢問個案問題。例如：

- 「過去你曾經做過什麼來處理類似的情況？」以及，
- 「你可以如何將之運用到你現在所遭遇的問題上？」

這些問題可以增強個案有能力解決困難的想法，增強個案的力量，並且幫助個案發展出自主的解決方式。

當個案十分堅持這次的問題在生命中前所未見時，治療師可以試著問問這個問題：

- 「當你發現自己身陷其他困境時，通常什麼會對你有幫助？」

使用問題解決技巧可能遭遇的困境

在使用問題解決技巧的方式時，有幾種可能的困難將會是個案必須去面對的：

沒有辦法促成投入問題解決的歷程

就如同使用其他人際心理治療的技巧一樣，我們不應鼓勵個案太過被動。如果看到這樣的行為，可能是因為疾病造成的影響，或是反映出他們

害怕改變的心態。如果是後者，我們需要更加詳細地探討，並找出一些方法，讓個案了解自己過度保守的個性，如何影響了他在治療情境之外的人際關係。

當我們剛開始遇到阻抗時，最合理的方式就是，治療師必須更加主動地引導整個歷程的進行，這是一種暫時的方式，主要是為了促進整個治療的歷程能夠順利運作。治療師應該讓整個問題解決一直不斷地出現在治療中，這樣才能鼓勵個案更加地自主，並且培養他的能力感。另外，治療師也可選擇一個比較中性的主題，這個主題本身比較不會那麼困難、也沒那麼有挑戰性，鼓勵個案一開始先從比較簡單的主題加以掌握，然後讓個案很容易地得到鼓勵，以便累積繼續向上努力的能量。

147

缺乏解決問題的可能方案

在某些情境下，問題本身並沒有一個特別明顯的解決方案，或是個案本身就是沒有能力可以產生問題的解決方案。在前一個狀況中，治療師及個案應該要回到澄清問題的階段，重新評估個案對於改變的期待。經由這樣的歷程，更有可能發現他的人際問題其實並沒有那麼嚴重，或是個案在處理這個問題時，其實不需要面對如此大的挑戰和改變，而這些就已經足以導致症狀的解除。某些時候，即使努力地採取解決方案也沒有辦法達到人際問題的明顯改善，反而介入的焦點會是需要協助個案調整，對於這個情境期待的標準是否能夠降低一些。

嘗試去解決可能會讓情況惡化

有時候改變可能導致更不良的後果，而不是更好的後果。人際問題的介入可能加強問題的嚴重性，導致關係的淡化甚至結束，或是讓個案的症狀惡化。各種可能解決方案的優點和缺點，都必須要詳細地加以考慮，而且還必須考慮需要小心的部分。如果介入本身可能導致問題更加惡化或是開倒車，個案及治療師則必須要對這種可能性加以討論。如果努力行動可

能導致的不良後果是無法預測的，治療師應該詢問個案採取這些解決方案時發生了什麼事，因而導致後來的不良後果。在所有的情境中，治療師應該增強個案必須持續地採取問題解決的方法，而這種挫折可以當作是協助個案更加深入了解問題的重要訊息來源，也因為更加詳細地了解，才可以發展出修正的、改良的解決方案。

案例　Anne

　　Anne 是一位 46 歲自由業的女性，被轉介的原因是想要處理和重要他人的人際衝突所造成的憂鬱症狀。個案認為先生的脾氣很糟糕，並認為先生有貶低她或對她講話的態度很差的傾向。個案和治療師能找出問題的領域是，當先生感到挫折時，會變得非常生氣且講話具有敵意，這時先生的情緒就會爆發，因此讓個案覺得十分痛苦。個案描述她自己對先生典型的反應是，自己很生氣，但是卻不會對先生表達自己生氣的感受，於是個案會比較退縮，然後開始假裝好像什麼事也沒發生。

　　個案和治療師開始討論這個困境：

治療師：看起來問題是，妳必須想辦法來處理先生突然暴怒。

Anne　：我必須要如何阻止這情況發生？

治療師：這樣說也沒錯，但是更好的說法是「如何處理這些事情」。

Anne　：嗯。

治療師：他以前生氣時，妳都會試著怎麼做？

Anne　：我常常會找地方躲起來，而最後都是自己偏頭痛收場。

治療師：最後的結果會是怎樣呢？

Anne　：他最後會靜下來，但是常常好幾天都不說話。最後我會覺得更糟，因為我知道這種情況即將再發生了——那只是時間早晚的問題。

　　治療師建議個案與先生試著一起處理溝通方面的問題，而下一個步驟就

是要腦力激盪來找出各種可能的解決方案。治療師剛開始詢問個案，在過去類似的情境中，她是否曾經有成功地處理過類似情境的經驗。個案描述自己以前常常去處理難纏的、容易生氣的顧客，看起來和她處理先生的情緒問題相當類似。她提出了對於顧客生氣或帶著敵意的顧客是如何回應的，最後她想出了以下的方法：

- 請顧客暫時離開。
- 忽略顧客的敵意而繼續工作，就好像從來沒有發生過這些衝突一樣。
- 要求顧客在工作場所不要如此具有攻擊性。
- 要求顧客描述自己在氣什麼，並且提供折衷方案。

　　治療師要求個案用同樣的問題解決方式來處理先生的敵意。個案描述對先生最好的方式是，忽略他的敵意，並且假裝好像什麼事都沒發生過一樣。治療師覺得這是一個不好的選擇，因為看起來和個案長期使用、而且不成功的方法是類似的。無論如何，他鼓勵個案試試看，當先生下次生氣的時候試試這個方法。治療師這時主要的考量，是希望能協助個案投入問題解決的歷程，而且希望個案的這些方法都是自己想出來的。

　　下一次的會談中，個案提到忽略問題這個方法相當有用，但是先生後面情緒爆發的部分卻更加地惡化。治療師詢問到底哪些部分是沒有效的，個案描述，因為自己忽略先生的情緒不夠久。雖然後續討論其他可能的介入方式，個案仍然堅持採取忽略先生憤怒的方式來處理這個問題。治療師仍然選擇鼓勵個案，在操作時仔細修正自己的方法，要如何更有效地忽略先生的情緒，而個案所討論的方式，就如同她平常處理先生情緒的習慣是一樣的。

　　在下一次會談時，個案提到自己對於這個問題有重要的理解——也就是先生和她的顧客有非常大的差別。雖然有些顧客太不合理，但她不需要和顧客住在一起，她可以要求他們離開。相反地，她和她先生則是卡住了，他們的關係太過重要，不可以採取忽略的方式。個案於是更清楚地看到她所使用的方式，並沒有帶來滿意的結果。

Anne　：問題仍然還在，我也沒有比較高興。

治療師：我了解，我們試著回過頭來重新評估妳可以採取的方案可能有哪些。

Anne　：好的。

治療師：妳能夠想起我們所討論過的各種方案嗎？（把檔案打開，並且列印出當時想到的可能解決方案）

Anne　：好的。

治療師：妳曾經想過可以用什麼樣的方式來試試看？

Anne　：我曾經提過，最好的方式可能是詢問他到底為了什麼生氣，不過他在生氣時，常常變得不可理喻。我認為這樣的方式在那個時候是沒有用的。

治療師：我很同意，當一個人在那樣的狀態下，和他理論是沒有什麼結果的。這讓我想起曾經有一個接受我治療的女性，這是幾個月前的事情，她的狀況和妳的情況有所不同，但是她的確和先生之間，也有生氣時不知道如何溝通的問題。她後來想出一個方法來和先生互動，就是在他情緒穩定之後，再來和先生討論這些事情，因為先生平時並不會像生氣時那麼不可理喻。我在想，這可能對妳也有某些幫助吧？

Anne　：我很懷疑，但是我已經沒有辦法再繼續忽略這些情緒了。

治療師：當妳找到機會可以和先生談一談時，是否可以試著和先生說說看，到底是什麼事情讓他這麼生氣？

　　　Anne下次會談的時候說，她已經和先生討論，在先生生氣時如何回應會是最好的。先生也有某些回應，但是這個禮拜他又生氣了一次，讓個案覺得很挫折。然而，她的確發現，先生在生氣時仍然很粗魯，但是他的憤怒已經沒有那麼強烈。雖然個案對於這樣的情境仍沒有辦法很快樂，但她卻發現自己產生了某些可能改變的希望。在經過幾次會談後，她和治療師一起討論對於夫妻關係的期待：

治療師：聽起來妳和先生已經有過一次相當好的討論經驗，妳能夠談到自己的挫折，以及討論到對於他的突然間暴怒如何的回應。

Anne　：沒錯，他也認真地聽我說，而情況的確越來越好。但是我仍然不滿
　　　　　意，他仍然會生氣，而且每一次他生氣，我都會覺得十分挫折。

治療師：如果合乎現實的情況來說，妳覺得他的行為會繼續改變的可能性有
　　　　　多大？

Anne　：可能性可能沒有那麼大，實在是不太容易去推測，我覺得只有時間
　　　　　能夠來證明改變的空間有多大。

治療師：好，我們必須將焦點轉移到我們討論的主題。妳對他將來會怎麼表
　　　　　現，期待的內容是什麼？

Anne　：我剛開始的時候，期待他能夠完全停止，再也不會有任何脾氣的爆
　　　　　發。他看起來很努力地去做，但是我不知道他是否能完全控制這些
　　　　　情緒。他是一個脾氣非常快速反應的人。或許期待他能夠完全控制
　　　　　自己的情緒是一種不合實際的想法。

　　個案和治療師聚焦在對於個案先生以及他們關係的明顯期待，而關係又
如何被修正，即使經由努力，先生仍無法完全改變。由於治療持續進行，個
案對於先生的觀點已經比較平衡。由於先生的暴怒逐漸消失，她也開始能了
解，關係當中有許多非常好的地方。她最後仍然選擇停留在原來的關係中，
而且在治療結束時，她已經開始能夠對先生表達，不滿他的壞脾氣，她覺得
在關係中已經能夠比較平衡，而且她能夠在氣氛逐漸火爆時，就表達自己的
情緒和不滿。

■ ■ ■ 結論

　　問題解決是一個非常有效的技術，對於個案的人際關係能夠造成建設
性的改變。治療師應該讓個案相信，主動並且投入問題解決歷程，是十分
重要的。成功的問題解決的介入，常常會讓個案覺得自己能夠掌握問題，

而且讓個案了解，從自己為起點的種種努力，都是相當有效的，這種方式能讓個案的症狀有相當程度的緩解。人際心理治療最後的目標，就是希望能夠協助個案自己創造出解決問題的方案，而且能夠發展出將來如何面對其他人際困境的自我解決方案。

家庭作業

Chapter 14

■■■簡介

「家庭作業」這個名詞，在許多地方被使用過，容易引起別人不舒服的感受，因為會讓人聯想到考試和測驗卷，讓人聽了之後，到最後一分鐘都不會想要試著去做做看。從心理治療的角度來看，家庭作業有很長久卻繁雜的歷史，而使用的範圍，從行為治療要求一定要有家庭作業，一直到精神分析完全地排除家庭作業的必要性，這些不同的學派和觀點，都是人們一再討論的焦點。

人際心理治療使用家庭作業，主要是因為希望能夠將治療情境中所學會的東西，能夠運用到治療情境之外的人際關係。基本上，家庭作業在治療師的判斷下，如果認為必須使用時，是可以增加個案在人際功能以及溝通型態上達到明顯的進步。治療本身限定時間的這種特質，讓家庭作業的邏輯性更加明顯，如果希望能夠促成快速而明顯的改變，我們就應該使用家庭作業。

必須記住的是，短期心理治療不可避免地都比較具指導性，[1]尤其是人際心理治療這種模式，更明顯地希望能促進當前功能的改變，也更希望短期內就可以達到效果。治療師主要的工作就是希望能說服或是影響個案，盡量在短期內就能達成改變。這包括很努力地讓個案能主動參與整個改變

的歷程，以及在許多的情況中，希望能讓他們自己成為改變的主要動力。無論如何，這種促成合作的努力，包括了治療師部分直接地給予指導性的介入，不論採取什麼樣的技巧與修正，都是希望治療情境中發生的事情，能夠盡快被運用到現實的生活情境，或者是藉由清楚地要求家庭作業來達成效果。[2] 家庭作業很自然地成為治療歷程的延伸。

■■■ 人際心理治療的家庭作業：到底是什麼？

152

家庭作業並不是一個很複雜的任務，只是希望個案在兩次治療之間帶回去實際操作的一般性任務。一般而言，家庭作業的主要目標是希望能夠增加個案建設性的、主動參與溝通的改變，而這種改變可以導致症狀的減輕或解除，他的人際功能也可因此獲得改善。

對於家庭作業各種不同的定義，讓家庭作業的可能性大增，而家庭作業本身，只要符合人際心理治療的基本假設就可以使用。家庭作業的指定可隨著人際心理治療使用的方式，包括：

- 只要是符合人際本質的家庭作業都可以。
- 必須符合人際心理治療限定時間的本質。
- 不要涉入個案和治療師關係的本質即可。

許多不同的技術，都可以符合人際心理治療使用的原理。例如，當個案被要求離開診療室後，安排和重要他人一起去做令人快樂的活動時，這種家庭作業也是屬於人際的本質和範圍。要求個案去投入一個放鬆的活動，但卻是一個人單獨去做的，就比較不屬於人際心理治療的範疇。但是要求個案向重要他人解釋，為什麼獨處的時間很重要，而且花時間安靜思考也是必須的，這樣的一項家庭作業就符合人際心理治療的範疇。

一般的規則就是，只要指定的作業包括了溝通以及與重要他人的人際互動，就符合人際心理治療的範疇。家庭作業可以區分為以下幾類：

1. 直接溝通的家庭作業。
2. 評估的家庭作業。

3.活動和行為的家庭作業。

直接溝通的家庭作業

這個部分是所有家庭作業當中最常見也最明顯的，而且很簡單，只要求個案投入和其他人之間溝通的活動即可。有婚姻衝突的個案，要求他們去做一個家庭作業，就是和太太在星期三晚上七點鐘，一起討論有關家計方面的問題。有社交畏懼症的個案，則會要求他去參加社交活動，並且在活動中至少和一個人說過話。家庭作業的內容是讓個案從事時間的、特定的，以及面對面的溝通。

評估的家庭作業

這種家庭作業不是要求個案從事直接的溝通，而是要求他們監控或是記錄自己的溝通。這麼做的目的主要有兩個：第一，提供治療師重要訊息，來了解個案的互動以及溝通的型態，個案自己也可以得到更詳細的理解；第二，能讓個案更加覺察到自己的溝通型態。要求個案記錄自己的對話，能讓個案更專注於自己的溝通，讓他可以更加覺察到他自己到底說了什麼，自己被了解到什麼樣的程度，而導致了別人什麼樣程度的反應。基本上，就是要挑起個案觀察性自我的角色。這是一種非常有效的方式，可協助個案對於自己溝通型態發展出更好的洞察，而自我監控的部分，也是改變非常重要的一種有效機制。

153

活動和行為的家庭作業

要求個案投入特定的活動，例如運動，而且要在治療情境之外去完成。這樣的活動對於某些特定的個案相當有用。家庭作業能夠聚焦在改善溝通，以及建立足夠的社交支持系統，就可以將家庭作業和人際心理治療連接起來。

比較合乎實際面來看，如果狹義的只是要求個案採取放鬆的技術，這並不符合人際心理治療的範圍，而要求個案去找其他人一起參與放鬆的練習，這是符合增加社交接觸、增進社交支持的人際心理治療目的。類似的情況是，只要求個案增加運動，對於人際心理治療來說，範圍太過狹隘，而要求個案找到一個人和他一起運動，或者和他一起參加健康俱樂部，則是符合人際心理治療的雙重目的：也就是個案一方面可以運動，又可以和其他人接觸。

「矛盾」的家庭作業

在策略式心理治療中，這種類型的家庭作業經常被使用，而且有很好的效果，卻不符合人際心理治療的範圍。雖然它們可能對於引導關心和溝通的改變有特殊效果，但是在人際心理治療不加以使用，因為它們不容許治療師示範更加直接的溝通。人際心理治療中，治療師應持續示範有效的溝通方式，而這種矛盾的領導方式，並不能示範正確的溝通方式，因此不符合人際心理治療的基本原理。

■ ■ ■ 人際心理治療的家庭作業：應該指定誰去做？

對於這個問題，最明確的答案是，只要治療師覺得個案可以從指定的家庭作業當中獲益，就可以要求他去做。對於如何使用人際心理治療的家庭作業，以下有一些基本的原則必須遵守。

人際心理治療指定家庭作業最重要的考量，就是希望被指定的人能夠盡可能地完成它。對所有治療來說，這些原理都是相同的，但是對於人際心理治療更顯得重要。這是因為如果家庭作業沒有順利完成，不順從（noncompliance）就會成為人際心理治療中一個重要的主題。除了焦點會格外變成和治療師之間關係的議題，對於家庭作業的阻抗也必須要在治療關係中加以討論，這會讓我們想要即刻解除症狀的目的開始被轉移焦點，而且

改善人際功能的主要目的也會受到阻礙。

　　如果將其當作一種指導性的技巧，家庭作業會很微妙地改變治療關係。基本上，指定家庭作業能夠讓治療師從一個比較具權威的角色（這個角色會以個案決定要採取某些步驟），轉換成為期待個案本身自己可以完成指定的任務，這類比較沒有權威的治療者角色。這種轉換對某些個案來說，可以相當程度地改變治療關係，但是對某些個案來說，他們沒有辦法忍受，而且會讓聯盟關係更不容易處理。這些情況對於被動攻擊的個案而言，指定家庭作業會更增強他被動攻擊的行為，讓他更不配合治療師。不但家庭作業沒有辦法完成，指定的這個動作也會讓治療師變成一個專制的角色，進而讓個案和治療師的關係更陷入膠著。

154

　　對某些比較依賴的個案，指定家庭作業也會產生影響治療關係的問題。如果治療師採取的是更指導性的角色，會促成個案扮演更加被動的角色。和被動攻擊的個案有所不同，被動攻擊的個案常常不願意做家庭作業，而且抱怨家庭作業「被狗吃掉了」；比較依賴的個案常常會抱怨家庭作業太難，用失敗當作一種工具，讓他們能夠更有理由來依賴治療師。

　　有許多個案可以從家庭作業當中獲得好處。一般來說，他們通常是相當有動機和安全的依附關係，甚至可能要求治療師主動安排兩次會談之間的家庭作業。在最好的環境下，個案甚至可能做超過家庭作業所要求的，或者創造性地修改家庭作業，讓更正向的改變可以出現。

　　採取類似的原則，我們可以想像治療師就好像在戰場上影響自己的軍隊，但他不是像一個真正的將軍，能夠根據戒嚴的法令，直接命令自己的軍隊，尤其是針對非自願的個案更是如此。因此治療師所能依賴的是個人的說服力、吸引力、好的外表（這也是一種治療技術），讓個案願意爬過這個戰壕，面對自己的焦慮，甚至面對他們想像的困境和敵人。而對於比較有勇氣的病人（亦即比較安全依附的個案），就可以給予他們比較直接的命令，這種命令就足以讓他們去面對敵人，他會盡最大的努力，而且更直接地想要達成改變。對於其他的戰士或個案而言，這種直接的命令可能會引起他們的焦慮或害怕，而可能會將戰壕挖得更深，躲起來以便尋求保護。依賴本身會讓這個過程更加惡化。對某些戰士或病人來說，將軍或治

療師的命令是希望他們爬出安全的基地，去和敵人面對面打仗，而這些戰士或個案就會用被動攻擊的方式來對你說：「我會讓你這隻傲慢的狗知道，誰才是老大！」

這種比喻對某些人來說可能太過軍事化了，無論如何，它主要是想要描述，治療師本身必須非常細心地選擇個案來使用家庭作業的技巧。如果沒有這樣做，一旦造成治療本身所引發的轉移關係和困境，就需要花更多力氣來檢查轉移關係，而這個部分則超出了人際心理治療的範圍，而且會讓整個治療焦點被移開。最重要的原則是，比較有安全依附關係的個案，較可能從指導性的技巧中獲益，而那些比較沒有安全依附關係的個案，對於指導性的技巧就必須保持小心的態度來面對。在所有的個案身上，家庭作業的治療目標，就是要增加他們改善人際功能的機會。

■■■人際心理治療的家庭作業：如何去做？

指定家庭作業有各種不同的方法，但最終仍端視治療師決定如何說服個案來執行這個任務。其中的差異只是程度上的差別，某些是以由治療師產生的家庭作業，或是由個案自發性產生的家庭作業。治療師到底要採取介入光譜的哪一個點，則會影響到家庭作業被完成的可能性。我們必須要小心的部分是，到底介入的深度是否能配合不同個案的特性。

當然，我們最期待的部分就是，家庭作業是由個案自己提出來的。如果是一個相當有動機的個案，個案會主動向治療師建議，他想開始和他的配偶對話，來解決這個衝突。治療師只需鼓勵個案去做就可以。不幸的是，像這樣的個案，即使治療師不斷地尋覓，仍然是少之又少。無論如何，家庭作業如果是由個案所提出，則個案主動去完成的機會也就越大。

治療師可以鼓勵個案所提出的問題解決策略，而採用非特定的引導方式。例如，治療師可以詢問以下類似的問題：

- 你認為在兩次會談中，如果去完成哪些事情會對你有幫助？
- 你認為我們一直努力想要達成的、新的溝通方式，要經由什麼方法

155

才能讓它更加熟練和穩定？

- 你認為這個問題，在這次會談後，最好經由什麼樣的討論，才能在下一次治療時有更好的效果？

這種非特定的領導技巧，至少可以完成兩個功能。第一，它能清楚地聽到個案去想像，到底兩次會談之間他可以做什麼。如果這樣做時，也讓個案有更多的自主性用來找出自己的解決方案。假若治療師採用比較溫和的引導或採取共同合作的方式，根據個案的建議，來重新定義家庭作業也是可行的。要特別注意的是，個案的家庭作業不要野心太大，家庭作業應該是一個符合個案可以達到的標準，而且能夠成功完成的任務才行。家庭作業的目標並非要讓個案覺得挫折，而是要讓他達到最有建設性、最大產量的改變。

在整個介入的光譜中，特別是來自於治療師所產生的家庭作業，我們可以稱作是一種心理衛教。例如，在憂鬱的個案身上，治療師可以讓個案了解，增加自己的活動量，以及減少人際疏離對於大部份的憂鬱個案都是有效的。雖然知道事實本身與達成目標二者會有差距，治療師還是盡量要求個案想一些方法，是否能夠在兩次會談之間做一些事，盡量朝向這個目標前進。治療師在本質上是希望能夠影響個案，讓他自己想出更特定的解決方案，而這個歷程可以經由共同合作完成。讓個案擁有自主權，並與個案適當的合作，便能增加家庭作業的完成機會。

另外一個特定的指導技術，可以是來自治療師，但是治療師使用的是其他個案治療成功的經驗。當然在整個過程中必須要保密，但是治療師可以發現，若提到其他遭遇類似問題的個案也能夠採取有效、成功的策略來處理類似問題時，這是相當具有吸引力的。例如，一位產後憂鬱症的女性，主要面對的是和先生的衝突，在經由治療師描述也有過類似個案，成功地經由直接表達的方式來和先生溝通，個案就會更有意願採取直接溝通的方式來處理問題。而這種方式的細節，就如同促進個案認可治療的有效性及影響力，因為個案知道使用這個方法的人，也是和她一樣，遭遇類似問題的人。

所有的介入方式都必須注意的是，治療師的指導性越高，治療聯盟關

156　係破裂的機會也就越大。雖然某些特定的介入方式對個案相當有幫助，而且讓個案感覺受到更好的理解，但是某些人會覺得這些方法和建議對自己來說相當地疏遠，覺得治療師根本不了解他們，畢竟每個人都是獨立的個體。

　　具體地說，直接引導的方式就是治療師告訴個案，到底兩次會談之間實際上要去做的是什麼。某些個案可以從這樣的方式獲益良多，而某些個案則會直接要求治療師告訴他們怎麼做，治療師必須要很小心，因為採取更加主動引導的角色，也可能挑起轉移關係的問題。

　　簡要地說，治療師最好使用較不具指導性的方式，這樣的方式最為安全。讓個案採取主導權便能鼓勵個案對自己的問題負起責任，而且增加他們對於此解決方案的親切感。再者，也能讓治療師比較能夠了解自己站在什麼樣的角色對個案的幫助會最大，而不只是讓個案直接聽取治療師的建議，來教導他們如何解決問題。

案例　Tom

　　Tom是一位 40 歲的商業主管，尋求治療的主要目的是希望能解決婚姻問題。與他結婚十五年的太太威脅要離開他，她認為 Tom 太過投入工作，根本無法將她和家庭放在重要地位。個案的工作是在一家法律公司，一直都非常有能力和有效率地工作，雖然他宣稱他在理智上知道太太的觀點是對的，但是他覺得太太不了解自己工作的壓力有多大。

　　剛開始的幾次會談，治療師了解個案有不少社交關係，但是大部分都是工作上的關係，而且大多是男性友人。然而，個案大部分的朋友都和他一樣對工作十分投入，對別人的期待都一樣表現得過度完美。這樣的文化讓他們不應該表現出自己的軟弱，而且討論情緒本身就是一種禁忌。個案描述自己是一個不太容易表達情緒的人，雖然他很會講話，他描述自己從來沒有過任何親密關係，可以讓他安心地討論自己的感受。雖然他很期待能這樣做，尤其是和太太能有這樣的關係，但他發現對他來說，要這麼做非常地困難，他不太容易主動和他人討論自己的感受。

　　治療師發現，個案是一個非常目標取向的人，而且他傾向於相當地專制和主導。不管在比較細微的觀察，或是在治療中都可以看到這樣的現象。在第一次會談即將結束時，個案主動告訴治療師，他們下個禮拜應該還要再碰面一次，其實這時治療師都還沒機會提出下一次再約定時間的想法，個案就已經做了這樣的決定。個案常常有一個很特殊的議題可以和人家討論，而且常常帶著一張紙寫出他討論的內容，就好像是在開重要會議一樣。會談當中，個案習慣性地先設立要討論的議題，然後告訴治療師，這就是他們這一次準備要進行的方式。

　　在第三次會談要結束時，個案主動提起家庭作業的議題：

Tom　　：我們已經碰面三次了，你還沒有給我任何指定的作業回家去做。至
　　　　少在我的公司是不可能發生的，如果你是替我工作的，我會給你一
　　　　大堆事情帶回家去做！

治療師：（先壓抑自己想要說的「我真高興我不是替你工作」！）許多談過
　　　　的人的確發現，在兩次會談之間有一些事可以做，而那對於達到他
　　　　們接受治療的目標是相當有幫助的。在我們想到特殊的任務要去做
　　　　之前，我們比較詳細地來想想看該怎麼去規畫。下個禮拜你想要達
　　　　成的目標是什麼？

　　治療師非常清楚，在這個階段應該注意的包括幾個部分。第一，個案的依附型態有點類似逃避型，而由於他有這種人格特質，治療師如果沒有對他的要求有所回應，他有可能因此而逃離治療。同時，治療師也發現，如果給他太多的指導性、甚至指定的家庭作業，由於個案本身的特質就是掌握整個情況的進行，所以治療師太過主動和指導性，可能會獲得個案不好的回應。

　　這是一種治療性的挑戰，我們必須要協助個案發展出符合他需求的家庭作業，並且要維持有建設性的同盟關係，協助他能更開放地討論自己的感受，並與太太更持續地溝通。由於個案經由這樣的方式得到了某些效果，治療師希望他開始更加覺察到自己的溝通型態，最後引導他去調整自己習慣的溝通

型態，因而能讓他和他太太的關係更加深入。治療師開始與個案討論家庭作業，並假設個案直接和太太討論衝突當時的感受，也討論工作對於關係的影響。但另一方面，治療師又不能直接給個案太過指導性的建議，因為這樣可能會破壞治療的聯盟關係，而且個案的人格特質會讓這種指導性的家庭作業無法成功。

　　治療師因此選擇，使用個案自己的字彙，更加小心地引導個案，而不是直接地讓他去面對這種即刻需要更加開放地對太太表達自己的感受。使用的字彙，例如：「和我談過的某些人」、「目標」、「需要完成的任務」，這些字眼由於個案自己常使用，而且相當熟悉，就可以逐漸地將它往前推進，終究必然能夠朝向改善溝通的部分。

Tom 　：我主要的目標是想挽救我的婚姻。我太太非常清楚地告訴我，她一點都不快樂。

治療師：這種想要挽救婚姻的目標，是一個很好而且常常有很多人需要去達成的目標，就像是一個企業所要達到的目標一樣。以你的經驗，達到這種一般性的目標顯然應該怎樣做？

Tom 　：在我的工作中，我會試著將它分成比較小的步驟，接著對每一個目標都設定完成的時間點，然後逐步達成。

治療師：聽起來很棒。如果要達到這樣的目標，你必須要設計哪些小的步驟來完成目標？

Tom 　：第一，我必須要找到某些時間和我太太說話──我仍然不太清楚她如何看待這個問題。她只是一直說，她已經覺得和我不再親近，而我猜測的部分是，我必須更清楚地讓她知道，我在想什麼，這樣問題才能夠改善。

治療師：到現在為止聽起來都很好──如果更確實地來說，你想要對她說些什麼呢？

Tom 　：我主要想說的就是，她實在太不了解我的壓力到底是什麼。我工作已經這麼辛苦，現在還要處理家裡產生的這些不滿的問題。但我希

望她可以知道我仍然非常愛她，即使她現在已經不這麼認為，我還是會說。

治療師：你常常會寫下一些要討論的主題，然後讓這些事情照著這些主題去做，這樣非常好——我發現你在我們的會談中也都使用這樣的方法。如果要和太太談之前，先把要講的東西寫下來，不知道這樣對你是否也有幫助？

Tom　：真是個好主意呀！（從手提箱裡拿出一張紙，開始寫下好幾個要點在紙上）

治療師：現在你已經非常清楚地知道你將要朝什麼方向去做，下一個步驟是什麼？

Tom　：還要設定完成的時間點。我們何不決定，在下個禮拜之內，我就去和她好好地談一談？

治療師：聽起來你的野心很大，但是你看起來就像是決定好要怎樣做就會趕快把事情做完的那種人。你想，在哪些特別的時間去做，效果會是不錯的？

Tom　：現在我知道為什麼有那麼多人付這麼貴的錢和你談話了。太棒了！我覺得這個禮拜四我相當有空，沒有任何會議或活動。在孩子上床睡覺後，我會和她談一談。

治療師：聽起來是一個很好的計畫。我很期待聽聽看進行的結果如何。

　　Tom 嘗試著下個禮拜四和自己的太太做接觸。在後來的會談中，他提到他的嘗試並沒有很成功，太太對於個案過度主導談話覺得很灰心，而且對於個案事先寫下要討論的議題這件事情很感冒。根據個案的描述，太太認為事先設定議題，就像他根本沒準備好要聽太太說什麼一樣。雖然這樣的嘗試並沒有像理想中那樣順利，治療師仍然指出，個案已經做了相當多的努力。個案現在能夠更開放地接受別人的建議，也能開放不同的方式，來與他太太接觸。

■■■結論

　　家庭作業的目的主要是希望，個案能夠增加投入溝通或是社會活動的可能性，最後的目的則希望能導致人際功能的改善，以及症狀的解除。雖然家庭作業在人際心理治療並不是必要的，但對於許多個案來說，家庭作業仍然十分有幫助。治療師應該調整家庭作業，使之與如何實施之間取得平衡，主要目的是希望能讓家庭作業執行的可能性達到最大，因為個案拒絕去做或對於家庭作業的阻抗，會影響個案沒有辦法改善治療室之外的人際關係，而會變成他和治療師之間轉移關係的議題。一旦使用家庭作業，尤其是人際心理治療的家庭作業，應該是以人際關係為本質，而且最理想的方式是能夠盡量由個案去主導。

1. Haley, J. 1990. *Strategies of Psychotherapy*. New York: Triangle Press.
2. Haley, J. 1987. *Problem Solving Therapy*. San Francisco: Jossey-Bass.

治療關係的運用

Chapter 15

▪ ▪簡介

　　治療關係在人際心理治療中相當地重要。事實上，我們甚至可以說是整個治療中最重要的部分，而且這個部分也受到研究的證明。[1-3] 如果沒有辦法維持聯盟關係，個案會拋棄整個治療，即使治療師帶著一本有許多技術的手冊在身邊，但是卻沒有個案可以治療。

　　人際心理治療的本質，在一定限度的情況下，可以將治療關係當作治療的工具。人際心理治療中，治療關係並沒有直接被提出討論。主要的目的是希望個案能解除症狀，並在此時此地的關心下，協助他盡快恢復正常的功能。如果對於某些特別篩選過的個案，直接處理轉移關係也可能非常有效，但是這超過人際心理治療的範圍，而且對於許多臨床個案來說也是不必要的。

　　無論如何，人際心理治療中，可在好幾個方面善加運用治療關係以達到治療效果。例如，第一，當作蒐集訊息的媒介；第二，治療師需要直接去處理關係，也就是說去注意到個案的依附型態及人格，根據這些部分才能夠去修正其溝通方式，這個部分會讓他在治療關係當中表現得更加一致。

■■■治療關係當作是訊息的來源

人際心理治療中有一個重要的原則就是，個案會在不同的關係中，重複地呈現自己的依附型態及溝通習慣，這當然包括了治療關係。個案會嘗試將自己內在運作的模式加到治療師身上，而這個動作正好直接反映出他習慣的依附型態。因為治療關係是對於個案行為表現，以及如何依附他人的重要訊息來源，也正反映出他在治療情境之外的這些特質。

對於比較有安全依附關係的個案，常常在治療關係中會表現出更大的彈性。他們比較能夠順利地進入治療並且尋求協助，而且採用的方式比較有效，也比較適當。除了他們有能力直接尋求協助外，他們也能有效運用治療師所給予的回饋。他們的內在運作模式，反映出他們一般能夠相信別人的這種傾向，並投射在治療關係上，這個部分讓他們可以迅速地發展出信任關係。

相反地，比較沒有安全依附型態的個案，不太容易建立治療的連結。他們常常在求助時就呈現出問題，或者太過直接地尋求依附。不安全依附的這些個案比較沒有辦法在治療中建立信任關係，因為他們先前的關係讓他們學會要遠離和提防他人。於是他們可以呈現出比較焦慮、矛盾的依賴傾向，或者是逃避行為。上面這兩種情形，對治療師來說非常地重要，因為他們在治療關係中呈現的部分，正好也反映出在治療情境外建立關係的問題。

使用治療關係當作是重要的訊息來源，治療師就可以開始發展出對於個案在治療情境外，到底遭遇哪些困境，可以形成比較可靠的假說。我們可以開始問一些問題來測試這些假說，然後再詢問他在治療情境之外的關係為何。

如果用這樣的方式來處理關係，訊息本身的可信度就會更高，但如何增加蒐集訊息的速度，那就是一種藝術了。治療師必須要在獲得資訊，以及發展出和個案的工作關係之間取得平衡，因為後面這個部分，治療師必

須採取較為引導性的角色。根據治療關係而推敲的個案依附型態，如果治療師保持非指導性的、被動的、不表露自己的，會比較容易蒐集到完整的訊息。這就是精神分析基本的精髓，治療師本身越是不透明的，個案就更容易對治療師發展出轉移關係。

使用這種方式，對於高挫折忍耐度的個案或許還不錯，但是對於許多個案而言，他們沒有辦法承受這種焦慮，而且也不需要去承受。治療師刻意挑起的轉移關係，會將治療的焦點帶離當前的主題和功能運作。許多個案主要想要解決的是他們當下的危機，他們不需要重新去統整過去內在的心理功能，而人際心理治療最好的療程，就是要避免這種刻意挑起過去經驗的歷程。

治療師應很小心地來平衡，一方面需要蒐集到個案對於比較中立的治療師所採取的反應，一方面又必須要聚焦在當前的功能狀態，以及人際心理治療有著時間的限制。從治療關係中得到的資訊雖然相當重要，個案本身所報告的人際互動型態，以及從其他人身上得到的重要訊息，也是同等重要。

■■理想的治療關係

長期以來心理治療師都想要找到一個例子或者是比喻，來形容一個「理想的治療關係」。曾經用過的比喻包括：老師、合作者、密友、顧問、懺悔或認罪的人、專家，以及各種不同的角色。人際心理治療中，作者認為必須要維持一個「正向的轉移關係」，但是這些部分比較難有一個具體的字眼或比喻來描述究竟這是什麼意思。

人際心理治療中所謂理想的關係，我們借用 Kiesler 和 Watkins[4] 所使用的字眼，他們認為治療關係主要的特色應包括以下幾個部分：

- **必須要具備高度歸屬感**：也就是說，個案和治療師之間是互相真誠地對對方所說的話有興趣，真的關心對方的福利。這種關係就相當接近 Rogers 所描述的治療重要元素：溫暖、真誠以及同理。[5] 理想

上來說，這個部分應該反映在兩個人的關係上，並且互相影響。

- 需要有相當高的包含性（inclusion）：上述兩位作者使用這個字，想要描述關係的重要程度。換句話說，這樣的關係必須對個案和治療師都非常地重要。雙方必須要投入這個關係，而且雙方必須要重視對方所講的話。如果治療關係對治療師來說並不重要，他就不會想到投注足夠的能量在其中。如果關係對個案來說不夠重要，個案就會想脫離這樣的關係。不論是個案或是治療師想要脫離這樣的關係，治療本身最後就無法達到相互的包含性。

- 治療師具備了某種程度的專業能力：這個部分就表示，個案可以將自己放在一個比較沒有那麼主導的地位，因為他之所以來找治療師尋求建議或是協助，主要是因為他沒有辦法單獨靠自己的力量來解決問題。理想上來說，個案會將治療師當作可以提供給他某些有價值物的一個人，而且能夠接受治療師的回饋，並加以運用。這個部分並非表示治療師是被動的。個案比較像是一個年輕的夥伴，或只是學徒，他希望能夠從一個專家身上得到協助和學習，最後的目標是希望能夠達到完全自主和獨立。

最後一點，通常是治療中比較容易卡住的部分。比較積極或是疏離的個案，都不太願意放棄他們控制的欲望，即使只是暫時性的，他們仍然堅持，並且對於治療師保持面質的態度，或只是被動的攻擊性。相反地，比較有雄心的，或比較依賴的個案，會嘗試和治療師建立關係，但最後也可能沒有辦法達到獨立的功能或是自主性。雖然他們比較能夠投入整個治療，但是他們認為治療師是一個專家的角色，並嘗試將治療師鎖在這個角色中，以便他們能夠繼續依賴並且保持被動。個案終究要在治療中離開這個角色的位置，因為治療結束時，他們應該要能自主地運作。

另外一個平行的觀點就是，理想的治療關係並非固定不動的，當歸屬的感覺相當穩定時，包含或者是想要掌權的想法就比較不易出現。隨著治療結束，個案和治療師就會見到另外一種關係，也就是個案本身應該有能力解決自己的問題、找出自己的溝通習慣，並且開始獨立改變，然後準備好離開這樣的治療關係。相對應的是，對於關係的投入也會隨著時間的進

展而逐漸減少。理想上來說，個案如果回顧整個治療經驗，並發現治療有相當大的幫助，但不再需要此方式的協助，也不會和原來一樣地投入這種治療關係，這樣才是一種治療關係的進展。

我們常常用運動來比喻個案和治療師的關係，當然還有許多各種不同類型的活動可以用來比喻治療關係。這種類比的方式，治療師就好像是在治療中作為個案的模範，而這種比喻可用來讓人家更容易了解治療師的角色以及個案的角色。

162

個案就像是一個運動員。假設，他是一個游泳選手，來找一個有經驗的教練希望能解決某些問題。整體目標就是希望能夠游得更有效率、更快。個案自己也了解有某些特殊問題需要解決，或許他自己也是一個優秀的游泳選手，但因受到了急性運動傷害，需要教練的某些協助才能再回到運動場上。這種類比的方式相當地明顯：一個急性的危機、造成暫時性的功能障礙，個案就是這樣一個個體。

個案本身還是可以游得很好，但是發現和人家競爭的部分越來越困難，而且有長期技術上的困境，例如某些打水的技巧，阻礙了他攀上最高峰的表現。可能在早期生活經驗中，個案從未學會正確的游泳方式。或許個案打水的方式，主要是用來適應比較早期的壓力源，但這些技術雖然當時適應得還不錯，現在卻已經無法應付當前的挑戰了。這些修正過的打水的方式，就能夠讓個案繼續維持之前的功能良好，因此個案需要在部分協助下了解自己的問題，做一些調整，並加以練習，以便促進改變的速度。

如同上述情況，個案可能在童年時期發展出某些依附型態，而現在開始產生一些障礙。這些型態讓他可以在某些時候發揮部分功能，現在卻不太能夠達到原來的效果，甚至阻礙他發展有意義的人際關係。在這樣的情況下，治療師或是教練要能協助個案找出自己的問題，他可藉由傾聽個案所報告的事情，並且觀察個案游一段距離，要求個案做某些幅度的調整，並且請他重新跳回游泳池，再繼續觀察。一旦產生某些進展，教練也會要求他繼續練習，希望能夠加強他的改變效果。

根據這種類比關係，我們可以發現，教練並不是去做所有工作的人。在人際心理治療中，個案是被要求去做大部分工作的人，治療師只是給他

一個方向、分享經驗，促進他有動機產生改變，個案自己必須要跳進游泳池裡面去游一段距離。治療本身就和運動一樣，需經過適當的訓練後，才有可能出現成功。

因此，理想的人際心理治療，就是希望治療師能夠從某些專家的角度來工作，同時個案必須要投入適當的人際關係中，這樣才能達到最終建立獨立自主的目的。

▪▪▪ 如何處理治療關係？

由於人際心理治療是一種限定時間的治療模式，治療關係的處理有可能更簡單，或者更困難；之所以簡單主要是因為，它不會將改變的壓力放在治療師身上。長期的心理治療中，轉移關係的主題幾乎不可避免地會發生，而討論治療關係和轉移關係會成為治療的要素，但是對於個案和治療師來說都是相當困難的。

另一方面，處理治療關係可能比較困難的主要原因是，不僅僅沒有時間去等待轉移關係的發生，治療師也必須要主動並努力協助個案與他建立正向的治療聯盟關係，而且要避免發展出有問題的轉移關係。這部分需要預先找出可能潛在的問題，而且必須要採取某些步驟以避免這些情況發生。治療師必須維持一個很特殊的角色，一方面是要維持善意的專家角色，而且當作是執行任務的專家，並容許適當的依賴，但卻又要求個案能夠自我照顧，而且要根據其特殊的依附型態，在這些角色上做調整。

另一個以運動做的比喻就是，進行治療就如同玩撞球一樣。新手的治療師只有打一球時可能還能打得不錯。比較有經驗的治療師，不僅要安排這一球可以進洞，還要考慮做好下一球。當治療師越來越有經驗來處理第一球的時候，不僅要做給下一球，而且要考慮在第一球沒辦法進洞時，也要對手也很難打進這一球。了解對手的優點和弱點後，才能達到一定程度的勝算。成熟的治療師對於整個球桌的情況都會加以觀察和判斷，而能想像整場球賽將會如何進行，哪一個球將會怎樣被打進，然後才會考慮打出

第一球。有經驗的治療師知道哪一個球應該先打，如何放白球，如何去設計整個球賽的進行，就如同治療師了解個案的長處和弱點，並且隨時加以調整一樣。

　　儘管很明顯地不是一個競賽，其實這個過程非常像心理治療。一個有經驗的治療師會非常清楚整個心理治療將要如何進展，並調整自己的策略來適應特殊的個案，希望後續的介入比較容易成功。調整治療師的「打球」（治療）方式，能協助個案更容易成功，這就是人際心理治療的藝術。

人際心理治療中，治療關係的定義

　　治療關係中，首先就是要做到上述的這些規則，這些正是人際心理治療的基本規則。通常在評估階段就開始建立這種關係，這個部分就如同是前面講到的撞球比賽一樣。在評估階段，治療師應教育個案，人際心理治療是如何進展的，並且告訴個案哪些部分應該是在兩次治療之間要個案去做的，以及他們有責任將這些資料帶回來討論，並且和治療師一起合作來解決他們現在面臨的問題。這種限定時間的模式通常也是治療的重要元素，而且也是這個遊戲的重要規則。假如治療師被要求給予回饋、個案表示他無法遵守這些規則，或治療師發現個案似乎無法遵守這些規則（因為個案的人格、依附型態或是其他因素），治療師就需要考慮另一種治療方式。基本上，治療師應在個案同意遵守治療規則之後，才開始治療。

　　剛開始時，治療師可以讓個案能對自己產生信心作為起頭，並開始作為治療關係的舞台。對於個案改變的可能性，治療師不只要保持中立的態度，還應該表現得相當有信心，並且給個案適當的保證。治療師應該用這樣的方式讓個案投入治療，讓治療中充滿了專業的氣氛，這是一種善意的態度，但也是一種專業的表現，對於建立人際心理治療當中的正向關係會相當有幫助。

　　我們也可以藉由另外一種方式，就是讓個案知道治療師對他很有興趣，而且有能力可以了解個案。澄清和反映，並且帶著真誠的興趣，可以建立起高度歸屬感和專業表現。治療師採取主動的態度，就更能提升治療師的

專業地位,這在治療早期非常有用,因為治療師會直接詢問個案的經驗,而這種角色也有助於建立治療師的地位。

164 　　■■■ **結論**

　　人際心理治療的目標,是希望能盡量接近理想的治療關係,在這一節中就在描述這種關係,換句話說,就是能夠發展並且維持正向的轉移關係。為了要達到這種效果,治療師必須要採取主動,並考慮個案的依附型態來做調整。這樣的歷程必須依賴某些程度的技術來促成,而最重要的成分是,必須要建立建設性的治療聯盟關係,以及具備正確的臨床判斷能力,此兩者都是不可或缺的。

1. Martin, D.J., Garske, J.P., Davis, M.K. 2000. Relation of the therapeutic alliance with outcome and other variables: a meta-analytic review. *Journal of Consulting and Clinical Psychology* **68**, 438–50.
2. Zuroff, D.C., Blatt, S.J., Sotsky, S.M., *et al*. 2000. Relation of therapeutic alliance and perfectionism to outcome in brief outpatient treatment of depression. *Journal of Consulting and Clinical Psychology* **68**, 114–24.
3. Barber, J.P., Connolly, M.B., Crits-Christoph, P., Gladis, L., Siqueland, L. 2000. Alliance predicts patients' outcome beyond in-treatment change in symptoms. *Journal of Consulting and Clinical Psychology* **68**, 1027–32.
4. Kiesler, D.J., Watkins, L.M. 1989. Interpersonal complimentarity and the therapeutic alliance: a study of the relationship in psychotherapy. *Psychotherapy* **26**, 183–94.
5. Rogers, C.R. 1957. The necessary and sufficient conditions of therapeutic personality change. *Journal of Consulting Psychology* **21**, 95–103.

問題領域

人際衝突

Chapter 16

■ ■ 簡介

　　衝突、爭執、意見不合、意見不同，都是人際關係的一部分——可說是人們生活中的調味品。但有的時候，味道太重的調味品可能會出問題。

　　人際衝突一旦與造成個案情緒困擾有關，甚至導致某些情緒困擾出現時，就可視為人際心理治療處理的領域之一。依附理論[1]認為，依附關係若曾出現障礙，例如，曾經出現過和重要他人的人際衝突，會讓這些人比較脆弱，而且比較容易出現人際方面的問題。人際衝突如果沒有得到解決、出現衝突的關係對個案來說十分重要，或是個案缺乏足夠的支持系統來解決這些衝突，都會對個案造成相當程度的困擾。我們用圖 16.1 來表示一般處理人際衝突的方式。

　　人際衝突可以在短時間內解決，也可能成為慢性問題。如果是慢性問題，可能造成在長期關係中的忍耐，或導致關係消退。人際心理治療主要是協助個案能夠重新分析和反省整個衝突的過程，希望能達到解決的效果。重要的是，人際心理治療師在進入治療之前，不應對已具衝突的關係存在某些偏見，而希望能讓關係達到什麼樣的結果。對某一段關係而言，以下的幾種結果都有可能出現：

* 個案可能決定結束這段關係，而去尋求其他的社會支持。

- 個案可能決定維持關係，但對於關係的期待有所改變，而且增加原來關係以外的、新的人際關係。
- 個案可以選擇做了某些改變後，繼續維持原來的關係。

168

```
                    ┌─────────────┐
                    │  人際衝突    │
                    └─────────────┘
                           │
                    ┌─────────────┐
                    │ 將衝突分階段  │
                    └─────────────┘
                  ╱        │        ╲
      ┌────────┐    ┌────────┐    ┌────────┐
      │ 重新協調 │    │  僵局   │    │ 關係消退 │
      └────────┘    └────────┘    └────────┘
          △            │            △
 ┌────────┐  ┌──────────────────┐  ┌────────┐
 │僵局變成 │  │ 使用人際心理治療的技術 │  │僵局演變成為│
 │重新協調 │  │       澄清         │  │關係的消退 │
 └────────┘  │     溝通分析        │  └────────┘
             │     人際事件        │
             │     角色扮演        │
             │     問題解決        │
             └──────────────────┘
                ╱            ╲
      ┌────────────┐    ┌────────────┐
      │ 問題得到解決 │    │ 角色的調整完成 │
      └────────────┘    └────────────┘
```

圖 16.1 人際衝突

在人際衝突的協調階段，個案和治療師常試著澄清衝突的內容，以及伴隨的情緒。需要分析溝通的型態來找出有問題的溝通。調整溝通或是調整對於衝突關係的期待，可以經由角色扮演和問題解決的方式來達成效果。如果衝突處於僵局的階段，治療師應協助個案澄清整個衝突的歷史，以及個案現在對於整個問題的看法到底是什麼。而伴隨的情緒可以當作協助個案改變的動機。如果這樣做可以成功，則治療師可繼續處理問題的領域，把它們推向重新協調的階段。如果衝突未見進展而到了關係消退的階段，治療師應該要澄清，實際的狀況到底是什麼。這個階段常常會導致某些程度的情緒。一旦這個階段開始，個案和治療師及其需要努力處理的部分，就是朝向新角色的調整。

168 　　在每一個案例中，人際心理治療希望個案所做的決定是客觀的、經過討論和思考的，他們知道如何處理關係，而不是在沒有足夠的資訊之下做出衝動的決定。人際衝突可以是明顯的、或是和疾病的開始有關，或者也

可能相當幽微而難以捉摸，如果沒有詳細地用人際問卷加以詢問，可能還無法覺察出來。

表 16.1　人際衝突的類型

- 明顯、敵意的衝突：家庭暴力、言語的虐待。
- 背叛：對關係不專一、失當、對家庭的忠誠有衝突。
- 失望：對於工作和學校的期待未能滿足。
- 壓抑的衝突：對於另一半的疾病或是行動不便所累積的情緒。
- 比較細微的虐待：言語的虐待、不願意有親密關係。
- 發展階段的衝突：分離個別化的議題。

　　在早期蒐集資料的時候，可以找到明顯的衝突，例如，虐待或是關係中有暴力，但也有可能是個案並不願表露出來。在某些個案身上，我們可以發現衝突本身是一種對於信任關係的背叛，例如行為不當，或是對於親密關係的背叛——也就是有外遇。失望可以在任何階段的關係中出現，而且常常是比較細微的，尤其在經常不能清楚將對方的期待講明白的關係之中。在某些個案身上，我們可以看到可能是人格、文化背景，或是配偶因為身體或精神疾病，讓這個部分變得更隱藏，更不容易看見。某些衝突是相當細微的，而且在治療中也是偶然才凸顯出來的，例如在會談當中，個案不預期地表現出來，他和親人之間出現明顯衝突的對話。

　　人際衝突也可能和發展階段有關。在許多案例身上，衝突其實是生命週期的一個階段，而且治療師必須要協助個案，將這些衝突放在當時的背景一起考量。角色轉換階段所產生的衝突，也可以放在這個領域中加以討論。

■■■評估人際衝突

　　人際衝突可以是因為剛開始蒐集資料時，詳細地評估而逐漸凸顯出來，

169

在許多個案身上，也可能是因為這樣的問題前來求助。某些人際衝突可能在我們逐步蒐集人際問卷的過程中，而變得越來越清楚。個案本身所提供的長期關係的資訊是十分有價值的來源，我們尤其需要治療師特地去詢問有關於關係的某些問題，例如：

- 「你如何表達自己對別人的憤怒？」
- 「你和另一半的關係如何？有發生什麼樣的事情嗎？」
- 「長期以來和家人的關係如何？」
- 「你和工作上的同事關係為何？」
- 「你和周遭的人溝通是否有哪些困難？是否和特定的人有溝通的困難？」
- 「你是否常常覺得不快樂，或是對周遭的某些人很失望？」
- 「你發現最近和周遭的人更容易起爭執嗎？」
- 「你對於別人對待你的方式，覺得很愉快嗎？是否有特定的人對你如此？」
- 「你覺得別人了解你的程度為何？」

有時候個案會描述一個明顯的人際衝突，而這個人際衝突可以概念化作為一種角色過渡階段的問題。相反地，當個案描述自己是角色轉換階段問題的時候，治療師也可以把它解釋為一個人際的衝突。非常重要的是，個案和治療師對於衝突的本質能夠達到比較一致的看法，治療師不應該太過僵化地硬要將某個問題的領域加諸在個案身上，這樣會犧牲掉他們的治療聯盟關係，尤其當問題的領域常常會有重疊的部分時。將問題分成不同領域主要的目的，不是要把它當作是一種教條，或只是做出某些正確的診斷，而是希望能夠找到一個治療的焦點，根據這個焦點的人際問題加以節錄。標出特別問題領域並不是最重要的，最主要是要讓個案能夠放在一般的人際焦點，來處理這樣的問題。

當我們處理人際衝突時，治療師應該詢問以下的問題：

170

1. 個案是什麼時候才第一次覺察到有這個衝突？個案是否知道已經有一個衝突的存在？他是否能夠將這個衝突連結到心理困擾開始出現的時間，並認為兩者是有關聯的？

2. 個案對於其他人或其他情境的期待是什麼？而隨著時間改變，這些部分是否也跟著變動？治療師應該要了解個案的期待，在當時的關係背景下是否不太合乎現實。治療師應該要澄清，這種期待的改變是否造成了症狀的改善，或是讓症狀更加惡化。

3. 個案曾經做過哪些努力來解決這個衝突？這些努力是否無法順利解決問題？治療師應該要在進入治療之前，就和個案討論他到底做過哪些努力，包括了這些努力最後達成的結果是什麼。有時候個案雖然很努力，但是努力會讓原來的情況惡化。我們要探索這些努力是否是一種有效的方式，是否能讓個案建立更佳的溝通方式，或只是增加他改善的動機。

4. 個案平常在關係裡是如何表達他的需求？以及隨著衝突的進行，表達的方式有什麼樣的改變？治療師應該讓嘗試了解個案的溝通型態，並且了解這樣的型態是如何影響他們的衝突。我們必須要觀察個案和治療師的溝通型態，並藉由溝通分析的方式蒐集足夠的資訊，來了解個案溝通失調的程度，如何導致問題的產生和持續地出現。這個部分應該能夠引導我們採取特殊介入時作為參考，目標是希望能夠改善個案的溝通型態，期待最後能解決衝突。

5. 個案的依附型態是什麼？而這些依附型態對於衝突背景中，心理症狀的出現有什麼樣的關係？個案的依附型態可以讓治療師知道到底他的困擾是怎麼產生的。對於個案依附型態所提出的角色，主要應該是根據個案所提供的長期歷史，以及他和主要照顧者、同儕的互動關係，加上他對於成人關係之間的描述，而且我們也可以在治療情境中觀察到他和治療師互動的情形。個案的依附型態會影響治療師選擇的介入方式，進而影響整個治療的進行，這個部分甚至會影響治療關係的形成。

6. 衝突本身可以讓我們聯想到，在治療關係中，個案可能會有哪些表現？一般而言，治療關係的形成，將會受到個案如何形成其他人際關係習慣的影響。治療師應該了解個案溝通的型態，也要注意在治療中，個案是如何與治療師溝通的，個案對於一般關係的期待是什

麼，而這些期待如何表達出來，我們可以預期在治療中，個案將會平行地出現，和一般人際關係中類似的期待以及可能出現的問題，治療關係是一般人際關係的投影。

■■■將人際衝突分成不同的階段

人際衝突可以粗略地被分為急性的人際困擾、鬱積的人際衝突，以及明顯而持續出現的人際衝突，或者導致最後關係的消退。決定關係衝突是出在哪個階段是非常有用的，因為我們才能夠更加清楚地掌握個案治療的目標到底是什麼。在人際心理治療中，我們採取的方式是將衝突分成幾個階段。[2] 人際心理治療中，將衝突分成以下三個階段：[2]

171

- **重新協調**：在這個階段中，主要是雙方相當努力地希望能夠達成關係的改變。這個重新協調的階段，主要包括雙方表達更多的情緒，或是個案更加清楚地發現，人際衝突已經成為情緒困擾的重要來源。我們需要評估個案的人際溝通，以及是否出現特定的人際事件，以便協助我們了解，到底個案的溝通型態以及他自己的角色，是如何地引起衝突，並讓這個衝突繼續維持下去。

- **僵局**：在這個階段，個案常是在解決衝突的努力上卡住了。個案很想努力地解決這個問題的動機以及嘗試的努力都越來越少。當兩邊都不太願意主動來結束關係時，其所採取的溝通方式常常是比較防衛和壓抑的。個案常常不會主動地報告自己有衝突，治療師因此需要蒐集更多的資訊，來了解這些隱含的衝突，而且剛開始蒐集資訊時，要更直接地詢問。

- **關係消退**：在這個階段，認為衝突本身已經到了相當嚴重的程度，而關係也沒有辦法修復了。雙方的意見可能不見得都是這樣，常常看到的情況是，其中一個人很想結束關係，而另一個人卻一直想要挽回關係。在關係消退的階段，人際心理治療的目標是要協助個案從原來的關係繼續往前。在這些情境中，人際問題可以重新被描述

成為一種角色過渡階段的問題，亦即個案將自己的角色漸漸從這個關係移開。治療應該要協助個案對這些舊有關係的失落有適當的哀傷，並協助他們建立新的社會支持關係。

在衝突的重新協調階段，個案和治療師必須澄清衝突的各個層面，以及衝突所引發的情緒。這必須包括衝突的內容、個案所描述的情緒、整個歷程中所看到的情緒，以及個案在治療中描述衝突的情形。治療師應討論個案在衝突中的溝通型態，以便澄清個案的溝通習慣是否和衝突的產生有關。對於溝通以及期待的加以調整，可使用角色扮演和問題解決的方式來達成。

在重新協調階段，個案常會有相當高的動機來改變，而且也非常願意主動參與問題解決的歷程。在僵局和關係消退的階段，個案動機的程度常常有所不同，且對於問題的洞察程度也各有差別，很常看到的就是他們比較不願意投入改變。

如果已經到了僵局階段，治療師應協助個案澄清衝突長期以來的歷史，以及此時對於問題的觀點到底是什麼。這樣的歷程以及產生的情緒，常常可以作為推動個案改變的動機。如果這樣的方式可以成功，則治療師應該繼續努力，將個案推向重新協調的階段。

人際心理治療處理衝突的策略，主要是協助個案從原來的僵局階段移開，而這個階段的衝突已經相當嚴重，但是仍然無法解決。我們可以協助個案花更多時間投入關係，或讓他們的衝突從原來不互相討論的僵局，進展到可以互相討論的重新協調階段，或協助他們深切地體認到，雙方對於投入關係已經沒有那麼大的動機，從而引導他們從衝突階段轉向到關係消退階段。

如果到了關係消退階段，必須要澄清是否真的已經到了這樣的階段，而且此處常常會伴隨強烈的情緒，最常見的情緒就是哀傷或是對於關係的自責。必須要詳加討論，才能引導個案對於整個關係有新的體認。如果關係持續地停留在消退階段，個案和治療師必須要處理的問題就是，他們必須要接受角色已經進入轉換階段，或者已經開始出現哀傷及失落的議題。

使用某些技術來讓關係之間出現更多的解決方案，主要是希望能協助

個案善用自己的能力，這樣不僅可處理急性期的特定關係衝突，也可以發展出將來長期使用的技巧，然後將這些技巧運用在當前的人際關係中。這樣的努力不只要協助他們避免關係惡化，效果也不會隨著治療的結束就消退，而且希望能協助他們建立更好的、新的關係。

因此，即使許多個案最後決定選擇要結束關係，人際心理治療目標仍要協助他們更加了解，他們所做的哪些部分和衝突的產生有關。如果能達到這樣的目的，個案就能更清楚自己的位置，並且更加穩固地進入新的關係，不會再犯同樣的錯誤。尤其是某些個案習慣性地表現出重複的依附型態，如果他仍然用同樣的習慣來建立新的關係，隨著時間的進行，同樣的問題仍然可能再次出現。如果個案沒有達到適當的覺察，他就可能會掉入原來的陷阱，就如同再次被新的、滾燙的鐵板所燙傷，也就是再度出現不良的關係和衝突。

▓▓▓ 人際衝突：治療的技術

一旦我們確定衝突的確存在，現在的工作就是找出它的階段，個案和治療師就能繼續朝向衝突的解決，甚至是關係順利地結束。衝突的僵局階段，應該是將它們導向上面所描述的兩個階段。當討論衝突的時候，個案常會感受到自己有很多情緒，例如悲傷或是憤怒。非常重要的是，治療師需協助個案了解這些情緒的反應，尤其是在僵局階段更應如此，因為僵局階段的個案常常沒有足夠的改變動機（請見圖 16.2）。

澄清

這時會使用開放的語句以及同理的傾聽來建立治療聯盟關係，尤其在這個階段的個案正好遭遇到生活的人際困境時。這是人際心理治療所有階段都必須要有的技巧，但是對於處理衝突特別地重要。主要是因為前來接受治療的個案，常常因為另一方不夠了解他，使他覺得挫折，而這種感覺

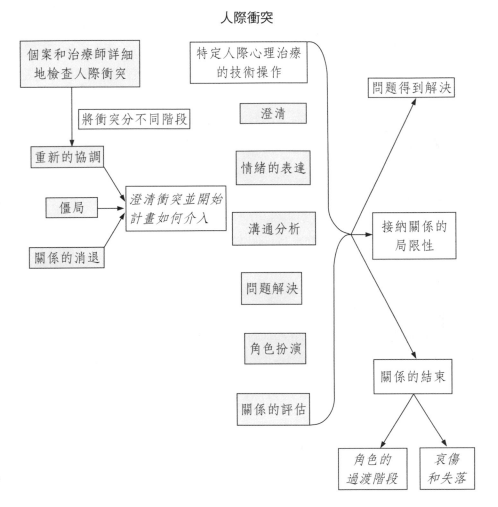

人際衝突　　　　　　　　　　　　　　　173

圖 16.2　人際衝突的治療性介入

一開始需要了解人際衝突的細節和歷史。一旦能夠適當地分出不同的階段，治療師就應該協助個案改變自己的溝通習慣、使用問題解決的技術，或是協助個案調整自己對於關係的期待，協助他進入下一個階段。衝突可能開始逐漸地減輕，或是個案決定要離開這樣的關係，就會引導他們進入角色轉換或過渡的階段。不論衝突的結果是什麼，治療的主要目標就是協助個案在提升社會支持的情況下來處理衝突。

可能會加諸在治療者身上，阻礙了美好的聯盟關係。再者，澄清本身可以協助找出衝突本身的特定面向，如果沒有經由詳細地探問個案的描述，則個案的描述常常是有所偏差的。對於比較沒有覺察能力的個案，他所報告的內容常常反映了其他人是造成問題的主因，而且個案傳遞的許多訊息都希望治療師站在他這一邊，一起來對抗壓迫他的另一邊。治療師應小心地詳細探索這些問題的領域，而非口語的部分更是十分重要，可能會影響對於衝突本質的真正了解。在僵局階段，這樣的情況更是常見。

表達情緒

當我們討論到衝突的歷史時，個案常常會感受到強烈的情緒，例如悲傷或是憤怒。治療師應協助個案清楚體會這些憤怒。我們可以隨著對歷史的澄清而產生的情緒，並經由探索情緒的歷程和內容，來達到這樣的效果。如果要讓個案產生情緒，最好的方式就是要讓他討論整個關係。尤其是聚焦在引發衝突的特定人際事件，能夠協助個案清楚地覺察並表達出適當的情緒。一旦找出這些事件和情緒，情緒本身可以當作促成動機的因素，讓個案更有意願投入關係的改變。

溝通分析

衝突可能來自於不良的、不適當的溝通方式，或者，衝突可能導致沒有效率的溝通，而這樣的情境原來是可以溝通良好的。治療師應引導個案詳細地描述當時對話的細節，以及相關的人際事件。這個部分能提供個案屬於何種溝通型態的資料，我們可根據這些資料加以分析，並且做成個案溝通如何導致問題惡化的假設依據。

問題解決

一旦個案的關係問題歷史得到足夠的澄清，而治療師也能了解個案的

溝通型態，個案和治療師就必須一起合作，找出對於特定人際衝突的解決方案。處理類似問題的舊策略，以及可能採取的新策略都必須經過討論。非常重要的是，必須盡量讓個案保持主動的角色，其目的主要是協助他對問題有比較好的掌控感。此外，我們也必須協助個案發展出將來處理其他人際關係的技巧。

角色扮演

角色扮演是一種非常有效的介入技術，尤其是用來處理人際衝突有很好的效果。治療師應選擇扮演個案的重要他人，以便對於個案溝通型態有更加清楚的了解，然後對於溝通型態給予直接回饋並加以討論。個案也可以扮演重要他人的角色，這也是一種相當好的方式可以協助個案，讓他可以適當了解別人的觀點。角色扮演可以用來協助個案發展出自信心、溝通技巧，並且協助他模擬在實際情境中，要如何操作這些技巧。

關係評估

關係的衝突常常來自於雙方對關係的期待不是互補的。對於愛的期待、對於表現的期待、對於角色的衝突，主要都是因為雙方有不同的期待所造成。再者，衝突也可能來自某一方對於另一方的期待遠超過另一方所能夠達成的；或是期待對方做到，而在當時的情境根本不可能達成，如果有這種過度的期待，往往會惡化原來的關係。

例如，一位產後的女性期待自己的先生能夠負擔起所有照顧小孩的責任，讓她自己可以順利地回到工作崗位上。如果先生同時也在工作，我們便可發現這種期待是不合現實的，可以說這位先生根本不可能達到個案的期待。如果一個人的配偶是相當疏離的、人格特質是相當逃避型的，而這個人期待自己的配偶能夠討論自己內心深處的感受，相對而言，也是不符合現實的期待，而且根本沒有考慮到對方先天的限制。反過來說，如果先生期待自己的太太所需要的溝通只要少少的、和自己原來個性溝通的程度

就可以，相對而言，這也是不符合現實的。

在這些情境中，治療師必須詳細檢核雙方對於彼此的期待，並且考慮是否這種期待合乎現實。如果期待不符合現實，那麼不論他的溝通如何改善，他對對方的期待注定是要落空和失望的。治療師能對於個案的期待給予直接的回饋，而某些時候會想讓個案自己去發現這樣的結果，治療的目標就是協助個案能評估自己的期待是否合乎現實，是否合乎那個情境的實際狀況。

這是一個特定的技術，非常類似於認知治療所採用的方法。從技術層面來說，非常類似於認知治療中挑戰個案期待的這個技術。理論上來說，兩者是有所不同的。人際心理治療並未假設自己是要挑戰個案內在認知或是適應不良的基模，人際心理治療是必須要協助個案來檢視自己對於特定人際關係的期待是否合乎現實，本質上並不是一種挑戰。人際心理治療中，治療師常常關心的就是個案對關係的期待而已。

■■■ 人際衝突：技術操作的困難和解決

個案提到並沒有出現人際衝突

在剛開始蒐集資料的階段，即使個案過去的歷史中有很多證據都顯示出可能有非常嚴重的衝突，但個案可能無法清楚指出有哪些重要的人際衝突。可能的原因是，這些部分已經變成個案個性的一部分，或只是一種心理防衛、文化因素，或者不太願意在治療這麼早期的階段，就將私人的事情自我表露出來。

在這樣的情況下，治療師仍必須同時保持高度警覺，試著不要將個案的情況當作一種病態的表現，因為這樣可能會破壞治療聯盟關係。也就是說，必須要將衝突解釋成一種相當常見、且在關係中出現時也是很合理的狀況。再者，即使出現衝突也並非暗示這樣的關係一定會有不好的結果，

或者是失功能的。治療師應該注意個案報告的內容是否有前後不一致的地方，並且要了解個案習慣的溝通方式，以及問題解決的型態。人際衝突越來越明顯時，治療師必須讓個案了解，努力去處理衝突不僅可以改善關係，而且也有助於症狀的減輕。

個案本身也可能沒有改變的動機

無論如何，沒有動機的個案可能對於採用人際心理治療的這種治療方式是十分困難的。這樣的個案，不論任何一種治療模式也都可能遭遇類似的困難。沒有動機在情緒障礙的個案是相當常見的現象，或者它可能也反映出某些人的人格特質，例如逃避型人格和依賴型人格。如果個案和治療師發現沒有動機，這也可能是個案生病的一部分症狀。剛開始的治療必須要將焦點放在協助個案達成比較容易達成的目標，不如先將比較小的、可以處理的人際問題先處理成功，讓個案達到有能力掌握問題的感受之後，再繼續處理比較困難的問題。當個案努力得到成就時，他的動機就隨著情緒障礙改善的步伐而逐漸地增加。治療師應該持續強調個案的收穫，並以這些收穫來逐漸增強個案的動機。

如果沒有動機是人格的特質，則治療師應審慎考慮，這種處理焦點、結構的治療方式（如：人際心理治療）是否真的能對個案有所幫助，而必須考慮比較長期的心理動力治療。治療失敗這樣的字眼，對個案來說可能是相當災難化的訊息，會增強他的無助感。

我們必須要區分，個案到底是沒有動機來參與治療，或是有動機參與治療但是沒有動機參與行動。比較依賴的個案，常常會希望尋求治療或投入治療中，一旦他們的需求可以在治療關係中得到滿足，是沒有動機真正去行動改變的。幸運的是，這個部分的個案常可經由治療師的努力，當個案開始有改變之後，最後他們就會努力參與整個治療的歷程。再者，我們也經常採取限定時間的治療方式，來鼓勵個案改變的速度，這種技術在前一章節中特別提到，對於改善此類型個案的動機是相當有用的。另一方面，沒有動機參與治療的個案，對於人際心理治療或是其他各種類型的治療，

應該都不是適當的被治療者。

更簡單地說，如果個案能在第一次離開治療師之後，又能在第二次繼續會談，至少就有部分改變的動機，我們也認為他應該有機會可以從治療中獲益。至於那些並沒有尋求治療的個案，或是沒有辦法接受整個治療歷程的人，或是治療過程中沒有規律地參與和投入的人，則常常無法從治療中獲得最大的好處。不論哪一種治療的技術，都不可能在個案沒有出席的情況下可以達到效果。

個案人際關係的困境相當嚴重

如果個案人際困境的困難度相當高，例如，經濟被剝奪、長期的或表面上看起來沒有辦法處理的人際衝突，或是多重創傷和失落，都可能增加個案和治療師的無助感。有些個案雖然遭遇到相當大的人際困境，但是仍然有高度動機想要改變，而且能夠很清楚地專注於人際議題上，並有能力努力地朝向合理的目標，人際心理治療仍然值得一試。事實上，這類型的個案也可能在某些特殊的人際領域裡獲得相當好的成功。對於非常貧乏的個案，以及其他有著相當不良的社會環境，我們也建議不應單單認為這些理由會對結果有不利的影響。[3]

在這樣的個案上，治療師應避免建議個案，他的所有問題都可以被討論，而是要很努力地和他一起合作來設定中等難度的、可以達成的目標。努力地朝某些結果前進，例如：發展出比較好的依附關係和社會的支持、改善自我肯定以及問題解決的技術，都是相當好的努力方向。治療應該是要提供個案一個溫暖、合作的關係，並且提供支持，讓他有能力面對這些困難的情境。這種結合同理心和人際問題為焦點的方式，對改善個案因為疾病導致的精神症狀，即使對於「慢性的」、「治療頑抗性」的個案也可能有效。

個案阻礙治療的進行

被動攻擊的行為、動作化、分裂，對於比較局部性的以及限定時間的心理治療方式（人際心理治療也是其中一種），都可能產生問題。我們有理由來假設這些行為可能反映出個案有問題的依附型態，以及他採取功能不良的方式來表達自己的依附需求。如果在治療中出現這樣的行為，就提供了相當好的訊息讓我們了解這些行為的底層代表什麼意義，個案和治療師的互動方式也可能反映了他和其他人的互動方式。治療師可以採取比較解釋性的方式來指出這些行為，並且不要挑剔地和個案討論在治療情境之外和其他人的互動關係，如此一來，就可協助個案改變他在不同關係中可能產生有問題的互動型態及溝通方式。

如果治療師發現這些行為是個人人格的一部分，而且在治療情境中經常出現，使用人際心理治療可能無法達成明顯的改善。人際心理治療要處理的是針對特定情境的一種人際互動方式，也就是這種人際問題指出現在某些特定人的互動，或只是某些特殊的背景，是一種依情境而不同的人際問題，這樣治療的效果就比較容易出現。治療師必須在形成治療契約時相當小心，而且很努力地維持在人際焦點上，並且讓個案知道這種治療的方式有其時間限制。

如果個案的行為仍然持續對於整個療程產生干擾和威脅，我們應該直接對個案加以面質，讓他知道這樣可能會違反治療契約，或是會造成他無法在一定時間內，有效地處理其重要的人際問題。治療關係中難以處理的行為更必須要即刻加以處理，以避免個案將之轉變為對治療師的轉移關係，這個部分就不是人際心理治療所要處理的範圍了。個案在治療關係之外的行為，才是整個治療的焦點，整個自然的進展應該就是要使個案能夠了解自己的行為和溝通方式，如何造成了現實生活中的人際問題。

案例　Donna

Donna是一位 41 歲的女性，主要因為婚姻問題而尋求治療。在人際問卷中，我們發現她覺得自己和先生 Blake 的關係，非常缺乏親密感。個案認為他們的溝通方式十分受限，他們之間沒有許多共同點，而且他們的性關係也很糟糕。個案試著想要和先生討論這個部分，但她提到，即使談過了也沒有形成任何結論。她認為問題本身是一種人際衝突，而她認為衝突已經到了僵局的程度。

剛開始，治療師發現不太容易讓個案投入治療的歷程。治療師覺得自己十分挫折，而且常常被個案激怒，例如，她習慣性地回答很短的句子，或甚至是不完整的回應方式。治療師開始努力地想要形成的假設是，個案這種類型的溝通方式也會發生在她和先生的關係中，因而造成他們的關係無法改善。

178

治療師：Donna，請妳說說看，最近妳和妳先生很認真地談論這件事情時，情況如何？

Donna ：（停了很久，無力地說）那是幾個禮拜前的事。

治療師：那時的情況是什麼？

Donna ：（停了很久，仍然是無力地說）嗯，我們對我們之間的關係做了小小的討論。

治療師：就這樣嗎？

Donna ：嗯？

治療師：就像我們現在講話的樣子嗎？

Donna ：（無力的）我不了解你的意思。

治療師：就是像我們現在講話的樣子，有許多非語言的溝通，但並沒有多說什麼話。

Donna ：……嗯，是的。

治療師：Donna，妳覺得妳對於自己和先生關係的感受，影響了妳說出自己

　　　　感覺的能力嗎？妳一直都有這種感覺嗎？

Donna：（中止，無力地說）我覺得應該影響很大。

治療師：我很好奇，是否他能夠了解，妳對於他的感受已經影響了妳溝通的
　　　　能力。妳覺得他能夠體會到妳的情況有多少？

　　　Donna 能夠連結她和先生之間的溝通，讓她有許多疏離和無助的感受，尤其當她想到先生根本不知道她的感覺時，這種感受更加地強烈。隨著治療的焦點已經轉移到她的溝通，個案開始提到她對她和先生的關係感到十分地憤怒和挫折，但她已經不知要如何繼續下去。個案和治療師同意，必須要讓個案的先生知道她自己的感受是如何地疏離，而且覺得相當地孤獨，這個部分已經影響到她和先生的溝通意願和能力，這個不良的影響反而讓他們之間的關係越來越惡化。

　　　這樣的對話讓個案和治療師採取角色扮演的方式，治療師扮演 Donna 的先生。這整個歷程中，治療師更清楚地覺察到，個案的溝通習慣會讓先生覺得備受壓抑，而這種溝通方式，也更容易導致先生會誤解個案。個案和治療師在後續的幾次治療中，持續使用角色扮演的方式來練習，主要是希望改善個案清楚表達自己感覺的能力。

　　　在治療結束時，個案已經和治療師有過好幾次的對話，而她的溝通型態已經有非常明顯程度的改善。個案提到她和她先生的衝突也已明顯減少，而她自己的疏離感也改善了很多。治療師鼓勵個案開始使用其他的社會支持系統，包括一些比較接納她的朋友，能夠提供給她（她先生無法提供的）支持。

個案的重要他人可能有心理的困境或精神疾患

　　　還有一些例子，治療師可以發現個案的重要他人可能有心理困擾，因為人際困境不僅會影響個案，也會影響他的家人。由於本身必須要擔負起照顧的責任，與可能有心理障礙的配偶、家庭成員互動，並且擔負起照顧的責任，結果常導致照顧者本身也有人際方面的問題。家族治療師常常提

179　到所謂「被標定的個案」，就是指在相當複雜的家庭生活情境中，往往接受治療的這個人，只是整個家庭系統問題的部分顯現而已。亦即心理病理的來源，主要是來自於家庭的問題。這些系統類型的問題，也常常會在人際心理治療中出現。

　　對於這類型的個案，治療師有一些看法，包括邀請可能有障礙的另一半來會談，進行婚姻治療，或是和這個配偶個別會談，甚至需要將配偶轉介接受其他的治療。當重要他人不太願意和治療師討論自己的心理問題時，治療師可能可以協助個案，對於他的另一半溝通不良的問題或是行為給予新的解釋，並鼓勵個案繼續找出新的方法，來達成溝通的目的。在這些個案的重要他人拒絕接受治療的案例中，改變可能發生在很努力地想要尋求治療的這一方，經由一個人的改變，也可以相當有效地影響他們之間的關係，甚至讓重要他人也得到相當大的好處。比較難以處理的個案，也就是其另一半的心理障礙更加嚴重，並且根本不願意尋求治療，但治療師不應該因為另一半根本不可能來參加治療，而阻擋有意願求助的個案。

案例　Peter

　　Peter 是一位 44 歲的男性，由心理師轉介而來，主要問題在於過多的悲傷，以及前幾個月嚴重的無望感。他告訴心理師，他和他 19 歲的女兒 Cassandra 有嚴重的衝突。他認為自己的症狀隨著女兒問題嚴重的程度而有高高低低的變化。由於個案症狀的強度並未達到嚴重憂鬱期的診斷，而且他也覺得十分地困擾，因而 Peter 相當有動機接受治療，此外他之前的身體跟精神的狀況都是非常地好。

　　和女兒之間的問題主要是個案和太太的婚姻在三年前結束所造成的。從那時候開始，女兒花了非常多的時間和母親在一起，母親常常灌輸給女兒一些觀念，使她認為父母親的婚姻問題，都是父親單方面造成的。女兒本身也正處於某些身體的問題（常常抱怨自己有慢性疲勞），而且也呈現出自我傷害的想法。雖然女兒的困擾相當嚴重，但她卻不願意尋求治療。個案鼓勵其女兒尋求治療，但最常得到的回應就是漠不關心，甚至是非常敵意的反應。

　　個案常抱怨因為自己的女朋友 Jane 對他要求很多，讓他覺得很有壓力。他們兩個人已經在一起一年左右，Jane 也在別的城市找到了工作。因此，他常常感受到 Jane 希望盡快結婚以穩固兩人關係的壓力，並且可以過專屬於兩個人的生活。

　　在完成人際問卷後，個案和他的心理師都同意，當前個案所遭遇的人際問題主要是衝突，而且衝突的對象是他的女朋友和女兒。個案最關心的就是和女兒之間的關係問題，所以我們把這個問題當作是第一個焦點。

　　個案和治療師能夠詳細地來澄清和整理他和女兒之間的衝突。他認為自己對女兒的期待是，她至少應該先聽聽父親的想法，並且能好好地照顧自己。他覺得女兒應該要了解父親為什麼建議她去尋求治療，這對她是一種關心。他覺得自己和女兒的溝通十分困難。

　　個案能夠把這些情境描述得很詳細，治療師也發現他的情緒十分地投入，常常看起來好像要哭出來的樣子，情緒相當激動。治療師注意到個案處理情緒的過程，發現個案在描述這些歷史的時候，背後實際上是相當悲傷的情緒，而不是如表面的那樣激動。一旦治療師找出個案背後的情緒，而個案也承認其實是自己的悲傷才讓他前來求助，他便能夠更清楚地討論這些衝突。個案和治療師一起討論在這次會談之前，他和女兒之間的人際事件。

180

治療師：你能告訴我，上一次你和女兒說話的情形嗎？

Peter　：可以，那真是一次大災難。

治療師：你使用的這個字真特別。請你試著思考一些互動的細節，這樣我們
　　　　才能更加了解溝通出了什麼問題，以及要如何來解決這些問題。

Peter　：好的，我會盡力去想想看發生了什麼事情。

治療師：好，你能稍微描述一下當天對話的背景嗎？

Peter　：可以。我打電話給我女兒。

治療師：當你和她說話時，你實際上說了些什麼？

Peter　：我說了些什麼？我只是說：「女兒，我是爸爸。」

治療師：然後她說了什麼？

Peter ：她說：「你要幹什麼？」

治療師：你對她的回應是什麼？

Peter ：我記得我說了：「妳說我要幹什麼到底是什麼意思？」

治療師：你當時讓人聽見的感覺就是這樣嗎？

Peter ：（很困惑）你的意思是？

治療師：從你和我的關係來看，這些話聽起來應該是很中性的，沒什麼感情的。在這些話當中，你想要表達的感情是什麼？

Peter ：是的，現在我知道了，我當時十分火爆，聽起來好像在大叫。

治療師：好的，現在請你告訴我，對你這樣的說話方式，女兒後來的回應是什麼？

　　這個討論中，個案對於女兒的回應方式在某些程度上是比較有敵意的，而且他的回應方式會讓當時的情境火上加油。個案和治療師都同意，個案在和女兒溝通的方式上需要做一些調整。後面的幾次會談則是將焦點放在如何有效地對女兒表達自己的情緒和關心。

　　我們再繼續探討個案和女朋友之間的關係。個案覺得他希望女朋友能給他「更多的空間」，而且能讓他先處理父女之間的問題。個案覺得他比較有信心來對女朋友溝通這些期待，但他覺得女朋友仍不了解他的觀點。個案和治療師努力地澄清對於女朋友的期待，並且對女朋友的表達先做預習。個案和治療師同意，希望個案能和女朋友好好地討論這個主題，而不需被迫地進入討論女朋友要求結婚的事情，個案認為他「前一個婚姻也才剛結束不久而已」。治療師和個案討論了各種可能的解決方法，包括：⑴試著不要住在一起一段期間，但可以安排每個禮拜碰面；⑵邀請女朋友來離他們住處比較近的地方另找一個工作；而且⑶個案也可以考慮搬到另外一個城市去，但不需要馬上結婚。

　　個案先推翻了最後一個想法，因為這會造成他與女兒距離太遠，也會讓他和女兒之間衝突的解決更加困難。他和他女朋友溝通，決定暫時先分開住一段時間。然後他採取類似問題解決的策略來處理他和女兒之間的問題，尤

其他用腦力激盪的方式，想看看到底用什麼樣的方式和女兒接近最有效，而且如何有效地向女兒表達，希望她能注意自己身體的問題去看醫生。個案找到一種方式，就是先接納女兒的憤怒，但是也將自己的訊息清楚地傳遞，他認為這樣的溝通方式相當有效。最後，女兒終於同意和一位心理師談一談。由於兩個衝突都得到了解決，個案發現他自己的功能有明顯的改進。

這個案例中，我們發現處理人際衝突非常重要的一部分是，個案和治療師能夠盡量清楚地澄清，人際衝突中對其他人的核心期待是什麼。這種方式還需加上詳盡地探索和了解，個案如何對衝突的另一方表達自己的期待，以及依附的需求是什麼。一旦處理了這些部分，就可以採取問題解決的方式，直接朝向改善溝通的目標前進。

■ ■結論

人際心理治療常常處理的問題就是人際衝突，它幾乎是治療中的家常便飯，而且所有的人際關係在某些點都會出現衝突。人際心理治療的治療目標，希望能夠找出衝突、適當地加以分成幾個階段，然後協助個案朝向任何一個方向，好讓衝突順利地解決，或者是使關係順利地結束。治療師應特別注意個案的溝通型態，以及他對於關係的期待是什麼，這兩個部分常常是造成問題的主要原因，而且也常常是衝突一直無法得到解決的維持因子。

參考文獻

1. Bowlby, J. 1969. *Attachment*. New York: Basic Books.
2. Klerman, G.L., Weissman, M.M., Rounsaville, B.J., Chevron, E.S. 1984. *Interpersonal Psychotherapy of Depression*. New York: Basic Books.
3. O'Hara, M.W., Stuart, S., Gorman, L., Wenzel, A. 2000. Efficacy of interpersonal psychotherapy for postpartum depression. *Archives of General Psychiatry* **57**, 1039–45.

角色轉換

Chapter 17

■ ■ 簡介

　　每一個人的生活中常常會發生許多變化，而對於變化的調適，則取決於個人身心狀態調適的能力。大部分環境的改變都能成功地被處理，也有很多人對於新的情境能夠調適良好，不會有任何心理問題和後遺症。而某些人，因為其人際資源不夠，或面臨到的改變過於劇烈，因而產生後續困境。

　　所有的人際關係都發生在相當複雜的心理社會背景。當背景改變時，也就是當角色有所轉換的時候，關係的本質也會改變。例如，某個角色轉換歷程是，有一個年輕人剛從高中畢業，離開家要去上大學。這個人本身並沒有明顯的精神狀態變化，周遭的人也沒有精神狀態的變化，但是她和父母親、同儕，以及其他人之間的背景關係已經有所改變，整個歷程造成了這些關係動力性的改變。這個年輕人也變得比較不會依賴其原生家庭，而更能轉而負起成年人應有的責任，對於她和父母親之間的關係，她也採行新的角色來與他們互動。另外，一個生活週期的轉變，或是健康狀況的惡化，也都有可能是這個人所處的背景產生重要的變化。人際心理治療中，關係改變的歷程會因為個案所處的生活環境背景改變而有所變動，因此角色轉換必須要和背景的因素一起加以概念化。

　　雖然經過了某些改變，例如失去健康，即使從個案的觀點來看全都是負面的，但事實上，大部分的改變都包括了正向及負向的部分。當我們協助一個角色轉換的個案時，治療師應該將焦點放在個案所經歷轉換階段的經驗，加上種種矛盾的情緒，讓個案能夠注意到對於整個改變所採取的回應方式，其實同時存在著正向及負向的觀點。

184

　　治療師的任務是要協助個案能清楚地看到這些矛盾的反應，並且能有效地處理這些情緒和反應（圖 17.1）。

184

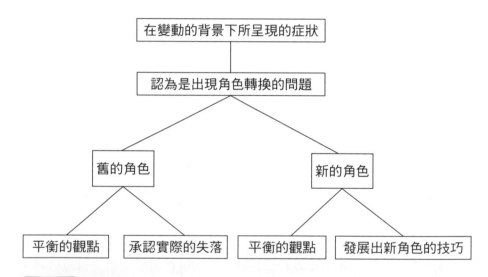

圖 17.1 角色轉換

治療師協助個案找出重要的角色轉換，主要可以經由人際問卷蒐集到足夠的資料，然後協助個案接受舊角色的失落，並且接納因為這種轉換所產生的各種情緒。個案和治療師一起評估新的角色，找出新的挑戰，並且整理出因為這個改變所可能需要採取的解決方案，協助個案能更加適應這個新的角色。治療師希望能夠協助個案，對於新舊兩個角色之間，發展出更平衡的觀點。

■ ■ 角色轉換的本質

　　角色轉換階段可能是發展的生活事件，例如進入青少年、懷孕或進入老化的階段；也可以是情境式的改變，例如失業或是離婚。這些所有的事

件，角色轉換階段都必須考慮到當時的人際背景以及社會文化環境，而且必須要注意到這個人的心理因素，例如他的人格以及依附的型態。比較輕微的角色轉換，對於社會支持不良或是有依附關係障礙的個案，看起來都是一個嚴重的失落。如果失去的舊角色本來是讓個案十分習慣和舒適的，而要形成一個新的角色，這個新的角色需要具備更多的能力和期待，治療師就需要協助個案從原來的狀態去面對可能挑起的焦慮、困境和認為自己可能受不了的情境，然後幫助他們學會新的調適能力，以便能適應新的環境。

表 17.1 各種不同類型的角色轉換

- 生活階段的角色轉換：進入青少年、為人父母、老化、退休
- 情境性的角色轉換：失業、升遷、畢業、移民
- 想要獲得的角色轉換：生涯的向上提升、有新的房子、財務上的意外收穫。
- 關係上的角色轉換：結婚、離婚、繼父母關係。
- 疾病相關的角色轉換：診斷出有慢性疾病、對於疼痛和身體行動受限的調適。

■■■評估角色轉換

185

在剛開始蒐集資料時，角色轉換的主題就可以清楚地呈現，或是在詳細地討論個案的事件，個案對於生活以及重要他人的觀點時，才會出現這個主題。

表 17.2 收集角色轉換的常見問句

- 「最近你的工作和居住環境是否有改變？」
- 「最近你的工作內容，是否有明顯的改變？」
- 「最近在你的家庭和社交生活中，是否有明顯的改變？」
- 「最近是否剛度過了生命中某些重要的轉折點，或完成了某些發展階段的任務？」
- 「最近是否成立新的家庭，或者考慮要成家？」
- 「在未來的幾個月裡，是否可以預期會出現哪些重要的生活變化？」
- 「最近身體健康狀態是否有明顯的改變？」

在某些個案身上，社會及人口背景的變化可能和角色轉換有關。

表 17.3 角色轉換的重要指標

- 年齡：年齡相關的角色轉換、疾病相關的角色轉換。
- 性別：生命階段的角色轉換、家庭角色轉換。
- 婚姻狀態：關係的角色轉換、想要獲得的角色轉換。
- 職業：情境式的角色轉換、想要獲得的角色轉換。
- 種族：情境式的角色轉換。
- 醫療病史：疾病相關的角色轉換。

有時候角色轉換的問題必須等到進入治療療程時才會出現。當關係逐漸建立後，個案和治療師對人際問題有更清楚的了解，或者人際問題已逐漸進展到關係有所改變的時候，使用角色轉換的問題領域來處理，就會顯得更加合適。其中一個例子是，當角色的衝突已經進入了關係將要消退的階段，我們就可以重新架構成為是一個角色轉換的階段，或者由於已經進入了慢性憂鬱症的診斷，必須要協助個案採取新的角色來接納自己長期生病的狀態，這時候就會重新將焦點移到角色轉換的主題上。

有一個新的、有用的觀點是，個案的自我概念進入過渡階段可能是因為醫療的因素，因而造成角色有所轉換。這個概念主要是由 Markowitz 所

提出來的，其主要的經驗是來自於和情緒低落障礙的個案一起工作。[1]Markowitz認為個案重複出現的情緒低落的角色，就是一種疾病，而新的、情緒正常的角色，就是來自於它轉換成為一種健康的狀態。所以我們把情緒低落的生病狀態當作是一種舊的角色，個案和治療師必須要澄清疾病本身對於個案生活及其人際的各個層面有哪些影響。個案和治療師重新建構出一個新的人際架構，他們開始想像，如果生活中不再有憂鬱的情緒狀態，生活會有哪些不同。治療師焦點放在協助個案建立某些生活技巧，以便個案能採取行動，而能採用比較不憂鬱的、健康的狀態來思考及感受，這是一種新的角色，也是個案可以採取的角色。對於有人際缺乏的個案來說，是一個相當巧妙的歷程，就如同將馬車放在馬的前面一樣，至少不是只有將個案表現成為缺乏人際關係的病人。使用這樣的方式，治療師必須確認個案能確實地逐漸轉換成健康的狀態，也就是確認一個個案能夠克服情緒障礙，以便從情緒低落的狀態逐漸進展到健康安適的狀態。

186

■■角色轉換：治療策略

在處理角色轉換階段的個案，我們基本的治療任務是：
- 發展出良好的治療聯盟關係。
- 和個案一起合作，澄清轉換階段，包括舊的和新的角色。
- 協助個案，但對於舊角色的失落，以及伴隨著社會支持的喪失，能夠適當地哀傷。
- 協助個案能完整地整理舊角色以及新角色，並採取一個平衡的、合乎現實的觀點。
- 如有需要的話，協助個案發展出新的社會支持及社交功能。

對於舊的角色加以定義

要能更加清楚地了解個案的角色，需要倚重的方法就是澄清的技術。

治療師在會談時，能一直聚焦在轉換階段，並對每個角色的各個層面都能夠詳細地探索。治療師應去了解個案長期看待這些角色的觀點究竟為何。

當我們提到舊的角色時，治療師主要的任務有以下四個：

1. 能夠了解個案，並協助個案更加了解自己及其環境。能作為一個獨立的觀察者，有些人的角色轉換一點也不是失落的經驗，而有些人會將之視為正向的改變。相對地，治療師必須努力地了解，從個案的觀點來看，角色轉換對他的意義是什麼，對他的生活又有什麼影響。一旦治療師做這些動作後，不僅個案的觀點能被治療師更加詳細地了解，而個案也能更加完整地了解自己周遭所處的環境。

2. 能夠清楚地知道什麼叫作失落，以及角色轉換階段可能造成的矛盾和焦慮的情緒。一旦了解個人的觀點是怎麼形成的，治療師就更有能力去同理個案因為角色改變而產生的失落經驗。一旦能夠形成同理心，就可以傳達讓個案知道，並且對於個案的失落感加以認證，以及對於將要採取新的角色可能產生的焦慮和矛盾，都能準確地掌握。傳達同理心、協助建立治療聯盟關係，清楚地找出對於未來的焦慮可能為何，這也非常具有療效。

3. 能夠投入個案的情緒，這樣才能夠促成改變。個案的情緒狀態大多是對於失落的悲傷，以及對於新角色的焦慮，不僅治療師要能夠理解，而且也要能運用這些情緒，作為個案願意投入角色轉換的改變動機。

4. 協助個案對於新角色和舊角色能採取更平衡也更實際的觀點。治療師應試著澄清個案對於舊角色可能帶有的正面及負面的觀點，這樣才能協助個案對於原來角色採取更平衡的觀點。藉由這種方式，個案能夠體會到失去這個角色不僅有壞處，有時候也有好處。對於新的角色也是如此，治療師應該鼓勵個案去探索並說出新的角色可能有的正向及負向觀點。協助個案能夠找出對於新舊兩個角色的矛盾情緒，從而發展出比較平衡的觀點，就是這個階段的目標。

一個很典型的角色轉換就發生在孩子出生的階段。媽媽剛開始認為孩子沒有出生之前，最大的好處就是自由、能夠追求自己的事業，而且有很

多休閒時間。她的心裡認為舊的角色是相當舒服的，但因為生了小孩，熟悉的社會支持系統將會有所改變。她也覺得擔任父母的角色相當疲累，一點自由都沒有、無法和自己的伴侶在一起。當這樣的概念繼續延伸到父母親的角色時，個案和治療師開始進行回顧並且澄清，舊角色和新角色都有的正向及負向觀點。當治療師這樣引導時，這個女性就可以發現，從這個新的角度，她相當喜歡擔任一個母親，而在她舊的角色之中，許多老朋友現在因為進入父母親的角色已經慢慢與她失去聯絡了。雖然失去了某些社會支持，她發現自己有了小孩後，她能夠花更多時間和有小孩的朋友們在一起，和他們也更有聊天的話題（圖 17.2）。

父母親的角色轉換

舊角色		新角色	
優點	**缺點**	**優點**	**缺點**
• 自由	• 想要孩子	• 一個孩子	• 疲累
• 事業	• 要有孩子的渴望	• 成為母親	• 不自由
• 金錢	• 與有小孩的朋友	• 與有小孩的	• 不能去旅遊
• 旅遊	們失去聯絡	朋友在一起	• 沒時間跟伴
• 休閒時間		• 有很多的擁	侶在一起
		抱／支持	

圖 17.2 成為母親的角色轉換

個案與治療師檢視一下舊的角色與新的角色的優缺點，使其對兩種角色之間產生較平衡的觀點。

　　在所有的角色轉換階段，治療師都能有效地協助個案來描述不同角色的經驗。成為父母親是一個非常大的轉變，這十分難以詳細加以描述。治療師對個案獨特的經驗保持真誠的興趣，只要邀請個案多談論她的小孩是什麼樣子，就可以產生非常大的改變：父母親的角色讓她更能夠使用同理、溫暖、懷抱興趣，而且準備長期照顧自己的小孩。我們可以詢問類似的問

題，例如：「當了父母親是什麼樣子？」、「抱著小孩的感覺如何？」、「當父母親和原來的想像有什麼不同？」、「照顧小孩的感覺是什麼？」，尤其是「愛妳小孩的感覺是什麼？」這些部分對於生活都有極大的改變，也可以讓個案好好地去思考這些經驗。

188
5. 能夠協助個案發展出新的社會支持。轉換成為父母親的角色是一個非常好的例子，因為它必須要得到新的社會支持來學習新的角色。除了對於這個轉換能有比較新的觀點外，個案也必須要被鼓勵去建立新的社會支持。新的關係不僅可以提供情緒的支持，也可以協助個案在新的環境中，找到滿足依附需求的對象。

學會如何處理新的角色

整體來說，個案尋求治療常常是因為感覺新的角色是負面的，而且充滿許多挑戰，他們擔心自己沒辦法順利地應付。對於比較沒有安全依附型態的個案，可能會過度高估挑戰的程度，而過度低估自己處理挑戰的能力。新角色變成個案的壓力，因為他們不得不去面對自以為將無法克服的壓力。治療師必須協助這類型的個案，重新評估新角色的挑戰及其處理轉換階段的能力到底有多少，還應協助個案開始建立新的社會支持。

思考一下這個案例，一個男性因為被診斷為成年發作的糖尿病，而開始出現憂鬱症狀。他認為新的角色是被迫的，因為糖尿病本身不僅會破壞身體健康，也會造成將來行動不便，同時會充滿許多困難，他必須遵守一大堆的限制，生活型態要做相當大的調整：必須要吃藥、常常看醫生、需要調節飲食。許多人會認為新的角色是一個太大的挑戰，他根本沒有具備處理這些角色的能力。在這個特殊的案例中，治療師第一步應該要協助個案對於失去的舊角色所帶來的失落產生適當的哀傷，並討論這些失落是如何影響到他對自我的感受，以及對關係的改變。治療師需協助個案發展出對於新角色比較平衡的觀點。當個案一直認為新角色是負面，且相當堅持這個觀點時，這種協助探討的過程將會十分困難。治療師常常會討論個案在當下的生活有哪些改變，而且重新評估處理事情的優先順序，讓個案能

在意識清楚的狀態下仔細思考，究竟要建構出什麼樣的新關係以及一般的生活方式。許多個案在對於健康的失落產生哀傷後，將這個改變當作是一個生活的轉折點，就好像「叫我起床的鐘聲」（a wake up call）一樣，提醒他們該重新評估生活的目標，對於各種事務的優先順序是否應重新做調整。

治療師需協助個案思考新角色可能有的好處，例如：有機會採取更健康的生活型態，而且也幫助他重新注意先前未曾留意的、可能致命的身體狀況，至少現在就能先安全地接受治療。治療師需協助個案重新評估新角色可能有哪些挑戰，例如，必須要遵守生活型態的調節（如：飲食的控制），治療師應該讓個案發展出新的人際支持，協助他將這些要求轉化成實際行動。例如，個案以自己太太的角色為例，太太必須能協助他提供人際支持，並且實際上幫助他養成新的飲食習慣。其他的朋友則必須在個案運動或其他生活習慣改變時，擔任起協助的角色。

再者，治療師能夠協助個案願意開始討論生病的經驗。除了列出能夠幫助個案的這些人之外，個案也更能向其他人清楚地表達自己生病的經驗，來滿足自己依附的需求，相對地，也能夠得到別人的回應。治療師通常會問個案類似的問題：「你覺得其他人對於你這種生病的經驗了解到什麼程度？」、「你要如何協助別人更加完整地了解你的生病經驗？」這些句子都相當地有用。

■ ■角色轉換：操作困難如何處理？

個案沒有覺察到角色轉換

就如同其他的人際問題領域，個案對於特殊生活事件的知覺和期待，每個人都有相當大的差異，無法完全從別人身上加以類推。治療師的任務就是要協助個案了解自己的困擾，是一種暫時的、與環境及特殊事件有關

的，並且協助他們將這種痛苦連結到角色轉換。如同其他的問題領域，並不需要特別診斷出角色轉換，人際問題領域只是一種方法，主要在於協助個案放在人際焦點來討論，要放在哪一個問題的類別可以是很有彈性的。

例如，有的媽媽因為女兒將要離家去唸大學而感到十分憂鬱，這時候可能不會被概念化成為是角色轉換的困境，而會被認為是一種哀傷和失落的議題，或是當女兒希望能多建立家庭以外的關係，而與母親有所衝突時，也是如此。治療師必須要了解他們對問題的觀點是什麼，和個案一起合作，而不只是硬要外加給個案某一個診斷（例如說是角色轉換的問題），這種方式會影響到相互聯盟的關係。

人際心理治療中，許多人際問題領域都是重疊的。例如，離婚本身可以當作是一個哀傷反應或者是失落議題，正好也可以是角色轉換、人際衝突，甚至可能是源於人際敏感的特質而來。重要他人的死亡也可能包括了失落和哀傷的議題、角色轉換、他必須擔負起新的責任，而且要建立新的社會支持系統。問題分類的主要目的，是希望能讓個案與治療師聚焦在人際問題，而且能夠在治療中維持在人際焦點。當然，治療師過分堅持某些人際問題的領域，並且試著要給個案某一個診斷，就好像是在顯示治療師會比個案更了解問題，這樣會阻礙治療師真心地傾聽個案。治療聯盟關係是不應該被犧牲的，相對而言，就不應該強迫個案用治療師的角色來看待這個問題。

一位精明的治療師應該要使用討論的方式，來協助個案建立人際問題的概念化，這種方式一方面可以澄清議題，另一方面又可以加強聯盟關係。例如，我們如果不要刻意堅持個案的問題是一種角色轉換的問題，治療師就可以提供一個暫時的觀點，讓個案可以決定要接受或是不接受。這種方式可以讓個案覺得治療師很願意完整地了解他的問題，而且願意繼續長期投入聯盟的關係。再者，這也可以協助個案更加投入治療，鼓勵個案主動地提供治療師更多澄清的機會或是相關訊息，讓治療師更能了解個案看待這件事情的觀點。

為了繼續往下進行，治療師可以說：

我們已經處理過妳和孩子之間的問題，當我們以衝突議題去處理時，妳和孩子的溝通技巧以及問題解決的能力已經有相當的改進。我可以感覺到妳和別人的關係仍有許多壓力，而且好幾次在會談中，妳也曾經提到，倒不如就讓她去過她自己的生活吧！妳和孩子之間關係的改變，或許我們可以試著想想看，這樣的關係對妳有什麼影響？而且妳已經成為一個大學生的母親，那感覺是什麼？妳是否曾經重新思考過妳和孩子之間的關係，除了當作是一種關係的衝突之外，是否也可能是角色轉換的問題？

190

個案無法了解或接受角色的正向或是負向觀點

個案常常高估、或低估角色的正向和負向觀點。個案的心情對於思考模式的影響，會相當明顯地影響我們的評估。在這樣的情況下，治療師可以：

- 重新整理以及澄清新舊角色的不同觀點。
- 特別強調焦慮或憂鬱對於個案角色的觀點可能造成的影響。
- 讓個案知道，雖然他對於失去或得到的角色所產生的情緒仍尚未十分清楚，但轉換的階段事實上已經發生了，而改善症狀最好的機會就是處理這些困境，並且調整自己以適應新的角色。

最後一點對於人際心理治療很重要。心理治療的最終目標就是行動——治療本身就是要協助個案一起因應生活的改變，而且讓自己的功能發揮到最好。

個案可以處理的情緒變化太小

某些個案內在心理的衝突讓他無法在治療情境中，適當地體驗到自己的情緒。這個部分可以藉由檢視個案所遭遇的「人際事件」，對他產生的困擾程度或相關情緒可知。對個案使用這些技術後，可能會讓他的情緒有

所轉變，甚至產生某些程度的情緒。如果個案仍無法適當地觸碰到自己的情緒，治療師就可以聚焦在比較實際的面向，來協助個案嘗試調適新的角色。也就是說，即使個案並沒有適當的情緒投入，仍然可以藉由行動的方式協助個案緩解症狀的嚴重性。

　　所謂的「心理治療」（尤其在人際心理治療也是如此）必須要讓個案能經歷到某些部分的情緒，如此比較容易發生改變。且藉由保持真誠的興趣來了解個案的問題，亦即了解個案有什麼感覺，或者對某些情境可能採取什麼樣的情緒反應，都是一個直接針對主題而且常常使用的介入方式。

案例　Terry

　　Terry 是一位 49 歲已婚的行政主管，因為嚴重的胸痛到綜合醫院住院接受治療。檢查的結果發現個案已經有嚴重的心臟前壁心肌梗塞。另外也發現他的血糖已經升高，而且有中等程度的高血壓。在醫院的冠狀動脈病房住了三天後，內分泌的醫師來看他，並且將他診斷成第二型的糖尿病，開始要做飲食的調節，同時要口服降血糖藥物。在經過心臟科醫師的檢查之後，他已經開始服用降血壓的藥物。

　　經過心臟科的會診後，個案對護理人員抱怨他非常不滿意這樣的照會，而且希望能夠聽到別人的意見。於是醫院安排了第二次的會診，邀請第二位心臟科醫師來確定高血壓的診斷，而同樣的情況又再度發生。個案對第二位心臟科醫師相當地憤怒，即使在醫師不同意的情況下，個案也希望能馬上出院。於是他們找精神科醫師到病房來看他。精神科醫師協助個案談及自己的挫折，並討論當下的感受。個案仍不願意留在醫院中，精神科醫師於是留下聯絡的方式，希望個案即使出院後還能繼續和精神科接觸。

　　幾天之後，個案從醫院出院，並且轉介到心臟復健中心。經過三個禮拜後，精神科醫師又從這個中心的護理人員那裡接到電話留言，因為中心人員發現個案的情緒越來越低落。治療師開始安排個案在非住院的情況下接受治療。第二次的照會中，治療師發現個案已呈現相當多的症狀，和憂鬱症已經

191

相當類似。個案告訴治療師，他自己從來沒有精神科方面的問題，而且在這次心臟病之前，身體的狀況都相當好。個案覺得他沒有辦法同時接受「三重」打擊：心肌梗塞、高血壓以及糖尿病，而且他現在服用這麼多的藥物，他覺得自己已經被擊倒了。

和個案討論後，治療師發現他非常投入自己的工作，是一個很成功的生意人，個案在生病之前，經由自己的努力已經有自己的電子商店，而且經營已邁入第二十年。在第一次會談中，個案花了相當多的時間來描述自己是如何創業，而且如何成功地經營這些連鎖店。他覺得自己是一個腳踏實地的專業人士，根本沒有時間生病。他讓治療師知道，在這些中小型的行列中，是一種弱肉強食的世界，弱者一定會被競爭者消滅。

治療師詢問個案，當他被診斷出得了心臟病和糖尿病時，當時有什麼感覺，結果發現個案的情緒有劇烈的轉變。治療師對個案做出以下回應：

> Terry，你已經有好多的症狀，在我看來已經逐漸變成臨床上所謂的憂鬱症。你是一個非常堅強而且有能力的人，這一次的生病來得這麼急，對你來說是一個相當大的災難和打擊。我當然能夠了解第一次生病的經驗，這是一個非常大的衝擊。許多人的反應就是變得比較憂鬱，這也是造成你今天狀況的最重要原因。
>
> 我會建議針對這個焦點接受諮商，重點要放在如何調適你自己，將自己放在一個比較新的、健康的環境，以及健康問題帶來的衝擊。我覺得你可以仔細地考慮接受抗憂鬱藥物的治療，我認為那對你會有相當大的好處。我相信這個時候的你可能不太願意服用任何藥物。我覺得如果我們可以至少先進行十二次的人際心理治療，將會更有建設性地來評估你的問題，來看看什麼樣的方法對你最有幫助。
>
> 對於我對這個問題的建議，你有沒有什麼想法？

治療師提供了一個相當好的問題概念化，他找到了問題的許多層面，而且傳遞了許多重要的訊息。第一，他讓個案對自己提到角色轉換階段的問題，

能夠有反應的機會。這個部分很重要，因為個案描述自己是一個完全獨立的人。治療師可以理解，他必須要給個案比一般人更多的自主權。第二，治療師非常清楚地想要和個案建立合作的聯盟關係。治療師本身可以維持一個相當好的角色，就是一個「善意的專家」，主要是要促成個案正向的轉移關係，而且經由這種方式希望能鼓勵個案進入短期的心理治療流程。

Terry 對於這樣的治療契約表示同意，因此接受治療師會談而完成了人際問卷。在問卷中，個案承認自己現在狀態就是要進入一個比較慢性的疾病角色。從原來是一個身體完全沒問題的人，忽然間要進入到這樣的角色，他覺得有哀傷及失落的感受。治療師也承認應該是有一個明顯的哀傷議題，他也認為應該將這個問題一起放進概念化思考。治療師建議將這種健康的失落當作是一種角色轉換，這種角色的變化就是，雖然他失去了原來完全健康的角色，但是他也必須要協助自己調適進入新的、健康的環境。

Terry 剛開始描述舊的角色是一個堅強的、有能力的、不會被打倒的，他常常回想自己一天工作十六個小時，每個禮拜工作七天。「我可以根本不用睡覺，或者只吃一點點食物。我常常把壓力當作晚餐，而且不想吃進這些壓力時，隨時可以把它們吐出來。」

治療師詢問個案，在心臟病發作之前，有哪些部分的生活是他想要保留的，還有哪些部分是他想要改變的。尤其當治療師詢問個案之前的生活型態，如何影響到他擔任先生及父親的角色時，個案的回應是：「我也不是只有請他們吃飯或給他們糖吃，我總是能用自己的方法把這些事情擺平。」治療師繼續澄清他之前的角色，是否可能有其他負面之處，包括對自己婚姻以及與孩子關係之間有哪些不利的影響。個案開始承認這是他原來舊角色的缺點，有了這些想法後，對於這樣的失落比較不會那麼難過。他已經開始看到這個轉換階段是一個很好的轉折點，可以對這些關係的優先順序重新調整。

我們發現舊的角色有許多負面的部分，而個案仍然可能會有哀傷和失落的感覺。這通常是：「我希望我那時做的事情，能夠有不一樣的作法。」還有某些想法：「我希望我是一個比較好的父親」或是「我希望那時沒有離婚」，常常會導致他產生新的罪惡感或是道德感。

　　人際心理治療的藝術就是協助個案在治療的環境中，適當地表達自己的情緒，在此同時，治療師必須要在限定時間的架構下，讓個案維持在一定的人際焦點，並且維持適量能夠繼續前進。當我們發現哀傷或是處理自責的感覺成為治療的重點時，人際心理治療的終極目標就是要討論這樣的問題：「根據既有環境的改變，我要如何以最佳效率來適應這個環境，發揮最大的功能。」

　　最理想的結果就是個案可以突然間理解，並將這個經驗視為一個改變和重新評估的轉捩點。治療師則需採取同理的角色，直接給予個案回應。例如，治療師可以說：

雖然你已失去健康，這件事情的另外一面就是要讓你重新去思考，將來的生活要如何安排。可能要考慮暫時放慢速度，或者要花一些時間，如何調節自己和家人的關係。也就是說，這會成為我們後面心理治療的焦點，你必須要協助我，讓我知道你想改變的方向，這樣我才能夠幫助你順利地掌握這些變化。

　　個案和治療師開始將焦點轉換到新的角色。個案承認心臟復健師強烈建議他要限制每日工作時數、改善睡眠、讓自己有更多時間去運動，並且調整自己的飲食。這個部分的改變就是，他必須按照上下班的時間工作，還要回家吃晚餐——而不是吃餐廳的食物，或是外帶的速食。這些生活型態的調整，對個案健康來說是十分重要的。他也覺得藥物本身讓他變得比較沒有力氣。個案和治療師開始採取角色扮演的方式，協助他如何和心臟科醫師對話（他剛開始非常不願認同這位醫師），希望醫師能夠調整他的降血壓藥物，或是採取其他方式，讓他不要覺得那麼生氣，或是覺得醫生太過苛求他了。

　　討論焦點轉移到個案的工作，以及他需要調整的工作時數。治療師建議個案從問題解決的技術來找到處理的答案：

治療師：我們或許可以腦力激盪看看，是否能夠找出某些解決的方法。

Terry ：可以呀！反正沒有什麼壞處。

治療師：好，你提到問題的本身，基本上就是生意的問題，你必須要維持十二個小時的工作，這樣才能夠和你的競爭者對抗。

Terry ：沒錯。

治療師：而實際上你可能只需要六到八小時的工作時間，然後有時間出去吃一頓健康的午餐，準時回家，做一做運動。

Terry ：這也沒錯。

治療師：好，我們來看看是否有哪些可能的解決方案。

Terry ：我想，我必須要多雇用一些人來幫我。

治療師：你想怎麼做？

　　針對這個問題個案和治療師找出了四、五個解決方案。對於每個方案，他們都一一評估其優點和缺點，而個案最後選擇他認為最合理的一個方案。個案開始執行這個方案，並且規律地回來向治療師報告。

　　當個案開始調節自己的生活型態，一方面需顧到自己的健康，另一方面又不需犧牲自己的事業，他發現他的情緒越來越有所改善。個案開始體會到他有相當失落的感覺，尤其是想起以前的健康狀態，但是他提到說，現在「我覺得至少我像是一個人」。

　　人際心理治療提供他一個具體的、能夠了解生活上實際發生的變化，尤其當個案身體健康出現問題時。個案有機會能夠藉由心理治療回顧自己舊的角色，並對於自己的失落能夠適當地表達哀傷反應。治療師提供了一個合作的關係，協助他能夠找出不同的策略來因應新的角色，而這個部分是他之前較不熟悉，也不知道該怎麼做的。最後的分析中，治療師能協助個案找回對於生活情境控制的感覺，而這個部分反而是個案最重要的核心失落經驗。

■■■結論

　　角色轉換階段在人際心理治療中是相當常出現的問題。經由協助後，個案能夠適當地將生活事件以及造成的困擾連結，通常剛開始的時候，個案並無法像治療師連結問題的速度這麼快。治療的策略就是協助個案對於194舊的角色能表達適當的失落，而且在新舊角色的觀點之間，找到一個平衡。此外，鼓勵個案發展出新的社會支持，這部分對其新角色的調適也是相當重要的。

參考文獻

1. Markowitz, J. 1998. *Interpersonal Psychotherapy for Dysthymic Disorder*. Washington, DC: American Psychiatric Press.

哀傷及失落

Chapter 18

■■■簡介

　　心理治療師 Irvin Yalom 曾經寫道：「哀傷就是缺乏依附關係所欠下的
債。」[1]失落是人類基本的經驗，在不同的生活週期中都可能遭遇到。當一
個人經歷到哀傷和失落時，可能會有的心理歷程已經有許多作者描述過了，
大家共同的觀念就是，這個過程可能會經歷到比較強烈的、持久的，甚至
極度的焦慮、絕望和疏離。一個人若可以有效地處理失落反應，常常可以
讓自己的生活繼續往下過，並且可以開始建立新的人際關係，這些關係雖
然沒有辦法完全取代原來失落的那個人，但的確可以提供重要的社會支持。

　　在人際心理治療中，由 Bowlby[2] 所提出的架構，特別適合用來處理哀
傷（圖 18.1）。Bowlby 認為，人們必須經過失落的三個階段：第一個是抗
議，第二個是絕望，第三個是疏離。人際心理治療的主要目的是要協助個
案順利地度過這些階段，而且朝向整個哀傷反應的完成。當哀傷反應能夠
順利處理時，個案就能對自己的失落有適當的覺察，並且能體會到自己的
情緒感受，願意將這些經驗和感受與其他人分享。分享的部分對人際心理
治療來說是很重要的，和其他人分享的歷程，能夠邀請其他人加入個案的
社會支持系統，減少個案的疏離感，協助個案發展出新的依附關係。協助
個案去整理失落的內在感受是非常有用的，而且是人際心理治療必經的過

程，它是一種和其他人溝通失落的經驗，而且可以發展出周遭適當的人際支持，這個部分正是人際心理治療的特色。

196

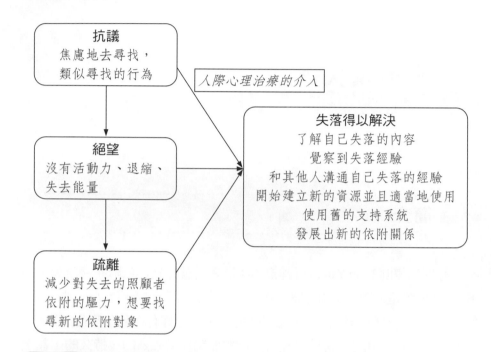

圖 18.1 人際心理治療和依附理論所採取的失落模式圖

人際心理治療主要希望協助個案順利地度過失落的流程，這也是依附理論所提到的流程。人際心理治療師藉由建立治療關係，協助個案討論失落的經驗。個案藉由這種治療關係的討論為基礎，延伸到日常生活能夠和其他人討論，建立自己的社會支持系統。個案也必須努力地改善並且使用已經存在的社會支持系統，再進一步開始新的社會支持。

196

這種內在修通的歷程，在治療中所採取的方式，就是建立新的社會支持，然後經由良好的治療關係，協助個案開始分享自己的經驗。這是一個起點。治療師溫暖及認同的態度，對這個歷程非常重要。一旦能在治療中開始這個歷程，人際心理治療的治療師就會協助個案將自己這種表達情緒的習慣，延伸到治療情境之外的社會支持系統。

■ ■哀傷及失落的本質

　　治療師對個案失落的議題，通常需要聯想到好幾種非哀傷反應的失落經驗。除了重要他人的死亡之外，還有可能是失去身體的健康、離婚、失業等等，都是人際關係的壓力，對個案來說都可以說是一種哀傷反應。一般而言，治療師通常會協助個案將這個問題放在他認為最有意義的領域中加以討論。再者，人際心理治療中的哀傷反應，不需特別考慮是一種正常和異常的部分，治療師的目的只是要了解個人的經驗，並不是要對他貼上病態的，或特殊的標籤。

　　一旦哀傷反應被當作治療焦點，治療師的責任就是：

　1. 催化個案的哀傷歷程。

　2. 協助個案發展出新的人際關係，或是重新調整自己原來的人際關係，主要目的是要增加個案的社會支持。

197

　　雖然新的或原有的人際關係，都無法取代已經失落的重要人際關係，但個案仍然隨著時間的進行，調整自己的能量，並開始運用相關的人際資源。

　　哀傷的議題常常可以用好幾個策略加以處理，其中最重要的部分是，先協助個案體驗並且表達自己的情緒。我們可以藉由鼓勵個案討論失落的經驗，以及失落之後周遭環境的變化，來協助個案能合乎現實地重新建構人際關係。整個歷程和情緒的討論，對於恢復的過程相當有用。

　　對於失落的人所產生的哀傷反應，常常充滿了許多互相衝突及矛盾的情緒。協助個案發展出對於過世的人，能夠有「三度空間」的看法，包括真實地評估這個人的優點和缺點，對解決哀傷是相當有用的。個案剛開始會描述這個人是全好或全壞的，他沒有察覺到他對這個人可能過度理想化或過度貶抑，而完全忽略了相對的另外一面，要他去思考另外一面時，可能會十分地困難。我們要協助個案發展出對每一個人比較平衡的觀點，這樣才能促成哀傷歷程的啟動。基本上，我們需協助個案進入一種比較安全

依附的體驗方式,讓他能在安全的情境下去思考,而描述這個失落的人,是從全面的角度,描述正向及負向的特質。

　　同樣的歷程也可用在其他的失落:例如,失去工作、離婚、喪失身體機能。在這些例子中,個案需對於這些失落有哀傷反應,才能建立新的關係,對實際的生活才會有支持點。鼓勵個案發展出對於失落合乎現實的看法,將會非常有用。

■■■哀傷及失落的特色

　　哀傷和失落的反應在現象學和憂鬱症有許多類似之處,而臨床表現如何加以區分通常相當具有挑戰性。臨床工作人員不需將哀傷反應當作是一種病態,在哀傷的背景下,也可能產生持續的警覺狀態,甚至後續產生憂鬱症狀及其他精神疾患。特別是在創傷性的哀傷反應、並存的哀傷反應以及孩子的死亡,更容易出現這些症狀。也就是說,依附的關係越親近,創傷當時的環境失落越多,治療師就必須要保持更高的警覺。要在哀傷反應的個案身上診斷出憂鬱症,是一個非常複雜的歷程,以下某些現象的特色,可以讓我們想像到個案已經出現了憂鬱症狀,包括:

- 嚴重的自責:哀傷反應的個案,對自我仍能維持完整的感受,維持一部分的自信心,而憂鬱的個案,則會產生過度的罪惡感。
- 自殺危險性:在失落的前後,哀傷的個案會體會到生活沒有意義的感受,但卻很少會像憂鬱症個案想到要自殺。
- 精神動力的遲緩和激躁:這兩點通常是嚴重內因性憂鬱症的指標,不要把這些症狀當作純粹哀傷反應。
- 明顯的精神症狀:當個案有明顯的幻聽或幻覺時,必須要經過精神科的評估。
- 明顯缺乏活動力:許多哀傷反應的個案會描述他們失去一般生活活動的樂趣,但是完全失去活動力則應該視為臨床症狀,也就是要考慮是否罹患憂鬱症。

另外有某些症狀，在哀傷反應和憂鬱症都可以同時出現，包括：

- 憂鬱或悲傷的情緒。
- 易怒。
- 失眠。
- 沒有食慾。
- 對一般活動失去興趣。
- 很難做決定。
- 焦慮的症狀，例如恐慌發作或是強迫思考。

■■■複雜的哀傷

在心理治療中，並沒有一定要去區分正常及異常的哀傷反應。治療師主要的目標只要了解個案哀傷的經驗，不需將個案貼上病理標籤，也不會告訴他什麼樣叫作正常的哀傷反應。個案可能因為哀傷和失落的某些議題尋求協助，所以我們要假設這些求助的個案會從人際心理治療中獲得協助，尤其是在治療一開始，就發現哀傷反應和失落是一個相當重要的主題。個人未必一定要有精神科的診斷，才可以從人際心理治療獲益，當個案發現自己有哀傷的主題需要處理時，就可以當成進入治療前評估的標準。

哀傷和失落，在人際心理治療中被概念化成兩個因素，這兩個因素都可以當成是個案失落前後，可能會尋求治療的因素。第一個因素就是，當時的社會支持系統可能不夠，因此個案無法藉由這些支持來度過哀傷。第二個則是個案並沒有對他的支持系統表達自己的情緒，因此別人也不知道如何有效地協助他。這兩個因素通常受到個案依附型態相當大的影響，它也會影響個案現在所擁有的支持系統到底有多少，以及是否他會適當地去使用這個支持系統。

人際心理治療中，治療師會暫時擔任起協助個案的角色，藉由提供個案足夠的關係，來處理因為失落導致的衝突情緒。照理來說，一般這個歷程應該發生在社會關係中，但是因為個案無法使用自己的社會支持系統。

同樣地，個案因為支持系統也相當地不夠，這時治療關係對他來說就變得必要了。

哀傷和失落反應常常伴隨更多的困境，我們必須協助個案評估其對失落的各種反應。所謂複雜的哀傷，通常是用來描述個案當時的情況，哀傷反應是比較延遲的、時間維持比較久的，或伴隨著嚴重的精神疾患。我們常看到以下不同類型且複雜的哀傷反應：

199

- **延遲性的哀傷**：這種哀傷反應通常出現在失落事件已經很長一段時間之後才開始。
- **缺乏哀傷反應的人**：通常沒有經歷過，或是沒有真正去接受失落的經驗。
- **過度的哀傷反應**：哀傷造成比較嚴重的精神問題，例如憂鬱症和焦慮症。
- **哀傷過長**：這些個案的哀傷經驗沒有隨著應有的時間結束，通常拖得更長。
- **哀傷伴隨著隱藏式的創傷**：也就是失落，通常是創傷性的失落，可能是重大創傷後壓力反應的隱藏表現，或是前一次創傷所遺留下來的解離症狀。失去依附的對象常常會伴隨著創傷，例如，虐待的加害者。

■■■找出哀傷及失落

當個案接受治療時，會出現以下線索，讓我們知道他可能有哀傷的議題：

- 和失去的這個人的關係時。
- 失落的本質：創傷、自殺、消失。
- 失落的背景：失去財務的支持、缺乏社會支持、當時的文化背景。
- 失去某人時的年齡：在孩童時期失去、年輕小孩的父母親、小孩的兄弟姊妹。

- 哀傷反應的年齡：年輕的配偶、小孩。
- 缺乏情緒：可能是複雜性的哀傷。

■ ■ 人際心理治療中，如何處理哀傷和失落？

人際心理治療處理哀傷反應的基本任務（圖18.2）：
- 找出哀傷和失落的議題。
- 澄清失落當時的狀況。
- 將失落連結到精神症狀以及社交功能下降的時間點。
- 協助個案接受失落帶來的痛苦情緒。
- 協助個案開始新的依附關係，並發展有效的社會支持系統。

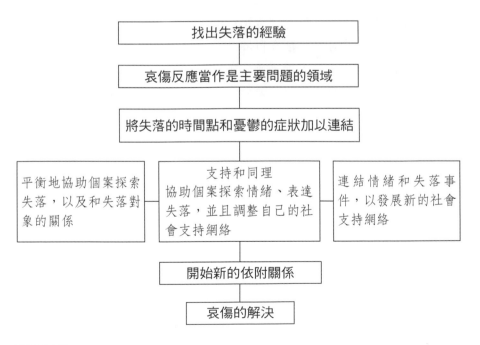

圖 18.2 以人際心理治療處理哀傷和失落的經驗

澄清失落的環境和背景

200　　　　在剛開始的會談中，尤其是在蒐集人際問卷後，治療師必須特別借重澄清的技術來協助個案運用自己的判斷力，到底哪一種方式會比較恰當。澄清本身可以是一種主動和被動的歷程，治療師必須用自己的判斷力來想哪一種方式是最恰當的，通常必須根據個案的情緒狀態來決定。在這個環境下，如果個人接受治療的時候相當地煩躁不安，治療師應該要比較被動，採取同理心的方式，鼓勵個案表達自己的情緒。相反地，如果這個過程中沒有什麼情緒，就可以使用比較指導性的技術來處理失落以及周遭環境的問題，並且可協助個案來整理對於失落事件的反應。對於哀傷本身，我們可以採取以下的問句：

- 「當某人過世的時候，周遭的情況如何？」
- 「對過世的某人，你的感覺是什麼？」
- 「對某人沒有辦法再活在世界上，你最痛苦的部分是什麼？」
- 「你曾經從這人身上得到哪些支持？」
- 「你曾經和其他人分享過哪些失落的經驗？（這個問題的焦點，特別是要了解個案藉由何種方式來建立社會支持，以及延伸自己失落的情緒經驗）

　　　　當個案參與了整個澄清的歷程，他就有機會開始和治療師分享自己的感受，治療師可被當作暫時的同理及依附的對象。當個案開始願意和治療師分享時，治療師便應鼓勵個案開始與其他人分享，以作為這個歷程的延伸。治療過程中，個案處理情緒經驗的練習，之後可以延伸到個案一般的社交人際關係中。因此，治療師協助個案重新建構一種經驗，這種治療經驗可以協助個案將失落的感受，有意義地與其他人溝通。

　　　　生活實際上的失落，以及失落當時的事件和環境，都能協助個案度過這個歷程：

201
- 「你怎麼發現這個人過世了？」
- 「你對這個消息的反應是什麼？」

- 「他的葬禮是如何進行的？」
- 「當時整個哀傷歷程是如何進行的？」
- 「在那時候你曾經得到過哪些支持？」
- 「當時從別人身上得到的反應是什麼？」

因為這個歷程會協助一個人去想像並整理具體的事件、當時的環境，讓一個人的哀傷歷程會比較順利，因為他可藉由這個歷程來描述自己的情緒以及心理反應。剛開始利用真正發生的事實來做起頭，能協助個案快速連結與事件相關的情緒。

將失落連結到精神症狀的發生以及社交功能的下降

在許多情況下，精神症狀的發生以及社會功能的下降，正好相當接近哀傷反應開始的時間。治療師應該協助個案將這些症狀的開始，與失落連結在一起，這樣個案才能更加了解失落的意義，以及失落對於整個症狀所造成的影響。個案和治療師必須在人際心理治療的中間階段討論這些關聯性，並對於哀傷反應的概念化加以改變，以及協助個案開始去面對失落所造成的情緒部分。使用的技術包括了檢查歷程當中的情緒，並且找出相關的人際事件，來促進這個檢視的過程。當個案更完整地了解失落反應，這種症狀之間的連結就會更加地清晰。

其他的情形是，失落可能發生在過去，而在治療早期，還無法清楚看到相關的意義。個案通常對於失落的反應，是因為當今的環境再重新被挑起，個案於是沒有辦法清楚地看到這種連結關係。例如，有位女性好幾年前失去了她的母親，從失落之後她的處理以及功能的表現都相當不錯。然而，她自己有了小孩後，卻因為這個小孩挑起了她舊有的失去母親的感覺，也就是孩子讓她將過去的失落經驗重新回想起來。許多女性都會希望自己能好好照顧自己新生的小孩，可以提供身體和心理上的支持。因此，失落本身在這些環境下就會更加患得患失，但是他們卻沒有辦法很快地連結到很久以前的失落經驗。治療師必須協助個案連結當前的事件、當前的感受和失落之間的關係，並且在其他情境下，繼續處理失落所造成的影響。

協助個案接受哀傷所帶來的痛苦情緒

哀傷反應最痛苦的部分就是呈現出痛苦而強烈的情緒。個案心理的因應機制，會影響他在臨床上的表現。人際心理治療師沒有辦法協助個案採取過去原有的防衛機制來面對這麼大的情緒，但是治療師可以引導個案，即使在暫時強烈的焦慮和憂鬱之下，可以安心地表達自己的情緒和經驗，因此個案可以完全體會到這些痛苦的感受及相關的記憶。為了協助個案能夠體驗哀傷所帶來的情緒，必須要先建立安全的治療關係，個案才能放心地去體會這些痛苦的感受。

因此，最重要的部分就是建立良好的治療聯盟關係。治療師一定要先建立關心和同理的關係，才能夠真正發揮哀傷反應的處理技術。在相當同理和了解個案的關係下，即使只是討論過去的經驗都能具有相當的療效，治療師最主要的目的就是在個案哀傷反應時，和個案一起工作，而不是讓他單獨去面對或是壓抑自己。一旦個案開始在治療中能表達他失落的經驗，治療師就能引導個案在治療情境之外也可以和其他人分享這些經驗。

為了讓個案在表達情緒時能夠達到治療效果，個案和治療關係必須符合以下兩個條件：

1. 個案本身必須能覺察到自己的情緒。對於長期傾向使用精神官能症的防衛機轉，例如對於情緒的隔離、解離或是身體化的個案，這種覺察是需要相當訓練的。[3] 在這些個案身上，個案對於失落的反應可能太過痛苦而無法承受，因此他們會加以忽略，或是將它排除在自己的意識覺察之外。治療師可以用的回應方式是指出個案，在整個哀傷歷程中所產生的內容和情緒不一致的地方，主要是在於協助個案對自己的情緒反應有更多的覺察。

2. 治療關係必須是一個安全的基地，協助個案探索自己的情緒經驗。Bowlby 描述這是依附關係中的「安全基地」效應，這種效應能夠協助個案感受到關係中的安全感，一個人會比較願意探索並且在情緒上做適當的冒險，而在其他情境則不願意如此。[4] 這在人際心理治療

202

中是十分重要的（其他的治療也相當依賴這個部分），這是形成治療聯盟關係的基礎。所有人際心理治療的技術，都必須要建構在這種安全基地的基礎之上。

協助個案建立新的依附關係

當個案能了解並整合自己的哀傷經驗之後，他就可以朝向發展新的依附關係。Bowlby 在前面曾經提到過，在哀傷反應的經驗當中，剛開始的「抗議」，最後會演變成「絕望」，然後個體開始進展到這個階段，就是開始和原來依附的對象拉開距離。這是這個過程中的最後一個階段，這個人開始和他原來失去依附的對象逐漸疏離，並尋求新的依附對象。治療師可以協助個案開始建立並發展新的依附關係來取代舊的、已經失落的支持系統，藉由這個新的支持系統，協助個案開始滿足某些情緒的、身體的，以及社交的需求。隨著自然的進展，治療師能夠協助個案去了解，之前從失落的對象身上所得到滿足的部分，現在事實上已經消失了，這樣個案才能真正接受失落的過程。

我們並不是要告訴個案，另一個人可以取代原來他所失去的這個人。治療師必須要很小心，不要暗示個案，這個失去的人可以被取代：這樣才不會破壞原來已經建立的同理的感受。要讓個案知道，逝去的人永遠不可能被取代，但因為人們的關係以及社會的連結對每個人都相當重要，所以個案除了維持舊有的關係外，也必須建立新的人際關係。關係能夠為生活創造意義，也可以創造生活的目的，很多人在失落後常常會出現和周遭人們疏離的情形，這個部分反而會讓個案失去生命的意義，並持續對於失去的這個人難過不止。

人際心理治療中，哀傷反應的處理是希望協助個案重新開始和周遭的人連結起來，形成新的關係。大部分透過鼓勵個案開始和他人分享自己失落的經驗。這樣做可以達成兩個目的：第一，在和他人描述自己的經驗過程中，可協助個案發展出新的社會支持系統；第二，個案可經由不斷地描述，更加完整地將失落整合到整個生活經驗之中。

203

▪▪▪哀傷及失落：操作的困難以及解決方法

漸進式或不完全的失落（預期的哀傷）

　　有時候個案會來求助，就是他有不完全的失落或是漸進式的失落。個案的配偶或是父母親可能進入一個逐漸退化的過程，或因為慢性疾病而將要死亡，或是惡疾無法治癒，這都是一種哀傷反應。雖然這種哀傷反應並沒有很完整，但仍可使用人際心理治療當作治療的主要焦點，而且可將這個哀傷的議題稱為「預期的哀傷」。協助個案處理這樣的議題是非常有建設性的，個案能經由人際心理治療來處理自己的哀傷反應，以及對於即將要失去的感受。如果有機會能協助他們討論將要失去這個人的感受（亦即這個人將要面臨死亡），個案就有機會來處理和這個將要過世的人相關的人際議題，而不會在這個人已經過世之後才後悔莫及。

　　如果預期的死亡可能造成的哀傷反應能事先經過討論，並且讓個案和這個人有相當程度的互動，治療師就可以協助個案避免出現複雜的哀傷反應經歷。個案可以在治療中或者直接和當事人討論一些內在衝突的議題，而且可以處理相關的情緒事件。許多個案會非常珍惜這個失落的探索歷程，這也是人際心理治療協助個案改變相當重要的成果。

　　所有用來處理哀傷反應的技術，都可運用在處理預期性的失落。例如，要求個案描述自己對於聽到癌症消息的反應，還有身體狀況逐漸惡化的感受，或是進展到失智症的過程，都相當地有用。要求個案開始討論下個月或是這幾年可能發生的狀況，甚至預期可能出現葬禮，這也會非常有用。討論這些議題必須要相當具體而清楚，讓個案預期將會有哪些失落，協助他們能夠在事件發生前，有效地建立起應有的支持系統，讓他們能夠討論到底需要哪些支持，並且可在事發前就了解應該如何得到這些支持。這些均能協助個案預先處理問題，而不是等到對方真的死去之後才後悔莫及。

和瀕臨死亡個案一起合作

204

　　人際心理治療處理慢性疾病以及將要死亡的個案，主要是由Markowitz與其同事處理HIV和AIDS的個案而來。[5]因為某些個人在接受人際問卷訪談時，選擇哀傷當作自己的問題領域，承認他們對於自己將要面臨的死亡有預期性的哀傷反應。雖然他們的經驗證實只局限在HIV合併憂鬱症狀的個案，但臨床的經驗將可以延伸到許多癌症末期的病人，當他們尋求治療時，可能也會產生類似的壓力因應反應，無論是否符合憂鬱症的精神診斷，都可採取此處理方向。

　　人際心理治療的治療師可使用預期性哀傷的方式來處理個案將要面臨的死亡歷程。治療的目標是要協助個案列出，在疾病末期階段，可能有哪些社會支持系統，協助他們和這些人溝通自己的經驗。再者，建立良好的治療關係，能夠一開始就幫助個案有效地表達預期失落的感覺。好幾位作者都提到如何接納死亡的歷程，[6]最有名的就是由Kubler-Ross[7]所提到整個反應的歷程，就是由「否認」，進展到「憤怒」、「討價還價」，最後才是「接受」的過程。治療師應該擔任起陪伴個人的角色，並鼓勵個案將這樣的溝通方式延伸到診療室之外的社會支持網絡。

　　人際心理治療和整個哀傷階段的關聯性就是，預期將要死亡的過程可能造成其他的人際困境。治療師要協助瀕臨死亡的個案討論自己將要面臨的改善過程，可能是和某些人隱含的衝突，或是未完成的人際困境。當個案開始討論到自己的死亡，即開始角色轉換的過程。

個案表達情緒有困難

　　某些個案的情緒經驗會相當地防衛，以致我們在做心理治療時，幾乎看不到重要的情緒。當治療師認為個案的心理防衛可能導致個案呈現出身體症狀，而不是情緒時，治療師可選擇將這些身體症狀和失落經驗相互連結。例如，比較逃避依附關係型態的個案，傾向於沒有辦法解讀自己的情

緒，且呈現出很多的身體症狀（如：在親人過世後，會出現頭痛或身體疼痛）。這些個案比較能夠接受治療是將這些身體症狀和失落經驗連結，當作是一般人經歷失落可能產生的壓力反應。討論個案的壓力經驗，很自然地就可以引導到這個是失落包含豐富情緒的部分。

我們必須調整個案處理哀傷反應和失落的速度。治療師不應堅持個案一定要處理整個哀傷的議題，而是應該創造一個良好的環境，讓個案願意開始分享自己的經驗，這個環境則包括主動的傾聽、溫暖、接納，以及對個案傳達正向的關心。治療師必須創造出暫時的依附關係，協助個案進入這個歷程。

205　　　治療師不應逼迫個案要盡快，或超過他所能忍受的速度來處理問題。人際心理治療的目標並不是讓治療造成過度焦慮，然後逼迫個案解決這些焦慮，因此更不應該加重某些症狀。整個治療的節奏必須要和個案討論他可以處理的速度，而不是聚焦在治療師認為應該處理的議題。

還有好幾種方式能夠協助治療師處理無法辨識自己情緒的個案。其中一種就是改變原來的契約，將治療的時間延長，協助個案有更足夠的時間來整理這些經驗。第二個方法就是暫時停止治療，一直等到個案準備好了，將來再約定治療時間。上述兩種情形，治療師都不應該將個案趕走，而是應該和個案決定未來再碰面的期間，提供符合個案需求的治療。

以一個醫療的情境來比喻，除非個案已經進入麻醉狀態沒有意識的情況下，否則沒有任何一種醫療歷程可以完全強迫個案接受某一個議題或治療方式。即使個案在接受如脊椎穿刺或者是內視鏡時，個案都可以告訴醫師請他慢一點，或者告訴他很痛。在處理這些個案時，醫師仍然有責任要放慢速度，而非逼迫病人不要去感受到這些不舒服。治療聯盟關係必須要建立在個案已被告知整個治療並且同意的過程。

同樣的方式，如果個案無法表達和覺察自己的情緒，治療師就不應該強加某些主題在個案身上，或者硬對個案解析。這樣的情況就好像個案在說著：「請你慢下來」，「那很痛」。沒有任何一種心理治療應該對個案強加某些主題。必須要在個案願意加入的情況下，所加諸的臨床判斷才會是最合理的。

個案將失落的依附角色轉移到治療師身上

　　當治療師提供了一個安全的基地，也就是一種治療關係，暫時讓個案依附，取代了原來失去的依附關係。我們必須了解，這樣的依附關係對於出現嚴重的人際壓力的個案，完全是一種正常反應。我們在醫療上或是心理治療上也都會協助在困境中的個案，而在人際心理治療中更是如此。治療常常包括了對治療師某些層面的依賴。個案在危機中並沒有適當的社會支持網絡可以讓他支撐，或是他無法妥善地運用已有的社會支持，一旦個人能夠經由治療來解決自己的危機，相信他就可以適當地來運用這些支持系統。

　　如果個案心裡用治療師完全取代他原來的依附對象，這就不是人際心理治療所期待的了。人際心理治療是希望，個案能在治療情境之外建立自己的人際支持系統。這也就是為什麼人際心理治療需訂定契約，以及限定治療時間的理由。如果對治療師的依附關係太過強烈，或是時間太久，那麼當結束治療時，個案復發的危險性就會明顯增加。治療師需對於整個治療歷程中，過度依賴的種種徵兆保持警覺。

　　為了協助個案發展治療情境之外的關係，可以直接詢問個案的社會連結，協助他們發展更合適的支持系統。例如，去尋找支持團體或是宗教團體，都可以幫助他們建立治療情境之外的關係。治療師要給個案家庭作業，要求他們遵守約定，參加相關的活動。

206

案例 Rob

　　Rob是一位 38 歲的男性，由當地的醫師轉介過來，主要是因為過去六個月他很辛苦地面對憂鬱症狀。他的醫師已經給他抗憂鬱劑，但卻無法明顯地減輕他的憂鬱症狀。個案曾提到他有某些男性朋友，但幾乎沒有什麼社會支持系統，他現在也沒有投入任何重要的親密關係之中。雖然如此，他有自己

的公寓，也和住在同一個城市中的母親，保持相當頻繁的接觸。

　　Rob 描述了他和母親共同生活的情形，尤其是父親在一年前因為直腸癌去世之後的這段期間。他告訴治療師，他和父親並不親密，但在父親過世時仍然覺得很悲傷。他覺得父親的死和他的憂鬱症狀好像有某些關聯性，但他卻無法很詳細地描述這個事件對他的影響有多大。治療師發現，個案的症狀看起來和父親的死是有因果關係的，而心裡的壓力明顯影響了他日常生活的功能。

　　治療師並未試著要將個案診斷成正常或異常的哀傷反應，他只是發現Rob找出了父親失落的議題，而且從那時開始沒有辦法發揮正常的功能，而前來尋求治療。因此，治療師讓個案知道人際心理治療的方式，能夠有效地處理他的失落經驗。個案和治療師同意接受十二次的人際心理治療，焦點放在哀傷反應和失落的議題。此外，個案也希望能花一些時間來解決，他和母親之間的衝突。

　　在人際問卷的會談中，個案告訴治療師自己在青少年階段和父親並不親近，而且和父親從童年開始就有許多互動方面的問題。他提到自己從小到大和父親有許多接觸的機會，但是兩個人談論的主題大多是一些日常生活的瑣事，例如運動或是整理房子的事情。他提到雖然失去了父親，但也不是什麼大災難，因為他一遍又一遍地說服自己，他們之間的關係本來就只是這個樣子。治療師協助個案繼續探索他和父親之間的關係，主要是幫助他發展出對此一關係更平衡的看法。

治療師：Rob，我們已經談過了之前你和父親相處的情形，包括你對於某些
　　　　關係的遺憾。我們現在可以來談談對於這個關係正向的部分嗎？

Rob　　：如果有任何遺憾，當然可以談。

治療師：我忍不住想到，至少有一點遺憾吧！你曾經說你還小的時候，會花
　　　　時間和父親在一起。

Rob　　：是的，我們花了很多時間在一起。

治療師：當你比較大一點的時候，有什麼改變嗎？

Rob　：我們不太像還小的時候，感情上有那麼多的連結。

治療師：你曾經試過什麼方法再回到以前的感情狀態？

Rob　：事實上我並沒有這樣做，我們看起來都沒有在談什麼事情。

治療師：你可以試著告訴我，當時是什麼樣的情形？

207

Rob　：有一次我曾經邀請父親和我一起去打籃球。我大約二十歲了，在上大學。我的父親來看我，我們一起去看曲棍球。我當時實在很希望能夠好好和他談一談，因為我已經很久沒有和他好好談心了。我記得的是，大部分時候我們只是在一起，實際上卻沒有談一些比較重要的事情，我們都只是在一起看比賽或討論運動的事情。我真的很後悔沒有和他好好地談一談，我爸爸是不會主動起頭的人，所以必須要由我開始帶頭來討論一些事情。我真的沒有好好地和他談一談，現在我即使想也已經……

　　個案發現自己在描述這段故事時，感覺是完全不同的，於是開始討論到有關失落、罪惡感以及後悔的感受。個案也能夠開始討論對父親的感受，他曾經希望父親是完美的，但是事實上父親並不是如此。

　　在治療的中間階段，治療師發現個案還有一兩個例外的情形，就是他對於父親的失落仍只有些許情緒，或甚至沒有情緒。個案告訴治療師，他在討論有關情緒的主題時，實在覺得很不舒服，而且他對父親的死還沒有真正地哭過。治療師於是開始詢問病人有關葬禮的細節。

治療師：你還記得葬禮時的情形嗎？

Rob　：相當可怕，我根本不喜歡葬禮。

治療師：沒錯，照理通常是悲傷的情境，雖然有些人在那樣的情況下還是能感覺到輕鬆自在。當中讓你最難度過的情況是什麼？

Rob　：尤其是當他們將布覆蓋上去，整個棺木都看不見的時候。

治療師：你當時想到了什麼？

Rob　：（開始哭泣）我覺得我再也看不到他了。

治療師陪著個案坐在一起，讓個案能在哭完之後，開始整理自己的情緒。個案告訴治療師之前他都沒有辦法為父親的死而難過或是哭泣，一直到今天的治療，還是他第一次這個樣子。治療師也讓個案知道，一直到最近個案才開始描述和父親之間的關係，而且是一種比較平衡的看待方式，因此他的情緒就會跟著出來。

在後面的會談中，個案和治療師開始討論父親的過世對他生活造成的影響。他發現他已經比較可以自在地和男性朋友接觸，他能夠和這些好朋友分享父親死亡的失落感受。其中一個好朋友特別能夠和他談心，而這個朋友也失去了父親，和他有一個類似的經驗是，這位朋友也是一樣沒辦法和父親好好地談心。當他更了解自己對父親死亡的反應之後，他和母親的關係也跟著改善。他和母親都能夠討論父親，而且這是在父親死亡之後，他們第一次能夠這樣做。病人憂鬱的症狀明顯地改善，而且在治療結束時，他開始能夠感覺到悲傷而不是憂鬱。這對病人來說，是一種重要的、質的改變，他不僅能夠了解自己的情緒，而且能夠更清楚地、更完整地體驗自己的情緒。悲傷的感受對他來說是相當合理的，而且在工作以及人際關係上他不再像從前那樣廣泛地出現功能下降的狀況。他告訴治療師，能有能力來探索和父親之間的關係對他來說非常重要，他非常高興有這樣的機會，能夠將應有的事情放在心裡去體會和思考。

208

■■■結論

在人際心理治療中，哀傷及失落是一種廣泛的議題。問題的領域包括實際上對於死亡的反應、預期某個人將要死亡而可能有的哀傷，或是對於自己即將死亡。此外，也可以包括：將要失去的身體健康、因為離婚造成的關係變化，或是其他可能的原因，都可以當作哀傷的議題。處理這個問題的領域，其重點就是要繼續維持在人際的焦點，而不是急著給個案正確的診斷。

　　當處理經歷到哀傷反應的個案時，治療師至少有兩個基本的任務。第一個就是要協助個案能夠開始描述自己的經驗，尤其是描述自己的情緒。通常這可經由建立良好的治療關係，讓個案覺得能夠安全地處理自己的情緒。第二個任務是要協助個案將這個歷程延伸到治療情境之外。希望個案能夠發展出重要的支持系統，並且鼓勵他開始能夠和別人分享自己的經驗。

參考文獻

1. Yalom, I. 1989. *Love's Executioner*. New York: Basic Books.
2. Bowlby, J. 1973. *Attachment and Loss: Volume 2. Separation*. New York: Basic Books.
3. Valliant, G. 1977. *Adaptation to Life*. Boston: Little and Brown.
4. Bowlby, J. 1969. *Attachment*. New York: Basic Books.
5. Markowitz, J.C., Kocsis, B., Fishman, B., *et al*. 1999. Treatment of HIV-positive patients with depressive symptoms. *Archives of General Psychiatry* **55**, 452–7.
6. Raphael, B. 1983. *The Anatomy of Bereavement*. New York: Basic Books.
7. Kubler-Ross, E. 1969. *On Death and Dying*. London: Macmillan.

人際敏感

Chapter 19

■ ■ 簡介

　　所謂「人際敏感」（interpersonal sensitivity），特別是指無法建立或維持親密的人際關係而言。它和人際心理治療的其他領域有所不同，因為這裡所描述的是一種持續的依附型態以及人格，而不是一個急性的人際壓力表現。從許多個案身上可以看到，這種人際問題可以藉由急性壓力出現之後，對於基本的依附關係以及人格型態所產生的影響而觀察到。人際敏感是這幾個人際領域當中一個相當複雜的影響因素。

　　例如，個案可能經歷了哀傷及失落的經驗，再加上原來的人際敏感而讓整個因素變得更加複雜，由於這種人格特質，讓個案在失落之後，更沒有辦法建立起新的人際關係。假若個案經過了角色轉換，再加上人際敏感的人格型態，會讓他更沒有辦法學會新的人際技巧，或建立新的人際關係。

　　個案剛開始來求助的問題，也有可能就是人際敏感的問題。在這些案例身上，個案長期的敏感問題，讓他暫時中止了人際關係，或缺乏和人際接觸的經驗，最後造成了他相當的困擾，而導致需要尋求治療。這種長期的人際問題，在短期、限定時間的治療中是比較沒有辦法被修改的，但是我們有部分的實證研究發現，人際心理治療可以協助如社交畏懼症這類的人際敏感個案。[1,2] 在臨床經驗中，人際心理治療對於社交畏懼症的個案有

一定的療效。

210　　由於人際敏感和其他人際問題有所不同，有人際敏感的個案常常需要不同的介入方式，我們必須運用個案適應比較良好的依附關係，以及較佳的溝通型態作為改善的起點。這種個案在治療中也會有少許的人際關係可供討論。個案和家庭成員的關係雖然常常有相當障礙，但是他也曾經投入某些少數的關係。治療關係本身會有非常大的重要性，它也是個案曾經投入的少數關係之一。治療師必須準備好對個案在治療情境中所做的溝通給予回饋，而且必須使用角色扮演的方式來練習某些技術，事後要加以討論。再者，治療師要常常主動協助個案投入適當的社交團體或是社區的某些活動。

個案和治療師必須記住，人際心理治療並不是想要矯正個案的社交困境，而是要教導個案能持續地建立新的人際關係，並用以解決急性的壓力。

■■■ 人際敏感以及人際缺乏的不同

人際心理治療會把問題當成「敏感」，而不是「缺乏」。如果當作「缺乏」，會讓治療師了解個案的部分受到局限。再者，「缺乏」對於個案有負向的表示，個案聽到這樣的字眼，對於治療可能會有反效果。臨床經驗上，標定成為人際敏感可以讓個案專注在這樣的人際焦點，而且讓他得到更多的同理，更能夠朝向現實的方向去改變。這個部分會協助他認可人際關係的問題是生活中的一部分，而不是一種人際挫敗。

即使治療師並沒有對個案直接說出缺乏的字眼，若治療師將問題當作是一種缺乏，就會有一點將它當成是一種病態，而治療師本身的責任可能變成要進行「修復」，這樣會影響治療師了解個案的需求。「缺乏」這個詞本身有一點偏見的感覺，如果是用這個詞的意義，治療師很可能會產生負向的感覺，而且會不知道能夠為個案做些什麼。

最後，人際敏感能夠貼切地描述人際心理治療當中所要傳達的意義。有人際敏感問題的個案，常常會覺得對於別人的回饋過度地敏感，或是害

怕被批判或做不好的評價。這個敏感的部分使個案無法建立他們所期待的
親密關係。在與這類個案相處的經驗中，治療師常常會發現個案具備了前
述的特質，也就是個案隨時都會在乎別人的意見，因此經由這樣的概念化，
就可以正確地來同理個案的經驗。

人際敏感的特色

從臨床上的表現，人際敏感可以有幾種不同的呈現方式。這些個案可
能只有很少的人際關係，或者比較喜歡一個人的工作、一個人的休閒生活，
這些部分在人際問卷中都可以呈現出來。這類個案也有可能出現重複的人
際關係失敗，而失敗的理由都相當類似；也有可能他沒有辦法和治療師建
立關係，不太容易形成治療的聯盟關係。

211

表 19.1 人際敏感的指標

- 朋友很少。
- 很少和家人接觸。
- 缺乏重要的親密關係。
- 曾經出現重複的人際關係失敗。
- 曾經出現喜歡單獨一個人的工作，例如習慣在夜班工作。
- 喜歡自己一個人的活動。
- 對於和治療師建立關係有困難，例如過度順從或過度敵視。
- 治療過程中出現的問題，例如刻意缺席。

人際敏感的本質

人際敏感受到很多因素的影響，其中許多部分無法在短期或局部的治
療中達到療效。人際心理治療就是其中一例。

表 19.2　容易人際敏感的常見因素

- 依附型態。
- 人格因素。
- 氣質。
- 發展的議題。
- 疾病或情緒狀態的持續影響。
- 存在著會增強敏感性的人際關係。
- 文化因素。
- Berkson 的誤差（Berkson's bias）。

依附型態

　　依附型態與人際敏感有密切的相關，尤其是焦慮逃避的依附型態更是如此。不安全的依附關係在臨床上相當地明顯，個案會描述他和其他人的關係、長期和別人建立關係的習慣，而且也會呈現在和治療師的關係上。

　　個案的依附型態對於治療聯盟關係有相當大的影響。人際敏感個案的治療關係，可能呈現出溝通十分壓抑、無法傳遞同理心、對於治療師的回饋過度敏感。還會出現一些問題行為，例如無法規律地出席治療。因此，在面對這樣的個案，治療師的焦點必須特別專注於治療聯盟關係的建立。

人格因素

212

　　「人格」會隨時表現在思考、行為，以及行動的習慣上，呈現相對穩定的習慣表現。在精神疾病的分類系統，例如《精神疾病診斷及統計手冊》第四版（*Diagnostic and Statistical Manual of Psychiatric Disorders*, 4th edition, DSM-IV）[3] 以及《國際疾病分類》第十版（*International Classification of Disease*, ICD-10）[4] 中，都提到人格障礙（personality disorder）這個特殊的診斷族群。人格障礙強調的是一種持續的、適應不良的互動型態，造成臨

床上呈現明顯的社交、職業以及人際功能的障礙。如果我們使用診斷的架構，可能受到部分的局限，因為某些人格還沒有達到障礙的程度，而只是具備了好幾個項目或是人格特質，也可能只有在某些特定情境下才產生明顯的功能障礙，而在一個人平常的生活環境中，他有可能適應得還不錯，看起來不符合人格障礙的診斷，這樣反而局限了我們介入的範圍。

其中有個例子是一個中年的生意人，他有自戀的人格特質，在工作上讓他有相當好的成就。就工作而言，這些特質相當具有功能性，但在其他不同環境下，這種人格特質可能對他造成許多關係的障礙。在這些個案身上，如果出現了嚴重的身體問題（如：心肌梗塞），這樣的特質可能讓他無法好好地和醫護人員合作並遵守治療規定。他可能在人際關係上因為憂鬱和焦慮，變得十分苛求醫護人員，或是認為他有權利如此，但這會破壞他和醫護人員以及看護之間的關係，最後影響了整個治療的效果。人格特質在這個階段則成為造成他適應不良的原因。

再者，某些人格障礙表現的核心，就是一種人際敏感的本質，例如：逃避人格障礙、依賴人格障礙、類分裂人格特質，以及分裂性人格特質等，均是如此。在這樣的環境下，治療師必須在評估的過程中，了解個案的人格特質是否成為進行人際心理治療重要的障礙，或是應該考慮其他方式的心理治療。

氣質

所謂「氣質」就是指一種生理的組態，會讓整個人格變得更有特色。這樣的概念在最近的研究及臨床的背景受到更多的重視。Cloninger[5]描述了某些以氣質為基準的變項，例如：「尋求新奇的刺激」（novelty seeking）、「逃避傷害」（harm avoidance），以及「特別依賴獎勵」（reward dependence），這些部分都有神經生理學的基礎。氣質的特色對於產生人際敏感，無疑是相當重要的因素。

發展的議題

當一個人長期罹患精神疾病，某些發展的任務就可能受到干擾。因此他會在比較早期的發展階段，就表現出成人般的行為，但是這種行為卻不能適應現在的情境。人際功能在孩童時期、青少年期，以及成年早期都有相對重要的階段及其發展目標和任務。在這些重要的發展階段如果受到了創傷或得到慢性疾病，在成年人階段就會發展成為人際敏感。

當前的疾病和情緒的狀態

213

急性憂鬱或是焦慮的個案，都可能呈現出人際敏感的議題。表現的行為可以是逃避、易怒、對於批評敏感，而這些人不論是在急性期或是持續的情緒狀態都可能如此。這些行為有時也會恢復到正常的情緒。在臨床上，當個案在急性憂鬱和情緒低落的時候，[6] 最好不要急著下人格的診斷，因為這種表現可能是情境性的（亦即當時的行為和認知主要來自於情緒障礙）。而所謂的人格特質因素，專指那些隨著時間改變的行為和認知，且表現相當持久的一些特質。

對於這些個案，我們必須小心地加以評估是急性或慢性的情緒狀態，其對於人際敏感的影響到底是什麼，且最好是在人際心理治療剛開始的階段，尤其是在人際問卷評估階段完成尤佳。治療師應該要了解整個人際敏感的事件的變化，並找出憂鬱症狀開始和人際變得敏感的階段，兩者之間到底有什麼時間上的關聯性。如果人際敏感出現在心理問題之前，有可能是個案的個性所導致，如果人際敏感出現在最近，以前都很少出現，則比較不可能是人格造成的。

加強人際敏感的人際關係

有許多因素可能會導致憂鬱和焦慮症狀的出現，而這些部分也可能是

個案持續表現的不良依附關係及不良溝通型態所造成的。隨著時間進行，某一個人的不良適應行為可能受到重要他人的影響而增強，而一個人的互動型態則會呈現在人際敏感的特色上面。其中一個例子就是個案的憂鬱狀態導致了自己相當順從與依賴的人際行為。個案因為自己過度順從，他的配偶就變得相當專制，這樣就形成了配對的關係。當疾病持續時，本來看起來可能是一種情境式的互動關係，就可能成為一種固定的互動關係。

文化因素

許多社區現在都會吹噓他們自己是種族和文化的熔爐。事實上，有許多不同背景的個案，由於文化適應問題來尋求治療。個案來自不同的文化，再加上不同背景的治療師，以及當時不一樣的流行文化，可能讓他表現出讓他人感到人際敏感的行為，而這些行為可能相當符合他自己的文化。

Berkson 的誤差

這些有多重疾病的個案，常常會尋求專業的照顧者給予支持，且影響研究的客觀影響因子（稱為「Berkson 的誤差」）。社會精神醫學家 Henderson[7] 研究了社會支持和憂鬱的關係，結果發現精神官能症的個案傾向於尋求專業照顧者的協助，卻造成了他們無法在一般社交情境中建立自己的社會支持網絡。

214

一旦我們找出了人際敏感的因素，便能協助治療師更了解個案為何無法建立和發展重要的人際關係。人際敏感的主題也協助個案和治療師找到有效的介入點：也就是說，改善個案發展社會支持的能力，而不是他和專業人員之間的互動能力。相反地，治療師應該要覺察到，在危機中尋求專業人員給予支持的行為是相當合理的壓力因應模式，不應該認為是上面所提到的這個現象，而讓這些正常的求助者覺得挫敗。

▪▪▪評估人際敏感

人際敏感的評估需要治療師清楚了解個案是如何建立以及維持人際關係的，並且在這個過程中遭遇過哪些困難。一般而言，有三個大方向能夠用來評估個案的人際敏感，茲分述如下。

回顧當前的關係

了解個案當前人際關係的習慣最好的方式是——直接從他們身上蒐集資料。在人際問卷中，如果發現個案並沒有當前的親密關係，治療師開始注意是否他們現在仍有非親密性（non-intimate）的人際關係。治療師應該要評估個案對於關係的期待，以及他是否希望能建立關係。如果確實知道個案想要建立人際關係，就可以區分他到底是一種比較人際逃避的特質（渴望有關係，但會不由自主地逃避），或是類分裂的孤僻特質（既沒有，也不想建立親密關係）之間的差異。這種區分是十分重要的，我們可了解需引導個案到什麼程度，來建立並使用社會支持。這種區分也讓治療師知道，治療關係的建立過程中可能會出現哪些問題。例如，逃避的人格特質，治療關係就比較容易出現依賴的主題；而比較孤僻特質的治療關係，治療師就會發現不容易引導個案投入建立治療的聯盟關係。

回顧舊的關係

人際問卷的焦點常常是在當下的人際關係，但人際敏感的個案則常常是在當下沒有可以作為討論焦點的人際關係。所以為了更加完整地了解個案溝通的習慣，或是更完整地評估個案的依附型態，治療師需將焦點放在一般的人際關係，或是從曾經建立過較親密的人際關係中找線索。我們必須要強調個案和家人之間關係的連結，到底是疏離冷淡，或是受到某些限

制。此治療以蒐集足夠的資料為目標，藉此了解個案建立以及維持人際關係時，曾遇過哪些困境。

回顧治療關係

個案和治療師之間是一種真實的關係，個案在治療情境之外的人際歷程，也會出現在個案和治療師之間。例如，個案對治療師過度依賴、敵視，或其有損人際關係的行為，都能在過程中提供治療師足夠的人際行為訊息。

215

在人際心理治療中，最好能避免討論到個案和治療師之間的關係，治療師只需協助個案能更清楚地了解及觀察到自己的溝通習慣即可。尤其在角色扮演時可以這麼做，例如，在工作面試的練習中給予個案回饋，治療師也可以對治療過程中個案的人際行為加以評論。尤其是對非語言溝通的評論更加有用。例如，治療師因為個案太過輕柔的講話習慣，而常常覺得自己沒有辦法了解個案在講什麼；或者，個案從來沒有和別人目光接觸的習慣，而造成別人無法與他做關係的連結。治療師對於這些溝通型態的觀察，可以採取非面質的態度來反應給個案知道，而不應該對於治療關係中的歷程做評論，致使個案把焦點轉到他和治療師之間的關係。

和非常敏感的個案會談，要非常注意回饋的方式，不要讓個案將之當成一種批評或是指責。治療關係一定要堅強到相當程度，個案才能夠接納治療師的回饋，治療師也是這個時候才可以採取面質，而不會讓個案認為是一種拒絕。人際心理治療的藝術，就是要和有依附關係複雜的個案，一方面維持關係，一方面又能夠提供真誠的回饋讓個案可以接受。

案例　Bob

Bob是一位31歲的業務代表，由當地的醫師轉介來接受治療，主要是因為慢性的情緒低落。他可以藉由人際心理治療來加以改善，也可以藉由抗憂鬱劑的藥物治療。在人際問卷中發現，他主要問題是無法和女性形成親密關係，他認為這是他主要的人際問題，而治療師同意人際敏感也可以用來描述

他的問題。因為個案當前沒有親密的愛情關係,治療師建議花一些時間來看個案之前的關係。

　　Bob 過去的十年中有過六段關係,每一段關係都不超過三個月。第一段關係雖然有過相當多的性接觸,但是他描述這段關係和他相當地疏遠。個案在對方要求和他建立更長久的關係時,他便決定要結束這段關係。從此,他再也沒有和這位女性聯絡。後來他有好幾段類似的關係,都是在對方希望尋求和他有更親密的接觸時,他就想要結束這些關係。

　　在剛開始人際心理治療的評估階段,治療師(本身就是一位女性)使用澄清的技術以及同理的傾聽。她發現隨著治療的進展,個案表露的訊息越少,而且對於整個治療的投入越來越被動。當治療師發現有這樣的轉移關係並沒有在治療當中加以討論,她使用這樣的訊息直接來詢問個案,在治療情境之外的人際關係是否也有類似的情形。治療師讓個案知道,在他之前的幾段關係裡有一個共同的主題:也就是他對於比較深入地談論自己時會覺得很不舒服,而且無法對自己的夥伴表達出對關係害怕的感覺。對於個案人際功能的假設主要是根據治療師與個案在會談時相處的經驗而來,在整個治療中,對於治療關係並沒有直接的討論。個案同意這樣的評估,開始願意更加努力地和治療師溝通。

216　　在這次會談結束時,個案開始更能夠在自己的社交圈中更相信女性,並且和她們建立關係。他將這個部分讓治療師知道,並且在人際心理治療的後期利用角色扮演和溝通分析的方式處理個案的溝通型態。個案的憂鬱症狀有明顯的改善,他能夠努力地使用新的人際技巧來發展自己的關係,而且雙方同意在第十四次會談時結束治療。

▪▪▪如何處理人際敏感?

　　人際心理治療的本意是要協助個案解決當前的人際壓力,但人際敏感個案的人格特質卻常常是一種持續的思考及互動型態。經由人際心理治療

可以協助長期的人際型態，而最有效的部分應該是用來協助個案克服即時的人際關係改變。因此，人際心理治療最佳的焦點，就是專注在當前即刻的問題，將個案的人際敏感當作一個依附和溝通型態的問題，只是在急性的壓力下展現出來而已。當前的問題也正好是個案尋求治療的原因。

　　上面的這種說法並非認為治療師不要去處理個案長期的人際問題，當然這樣的情境人際心理治療仍然有效。然而，治療的目標與個案的期待，應該要合乎現實。在限定時間的條件下，嘗試重新建構複雜而且比較合理的思考和行為方式，事實上不容易快速地發揮效果，反而會加重個案人際關係失敗的感覺。相對地，聚焦在人際敏感的當前人際事件，例如：人際失落、衝突、角色轉換等等，可以讓個案和治療師比較容易對於當前面臨的問題找到一個容易達成、且有意義的解決方案（圖 19.1）。

217

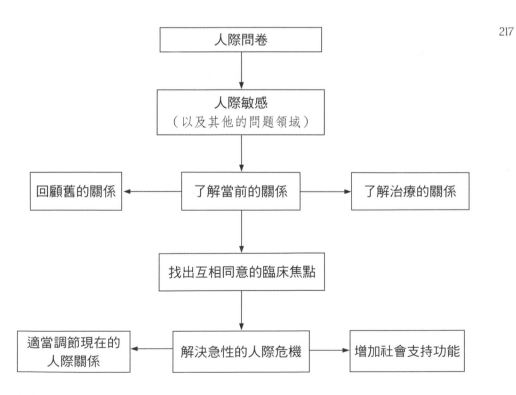

圖 19.1 人際心理治療處理人際敏感的方法

當我們處理人際敏感的議題時，治療師應該要聚焦在三個目標：

1. 協助個案發揮當前最大的人際功能。

2. 協助個案建立新的支持性關係。

3. 協助個案處理他當初尋求治療時，想要解決的急性壓力。

介入的整體目標，就是要協助個案找出自己人際關係的優點和缺點，解決急性期的人際危機，以及改善一般的社交功能。個案和治療師要能夠建立合乎現實的目標，協助他改善自己的社會功能，並且在短期心理治療的時間架構下，獲得一定程度的進展。個案在離開治療時，應該可以預期自己仍然會持續進步。

為了協助個案克服社交疏離，治療師應該要鼓勵他努力地建立自己的社會支持網絡，也就是增加自己接觸社會的機會。可以用以下的方式來進行：

- 在個案原來的環境中接觸人群，例如：工作的同事、鄰居以及教會團體。
- 參加憂鬱症的自助團體或是支持團體，抑或是焦慮症及其他疾病的團體。
- 發展新的休閒活動以及運動。
- 對於當地社區投入更多。
- 志工。

如果想要達到這樣的目標，治療師應該：

- 澄清個案對於這些活動的看法和期待。
- 使用問題解決技術，找出如何增加社交活動的方法。
- 使用角色扮演或是溝通分析的技術，協助個案發展出新的互動技巧。
- 在治療關係中，示範比較有效的人際互動技術。

使用治療關係來改善個人的人際功能

有兩種主要的方式，可以藉由治療關係來改善個案的人際敏感問題。第一種方式，治療師可以示範有效的人際溝通技術。在治療關係中，對於

所有的人際互動，治療師應示範開放以及信任的溝通讓個案學習。再者，治療師可在角色扮演時，直接以個案的身分示範具有建設性的溝通。

第二種方式，治療師能夠提供個案一個支持的、合作的、同理的關係，讓個案在真實情境中，有機會改善自己的人際溝通。隨著治療師的引導，個案能在安全的關係下，學習有效的溝通技術。當個案在治療當中越來越能掌握這些技巧時，治療師可以鼓勵個案使用這些新的溝通技術在診療室之外的真實關係裡。 218

案例　Ronald

　　Ronald 是一位 39 歲單身的銀行經理人，轉介來接受治療的原因是因為憂鬱症狀。個案覺得自己的憂鬱症狀好好壞壞已經有好多年了。他描述自己長期孤獨的感覺，而且沒有辦法和女性形成親密關係，他常覺得周遭眾多的男性朋友讓他覺得不舒服。個案和治療師同意人際敏感是相當好的人際心理治療焦點。

　　在剛開始的階段，治療師發現個案溝通的習慣很像一個業務員，是一種很表面的方式，甚至有時會讓治療師覺得很不舒服。隨著治療的進展，個案和治療師仍維持類似業務員的關係，就如同剛開始建立關係的時候一樣，但是個案已經逐漸比較真誠，而且在會談中對於自我表露也能越來越自然。

　　治療師認為治療關係已經穩固，可以直接給予評論：

Ronald，我已經注意到好幾次，當你進來會談時，你表現得很像還在上班的樣子，好像要對你要求抵押貸款一樣，但是一旦我們之間的關係破冰之後，你好像開始可以和我保持一個比較輕鬆的關係，我覺得這是你在一個生意人的外表下，真實的內在就是這個樣子。你有發現你和周遭人的相處，也有發生類似的情形嗎？

　　整個介入的關鍵，就是治療師運用和個案在治療關係中的互動，來蒐集個案診療室之外的溝通型態，治療師根據這些感覺，開始推測個案其他的人

際關係是否也有類似的問題。治療師並未將他和個案之間關係互動的意義，在會談中加以探討，反而使用這些資訊當作推敲和檢查個案在診療室之外的關係表現。

個案透過治療師對他的評論之後，同意他和治療師之間的互動關係已經有改變，而且承認這種像談生意一般的互動關係，在別的人際關係當中也一樣會出現。個案感覺在他的朋友旁邊會覺得很焦慮，而且在社交情境遇到女性也會讓他覺得很焦慮。他也發現他處理焦慮的方式通常就是戴上一個業務員的面具。

治療師開始協助個案了解自己真實社交互動的傾向，包括在工作上的情形。一旦個案能夠找出他習慣的互動方式，治療師就可以協助他試試看，自己想要用哪些新的方式和別人互動。在治療中，治療師協助個案做了多次角色扮演練習。治療師本身也示範了新的角色，以及什麼叫作「比較真誠」的溝通方式讓個案看，讓他有機會來練習這種溝通方式。當個案能將這些部分帶到實際生活中操作，他的社交互動也因此增加、焦慮降低，而開始覺得比較不憂鬱。當個案和治療師在第十四次會談結束後，總結人際心理治療的過程就是，個案參加了一個運動組織，而且實際上和朋友的互動也大大地獲得了改善。

■■■人際敏感：操作的困難以及解決方法

無法發展良好的治療關係

個案在治療中會反映出他在治療師之外形成關係的習慣。治療關係本身可以表現出疏遠的、依賴的、甚至是充滿敵意的：這些部分都可以顯現出個案習慣和別人建立關係的方式。如果治療師過早嘗試著想要修改這個

部分，或太早回應給個案知道，有可能會因為關係不穩固，造成治療失敗。必須要等到治療關係相當足夠，而且對個案來說是相當重要的時候，回饋才會容易成功。

最常見的情形就是，治療師期待個案在治療關係中的表現，還沒有達到治療師的期望。治療師對個案的期望包括某些合理的部分，例如個案可以比較開放地來討論自己的問題，或是個案對於治療師的問題可以適當地回應。在這樣的情況下，個案投入於治療的意願若仍受到局限，治療師必須要考慮以下的情形：

1. 對於個案起初的自我表露嘗試給予增強。治療師可以常常這樣說：「當你能與我分享你自己的感受時，我就覺得可以多了解你一些。」或是「你所提到的，在那樣的情境下有什麼感覺，或是採取什麼回應，都可以幫助我更多了解你一些。」

2. 客氣地提醒個案有關於臨床治療的焦點，如果希望能夠快速達到治療的目標，則部分地開放自己是必須的。

個案無法確實遵守治療的指導

個案願意在兩次治療之間嘗試新的行為或是新的溝通方式，對所有問題領域而言，都是十分重要的，尤其處理人際敏感的個案，他必須至少願意嘗試某些新的溝通策略，而這些策略都是在會談中討論過的。人際心理治療的結束並不在於個案獲得足夠的洞察，而是需要有行為和溝通的改變。當然洞察本身是十分需要的，它能有效地改善溝通的能力，並且建立適當的社會支持，個案也能適當表達自己依附關係的需求，這些都是人際心理治療的目標。

個案之所以無法接受建議去嘗試新的人際溝通行為，可能的原因包括：

- 個案本身的焦慮。
- 個案投入的關係讓他產生矛盾的感覺。
- 在開始社交接觸時，覺得自己表現不好。
- 治療性的阻抗。

在這些環境當中，治療師可以考慮：

220

1. 探索個案對於行為和溝通改變所產生的焦慮或是矛盾到底是什麼。在兩次會談之間必須練習的技術可以在會談中使用角色扮演，或是以額外的問題解決技術，來找出如何處理這些焦慮。

2. 將個案的這些焦慮，和人際關係溝通方式的改變加以連結。一旦治療師做了這種連結後，就可以讓個案看到他們學會的新技術以及改變，對於解決他的人際困擾相當地有幫助。

3. 客氣地提醒個案，在治療情境中討論真實的人際互動是十分重要的。為了想要了解個案的這些互動，必須要請他舉出某些例子在治療情境中加以討論。之所以能夠產生實際的例子，就是要求個案在兩次會談之間能夠直接投入真實的人際互動。

個案中途退出治療

雖然治療師已經非常努力，尤其是人際敏感的個案，仍可能會中途退出治療。可能的理由包括：

- 心理症狀的惡化。
- 某一些合理的困境。
- 實際上的財務壓力。
- 因為治療造成的焦慮。

在上述情況下，治療師應先決定是否要和個案聯繫，這也是最適合的方式。人際心理治療中，個案可能退出治療的情況下，並沒有規定要阻止治療師和個案的接觸。在某些案例中，接觸可能想要退出治療的個案，對於整個治療的立場有相當大的幫忙。在其他案例中，有可能雙方對於接觸都沒什麼興趣。治療師本身的判斷會做出最後的決定。

在人際心理治療中，有些部分需和個案討論治療關係，而中途可能退出的個案就是其中一個例子。假設個案願意繼續回到整個療程當中，則中途退出的意義可以留到下一次會談中再討論。到底哪些部分讓個案停止治療？到底哪些部分是他對治療的擔心或是害怕？他是否擔心治療師對他中

途退出會採取哪些反應？

　　到底如何發生中途退出也是值得討論的事情。但對於個案沒有出現的狀況，他是直接打電話告訴治療師表示要結束治療，抑或是他在下一次就沒有出席，這些都是有重要意義的。

　　治療師邀請個案重新回到治療，到底個案認為這具備了什麼意義也相當值得討論。個案認為治療師是一種侵入的行為嗎？或是他認為是治療師對他有興趣的表現？個案認為這樣的行為會對後續的治療產生什麼樣的影響呢？

　　一旦蒐集了上述相關的訊息，對治療契約是否要修改就必須做出決定。如果治療關係的討論是相當有成果的，個案可能更適合接受心理動力取向的治療。如果仍要做人際心理治療，則必須建立新的治療契約。新的治療契約則必須要包括雙方清楚的同意，如果個案想要中途退出治療，到底哪些部分是他應該要做到的。

　　下一個步驟就是要了解個案在其他人際關係中的事件或是溝通方式，尤其是個案主動結束的某些關係。必須要去檢查整個關係結束的歷程，包括剛剛發生在治療關係的事件，這對於協助個案找出自己習慣的人際互動方式十分有用。

221

案例　Gerry

　　Gerry 是一位 35 歲的單身男性，他的主要工作是擔任一家大型電影公司的服裝設計師。他由他的醫師轉介過來，因為他的焦慮以及憂鬱症狀加重。個案提到他在擔任服裝設計的工作相當成功，而且周遭的人都非常欣賞他的工作成就。個案讓治療師知道，由於他服裝設計以及創意的天分，他已經被升遷到服裝部門的主管。但這也造成個案的責任增加，包括他必須要指導別人，或是要督導其他人，而不再只是關在自己的工作室把事情做好而已。

　　個案描述自己社交焦慮的情形已經有相當長的時間。任何形式的社交接觸都會讓他很焦慮，而且在別人給他負面評價時，好幾次都挑起他相當嚴重

的恐慌。他發現他原來在自己的服裝工作室中做得非常愉快，但是這個升遷卻導致了嚴重的問題，他必須要離開自己非常舒服的工作場所。他的情緒越來越糟糕，而且也挑起了許多的焦慮，他提到他開始藉由喝酒來處理工作升遷和人際接觸的壓力。

Gerry之前沒有任何精神疾病。他的醫師開給他抗憂鬱的藥物，對減少他的憂鬱症狀有些效果，但是剩下的憂鬱及焦慮症狀卻都無法藉由這種方式達到效果。他告訴治療師他是家裡唯一一個孩子，他小時候是生長在歐洲一個共產主義的國家。他描述自己的父親是當地一個共產黨黨工，是非常嚴格而疏遠的人。他回憶童年以及小時候的母親，還有他成年的早期都是相當痛苦的。在他印象中，母親是一個很悲傷的人，婚姻讓她很不快樂。個案在成年後，移居到一個新的家庭。他搬到了這個新的地方和原來的家人並沒有任何接觸，也沒有任何親近的關係，除了他的室友外，而且他和室友也沒有太多接觸。他非常了解自己並不期待更多的關係，而且這種獨居式的生活也讓他覺得很快樂。他非常喜歡設計的工作，而且他的興趣是閱讀和看電影。

在初期的評估之後，個案和治療師討論了各種可能的治療方式。治療師建議其中一種治療方式就是認知治療，這種方式對於社交畏懼十分地有效。治療師也提到了個案的問題應該要考慮人際敏感的領域，而最近工作環境的改變，也導致了他產生這種特定問題，因為他現在所在的位置和以前不一樣，會需要更多的人際接觸。治療師建議，把這個當作一個即刻性的危機，也就是工作升遷可以當作是人際轉換的另外一個主題。個案比較同意接受人際心理治療的概念，因為他想要解決的是即刻的工作危機，而且同意繼續服用抗憂鬱劑，並同意停止喝酒。

治療師發現治療剛開始時，個案和他的關係非常地焦慮，而且和個案接觸時，治療師也可以感受到無聊的氣氛。他也發現個案無法接受治療師正向的評論，例如從個案工作可以得到升遷的這件事，證明他有相當好的特質，而這個部分對於治療是樂觀的，但是個案卻不這麼認為。這些訊息再加上個案所提到的當下及早期人際關係的資訊，能夠讓治療師清楚地了解，個案習慣形成一個逃避的依附關係，而且也因為對治療師的態度，造成他不太容易

222

投入治療。

治療師因此改變他和個案的互動方式。他使用比較開放的句子,重點是放在增強個人了解自己的回應方式,並且讓治療師可以多蒐集一些資訊。治療師放慢了治療的腳步,在治療早期,決定暫時不要給個案家庭作業。他要求個案帶著他的某些設計產品來治療室,而且花時間請他詳細解釋自己的作品。後面的這個介入方式特別地有用,當治療師表達對個案作品真的有興趣時,個案開始更投入這個關係。

個案描述到症狀發生的時間,讓治療師更加覺察到他會逃避親密關係。個案發現自己要開始某些關係或是維持關係都有困難,而且他認為之前曾經有過的關係都沒有令人滿意的。治療師詢問個案當下和父母親的關係,是否仍和歐洲的父母親保持聯繫;個案描述他幾乎沒有和他們有接觸,因為父親不同意他離開家鄉。看起來他還是沒有重要的關係,但是個案自己本身也沒有興趣再發展什麼關係。

因此,治療師開始引導個案討論治療關係中的經驗,以及他對於接下來要討論的這些關係,可能產生的感受是什麼。

治療師:Gerry,我發現隨著時間過去,你比較不緊張了,而且討論你的經驗
　　　　時也更加開放了。你有沒有想過,到底是哪些原因讓關係的進展變
　　　　得比較容易?

Gerry　:因為你看起來對我所說的話很有興趣。

治療師:剛開始治療時,你的感覺是什麼?

Gerry　:我整個人都嚇呆了,我不太確定是否會有幫助,而且一點都不想談。

治療師:我們現在可以試試看,來看看我們之間的關係是怎麼發展的,以及
　　　　和你之前其他的人際關係有何不同。

個案和治療師花了很多時間來討論,到底他是如何克服剛開始心理治療的會談而產生的焦慮。治療師強調更有效的人際互動,且對個案特定的人際互動,做了更詳細的正向回應和描述。個案和治療師接下來幾次的會談,都

聚焦在個案如何建立自己的人際優勢,包括藉由自己的知識、設計的天分,以及有點冷卻又吸引人的講笑話能力。

第八次會談中,治療師告訴個案,他看起來已經比較能擴展自己的人際關係,因為他已經開始在工作中接觸自己的同事,並且透過藝術和健身發展出新的關係。個案和治療師經由角色扮演的練習,讓個案扮演自己如何與其他人開始互動。這個階段治療師也開始指定 Gerry 要在工作中開啟新社交接觸的家庭作業。

第九次會談開始之前,個案打電話給治療師,留言表示他必須取消後面所有的約會。治療師注意到這個時間點是在使用角色扮演、並對個案表達要投入更多社交接觸的期待,那一次會談後發生的。

治療師打電話給個案,以下是他們的對話:

治療師:Gerry,我聽到留言了,你希望取消我們後續的會談,我的訊息是正確的嗎?

Gerry ：(停了很久)是的,在最後這一次會談結束後,我非常難過,而且又開始喝酒了。我實在不想告訴你,我真的不知道自己是否能按照你所期待的去做這些事情,並且和更多人有社交的接觸。我發現這真的很難。

治療師:Gerry,我非常感謝你對我所做的回饋。我在重新整理自己的過程中,發現好像逼得太緊了,我一直聚焦在自己整個治療的議題和計畫,而沒有考慮你的速度。因為整個角色扮演中,你掌握得相當好,我的印象很深刻,所以一直沒有注意到,和其他人接觸對你來說是十分困難的。

Gerry ：你一定對我很失望,我知道你希望我能和更多人說話,但是我就是做不到。

治療師:我想我現在可以了解,你對我的反應倒底是什麼含義,但是在最後一次會談時我卻沒有好好地去注意。我再一次地感謝你的回饋,如果你沒有告訴我這些事情,可能會讓我對於整個發生的過程完全抓

不著頭緒。現在我覺得我可以從你的背景中，更加地了解你為什麼會有這些反應，也了解到我必須要慢下來，更小心地來聽聽看，你真正想要的是什麼。我現在最關心的就是，我們還有四次的會談，我們還有一些可以做的事情，如果你願意的話，我們可以試試看下個禮拜在同一時間再見面，我可以持續地來幫你解決工作上的問題。

個案在第九次會談時回來和治療師討論，治療師希望他做的部分到底對他造成了哪些壓力。個案仔細整理之後發現，他會覺得治療師沒有注意到治療的目標，因為個案所提到的是想要解決工作的困境，而治療師卻想要個案去參加更多茶會以及人際活動。

治療師對這些評論加以回應。第一，他藉著這個機會來感謝個案給予他真心的回饋。治療師發現個案之前非常難以表達這些部分，但是現在他可以有非常有效的方式向治療師表達自己的需求。治療師指出，許多在治療早期對個案來說是很困難的部分，他現在都可以做到，很明顯地，他有相當大的進步。

第二，治療師同意整個治療目標出現不一致的地方。治療師同意設立目標不是治療師一個人就可以做到的事，而他自己的工作就是協助個案，在他認為需要的地方能夠順利地達成目標。在某些討論後，雙方同意之後會談的焦點會放在對特殊工作情境的處理。

後來，他們討論到個案最近在實際工作中，發生的一些人際互動。個案提到，雖然他不喜歡和其他人有另外的接觸，但他也比較能了解，這些是工作的一部分。讓個案能夠接受是工作的一部分，似乎可以讓他更有動機去做這些事情，因為他需要完成督導的工作。再者，個案提到了他和其他人接觸時，對於自己像是個老闆的角色，已經感覺舒服一些，因為對他來說，這個角色表示他仍然可以維持相當多的界限，而且有些事情可以在自己的掌握之中。所以討論工作的部分他是可以接受的，而且在擔任督導的角色時，他本來就不需要談論有關於自己任何私人的事，也不需要發展出私人關係。

下次會談，個案提到他採用這樣的人際互動型態，看起來督導的角色可

224

以更稱職。他開始看到了工作問題的解決方案，他也開始覺得許多事情慢慢可以恢復正常，他又可以回到自己獨立生活的角色，而且自己覺得很愉快。治療師試著很詳細地和個案討論許多活動細節，並強調這個過程中他的人際優點。個案開始願意投入比較複雜的角色扮演，也就是如何去面對更困難的人際情境，包括工作上給予其他人負向回饋，或是他自己屬下不當地要求想要延長請病假的時間。

　　當治療階段已經趨向結束，個案和治療師有了以下的互動：

治療師：Gerry，我們已經到了當初同意要結束碰面的時間了。和剛到這裡時
　　　　的情況比起來，我覺得你的焦慮和憂鬱已經減輕許多了。

Gerry ：是的，我覺得我好了許多，而且更能忍受工作的壓力。

治療師：我覺得你所處理的方式讓你能更加適應工作的改變。我也非常感謝
　　　　你給我直接的回饋，讓我能夠了解到我好像是在逼著你去做你不想
　　　　做的事情……，這些種種的感覺，然後才能夠重新調整我們治療的
　　　　目標，找到我們應該要走的方向。我非常感謝你能很努力地試著和
　　　　我溝通。

Gerry ：對我來說，這其實很不尋常，我仍然不太確定是否其他人能夠接受
　　　　像這樣的評論，但我非常感謝你還能繼續和我一起努力而沒有放棄
　　　　我。

治療師：在結束之前，我仍然希望你可以知道，如果還需要和我碰面時，我
　　　　非常樂意。現在一切事情都相當順利，但我可以想像得到，未來或
　　　　許還有某些情境仍然會對你產生困擾，例如你又再度被升遷了？

Gerry ：我想在我還沒有被升遷前，達爾文恐怕已經冷得讓人受不了吧！（譯
　　　　註：達爾文位於澳洲，全年皆暖。）

　　個案和治療師同意在六個月之後繼續碰面，來追蹤他的進展，而且同意如果再有需要的話，還可以和治療師聯絡，尤其是在某些症狀有重新復發的情況下，可以繼續回來接受治療。

■■■結論

　　人際敏感的主要治療目標，就是要協助個人改善自己的社交技巧，並且為了符合個人的依附需求，能夠適當地建立良好的支持系統。人際敏感的許多個案來尋求治療不是因為長期人際關係的困擾，而是因為常常處在急性的人際危機，例如：角色轉換、衝突，以及主要的失落。在這些案例中，人際敏感可以被概念化成為一個包括人格以及依附因素的主題，也就是說，人際問題的形成必須要考慮個案人格和依附型態的背景。

225 參考文獻

1. Lipsitz, J.D., Markowitz, J.C., Cherry, S., Fyer, A.J. 1999. Open trial of interpersonal psychotherapy for the treatment of social phobia. American Journal of Psychiatry **156**, 1814–16.

2. Stuart, S. 1997. Use of interpersonal psychotherapy for other disorders. *Directions in Mental Health Counseling* **7**(10), 4–16.

3. American Psychiatric Association 1994. *Diagnostic and Statistical Manual of Mental Disorders*, 4th edition. Washington, DC: American Psychiatric Association.

4. World Health Organization 1992. *International Statistical Classification of Diseases and Related Health Problems: ICD-10*. 10th edition. Geneva: World Health Organization.

5. Cloninger, C.R. 1987. Systematic method for clinical description and classification of personality variants. *Archives of General Psychiatry* **44**, 573.

6. Stuart, S., Simons, A., Thase, M., Pilkonis, P. 1992. Are personality assessments valid in acute major depression? *Journal of Affective Disorders* **24**, 281–90.

7. Henderson, A.S. 1984. Interpreting the evidence on social support. *Social Psychiatry* **19**, 49–52.

結束人際心理治療

完成急性期的治療
以及維持治療

Chapter 20

■ ■簡介

人際心理治療主要是藉由特定的治療性契約，來限定成為急性期的治療模式。然而，和傳統精神分析不同，結束本身並不完全是治療關係的結束，急性期人際心理治療完成，只象徵了密集治療階段的結束而已。人際心理治療並非要求治療關係要完全結束，常常在個案和治療師的同意下，將來仍可以有治療性的契約，而且仍可以提供心理治療。臨床經驗呈現出長期的治療關係對大部分的個案都是有效的，而這樣的角度也得到了實證研究的支持。不僅許多嚴重的精神疾病（如：憂鬱症以及焦慮症）都會復發，而且本質就是好好壞壞的。此外，還有明顯的證據顯示，提供人際心理治療的維持治療，能夠協助避免憂鬱症狀復發。[1]因為維持治療有治療的好處，而且有證據證明可以這樣使用，治療師應和所有的個案討論，是否有維持治療的必要性和計畫。

■ ■為什麼要採取限定時間的治療？

理論和實務上都有理由證明人際心理治療限時是一種急性期的治療。

治療限定在一定時間內，能夠促進改變的速度，並協助個案能更快致力於改變自己的溝通技巧，以建立有效的社交網絡。再者，限定時間能夠影響個案和治療師聚焦在急性的症狀，而不是人格的改變或是依附型態的改變。

另外，限定時間結束的人際心理治療，如果超過了十二至二十次以上，治療的焦點就會形成轉移關係，則轉移關係就會成為重要的議題。因為時間夠長，個案和治療師的治療關係變得越來越重要，就可能出現容易產生問題的轉移關係。人際心理治療與心理動力取向有所不同，主要的目標就是要避免發生轉移關係。如果發展出有問題的轉移關係，主要是來自於三方面的因素：

1. **個案本身**：個案本身的依附型態或溝通型態越是適應不良，就越有可能發生有問題的轉移關係，而且更需要加以討論。

2. **治療的強度**：治療的次數更加密集（每週一次和每週五次比較起來），次數更多，就更容易讓轉移關係成為治療的議題。

3. **治療的時間長度**：治療的時間越長，轉移關係越有可能成為治療的焦點。

臨床和實證的經驗都認為，人際心理治療應該要成為兩個階段的治療，在急性期可以採取較密集的治療方式，就是要解決即刻的症狀，而後續的維持治療階段，則是避免症狀的復發，並且維持適應良好的人際功能。

維持人際心理治療的必要性

當精神科醫師操作人際心理治療時，常常也會開藥給他們的個案，而且需要在急性期人際心理治療後，繼續與個案會面，以便持續監控藥物的反應。再者，將來有可能產生新的生活事件或是壓力源時，個案可能因為這些壓力再造成困境，而導致症狀及人際功能受到影響，就可以從維持治療獲得好處。例如，一個女性得了產後憂鬱症，如果她之後仍想要繼續懷孕，也可能出現類似的問題；當一個個案無法面對父母親去世的事實而感到哀傷時，將來在另一個親人過世，也可能產生類似問題；一個學生沒辦

法順利轉換到大學的生活，當她開始第一個工作時，也可能產生類似問題。人際心理治療中，治療師應預期個案可能會產生類似問題，然後與他們清楚討論並做出計畫，如果將來這些情況再度出現時，應該怎麼辦。

　　人際心理治療在本質上，應該要遵從開業醫師或一般科醫師的執業模式，也就是在急性壓力和問題出現時，提供短期協助，直到人際問題能夠順利解決。一旦問題解決後，治療關係並未因此而結束：一般開業的醫師（治療師）仍然會在自己的診所，一旦病人的某些症狀復發時，他可以繼續提供限定時間、急性期的療程。治療師本身也可能希望能夠按照一般開業醫師的方式，不定時地提供某些健康和保健的約診。

231

　　除了提供品質良好的臨床照顧，這個模式也能符合管理式的照護操作制度。因為在這個制度下有限定會談的次數，可能會因為個案的經濟狀況、保險的限制、機構的規定而必須要在危機出現時，提供限定時間的療程，讓他們能夠將自己的功能發揮到最大。

　　治療師本身藉由提供間歇性的治療方式，讓他自己在一個穩固的位子，擔任穩定的依附角色。因為治療關係本身並未完全結束，治療師可以正確地讓個案知道，當危機出現時，他將可以到什麼地方找到治療師。不論是理論或是實務上，都可以從人際心理治療的架構讓治療師擔任起一個個案的依附角色。有些來尋求人際心理治療的個案，由於自己的依附型態讓他們很害怕治療師將會放棄他們，而且很害怕在急性期治療結束時，會逼他們完全停止關係。這種類型的個案，如果硬逼著他們結束治療或解決焦點的症狀，可能會將他們推向討論治療結束的議題，甚至以為治療師真的要完全放棄他們，而產生轉移關係（譯註：分離焦慮）的議題。如果研究的資料證明人際心理治療的維持治療是有效的，我們就沒有臨床或是理論上的理由，要求個案要完全結束治療。

■■■結束人際心理治療的操作議題

何時結束急性期的治療？

一般而言，人際心理治療是希望能根據治療早期所訂定的契約來進行。最重要的理由就是如何將治療建立在一個統整的架構。治療師能影響整個治療的品質，最重要就是治療架構的統整性——個案必須相信，治療師會根據個案之前所同意的契約來做治療。如果個案不相信治療師，那麼治療注定要失敗。

換句話說，成功的治療需依賴個案相信治療師會完全投入來協助他，個案的需求凌駕於各種考量之上。治療的設計以有助於個案，而不是治療師本身（除了治療師的酬勞，以及為了訓練臨床工作人員所需的費用）。人際心理治療必須將滿足個案需求為最優先的考量，不是為滿足手冊的規定而忽略個案的需求。如果繼續延長治療是一開始雙方就同意的，而且符合個案的最大益處，則治療就應該延長。

維持治療契約，以及是否延長原來的治療兩者之間的衝突，可以經由重新協調性的治療契約而達到解決。臨床考量的判斷則可以協助治療師做出正確的決定。

以下這幾個例子，讓大家知道如何解決這些臨床上所遭遇的實際問題。

案 例　Joe

232

　　Joe 是一位 38 歲的男性，因為輕度的憂鬱期而來接受治療，主因為他的父親在一年前過世。在整個治療過程中，清楚地呈現出儘管個案和父親有明顯衝突，但個案仍可維持一個相互支持的婚姻關係長達十四年，擁有相當不錯的社會支持網絡，而且工作的表現也相當不錯。他和治療師彼此約定，要進行十二次的人際心理治療。

　　在協助個案順利處理自己的哀傷反應後，個案能夠和自己的太太討論父親死亡對他造成的影響，而且能和男性朋友表達自己最近失去父親的感受，因此他的憂鬱症狀已經獲得解決，現在也過得還不錯。

　　在第十一次會談時，個案要求無限制地延長治療，因為他非常喜歡和治療師說話，且希望在持續的會談中，某些主題可以浮現出來。他開始和治療師討論自己的名字，而且開始詢問治療師個人的生活，例如，治療師是否也和他一樣，喜歡釣魚或其他戶外活動。我們可以發現，轉移關係相當清楚地呈現出來，於是治療師當時決定，個案急性期的治療相當有效，而且他的功能良好。由於雙方並沒有同意進行長期治療，而且個案看起來並沒有實際的需求需要藉由治療來維持其正常功能，治療師決定遵守一開始的契約關係，認為繼續治療對個案並沒有實際好處。再者，治療師也發現如果繼續這樣下去，會和人際心理治療越離越遠，而比較傾向於心理動力、以轉移關係為主的治療。

　　治療師對個案的要求採取了相當愉快的自我表露，他承認自己非常喜歡釣魚和露營。治療師緊接著而來的評論，就是提醒個案這些活動對他非常地重要，他能因此接觸到許多朋友，有機會分享自己失落和哀傷的感受是很好的，尤其是能夠讓他藉由這種活動，繼續建立重要的人際關係。因此，治療師快速地將轉移的議題，移轉到如何發展治療關係之外的人際關係。治療師也重新提醒個案，應該要遵守原來的治療契約。治療師強調，個案因為在治療之中的表現很好，而且已經有能力與其他人建立關係，不需修改原來的契約，也就是不需要繼續治療下去。

在第十二次會談時，個案已經準備好要結束治療。治療師也提醒個案，將來如果有需要的話，還是可以回來做急性期的治療——他們已經對於個案母親死亡的部分，以及其他事件加以討論，如果原來的症狀復發，就是他需要再回來接受治療的時候。

案例　Penelope

Penelope是一位 27 歲的女性，進入人際心理治療主要是希望能夠處理急性、嚴重的產後憂鬱症。她因為必須餵奶而拒絕了治療師使用抗憂鬱劑的建議，於是開始人際心理治療。

在整個療程中，可以清楚地發現，個案對於尋求必須的協助比較被動。她傾向於期待別人能夠發現她的需求，如果別人沒有了解她真正的需要，她就會開始疏離，而且不和其他人接觸。這也出現在個案和她先生的關係上。她提到了好幾個例子，就是她希望先生能夠協助整理家裡以及照顧小孩，但卻沒有很清楚地告訴先生自己的需求。一旦先生沒有辦法猜中個案的心思來做這些事情，她就開始退縮，並且描述自己越來越憂鬱。而這個部分也出現在治療關係中，在治療早期，她相當地被動，甚至不太容易和治療師建立主動參與的關係，也不太容易主動地投入問題解決。她常常看著治療師，要求治療師告訴她，下一步應該怎麼做。

雖然有這些傾向，個案在治療中表現得不錯。她發現自己和先生溝通的方式出現了問題，她無法有效地表達自己的需求，在治療師的鼓勵之下，她開始對先生直接表達需求，希望先生能夠協助她。先生的回應相當不錯，而個案的溝通也變得更直接，她覺得受到更多的支持，也比較不憂鬱了。這個部分得到成功之後，在兩次會談之間，她也開始改變診療室之外的行為，對於更新的、有效的表達方式，也更加願意投入去練習和嘗試了。她也參加了產後支持團體，並覺得這些團體對她相當有幫助。

在第十六次心理治療結束時，她覺得自己表現得不錯，而且不太有興趣

繼續接受治療。雖然治療關係已經出現了轉移關係，治療師讓個案了解，由
於她之前的猶豫是相當嚴重的憂鬱症狀，不論是研究或是治療師本身的經驗，
都希望各位能夠繼續追蹤一段時間，因為後續復發的可能性很大。尤其是個
案並未服用任何抗憂鬱劑來預防症狀的復發，更應該有後續的追蹤。治療師
主動與個案約定明年每個月要定期回診維持治療，而且一旦急性憂鬱症狀發
作，就必須要重新開始急性的治療療程。經過後續的討論後，即使個案了解
復發的危險性，她在維持治療結束後，仍然想要冒著憂鬱症狀復發的危險，
計畫懷第二個小孩。

案例　Jane

　　Jane是一位 35 歲的女性，由於離婚而造成明顯的憂鬱期發作。她結婚五
年，當先生在無預警的情況之下離開她時，她覺得一片茫然。她之前把先生
視為最好的朋友來依靠，但因為要和先生在一起，她也捨棄了許多女性朋友。
剛開始，她非常地困惑，不明白先生為什麼要離去，她想要了解到底發生了
哪些事情。因此在第二次會談結束時，她希望能夠進行十二次的人際心理治
療。

　　在第三次會談時，她提到先生是一個嚴重的酒癮個案。在第五次會談時，
她提到先生會對她身體虐待，她並且認為這和憂鬱的症狀有關。先生非常地
專制，限制個案不可以在婚姻關係之外和其他人接觸，因此造成了個案社交
網絡受到局限。除了協助個案討論對於前夫的矛盾情緒之外，治療焦點就在
於重新建立社會支持網絡。她開始和幾位女性朋友接觸，而且開始和她們有
社交生活，其中包括一位女性朋友，最近也經歷了離婚的痛苦。由於個案的
人際支持系統逐漸改善，她的症狀也逐漸地減輕，到了第四次會談時，她覺
得自己的功能良好，再也不會憂鬱了。

　　在治療中，可以明顯地發現個案常常害怕別人不能滿足她的需求，因此
治療過程中，她常常不願意對治療師表達個人的情緒。尤其對於受到前夫虐

待的關係，一直等到治療後期，還是不太能表達，因為她擔心「治療可能無法有助於像我這樣的人」，就如同她在治療早期提出的想法一樣。當時，治療師對她的回應方式就是給予適當的保證，認為治療的確會有相當的幫助，並說明他之前也處理過和個案類似問題的案例，效果也相當地不錯。

234
　　在第十一次會談結束時，開始討論到要結束整個急性期的治療，個案又開始對治療師提到，她之前曾經是童年性侵害的受害者。但治療師特別提到，遵守原來的治療契約非常重要，治療師衡量是否遵守契約的重要性超過了個案這些新的表露，或超過了個案所談的這些事對她造成困擾的程度。再者，由於個案無法適當地表露個人的議題，而且花在和個案建立治療聯盟關係的時間也相當長，治療師決定最好繼續協助個案處理這些受虐議題，而不是將她轉介給其他人。治療師開始和個案討論這些主題，並且雙方同意暫時結束人際心理治療，轉變成為一個沒有限定時間的心理治療，以便能夠更加完整地處理虐待經驗對她造成的衝擊。

　　總結來說，雙方最好在治療剛開始時，就能夠對於急性期的治療達成一致的看法。大部分經過適當選擇的個案，都能在一定的時間架構下有治療效果，而且能夠順利地結束急性期的治療。理論或實際的經驗顯示，治療結束應該是在雙方同意的條件之下達成；然而，在某些情境下，個案很清楚地可以從延長治療中獲得好處時，則這些個案就應繼續延長治療。仍然有一些案例顯示，有許多個案非常投入人際心理治療的架構，但仍然沒有適當的療效，他們需接受後續治療——可以從原來這個提供人際心理治療的治療師繼續持續下去，也可以改由其他治療師繼續來進行人際心理治療。在這些個案身上，選擇讓個案獲得好處的療程就是臨床判斷的標準。

如何結束急性期的治療？

　　除了決定是否要結束急性期的治療之外，治療師必須使用臨床的判斷來決定，在接近急性期治療結束的前後，會談的時間表應該要怎麼樣安排。

治療師判斷的標準，就是根據會談的階段，以及臨床的經驗來做決策。但可惜的是，到現在為止還沒有太多實證研究的治療可以證明，到底這個階段應該根據哪些原則來安排，所以大部分仍然是仰賴臨床經驗的判斷為主。

　　一些與效能相關的實證研究作法，人際心理治療在急性期的處理階段，主要是按照人際心理治療手冊的規定，進行每週一次的會談，最後在治療結束時突然間完全停止治療。在這些研究中，並沒有提供其他線索讓治療師安排，是否可以不按照每週一次的會談，也沒有關於結束的其他安排，即使個案在結束時，仍有某些症狀，手冊中也沒有相關的建議和規定。這些手冊的目的只是要增加研究本身的內在效度（就是這個研究可以被再複製），而非去反映出如何才能夠好好地在臨床上加以操作。

　　相反地，治療師使用人際心理治療的臨床經驗，強烈建議最好的臨床操作是，在急性期治療之後，仍然需要在恢復階段提供適當的治療。或許不需每週碰面一次，個案和治療師可以選擇每兩週甚至是每個月碰面一次，這個部分可以根據個案在治療結束之前，功能已有足夠恢復的情形來判別。功能比較好的個案，大約在六至八週就可以解決他們急性的症狀，後續可以採取每兩週或每個月碰面一次的策略，直到其功能繼續保持在恢復的狀態。這種治療提供他們有機會來練習學會的溝通技巧，加強他們已經達成的改變，而且在支持性的關係下，發展出適當的自信心，這些會談可以促成他們功能越來越好，而且可以維持穩定。

　　在剛開始治療的階段，就可以和個案一起協調，到底會談應該要幾次才恰當，而不是替他們決定每週要進行幾次。剛開始時，每週碰面一次，一直到個案開始改善為止，到了他們改善之後，後面就可以重新安排時間。大部分的個案如果狀況已有明顯改善時，都可以很高興地減少碰面的頻率。一旦自己狀況變好之後，是否可以減少碰面的次數？這常常是他們起頭想要討論的問題。

　　除了急性期的協助外，為了提供更長期的照顧，應該要考慮逐漸地結束急性期的治療，而不是突然終止整個治療。這種漸進性的結束方式，有相當大的好處。第一，不需在治療將要結束的前後，聚焦在個案可能產生的失落反應，因為整個過程是逐漸減少接觸，而不是一下子完全停止。所

235

以也比較不會產生有問題的轉移反應議題，也不需在結束期前後加以討論。第二，逐漸地結束比較能夠讓治療師成為一個穩定的依附角色，鼓勵個案可以更有信心地獨立運作，因為治療師可以隨時都在，屆時個案倒不是隨時都需要他們。

最後，漸進式的結束也非常符合整個治療的原則──讓個案充滿恢復的希望和信心。心理治療其實是健康照護系統所提供的一種方式，即在治療情境中可能會創造出突然結束治療的結果。在一般的醫療中，個案都會期待治療師能在他們痛苦時，持續地給予幫忙，他們並不認為治療師一定會按照原先訂定的時間表，而忽略每一個人不同的差異和需求。在心理動力治療的理論上，突然結束本身就會增強轉移關係的出現，所以並沒有理論的依據必須要人為地、刻意地加諸在個案身上，而且還可能產生反治療的療效，因為人際心理治療本身是一種不處理轉移關係的短期心理治療。治療師必須使用自己臨床判斷來決定個案在逐漸恢復的過程中，是否可以或何時可以重新安排碰面的次數，而不是突然間停止治療。

急性期治療結束時的目標

密集性心理治療的結束階段，在人際心理治療來說是十分重要的，尤其是必須聚焦在治療關係，以及和主要依附對象的溝通關係這幾個主題上。由於某些個案的依附型態所造成的影響，使他對於整個治療關係要結束時會十分敏感，而且會有失落的感覺，甚至感到被拒絕。處理整個急性期治療的結束，是人際心理治療相當重要的任務。

人際心理治療的主要目標是症狀的解除，以及人際功能的改善。而在結束期時，另外還有其他平行的目標，就是協助個案增加獨立的功能，讓他們產生「自己是有能力的」的感受。

表 20.1　結束急性期治療：治療目標

- 促進個案獨立的功能。
- 提升個案有能力的感受。
- 增加他們新的溝通行為。
- 增加他們使用社會支持系統。
- 若有需要的話，仍可以繼續和治療師保持接觸，並提供後續的維持治療。

　　治療的目標是要協助個案能開始運用自己的資源和技巧來解決問題，而且會將整個問題的改善和治療的進步，轉變成個案對自己的信心。在急性期結束時，治療師必須清楚地讓個案知道，他已經有明顯的改善，也已有所改變，而且他有能力可以獨立執行自己的功能。治療師仍會在後面繼續支持他，而且在緊急狀況出現時仍會幫助他，但是結束期的期待就是，他不僅能有獨立的功能，且能很習慣地來操作這些技巧。

　　如果我們用一個比喻來說，就是「給他魚吃，倒不如教他如何釣魚」。最理想的情況是，人際心理治療的個案能夠學會新的溝通技巧，能夠清楚地知道並且向別人傳達自己的需求，而且能夠建立比較有功能的社會支持網絡，在各方面都能改善自己的人際功能。這些就是他們新的、改善後的「釣魚技巧」。

　　這樣的比喻，可以繼續延伸到後續的人際心理治療。對釣魚的老師來說，還有可能學生或個案遭遇到新的情境，希望能夠得到某些專家的協助。例如，當個案在釣一條大魚時，這時候鯊魚出現了，個案應該要趕快向老師尋求協助，才能安全地度過危機。在這時候，如果治療師判斷是恰當的，可以增加額外的會談次數，這種判斷不僅符合人際心理治療的概念，這時候也必須邀請個案加入後續會談。

　　在急性期治療結束時，治療師應該讓個案知道，治療師本身的資源是可以給個案使用的，尤其是在將來可能遭遇困難的時候更是如此。即使在治療結束之後，治療師本身必須要讓個案當作一個穩定的依附角色，這個角色轉換在個案遇到危急狀況時，可以尋求協助，即使在沒有危機時，個案也可以因為找得到治療師而更加安心。治療師本身即使暫時當作個案社

236

交知識網絡的重要他人也沒有關係。一旦將來危機出現時，這都可以增強個案向外尋求協助的能力（包括向治療師尋求協助）。

■■■ 急性期治療的結束：關鍵議題

在結束急性期治療之前，必須要和個案討論後續心理治療的一些問題，包括：

- 維持治療的契約。
- 提供適當的藥物。
- 討論將來可能會遭遇到的問題。

其中最重要的部分就是要討論「未來的治療」。這個部分有很多不同的選擇性，一旦個案決定要進行哪一種方式的治療，就必須要擬定一個治療的契約。各種選擇的項目包括：明白地約定每個月或是更長間隔的後續治療；讓個案了解在結束急性期治療後，即使問題重新出現也可以訂定新的契約；或是讓個案知道，如果找不到治療師的時候，個案要如何聯繫其他的心理治療或資源。

如何建構未來的治療，必須要根據臨床經驗來加以判斷。通常會根據治療的合理性以及其他考量。例如，某些個案接受了其他醫療人員的藥物治療，而不是從治療師身上，屬於這個類型的個案，就比較不需要擔心或急於安排後續的維持治療，因為提供藥物的醫師會觀察個案復發的徵兆。個案到治療場所的距離與費用也是其中的考量——個案在急性期的時候花了相當多的時間和費用到指定治療的遠距離地點來接受治療——這些有利的因素，也有可能在長距離以及大量花費的壓力下而無法繼續支持維持治療。

持續的藥物治療必須要和個案討論。臨床醫師在執行人際心理治療時，可以同時進行藥物和心理治療。至於其他非臨床的醫師在執行人際心理治療時，必須要強調在人際心理治療結束後，可能還需繼續服用藥物，如果個案想停止藥物治療，必須經過和他的醫師討論後才能夠做決定。

　　最後必須要討論的部分是，應該教導個案學會確認早期症狀是否復發，也就是說，了解原來的疾病是否復發或是再度進入另一個生病的週期，或是再度出現其他人際問題。治療師也必須和個案討論，將來如果發生哪些人際事件，有可能會和憂鬱症狀復發有關。

　　有些復發的危險性是相當明顯可見的。例如，曾有過產後憂鬱症的女性，若現在仍想要懷下一個孩子，就必須接受諮商，討論症狀復發的可能性；如果有一個個案曾因為父親死亡而有嚴重的哀傷反應，當母親可能在近期內過世的訊號出現時，也有可能再度出現難以處理的哀傷反應。還有某些症狀也可以當作復發的徵兆，我們回顧所有的憂鬱症狀可以發現，睡眠問題通常會在整個憂鬱症狀完全發作之前就開始出現，必須要接受諮商，小心地注意復發的徵兆，並鼓勵個案及時尋求協助。

■■急性期治療的結束：特殊任務

表20.2　結束急性期治療的治療技術

- 對於個案所學會的東西，給予正向的正增強。
- 確認個案了解自己失落的感覺、哀傷反應，以及角色轉換的辨識是正確的。
- 讓個案知道，結束治療可能產生的情緒是正常的。
- 治療師可以自我表露將要結束的感受。
- 邀請個案做回饋。
- 處理治療後的契約。

　　在治療結束時，有些技術相當地有用。其中一個就是讓個案給予直接的回饋。在人際心理治療中，治療師必須要回顧和整理整個治療的進展，要盡量給予個案真誠的回饋。首先需要整理從人際問卷中找到的人際問題，以及整個治療對於處理這些問題造成的進展，還包括了回顧人際問題所產生的症狀，是否有哪些部分的改善。必須要對正向的改變特別加以整理，尤其是個案在其溝通、建立新的社交支持網絡等方面所有的進展。必須要

讓個案知道，大部分的進展都是因為他自己的努力所造成的，雖然治療師本身擔任起類似教練的工作，事實上還是個案親身去執行這些困難的工作，而且是他自己造成了這些實際改變。

238　　　讓個案真正了解及接受失落的感覺是十分重要的，如果這個結束的歷程是漸進式的，失落的反應就不會那麼強烈。如同前面所描述的，治療師要個案知道，在將來還有需要時，仍可以回來尋求治療，而不要像一般心理治療那樣突然間結束治療，會讓個案在結束時遭遇相當多的困難。

如果結束的過程處理得很好，但個案仍有明顯的失落感，就需要再加以討論。治療師可能是第一個對個案有這麼多好奇和興趣的人，或者是個案的朋友中少數一個會對他提供這麼多無條件正向關心的人。治療師本身常常過度忽略了結束治療可能對個案造成的衝擊——因為治療師自己有許多病人，但這位個案卻只有一位治療師。

人際心理治療中，結束心理治療的一個重要技術，就是讓個案了解，心理治療結束時的失落反應是正常的。治療師應該要讓個案安心，許多人都會有失落的感受，這表示個案在整個治療過程中相當地投入，而且他很努力地和治療師建立關係，治療師應試著連結這些感受，這是許多個案在接受治療時都會遭遇到的，造成這個狀況的主要原因是，個案無法持續再從治療師身上得到足夠的支持。

治療師也有相當大的自由度可以來決定自我表露的程度，好讓個案知道治療師對於結束會談的感受，治療師可以在這個部分表達自己的感受（假設這些是正向的感受），這樣做至少有三個目的：

　　1. 讓個案更加覺得失落的經驗是正常的。

　　2. 示範直接表達感受。

　　3. 增強個案與其他人建立有意義的關係連結。

　　例如，治療師可以對個案說：

　　　我真的很高興可以和你一起度過這段期間，我會懷念這段期間我們互動的情
　　　形。當我需要讓某些人接受治療時，我常常覺得自己很難表達，因為我經常
　　　和他們變得很親近，而且非常努力投入地協助他們。

　　人際心理治療比較少直接聚焦在個案和治療師的關係，如果在討論結束治療的關係時，焦點不應該放在詢問個案在治療結束時，對於治療期間的感受，也不應該請個案描述對於治療師整體的感受，這樣會挑起轉移關係的解析。在接近結束時，個案可以詢問治療師有關私人的問題，治療師必須明智地抉擇，採取開放和誠實的自我表露，或引導個案到治療情境之外的人際關係，而不去質疑個案想要詢問這些問題的動機，或是當作轉移關係來做解析。

　　例如，一位產後憂鬱症的個案詢問治療師是否也有小孩，治療師可以回答：

> 是的，我有四個小孩，分別是 12、9、6 和 3 歲。我發現自己也曾遭遇過妳剛剛提到生小孩所遭遇的困難，我們之間的討論也讓我想起過去和小孩相處的經驗。我發現遭遇這些問題時，能夠和別人互相討論，更能夠和其他人建立更深入的關係，就好像是妳現在正在和朋友之間溝通的這些事情一樣，會覺得你們是共同來面對這些問題。

　　另外有用的結束的技術，就是直接請個案對整個治療的經驗給予回饋。這麼做其中一個明顯的好處就是讓治療師了解，到底自己所做的哪些是有效、哪些是無效的：對於真正採取科學精神來做治療的人而言，這是非常重要的線索，而且可以更加充實每個人臨床操作經驗的資料庫。治療師示範回饋，也能夠讓個案在現實生活中，在自我表達方面受到更多的鼓勵。另一方面，相互回饋可以增加治療關係，並且增強個案對其他人提供訊息的價值感。

239

　　最後一個技術就是小心地和個案討論治療後的契約。在傳統動力性的心理治療，這樣的契約是被嚴格禁止的，而在研究的規定中，也不可以有任何形式的治療後契約。我們之所以要這樣做，主要是因為人際心理治療的目標，是希望藉由結束心理治療，讓個案能夠獨立行使功能，並增強個案將已經學會的東西變成是自己的，或是針對個案要求是否在治療後仍可以有接觸的約定，所以討論治療後的契約是相當有幫助的。

例如，治療師可以決定個案在治療結束後一個月或兩個月和治療師聯繫。如果某些個案在維持治療的療程當中會有復發的可能性，治療師甚至會主動在一個月或兩個月之後，打電話給個案，了解是否有復發症狀。個案也會要求希望能打電話或寫信給治療師，這些部分都可以給予正向的回應。並沒有資料顯示，應該要突然結束心理治療，而且臨床經驗也清楚顯示，許多類似這樣的個案，可以從治療後的契約得到相當大的協助。

我們必須要注意好幾個重要的原則。第一，治療後的契約需要雙方的同意，而且是要書面上得到個案的同意。治療師必須要在和個案達成雙方的協議之後（如：每個月打一次電話給個案，治療師就必須要遵守。第二，治療結束後的契約，治療師的概念化應該是一種書面約定的維持治療，也就是說，如果面對面治療又開始的時候，必須要遵守治療的界限。面對面治療的目標和技術仍然需要遵守。治療師可以選擇使用這樣的技術，來減少結束期所產生的強烈情緒，這部分也相當符合不以轉移關係為主，而以支持為本質的人際心理治療。

■■■ 維持治療

維持治療和急性期的治療有何不同？

急性期的治療和維持治療有兩種不同的意義。第一個，是一種量的問題，為支持性人際心理治療的急性期的治療頻率較低、也較不密集。治療師本身也可以選擇，維持心理治療的會談，可以設定大約二十分鐘到半小時即可，因為許多個案在這段期間就可以得到足夠的療效。其他部分的差別是有關於質的部分，急性治療是用來解決人際關係的危機，而維持治療則是希望能夠維持人際功能，並且避免症狀復發。

維持治療的目標

240

維持治療的特定目標包括：

1. 必須要整理個案剛開始尋求治療時的人際問題狀況，以及個案能夠持續維持進步的部分到底是什麼。
2. 可以重新思考產生了哪些新的問題，而這些問題可能還不需要急性治療。
3. 隨著時間的進行個案的人際功能都能發揮到最好。
4. 評估個案是否仍需要重新開始急性期的治療。

人際心理治療採取維持治療的首要目標，就是要審視個案在所呈現的問題，以及特定領域的進展。治療師並參考人際問卷蒐集到的資料，或對於急性治療中，個案所處理的人際問題狀態做最新的資訊補充。這樣做的目的是希望能讓個案知道，他應該繼續處理自己的人際溝通，以免原有的問題又重新浮現。

可能有些新的問題會浮現出來，而這些問題還沒有嚴重到需要急性處理的程度。最常見的情況是，許多個案在維持治療時帶來會談的人際問題，他們都已經開始嘗試解決。例如，有一個個案剛開始接受治療時是因為婚姻的衝突，而後來維持治療時，他所提到的問題是他會和公司的老闆吵架。幸運的是，這個個案已經開始使用某些人際心理治療的問題解決技術，來處理這個問題。個案只是想讓治療師知道，他所處理的方法是有效的，他只是想尋求某些部分的建議，並非想要繼續接受急性期的治療。

在其他狀況下，治療師必須增強個案處理新問題的能力，而不需將問題帶回來要求新的急性期治療。對於某些依賴的個案，或具焦慮性、矛盾依附關係的個案來說，可能會覺得自己比較沒有能力去獨立面對這些新的問題，他們很自然地就會想逃回治療的情境中。治療師應該要用自己的臨床判斷，來決定是否需要對這樣的情況提供急性期的治療。

維持治療的契約應該要保持彈性，但契約上所有的更動都需讓個案參與討論。例如，某一個個案尋求兩個月的維持治療，想要處理性關係的衝

突。治療師經過臨床的評估後，認為個案已經相當熟悉人際心理治療，而且已經使用某些問題解決的技術開始在運作，他認為每個禮拜的會談只需進行三次就可以解決這些問題。所以治療師不需和個案再重新訂立十二至二十次的新的療程，而且和原來維持治療時所訂立的，每兩個月會談一次，也有所不同。

在這些案例上的主要考量是，如果契約有改變，必須針對改變的部分加以討論，並且由雙方同意才去進行。這些改變最主要是要合乎個案最大的利益：目的就是要符合個案的需求，而不需重新進入一個相當大的治療契約。在這個時候做決定，主要是按照臨床的判斷。

如果個案持續的功能表現良好，治療師可以協助個案在維持治療的療程中，保持相當不錯的功能。治療師應該強烈地鼓勵，並給予正向的增強，而且要鼓勵個案盡量靠自己來解決問題。獨立性之所以重要不僅是鼓勵他們在現實生活中這樣去做，在治療情境中也需要盡量養成這樣的習慣。例如，治療師在維持治療的會談中，不應該採取過度主動的角色來協助個案解決問題，而是應該引導個案盡量去運用已經在治療階段所學會的技術，並且發展出屬於自己的問題解決方案。

最後，維持治療主要是希望暫時提供危急關係的一個平台，一旦有需要，雙方可以迅速進入急性期治療。這時，可能需要重新修改某些契約，而關係的維繫正好讓治療師擔任起個案可以依附的對象，讓他可以在遇到危急狀況時回來求助。持續關係的這種契約，也讓治療師能夠了解個案的功能情形，讓治療師能有根據來判斷個案是否已經有症狀復發，必須建議他重新開始急性期的治療。

維持治療：策略和技術

維持治療和急性期階段所採取的技術大致上類似，但是治療師必須要比較被動，而這個目標必須要協助個案發揮最大的獨立功能。治療過程中不應該投入太多活動來解決問題，而是要鼓勵個案「你已經知道如何解決

問題」，這樣的體會過程仍然具有相當的療效。

案例 Mary

　　Mary 是一位 27 歲的女性，主要因為母親死於一場車禍前來尋求治療。個案的母親之前身體健康狀況一向良好，但這一次是在三個月前被一位酒醉駕車的駕駛撞死。她描述自己的情緒越來越低落、開始會哭、覺得有罪惡感，以及睡眠不好。雖然她能夠繼續在工作上維持功能，但她覺得自己工作的品質越來越差。這個事件讓她不得不尋求治療，因為她面臨車禍事件需要出庭的時間點，覺得非常地焦慮，不曉得如何應付。

　　個案之前並未罹患精神疾病，童年也沒有特殊的不愉快事件。直到母親死亡之前，她和母親仍然非常親近。她還能夠回想起許多有關母親生活的細節，對於母親的整個圖像，還能保持相當地平衡和完整，還是一個完整的模樣的回憶。

　　個案的父親對於配偶的死亡相當難過，個案描述這是她第一次看到父親有這樣的表現。因為個案的父親常常是一個有點距離感但非常強而有力的人，看起來根本不需要任何幫忙。她從未看過父親在母親的葬禮上哭泣，而在這個事件之後，父親卻沒有辦法回去工作。他看起來非常嚴重地憂慮，而且個案必須擔負起照顧父親的角色。在剛開始的會談階段，她能清楚地談到父親的擔心，而且能相當完整地表達哀傷。

　　個案有一個哥哥住在很遠的地方，關係不太親近。她聯絡哥哥回來參加母親的葬禮。哥哥雖然回來，但是把照顧父親的責任留給她。個案已經結婚四年了，她描述自己的先生相當地支持她。她先生在剛開始的時候也來參加會談，讓治療師也有類似的印象。個案的社交支持網絡相當好，她很投入教會的活動，而且在工作上及周遭鄰居都有不少朋友。

　　在完成人際問卷後，治療師對於個案的概念化是一個高功能的、相當安全依附關係的個案，但卻面臨自己無法處理的人際危機。個案的人際關係很好，也有相當不錯的病識感，而且在關係中也都有相當安全的依附。

242 　　個案和治療師雙方同意接受十二次的人際心理治療，主要的目標是協助她處理現在的哀傷反應，而且如何去面對將要面臨的出庭應訊。個案能夠在治療中有相當大的進展，她非常能夠掌握到自己的情緒，而且能夠詳細地描述當她聽到母親的死訊，以及參加母親葬禮時完整的感覺。由於治療師的鼓勵，她能夠把自己的情緒更詳細地告訴先生，還有幾個非常支持她的好朋友。

　　個案在經過角色扮演的練習後，知道如何與父親接觸，並開始安排父親接受精神科的治療。她父親也希望接受治療，且服用抗憂鬱藥物的效果相當地好。她覺得自己不再需要花那麼多的力氣來照顧父親，而且能夠和父親一起討論母親死亡的經驗。

　　最難處理的部分是對於那位撞死母親的駕駛的感受。個案和治療師以及其他人經過多次討論之後，她選擇不要和這個人有後續的聯絡和溝通。她參加法院應訊的所有過程（經由她要求，她找了好幾個朋友陪她一起去，覺得比較有支持），但是在這個人被判刑之後，她不認為自己應該和這個人有任何聯繫。她生氣地向自己的牧師表示，為什麼神會讓這樣的事件發生。雖然她不覺得可以經由這些溝通來解決心靈上的問題，但至少能夠順利地表達當時充滿了模糊感、不舒服感覺，而且她會繼續參加宗教的活動。

　　在法院聽證會結束後，治療從每個禮拜進行一次，到後來個案要求能變成兩個禮拜進行一次。因為她有很多支持她的朋友，治療師經由評估之後，也覺得她表現得還不錯，於是建立新的契約，改為每兩個禮拜碰面一次，而且繼續五次。在治療將要結束時，治療師也和個案詳細討論後續維持治療的重要性。

　　在急性期治療將要結束時，雙方同意一旦治療結束，每個月回來一次，至少維持兩個月，如果她覺得有需要的話，將來還可以繼續下去。由於個案有相當不錯的依附關係、支持系統，而且之前沒有嚴重的人際問題或精神疾病，治療師對於這種約定覺得相當地合適。

　　維持治療進行得相當順利，治療師只是簡單地回顧了個案一般的功能，而她仍維持相當不錯的表現。在第二次維持治療會談結束時，雙方同意不再需要安排後續會談。然而，個案要求知道治療師的電子郵件信箱，她希望和

治療師經由電子郵件保持聯繫，而且認為這種聯絡方式應該會相當不錯。

治療師對於這個要求有兩個反應。第一個就是覺得有點焦慮，甚至在個案最後一次會談時做出這樣的要求，令治療師自己也覺得有點煩。個案的要求很明顯地就是有轉移的關係，但是在這個階段並沒有提出來做討論。而這個煩的部分，可能是因為治療師受過心理動力的訓練，而且心裡有一點忍不住想要繼續詢問個案為什麼會有這樣的要求。這個焦慮主要來自於治療師需要即刻地做反應。

治療師壓抑自己心理動力的檢查習慣，按照第二種反應來做回應。他認為給個案一個「過渡性的客體」，也就是電子郵件的地址，對她是有治療性的好處，而且能夠讓個案覺得可以持續地依附治療師。看起來這個動作的危險性很小，但好處卻很大。第一，整個治療從頭到尾都沒有直接討論過治療關係，所以現在也不太適合開始討論這個部分。第二，因為雙方的約定，將來不會再有後續的接觸，也不會增加個案轉移關係的危險性，而且在個案需要協助時，可能求助的機會比較大。最後，如果拒絕個案的需求，可能反而容易觸犯治療結束階段時產生的轉移關係，和我們一直採取支持性治療的角度有所不同，這也不是維持治療的治療師所應該採取的角度。

治療師過了一年後才得知個案的消息，他收到個案一封簡短的郵件，告訴治療師她表現得還不錯，而且她已懷了和先生計畫中的第一個孩子。治療師簡單地做出個人回應，他表示很高興收到個案的消息，恭喜她，而且希望她在懷孕過程中能一切順利。他很期待個案在生產後，能讓治療師知道她的狀況，而這個部分，在比較資深的督導可能不會同意類似的邀請行為，但治療師仍認為這個部分和人際心理治療的維持治療概念相當符合，而提出了後續聯絡的邀請。

大約在五個月之後，個案要求治療師安排第一次的會談。她產下了一個很健康的男孩，但是卻在生產之後的好幾個禮拜，又出現了很嚴重的悲傷感覺。雖然她看起來並沒有明顯的憂鬱，但是她認為整個生產過程又挑起她失去母親的感受。她描述自己沒有預期到會有這些反應，但是在孩子出生後，她很希望母親可以在自己身邊，看到孩子，並且可以在產後這段期間好好地

243

照顧她。她有位好朋友最近也生了小孩，這個好朋友的媽媽陪在旁邊兩個禮拜，讓個案覺得相當地嫉妒。

個案和治療師雙方同意會談四次，每個禮拜一次，在會談中，雙方討論個案對新環境的種種反應。個案仍然像以前一樣很能表達自己的感受，有能力描述自己的各種情緒反應，而且能夠和其他朋友分享這些感覺的細節。站在一個比較實際的角度，她邀請自己的婆婆來陪伴她一個禮拜的時間，幫她調養身體，以便能趕快回到工作崗位，她覺得婆婆能在身邊是相當有幫助的。

在急性期的治療結束之後，個案也恢復了，個案和治療師又建立了維持治療的契約，一切就如原來的原則一樣。

■■■結論

雖然人際心理治療的急性期治療和維持治療有許多類似之處，我們仍希望將之概念化為兩個不同的階段。兩個階段的治療目標和治療強度都有明顯的差異：急性期的治療是希望能夠解決當前的人際危機，而維持治療的目標則希望能避免問題的復發。兩個階段使用的技術都相當類似，維持治療則容許治療師採取比較不主動的角色，能夠鼓勵個案使用自己已經學會的問題解決技術。由於與所有的個案都可以討論維持治療的必要性，因此最後的決定還是在於臨床的判斷，在急性期的治療結束後，再評估要如何地進行維持治療的頻率及接觸的型態。

1. Frank, E., Kupfer, D.J., Perel, J.M., *et al*. 1990. Three-year outcomes for maintenance therapies in recurrent depression. *Archives of General Psychiatry* **47**, 1093–9.

第六部分

人際心理治療的其他觀點

心理動力的歷程

Chapter 21

當我爬上樓梯的時候，我遇到了一位並不在那邊的人。他今
天仍然不在那邊，而我卻希望這個男人可以走開。

無名氏

■ ■ 簡介

所有人類活動都有著心理動力的決定因素。不論是和送牛奶的人說話，
或者是一般心理治療的對話，潛意識的歷程都在影響著所有的人際互動。
人際心理治療發生的互動當然也不可避免地符合這種規則，人際心理治療
是經由治療師的能力，來了解並處理整個心理動力的歷程。但人際心理治
療是限定時間長度的，由於時間的限制，需要有相當多的技巧能快速辨識
和處理這些問題，雖然人際心理治療要求不要對治療關係做討論，但仍然
預期可能會出現的相關主題一旦出現時，治療師需加以準備並且做後續的
處理。

精神分析和其他心理動力取向的治療，主要是根據兩個重要的基本原
則：第一個叫作精神決定論，另一個則假設潛意識這種心理歷程，是主要
影響一個人意識層面思考和行為的決定因素。也就是說，根據精神分析的
理論，人們大部分都不了解有哪些力量在引導自己的行為，而且是由於這

些潛意識的因素導致了精神官能症和相對的精神病理。[1]Freud 強調這些組成因素的重要意義，因此將這個部分稱為精神分析，他認為藉由精神分析，可以協助治療師了解心理治療中所產生的轉移和阻抗，而這兩個部分都是一種潛意識的行為，而且和早期發展的過程有關。[2]人際心理治療也認為這些是重要因素，但由於核心的原理有所不同，以下會從不同的角度來探討這個主題。

248

■■■轉移關係

　　轉移關係最常見的解釋就是，重複早期建立人際關係的習慣，用這種舊的習慣和當前的夥伴相處。[3]這是一個常見的現象，可以出現在各種不同的關係。轉移關係特別用在治療的過程中，由於個案會將過去的人際習慣轉換到與治療師的相處上，把治療師當作一個特定的人際夥伴，而重複自己早期的人際關係。轉移關係被當作是一種潛意識的歷程，個案本身並不會覺察到。

　　心理動力治療中，轉移關係的重要性是，個案將過去舊的人際習慣投射在治療師身上，治療師可以用放大鏡來檢核這樣的過程。心理動力治療的目標，就是建立一個環境以挑起舊有的轉移關係，這樣會更容易辨認出個案對於治療師的投射。更加仔細地檢查治療過程中的轉移關係，尤其是個案的各種轉移經驗，是整個心理動力治療的重要因子。治療師作為一個中立的觀察者來看個案的各種反應，並能夠對個案的轉移關係適當加以解析以及提供回饋，個案才能清晰地看到自己對於其他人潛意識的、扭曲的各種人際反應。

　　在所有的心理治療（包括人際心理治療）中，治療師應該要非常清楚地了解，到底個案是怎麼看待治療師的。心理動力治療的主要目的，就是協助個案找出他是如何用一種特殊的方式來經驗與治療師的互動，並了解為什麼會這個樣子。[4]在分析性的心理治療中，要將個案早期的關係解套，才能夠影響後續的、被扭曲的人際習慣。

再者，所有的個案對治療師的反應都受到轉移關係的影響，因此也會影響到整個治療的結果。如果個案對於治療師的轉移關係是正向的，個案會覺得治療師是一個很願意幫他、很具善意的人，也使他對於整個治療的遵從性會比較好。相反地，如果個案對治療師的反應是負向的，或是懷疑的，這樣會使所有的評論以及各種的介入都會被看輕，而且個案對治療師的各種建議也會採取不信任的態度。

David Malan[5] 曾經提到過「洞察的三角形」（triangle of insight），他認為過去和現在的關係，會經由心理治療的轉移關係加以連結。也就是說，當個案開始了解他對治療師採取哪一種轉移的反應，這種了解就可以類化到其他過去和現在的關係。治療師的任務就是要讓個案對於轉移關係的各種型態能夠有意識上的覺察。

轉移關係的這個概念相當類似於 Sullivan 所提出的「似是而非的扭曲」[6]（parataxic distortion）。Sullivan 也相信，所有的人如果在現在主要的人際關係中，帶著扭曲或是不正確的看法，這個扭曲一定是來自於過去人際經驗的產物。就如同 Freud 的看法一樣，Sullivan 本身也認為這種扭曲的過程是潛意識的。

Sullivan 將轉移的概念加以延伸，他特別強調轉移關係或是我們前面提到的似是而非的扭曲，並不是憑空而來的，主要是來自於個案過去的人際關係。換句話說，轉移關係或扭曲，事實上是和其他人「真實」互動而來。再者，Sullivan 認為，如果和一般人（包括和治療師）有了扭曲的轉移關係，而對方也相互回應，那麼，別人對他扭曲的印象也會再影響他原來的轉移關係，而變得更加地扭曲。

Bowlby 提出了依附關係的模式，讓轉移關係的概念更進一步。Bowlby 認為，依附模式本質上是一種神經學的、並以生理為基礎的驅力，但在關係中因為進入了潛意識而使我們忽略了這個部分的重要性。Bowlby 認為個案人際關係所採取的運作模式，並非一種潛意識，而是來自於過去真實經驗為基礎，反映出過去關係一種真實而正確的評估，是個案本身可以覺察到的。

Bowlby 的模式主要來自於理論的觀點，但並沒有在治療技術上引起大

的改變和革新。如果使用 Bowlby 的觀點，治療師應該聚焦在治療關係，以便了解個案過去是如何投入新的人際關係，以及任何過去經驗的扭曲，而重現在目前的治療關係。這是因為個案所採取的內在運作模式，使自己和其他人建立關係的典型方式，也會習慣性地強加在治療師身上，就如同他強加在其他人際關係一樣。和精神分析有所不同，治療師要協助個案直接找出這種人際習慣，而不是藉由解析個案潛意識的內容來達到療效。

人際心理治療主要是參考 Bowlby 的依附理論。當我們發現個案有一些潛意識的部分在影響當前的人際行為時，人際心理治療的焦點就是要協助個案來了解這些沒有被注意到的習慣。當然，個案剛開始不太有洞察力，也不太了解他是用什麼樣的方式在和其他人互動，這時候個案人際互動的組型並不會被認為是由潛意識的力量來推動的。因此治療師要協助個案能清楚地了解這些行為，以及後續的改變，這種人際行為習慣性地出現，不需經由解析潛意識的動機，只要協助個案看到自己的行為即可。

人際心理治療和心理動力有所不同，主要因為它並沒有運用治療關係來當作了解以及檢視轉移關係的工具，而且，它也不會用關係來找出個案不良的內在運作模式是如何投射在他和治療師的關係上。人際心理治療比較重視的是個案當下的人際關係。主要是因為轉移關係的這個因素（適應不良的內在運作模式），也同樣會出現在診療室之外的人際關係。如果聚焦在個案當前的人際關係，而不是放在他和治療師的轉移關係上，就能協助個案直接去面對急迫處理的問題，而讓治療能夠將重點放在快速的症狀解除，而不是內在人格結構的改變。

250　　　經由人際心理治療對於個案當前人際關係的聚焦，診療室中的治療關係也就不會成為人際心理治療的焦點。但是和治療師的轉移關係仍然是治療師非常重要的資訊。治療師實際可以體驗到個案投射出的依附及溝通的型態，這讓治療師能有相當豐富的訊息，可以了解個案實際人際關係的本質是什麼，也可以了解個案將來的療效和預後為何，更可以清楚地看到個案和治療師之外的人如何地互動。雖然在治療中並沒有直接討論轉移關係，但是人際心理治療非常重視這些歷程所代表的意義。

我們可以這樣說，人際心理治療是以心理動力來觀察，而心理動力治

療則是以心理動力作為處理的焦點。人際心理治療採用心理動力的方式來
觀察，並考慮到類似轉移關係的各種心理動力歷程，但是卻不和個案直接
討論這些心理動力。心理動力治療是以心理動力作為處理的焦點，不只是
發現轉移關係的存在，如果其他治療關係裡有潛意識的因素影響治療關係，
就必須和個案討論清楚整個治療的主軸。

　　這兩者之間的差別，可以圖 21.1 來作比喻。此圖中，在執行人際心理
治療和其他心理治療中，鯊魚表示可能遭遇到的心理動力歷程。至於觀察
心理動力的潛水人員，其活動領域是在比較表面的地方，他可以看到鯊魚
的存在，可以決定是否要接近鯊魚一點，或是採取某些步驟要更避開這一
條鯊魚。而人際治療師的目標就是盡量能夠游到這個水域的另外一邊，來
避免和鯊魚接觸。

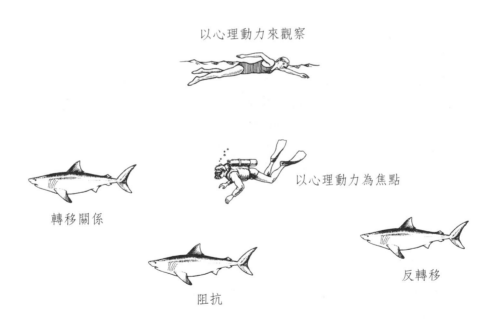

以心理動力來觀察

以心理動力為焦點

轉移關係

反轉移

阻抗

圖 21.1　心理動力治療者以及人際心理治療

潛水者游到一個可能有鯊魚的水域，對於了解以心理動力來觀察，或是以心理動力為焦點的治
療，是一個相當好的比喻。以心理動力來觀察表示讓自己游在鯊魚的上面，他能夠了解鯊魚的存
在，或是在必要時展開對鯊魚採取攻防。而以心理動力為焦點的這種游泳方式，則是隨時準備要
處理鯊魚的攻擊。

251 　　以心理動力為焦點的這個潛水夫，不僅要準備隨時隨地和鯊魚游在一起，而且要盡快地找出這一條鯊魚。能夠和鯊魚游在一起，而且不被牠所吞食，必須要經過多年的心理動力訓練，而且能夠有相當多可使用的技術來處理這些問題的經驗：鯊魚是一個惡名昭彰、非常原始而且本能的攻擊驅力。治療師處理這種來自於原我驅力——這一條鯊魚，必須要穿著相當堅固的、能夠抵抗連續攻擊的潛水衣！

　　如同前文的比喻，整個治療的目標就是要協助潛水夫能夠順利游過充滿鯊魚的海域，而不要成為牠們的大餐。人際心理治療的目標就是要避開這些鯊魚群，而心理動力治療者則是要找出牠們並加以破壞。人際心理治療比較適用在鯊魚較少的海域中，精神分析取向的治療則不可避免地必須游在充滿鯊魚的水域，根本是不可能避開這些鯊魚的。

反轉移

　　在 Freud[7] 的觀念中，反轉移本身是一種潛意識的歷程，會干擾治療師客觀地觀察個案的行為。從字面上來說，「反轉移」是轉移的相反意義，它包括了治療師本身早期的生活經驗，會帶到和個案的互動經驗中。[8] 在轉移關係中，整個歷程都是潛意識的。因此，Freud 認為反轉移最好是能加以抑制，因為它有時會阻礙心理治療的進行，而且會讓治療師無法客觀地了解個案。[8] 反轉移會影響治療師對於個案做正確的解析。而去除反轉移的過程，則需要治療師接受精神分析，讓自己這些反轉移的反應，能夠帶到意識的層面而加以覺察。

　　反轉移的概念經由後續的修正和補充新的觀念後，認為已不是只有治療師對個案的反應，或是只有來自治療師過去的經驗而已。許多作者認為，反轉移就如同轉移關係一樣，是一個相當重要的治療因子，而治療師對個案種種的反轉移也必須要加以檢核，當作是整個治療歷程的一部分。[9,10]

　　其中有一位作者 Ogden 認為[11]，反轉移是一個心理動力的現象，個案經由投射認同的歷程，讓治療師感受到個案內在的心理經驗。這個歷程相

當常使用在客體關係治療。[12] 自體心理學也認為反轉移是一個同理的途徑，他認為是心理治療療效的根本基礎。也就是經由所謂的同理共振關係，這個關係是來自於個案將自己的經驗投射在治療師身上，形成了治療關係以及後續改變的基礎。在這個模式中，整個歷程也是潛意識的，個案投射在治療師身上的部分，是他自己無法覺察的，而治療師的任務就是讓個案能清楚地覺察到這些經驗。

　　我們了解反轉移具備了這些廣泛的意義，而人際心理治療只採取其中比較狹窄的概念。我們可以做出以下的區分，某些部分的反轉移，對於治療師來說是新的，治療師沒有覺察過的，這是來自於個案投射在治療師當下所引起的感受。這些當下的反應和治療師本來就具有的反轉移反應（這些是來自於舊的經驗，可能干擾整個治療的進行）是有所不同的，因為舊的這些扭曲，可能會讓治療師對於自己和個案的互動經驗不夠客觀，而影響了治療師對這個個案的看法。

252

　　如果將這些部分放在一個依附的架構上來看，就是治療師人際關係的內在運作模式——如同我們看到個案的轉移關係一樣，是來自於自己過去累積的人際介面。如果內在運作模式並沒有正確地讓個案覺察到，可能會扭曲個案和治療師之間的關係，因為個案會習慣將以前的內在運作模式強加在治療師身上。如果治療師長期就不太容易相信其他人，而且大部分都只相信自己，或是長期需要依賴他人的肯定，這些傾向和模式有可能會在治療中出現，除非治療師已經先做了覺察，並採取適當的防範措施，才能夠避免這些扭曲的情況發生。

　　人際心理治療的治療師也必須了解自己的依附行為以及溝通習慣，這樣就可以減少過度使用舊的內在運作模式，而可以按照更正確的、客觀的角度來了解個案的經驗。因此所有的治療師也都被鼓勵要去接受個別心理治療，包括想要操作人際心理治療的治療師也是如此。

　　為了要彌補僅採取轉移關係比較狹窄的角度，人際心理治療也相信，個案在治療關係中，會清楚地挑起治療師的某些反應。這個現象主要是根據溝通理論：個案的直接溝通和後設溝通，也都可以挑起治療師互補的反應。例如，比較具備敵意的個案，也比較容易挑起治療師的攻擊反應；比

較被動的個案，也容易挑起治療師剛開始過度主動的反應；比較不配合的個案，也容易挑起治療師比較不願意協助的反應。這些反應在人際心理治療中比較不被當作是一個反轉移的行為，人際心理治療認為這是一種很自然的反應，因為個案表現這樣的行為，而治療師只是相對地反應而已。概括來說，個案可能在其他地方也會挑起類似的人際反應。

　　人際心理治療中，也希望治療師能夠區分，哪些反應只出現在個案和治療師之間，而哪些反應是個案特有而和治療師本身無關的。只出現在個案和治療師之間的，我們稱為人際心理治療中的反轉移；而後者則是由個案所挑起。前面一種治療師的反轉移比較容易影響其對於個案正確的了解，或發展適當的治療關係；後者則必須要用個案的依附型態、溝通型態來了解，可以清楚地對個案在治療情境之外的人際問題，提出適當的觀察和假設。反轉移在人際心理治療中是比較狹隘的概念，認為反轉移可能會導致同理心沒有辦法順利地發展，而影響了治療師對於個案客觀的了解。人際心理治療也認為個案在治療情境中挑起治療師的反應，可能也會在其他情境當中挑起別人類似的反應，因為這是個案習慣的溝通問題，也就是後續心理治療的處理焦點。

　　我們想要區分「反轉移」（countertransference）和「挑起的反應」（elicited response），當然大部分都是人為的分類方式，如果治療師帶著這種扭曲的人際經驗和運作模式，當然會影響當前的治療關係，而治療師自己的內在運作模式及溝通型態的互動，也會再度影響個案的內在運作模式，這是一個相互影響的過程。如果雙方都陷入了這種互動的漩渦中，都是採取過去的扭曲經驗來相處，就沒有辦法改變過去扭曲的經驗。所以人際心理治療希望能簡化治療的原則，也就是個案和治療師本來就無法完全地了解對方。即使有這樣的限制，個案和治療師在人際心理治療中，仍要採用真實的、當下的人際關係來盡力地了解對方。

　　人際心理治療採取具結構性的、聚焦的、限定時間的治療方式，主要是希望能減少個案和治療師之間相互挑起這些內在運作模式。不太容易建立關係或一起合作的個案，可以經由這種限定時間的介入方式，來減少治療師因為個案不斷地投射，接受長時間的情緒衝擊而覺得能量耗竭。一位

253

憤怒的邊緣人格個案，和連續接受四年的心理治療比起來，會比較能忍受
十五次的心理治療。當然，這些比較難以處理的個案，也需要一些具備英
雄特質的治療師，來對他們採取長期的心理治療。然而，人際心理治療的
結構性本質，讓治療師能適當地對這些難以相處或比較不被喜愛的個案，
提供合理的合作關係，這可能也是個案長期經驗以來第一次成功地建立合
作關係。

▪ ▪ ▪ 阻抗

　　在 1892 年，Freud 以「Elizabeth von R」案例，開始介紹心理治療的阻
抗概念。[7]如果從心理治療的結構來看，阻抗可能是個案想要維持自己習慣
的心理狀態所造成的結果。如果把它應用到治療的情境，阻抗可以是任何
可能影響或是阻礙整個療程進行的行為和態度。[13]從精神分析的觀點來看，
所有的心理治療都會有它的出現，因為所有的個案都有潛意識的需求，他
們想要避免改變，而且避免去回想起痛苦的、羞恥的、尷尬的情緒、記憶
和幻想。

　　Fromm-Reichmann[3] 則將阻抗定義為：「在個案的覺察外，重新挑起的
一種激動的能量，這個能量主要是導致個案最原始的、病態的解離和壓抑
的歷程」。換句話說，這是一種潛意識的歷程，能夠保護一個人不去碰觸
到無法忍受的焦慮，因此這是一個自我保護的機制。所以個案在意識之外
的心理防禦，是主要產生阻抗的過程。在治療中，阻抗可以用各種不同的
方式來表現，但是所有的方式都離不開這樣的原則——就是個案極力地想
要逃離某些會引起焦慮的議題。

　　精神分析取向的治療，主要是希望能找出患者真正焦慮的根源，也就
是他無法接受的、內在的衝動，這部分是他長期一直無法加以控制的，因
此會將焦點放在如何讓個案呈現並了解其阻抗的本質。和其他心理治療不
同，有些心理治療會比較不去處理阻抗，心理分析取向的治療師會努力想
要去找出阻抗的原因、目的、型態，以及阻抗的歷史。[10]Freud 認為，想要

努力地去修通阻抗，是促成心理治療進展的重要因素，這也是分析性心理治療和其他不同治療最大的差別。[4]

雖然阻抗的潛意識部分在人際心理治療也能夠覺察到，但是阻抗的意識層面在這類的治療中才是重點。簡單來說，人際心理治療中的阻抗，可以把它分成兩個部分：第一個部分是個案可以意識到的，而且是刻意的；第二個部分是個案很自然的傾向，就是想要避免改變的發生。前面的部分可以被描述成為是「刻意地阻礙」，[3]而這個部分則是個案本身想要破壞或是刻意去抗拒治療的傾向。

這種阻抗的傾向在某些情況下特別容易出現，例如被強迫治療的情境，可能個案是在法律上被要求要接受治療，但是他刻意地想要避免透露出某些訊息、拒絕回答問題，或是對於整個治療不合作，這個部分是他可以覺察到的，而且這樣做是想破壞治療。其他例子則包括參加婚姻治療的案例（其中一方可能為了隱藏外遇的訊息），或是青少年不太願意在心理治療中說話，或是由於個案對治療師生氣而刻意不來參加心理治療。

後面這種形式的阻抗可以當成改變歷程中，所有人都可能出現的自然反應。這在心理治療的個案身上更是常見，因為他們對於未知的害怕，而且必須冒險去嘗試改變，即使在主動尋求治療的個案身上都可以看到這些狀況。對於這些行為，人際心理治療會將之當成個案可以覺察到的、而他們來尋求治療都是充滿誠意的。亦即個案實際的生活經驗讓他產生了合理的害怕，擔心改變不曉得會是什麼樣的結果。這些部分主要來自於個案過去的依附經驗，以及他已經形成的依附型態。

例如，如果個案的真實經驗就是持續地被他人拒絕，那麼他現在之所以無法形成新的人際關係，就非常可以讓人理解，而且他可能也不太敢嘗試去做相當有威脅性的事情。個案過去的經驗是受到虐待，我們很自然地就可以體會他不太容易相信其他人。就如同 Bowlby 所提出的依附行為概念，這種阻抗則是根據真實生活經驗而來，不需運用到潛意識的歷程。

人際心理治療中，治療師的反應和心理動力治療有相當大的不同。治療師不會對個案潛意識的阻抗加以解析，而是對個案的阻抗給予同理。由於個案過去的這些經驗，我們非常可以體會個案對於改變是十分焦慮的。

人際心理治療最主要就是去了解個案的這些困境，能夠適當地給予同理、協助他們解決問題，且對於任何改變的嘗試都給予同理。治療師擔任起一個穩定的依附角色，提供個案無條件的正向關係，而治療師本身可以在意識的層面，經由同理心促成個案改變的意願。

　　總結來說，一般人可能因為上述任何理由而出現阻抗。一旦這些痛苦變得越來越難以承受，或是他們開始有能力可以從改變當中獲益的時候，改變就會發生。而後面的這種情況必須要有高度的洞察，以及能夠延遲自己需求滿足的忍耐力，而這些個案可能很多人是在唸研究所，也比較適合長期的心理治療。所有心理治療的個案，幾乎都是因為自己無法忍受當下的情境，尋求治療的因素是因為他們很痛苦，而不是他們想要尋求更高層次的洞察感和自我實現，他們並無意願接受長期和花費高昂的心理治療。即使在愛荷華州，最常聽到的抱怨就是「我和太太吵得不可開交」，而比較不會聽到：「我來這裡尋求治療主要是因為希望能夠了解／認識自己，讓自己獲得更大的好處和成長。」

　　在醫療情境中，我們常常會根據危險性以及療效的評估來做決定。在這個歷程中，會根據之前規定的劑量來開藥，例如，以細菌感染的嚴重性來決定抗生素的藥量，超過這些劑量則可能會對個案造成傷害。由於某些個案對於正常的藥物劑量可能會有過敏反應，心理治療的個案對於人際改變，也可能產生過敏反應。而這些抗生素的劑量則必須要稍微地調降，如果對於心理治療敏感的個案，也必須要放慢治療的步調。這種阻抗或是對於改變敏感的現象，所需要採取的方式不是解析，而是適當地給予同理，對於個案所採取的任何改變的嘗試，都給予正向的增強。

　　阻抗是所有治療都會出現的部分，人際心理治療也不例外。阻抗通常是嚴重到影響治療進行的時候，才會去加以討論和處理。如果個案刻意地想要干擾治療流程的進行，就是屬於不適合人際心理治療或其他各種類型治療的個案類型，則需改採其他的治療方式。

■■■結論

　　人際心理治療也會出現心理動力的歷程，這些歷程會影響所有的心理治療以及所有的臨床介入。人際心理治療所看到的阻抗，通常會等到阻抗出現影響治療的效果，讓個案無法從治療中獲益才會加以處理。所有的歷程對於治療師都是重要的訊息來源，這些訊息都可以整合進入人際心理治療。

參考文獻

1. Brenner, C. 1973. *An Elementary Textbook of Psychoanalysis*. New York: Anchor Press.
2. Freud, S. 1938. The history of the psychoanalytic movement. In: Freud, S. (ed.), *The Basic Writings of Sigmund Freud*. New York: Random House.
3. Fromm-Reichmann, F. 1960. *Principles of Intensive Psychotherapy*. Chicago: University of Chicago Press.
4. Freud, S. 1962. Remembering, repeating, and working through. In: Strachey, J. (ed.), *Standard Edition of the Complete Psychological Works of Sigmund Freud*. London: Hogarth Press.
5. Malan, D.H. 1975. *A Study of Brief Psychotherapy*. New York: Plenum.
6. Sullivan, H.S. 1953. *The Interpersonal Theory of Psychiatry*. New York: Norton.
7. Freud, S. 1946. *The Complete Psychological Works*. London: Hogarth Press.
8. Freud, S. 1962. The future prospects of psycho-analytic therapy. In: Strachey, J. (ed.), *Standard Edition of the Complete Psychological Works of Sigmund Freud*. London: Hogarth Press.
9. Abend, S. 1989. Countertransference and psychoanalytic technique. *Psychoanalytic Quarterly* **58**, 374–95.
10. Greenson, R. 1967. *The Technique and Practice of Psychoanalysis*. New York: International Universities Press.
11. Ogden, T.H. 1983. The concept of internal object relations. *International Journal of Psychoanalysis* **64**, 227–35.
12. Kohut, H. 1971. *The Analysis of the Self*. New York: International Universities Press.
13. Strean, H.S. 1994. *Essentials of Psychoanalysis*. New York: Brunner Mazel.

人際心理治療的研究

Chapter 22

■ 簡介

在這個段落中，我們並不打算完整介紹人際心理治療，而是要討論幾個比較重要的觀點，我們可以從歷史觀點，或是從臨床觀點來討論。這些研究相當程度地影響了臨床操作的守則，我們會詳細地加以描述。在文章的末尾列出了許多重要的參考文獻，讀者如果需要的話亦可找出這些資料來閱讀。

在此章節中的研究，我們也找出了到底哪些關於治療的觀點是未知或還不確定的。從不同的治療角度來看，人際心理治療使用的心理治療的格式，也還沒有在實證的環境下加以驗證。使用每個禮拜的會談，這是遵循傳統心理治療的規定，而不是根據實證研究而來──還沒有任何的資料顯示為什麼不可以採取兩個禮拜一次、每個月一次，或每個禮拜兩次的治療形式。每次一個小時的會談，或是每次半小時、十五分鐘、兩小時，也都不是來自於實證研究。沒有任何研究資料顯示，到底什麼樣的時間長短是最恰當的。更具爭議的主題是，治療師必須要經過什麼樣程度的訓練──如果來自於不同專業背景以及不同訓練層級，是否仍能有效地執行人際心理治療，這方面仍尚未經過實證的研究。如果經過篩選良好的個案，治療師即使受過不同程度的訓練，也比較可能達成治療的效果。而比較難以處

理的個案，則必須要比較具有經驗的治療師、受過更高層級的訓練才能達
到效果。這些部分仍然需要經過實證研究的測試。

因此，雖然人際心理治療經過了個案對照的療效研究，還有許多人際
心理治療的組成元素，還未經過實證研究的測試。人際心理治療（以及採
取其他治療法的治療師）大部分還是依據心理治療的傳統，而且是根據臨
床經驗以及心理治療歷史而來。

這讓我們十分地清楚，人際心理治療臨床的操作，一定要根據實證研
究的證據、臨床經驗，以及臨床的判斷。如果完全根據實證研究的線索就
要來操作整個治療，會被認為是相當天真而且不符合現實──人際心理治
療因為有許多的層面還沒有經過實證研究的證實。再者，如果很固執地要
求人際心理治療必須要完全按照實證研究的結果來操作，就是忽略了人際
心理治療其實是來自於許多臨床經驗的累積。用來支持人際心理治療療效
的實證研究文獻相當地重要，也會影響整個治療，但是治療的經驗和臨床
的判斷是同等重要，尤其是在決定人際心理治療應該要如何操作時更是如
此。

■■■ 人際心理治療的早期研究

第一個人際心理治療研究出版於 1970 年代，是由 Klerman 和 Weissman
等人所完成。[1,2] 在最初研究中，他們發現對於嚴重憂鬱症的個案，這種治
療方式比沒有排定時程的治療方式有效，而且療效相當於 amitriptyline 這
種抗憂鬱劑的效果。[2] 而比較單獨使用人際心理治療或者 amitriptyline 的效
果，以及同時接受人際心理治療加上 amitriptyline，結果發現同時使用藥物
和人際心理治療的這一組，效果優於其他單一方法的療效。[3] 在這個研究中
的個案顯示出，結合兩種治療的方式比較容易讓個案接受，而且他們比較
可以維持治療的意願。

雖然許多研究都可以證明人際心理治療在憂鬱症狀方面的療效，但其
中的許多發現至今還沒有被複製過。例如，結合兩種治療方式優於單獨使

用人際心理治療和藥物治療，就還沒有被廣泛地測試，而且還沒有一致的發現。而在其他的研究中，人際心理治療加上 imipramine 來預防憂鬱症的復發，發現和單獨使用藥物的效果類似。[4]這只是其中一個結合藥物和心理治療的研究而已。直到今日，雖然我們已經習慣在臨床情境中，無論是在治療憂鬱症或其他精神疾病時，會同時結合藥物和心理治療，但仍沒有足夠的證據來支持，到底結合治療的效果是否能夠優於單獨使用藥物，或是單獨使用心理治療。

　　無論如何，典型的臨床操作仍繼續地結合心理治療以及藥物來治療憂鬱症，而這些嘗試其實仍缺乏足夠的臨床證據來證明兩種方式的結合是比較有效的。臨床經驗的確讓我們相信使用藥物加上人際心理治療是不錯的方法。人際心理治療非常符合這樣的操作，而且必須要加入臨床的判斷來決定，是否同時採取藥物加上人際心理治療。

　　早期研究中的另外一個發現，而且還沒有被複製的研究是，如何區分不同的治療產生何種療效。[5]藥物治療可以導致憂鬱症生理症狀的改善，例如：失眠、食慾不好、沒有能量，而心理治療比較可以導致自尊心改善、自殺危險性降低，以及罪惡感的改善，仍然大部分是屬於心理治療直覺上的概念。然而事實上並沒有其他研究證明，心理治療和藥物對於整個憂鬱症狀，是否能夠產生如此不同層面的影響。事實上國家心理衛生院的憂鬱症治療協同研究計畫（Treatment of Depression Collaborative Research Program, NIMH-TDCRP），已經設計了某些研究，以了解藥物、認知行為治療，以及人際心理治療療效的差別，卻發現中間沒有明顯的區分。[6,7]

　　結果的差異性可能來自於兩個現象。第一個，憂鬱症雖然有多重恢復的路線，但是都有一個共同的終點。也就是說，雖然剛開始使用不同的機轉來協助憂鬱症的恢復，但是各種不同的模式對於憂鬱症的生理及心理症狀都有改善的效果。這些資料顯示刻意用人工的方法將生理和心理的症狀區分開來，這種習慣必須要重新檢驗。第二個因素是，藥物和心理治療復原的評估，都是檢驗類似的症狀準則，而這些症狀必須要大部分都已經緩解。因此，如果想要了解兩種治療方式造成的治療效果有何不同，會因為大部分個案具備了少數症狀，而無法藉由這種測量來了解兩種治療方式的

差異。將來的研究如果想要比較兩種治療方式的差別，必須要聚焦在各有部分反應的一些個案，而這些差異性則會更加地明顯。

■■■NIMH 憂鬱症的治療：協同研究計畫

早期研究主要是比較人際心理治療及認知行為治療效果的差異性，[8] 這個研究是來自於 NIMH-TDCRP。NIMH-TDCRP 成為後續人際心理治療研究的催化劑，由於這個研究被廣泛地公開引用，而且研究結果相當受到重視，這些結果作為以後治療的守則以及臨床治療的建議，才讓人際心理治療被更多的心理治療師和臨床工作人員所了解。

NIMH-TDCRP 仍為心理治療效能研究的黃金守則，本研究的設計特別清楚地強調特定的治療模式（包括安慰劑治療），也包括延伸的訓練以及前驅的研究，讓治療師能高度遵守整個治療的守則、有能力去執行這些治療。再者，許多個案在進入治療之前都經過完整的評估，不論是自我報告的症狀以及獨立的症狀測量，並且小心選擇症狀改善的結果。

在 NIMH-TDCRP，總共有 256 個個案經過隨機的指派，接受 imipramine、人際心理治療 IPT、認知行為治療 CBT，或是安慰劑 placebo 的介入。並沒有結合兩種治療方式的介入。所有的個案都符合了 DSM-III 嚴重憂鬱症的診斷準則，如果合併復雜的其他問題，就會被排除在這個研究之外。所有的個案都經過不同工具的測量，主要結果的測量工具是貝克憂鬱問卷（Beck Depression Inventory, BDI）[9] 以及漢米爾頓憂鬱症評估問卷（Hamilton Rating Scale for Depression, HRSD）。[10]

兩種心理治療都和 imipramine 以及安慰劑做比較，維持十六個星期的時間。對於輕到中度的憂鬱症，發現人際心理治療明顯的比安慰劑有效，和 imipramine 以及認知行為治療效果相當。[6] 有某些證據顯現人際心理治療對於嚴重憂鬱症的效果比認知行為治療還要好（嚴重憂鬱症是指 HRSD 分數>20），但是兩種心理社會的治療方式，都無法像 imipramine 對於嚴重憂鬱症的療效那麼好。NIMH-TDCRP 這種共通的研究結果，發現人際心理

治療及認知行為治療對於輕到中度的憂鬱症是有效的，但是抗憂鬱劑仍必須作為治療嚴重憂鬱症個案的第一線治療方法。

在NIMH-TDCRP研究中，43%的個案，在接受人際心理治療後，憂鬱症達到緩解，而有55%完成整個人際心理治療療程的個案達到緩解。其中23%的個案提早退出治療，而大部分提早結束的這些個案，都是在剛開始評估時發現是比較嚴重憂鬱的個案。[11] 再者，33%的個案本來是緩解的，在治療後十八個月內復發。而復發率、急性治療的療效反應，與接受認知行為治療以及 imipramine 抗憂鬱劑治療的狀況相當。

這個 TDCRP 研究雖然也有部分的爭議點，但是每一種治療方式對於資料的解釋提供了相當有利的證據。[12,13] 一直到今天為止，許多藥物和心理治療的前瞻性研究，都認為特定的療效評估並沒有採取令人滿意的研究方法，或研究資料並沒有正確地得到分析，這兩個觀點雖然有所不同，但是都還沒有辦法證明，哪一種治療優於另外一種治療。

這個研究的研究設計，對於人際心理治療的發展，有特別重大的影響。人際心理治療之所以被選為比較的一種治療方式，主要是因為它和認知行為治療有明顯不同。[14] 研究設計本身期望治療方式能夠有比較大的差異，尤其是心理治療，這樣我們才能更進一步了解整個療效的機轉到底是什麼。[14] 為了增大治療方式的差異性，特別強調治療個案的技術取向有所不同。例如，認知行為治療特別聚焦在內在的認知，而人際心理治療特別重視外在的人際關係。每次心理治療的主題自然有所不同。在每次認知行為治療中，都被要求找出一個特定的主題來加以討論，而人際心理治療所進行的方式，如果按照手冊上所要求的，就是每次會談都是相當非指導性的。由於 1984 年所寫出的指導手冊[15]主要是為了這個研究計畫，人際心理治療手冊中就會特別指出人際心理治療和認知行為治療是有所不同的，不只是來自於臨床治療的經驗，也因為這些技術的操作，受到了人際心理治療理論的引導。

除了 TDCRP 對於人際心理治療及認知行為治療的影響之外，也發現憂鬱症的藥物研究所採取的方法，影響了心理治療的研究，而成為TDCRP所採取的主要研究法。兩種治療因為是限定時間的，和選擇的藥物也比較

容易去比較。尤其在理論上面要求，想要證明一種藥物的效果差不多需要十六週的時間，如果這段時間還沒有產生效果，那麼這個藥物就可能不會有效，因此心理治療也需要維持這麼長的時間來配合藥物的療效研究。仍然沒有足夠的研究來證明，認知行為治療和人際心理治療用十六週的時間來評估是最恰當的。之所以規定十六週，主要是因為希望能夠和藥物研究的時間一樣長。事實上，有部分的個案在接受超過十六週的治療時間，都可以達到明顯的改善，而某些個案在十六週還看不出療效，但是在二十至二十四週就可以看到明顯的改善。所以現在還沒有研究資料證明認知行為治療或人際心理治療最適當的治療時間長度應該要有多長，因此，現在的研究還是維持著十六週的治療療程：事實上這種治療的療程並沒有實證研究來證明。

261

　　藥物治療對於人際心理治療最大的影響就是，人際心理治療所採取的是醫療的研究模式，這也是一種限制。這也反映了當時精神醫學的背景，特別強調這是一種醫療的疾病，而且精神醫學也開始醫療化，因此人際心理治療修正成為能夠和抗憂鬱劑來做比較。[16] 這種比較狹隘的模式仍然沿用至今，但是現在的心理衛生專業人員也發現，心理衛生應該採取的是比較複雜的「生物心理社會模式」。[17] 人際心理治療特別針對人際因素以及社會支持，但是生物心理生活模式所描述的，應該更正確地符合人際心理治療的理論，而且是治療師應該要採取生物心理社會模式的操作會比較合乎實際的狀況。

　　另外一個對於人際心理治療產生重大影響的，就是納入了 TDCRP 以及 Klerman 等人所做的藥物研究，所以用來測量人際心理治療的結果，也是用症狀來測量。因為憂鬱症的藥物治療，特別想要處理的是 DSM 所提到的症狀，而人際心理治療為了要和藥物比較，也採取了與憂鬱症狀同樣的測量。但是這種運用方式，卻讓人際心理治療的療效受到了限制，只是聚焦在一群憂鬱的症候群，主要是因為藥物治療本身來測量整個個案的改善太過聚焦而簡化，而且想要將人際心理治療當作是一種藥物來比較療效，反而讓人際心理治療的價值過度狹隘。[18]

　　症狀的解除的確是我們所期待的目標，而且人際心理治療研究的療效

也的確能減輕憂鬱的症狀，不容置疑。但是這種狹隘的焦點反而讓人際心理治療的可能性受到了限制，包括個案的病識感可能有了改變、人際關係比較滿意、生活滿意度也比較高，或是更能接受當前生活的環境，這些部分的改善和個案當前的整體生活更為相關。雖然這些部分不太容易去量化和測量，但是忽略這個部分的改變，而聚焦在減輕憂鬱症狀的結果，就很容易遺漏掉這種治療方式最強而有力、療效最大的部分——這部分的效果專屬於心理治療，在藥物治療是比較不會出現的。

NIMH-TDCRP對於人際心理治療持續至今的影響，就是人際心理治療的研究設計：符合醫療模式。人際心理治療仍然主要聚焦在症狀的緩解。大部分人際心理治療的研究，仍然運用在 DSM 所規定的、一定範圍的精神疾病和症狀，而不是了解對於個案整個人際的問題有那些影響。這是一種以疾病為本質的取向所導向的結果，人際心理治療手冊是根據這樣的背景發展出來，只是稍微修正更想要去符合 DSM 特定的診斷。治療師被要求必須要根據不同的診斷，去學習不同方式的人際心理治療，而不是希望他們更了解人際心理治療的基本原則，以便運用在不同的病人族群。這些手冊因為只有聚焦在單一的、特定的疾病，而不是根據臨床上常見可能會共同罹患的疾病來做一體的考量。

這樣的結果就是，人際心理治療的宣導會受到限制。由於必須要經過研究證明有效，才能夠應用並推展至某些特定的範圍，而且整個焦點放在人際心理治療是不是完全按照 NIMH-TDCRP 裡面所規定的操作方式，才能夠當作是一個有效的治療。如果用這麼僵化的方式來操作人際心理治療，不但不夠使用，而且在臨床工作上，許多非研究取向的治療者會逃避使用這種方式。如果一定要根據研究證明的經驗才能夠傳遞新的治療技術，則會讓很多有創意的有效治療被排除在外。

262

這個 NIMH-TDCRP 是個非常好的例子，就是實證研究能夠影響到整個心理治療的發展。它也提供非常好的臨床重要訊息，但是不應該去引導整個臨床的操作。由於這個研究計畫的設計是超高標準的，作者本身也發現了這個研究可能受到的限制。這些資料顯示，整個研究治療方式的選擇，以及如何運用將嚴重影響結果。由於整個研究的限制，臨床的經驗和判斷，

仍必須在臨床情境使用人際心理治療，並以此為重要決策的角色。

■■■憂鬱症狀復發的維持治療

　　Kupfer、Frank、Reynolds 以及他們的同事，在匹茲堡大學進行了好幾個相當不錯的人際心理治療研究，將人際心理治療當作是嚴重憂鬱症復發的維持治療。其中一個主要的維持治療研究中，急性期憂鬱期的個案，之前至少有過三次的憂鬱期，在這一次的急性期憂鬱期中，接受了結合 imipramine 和人際心理治療總共十六週的時間。這些個案在急性期的治療中，被指派進入五組其中的一組：(1)單獨接受 imipramine；(2) imipramine 加上每個月的人際心理治療；(3)單獨使用每個月的人際心理治療；(4)每個月人際心理治療加上安慰劑；或者是(5)單純使用安慰劑。這些個案被持續地追蹤一直到憂鬱症狀復發，而決定治療時間的長度。

　　單獨接受 imipramine 或是 imipramine 加上人際心理治療，沒有憂鬱症的時間明顯長於單獨接受人際心理治療，或是人際心理治療加安慰劑的這兩組。[4]如果接受抗憂鬱劑（可以加上或不加上人際心理治療），經過了三年可以發現，在憂鬱症狀復發之前，平均可以維持一百二十至一百三十週沒有憂鬱症狀的時間。而單獨接受人際心理治療，或人際心理治療加上安慰劑，平均沒有症狀的時間大約是七十五至八十週。雖然沒有使用藥物的人際心理治療，可明顯優於安慰劑可以達成的沒有憂鬱症狀的時間長度（使用安慰劑大約是四十週沒有憂鬱症狀），純粹使用人際心理治療而不去使用抗憂鬱劑，明顯地比不上加上抗憂鬱劑的維持治療效果。從這個研究中發現，擔心憂鬱症的復發應該讓個案接受持續的抗憂鬱劑治療。[19,20]人際心理治療可以用於某些個案，如果他們不願意服用藥物，或者無法接受藥物產生的不舒服時，這是可以採取的另類替代方法。

　　在匹茲堡研究中，如同 TDCRP 也有某些限制。第一，這個研究也是一個療效的研究，特別選擇沒有共同罹患其他疾病的個案，而且使用高度訓練的治療師，要求他們嚴格遵守治療手冊。這些療效的資料，也明顯地

影響了臨床操作，目前為止仍然沒有人際心理治療和藥物治療在一般臨床情境中，是否可以達到效果的研究資料。如果要讓這些研究資料能夠順利運用在臨床上大部分的個案身上，臨床的經驗及判斷仍然應該主導我們治療的決策，也就是根據不同的個案提供符合其獨特性的治療方式。

　　匹茲堡研究對於人際心理治療以及藥物使用「劑量」的批評是不公平的。也就是說，每個月使用一次的人際心理治療，和 imipramine 抗憂鬱劑持續使用相同的劑量並不能等同視之。相較之下，人際心理治療只提供了約藥物四分之一的劑量，來處理急性期憂鬱期的症狀。

　　如果暫時不去考慮劑量的問題，從醫療模式和抗憂鬱劑研究中延伸而來的治療方式，仍無法確定人際心理治療的維持治療在實際的臨床情境中可能有的效果。例如，對於非接受研究的個案，在急性期憂鬱症狀穩定後，不太確定其是否仍願意接受維持治療。治療師常遇到的情況是，當個案即刻的需求已經解決後，其實臨床上仍然強烈地要求後續的追蹤治療，但個案接受治療的意願會急速下降。再者，是否會每個月接受一次的追蹤，在臨床的情境中，是否應該由雙方共同來決定下一次回診應該是什麼時候。這部分常見的情況，本來就是應該由治療師和個案共同討論來決定，而不是像研究手冊一樣，一開始就聲明要有怎樣的頻率來進行，這個部分應該再接受實證研究的檢驗。所以治療本身應該如何操作，必然受臨床經驗的影響最大。

用藥物和人際心理治療的後續治療

　　Frank 和他的同事比較了兩群復發以及單極性憂鬱症的女性。[21]第一組在一開始治療時，他使用了人際心理治療加上藥物治療。第二組則單純只提供人際心理治療，如果仍然沒有辦法產生療效，則會再加上其他治療。在一開始就採取兩種結合的治療方式，緩解的比例大約是 66%，和大部分嚴重憂鬱症非住院病人療效的結果相當。相反地，如果先採取人際心理治療，然後再加上其他治療的這種方式，緩解率大約是 79%，明顯地，優於剛開始就結合兩種治療的方式。這種先後採取兩種治療方式的這一組，到

達恢復的時間會拖得比較長，也就是會先進行人際心理治療完整療程失敗之後，才會加入其他的結合治療模式。這個結果顯示，利用人際心理治療來治療女性的復發憂鬱症，可以先採取人際心理治療，然後再加上抗憂鬱劑，是相當有效的一種治療方式。尤其是在懷孕期間，這是非常具有吸引力的一種方式。但這種策略的有效性，仍必須要在單一次憂鬱發作的個案身上加以檢驗，才能知道是否能夠達到同樣的療效。

■■■人際心理治療的生理研究

　　Thase 和他的同事 [22] 檢驗了睡眠的腦波，以及人際心理治療的療效反應，研究的樣本是九十一位復發性憂鬱症的個案。異常睡眠腦波的個案，臨床療效明顯較差，而復原率也明顯地低於正常睡眠腦波的憂鬱個案。整體看來，48%的個案在接受單獨十六週的人際心理治療可以產生緩解，但是正常腦波緩解的比例大約是58%，明顯地優於異常腦波的37%的緩解率。

264

　　另外一群研究使用比較新的神經影像學的技術，來研究接受人際心理治療後的生理改變。Martin 和他的同事 [23] 研究了二十八位嚴重憂鬱症的個案，被隨機指派到單獨接受人際心理治療，或者是每天兩次，每次 37.5 毫克 venlafaxine 的藥物治療組。使用單光子電腦斷層掃描（Single photon emission computed tomography, SPECT）的技術，在治療前以及治療後六週加以攝影。右邊後扣帶迴（right posterior cingulate）的血流，在接受人際心理治療六週之後有明顯的上升，而兩組在右邊基地核的血流也都有明顯的上升。整體來說，兩組在 HRSD 得分，以及 BDI 得分都有明顯改善。而 venlafaxine 這一組改善的趨勢是持續可以看到的。

　　Brody 和他的同事 [24] 使用正子造影（positron emission tomography, PET）的技術掃描了二十四位嚴重憂鬱症的個案，在他們接受 paroxetine 或者單獨接受人際心理治療，治療之前和治療之後的影像，而且蒐集了十六位對照組的 PET 掃描影像。憂鬱症的個案根據個人的偏好而被指派到不同的治療。憂鬱症的個案在基準線的時候，就可以發現局部代謝的異常，在治療

過程中會逐漸朝向正常化來改變。相對地可以看到前額葉皮質，以及左邊前方扣帶迴的代謝下降，而治療後的兩組將都可以看到左顳葉的代謝上升。只有在 paroxetine 治療等這一組，才可以看到右腹側邊前額葉皮質代謝明顯地下降。雖然兩組在接受十週的治療後都有明顯改善，接受paroxetine的這一組，HRSD 的得分改善程度明顯優於人際心理治療。

■■■將來的研究方向

人際心理治療可以適用於許多不同的精神疾病，不論是在開放的或者是控制的研究實驗中都可以看到。還沒有研究顯示在一般平常情境使用的情形，也就是說，所有的研究資料都是根據實驗研究而來，而不是根據療效研究而來。以下將提到這些研究的參考資料。

人際心理治療在操作面仍然有許多未知數，其中最根本的問題，包括到底人際心理治療應該進行多長的時間才是最好的？每次的會談到底多常進行一次是最恰當的？哪些是有效的情境？這些問題仍需後續研究（研究情境和臨床情境實際上是有所不同的）來處理。然而，人際心理治療必須要回答下面四個重要的問題。

哪些個案適用人際心理治療更優於其他治療？

這是最常被問到的人際心理治療基本的問題，研究並沒有足夠的資料顯示，如何去篩選特殊的個案，這部分必須根據治療師本身的直覺和臨床的判斷來做決定。

有一個觀念必須要經過測試，就是個案如何對於自己問題的概念化，會影響治療的不同結果。例如，如果個案尋求治療的主要抱怨，大部分會描述自己的問題是人際的，如關係的衝突和角色的轉換，這類個案比較可能從人際心理治療當中獲益。相反地，當個案尋求協助的主要問題，用比較認知的字句來描述問題，例如沒有辦法想事情，或是不合理期待自己的

265

表現時，就可能比較適合接受認知行為治療。

嚴格遵守人際心理治療手冊較佳，或是讓治療師依臨床判斷，對不同案例做個別的調整比較好？

　　臨床經驗顯示，治療師的臨床判斷，能導致比較好的療效。也就是說，最終還是回歸於經驗主義。許多對心理治療療效的研究，都同意這樣的說法，認為心理治療本身是一種自我矯正的過程，治療師的判斷會讓他能夠採取適當的治療方式，而且對於特定的個案也會比較有效。[25]以藥物為例，藥劑師並不會完全嚴格遵守藥物的處方，因為有時候個案在處方的規定下，仍會產生副作用，或者是造成症狀的惡化，這時候醫師就必須要換成其他藥物，或者改變治療方法。之所以要求治療師必須要嚴格遵守手冊的要求——即使在發現治療並沒有什麼效果時，仍會要求他們遵守手冊，主要是希望他們不要偏離治療的原則。

　　比較仔細地來看，嚴格地要求治療師遵守手冊，反而會阻礙他們發揮治療的創造力。例如治療師可能相信加入某些認知行為治療的技術（如：活動的排程），結合人際心理治療會更有療效。然而，治療師必須要被允許，而不是嚴格地遵守治療手冊的條件下，才能夠適當地運用剛剛所描述的這些技術。根據臨床經驗來判斷實際上個案是否能從不同的技術上得到好處，這種觀察是最直接的，但是臨床經驗常常會混合好幾種治療的方式。開業治療師常使用這種混合治療方式，但是卻沒有經過實證研究的測試。

　　在愛荷華大學正在進行一項有趣的研究，在這個研究中，傳統的療效的研究設計，主要是根據NIMH-TDCRP，開始被修正必須要納入某些臨床判斷的觀點。在一個標準的人際心理治療研究中，進行的方式是十二週，每週一次，對於憂鬱症患者給予治療。和另一個研究來相較，就是治療師可以決定他們碰面的頻率以及時間。這種測試治療師臨床判斷的研究，雖然是一個小的開始，卻是朝向更有效治療的重大進步——也就是評估人際心理治療運用在臨床情境的療效。

人際心理治療的必備條件為何？

　　大部分人際心理治療的實證研究，都是根據 Klerman 等人[15] 所發展出來的手冊而來。人際心理治療的整套概念，都被記錄在這個手冊當中，還沒有相當的資料顯示，到底哪些部分對於整個治療是必要或不可或缺的。例如，手冊中提到的醫療模式，當成整個治療的基礎，或其他模式也可以達到不錯的效果，甚至是更有效，這些都還沒有經過檢驗。是否需要特別標示出手冊上所規定的問題領域，才能夠讓治療產生療效？是否人際敏感應該被當作某一個問題領域，或只是當作人格和依附型態的一個變項就可以？還有是否他提出的問題領域，已經包含了所有的問題領域，或者還要再加入其他的問題領域？

　　後面這個觀點非常地重要，也許可以延伸出不同的人際心理治療類型，而這個不同的次分類可協助不同的個案群。[26] 例如，青少年的人際心理治療，加入了單親父親家庭的這個問題領域；憂鬱症懷孕女性[27] 的人際心理治療，因加入了複雜性的懷孕而成為新的問題領域。相反地，人際心理治療必須要發展出更廣泛可以運用的治療，而不是很多種人際心理治療的變形，或者更廣泛地可以採取人際焦點方式來加以了解，或是用更大的原則來加以解釋，而不是細分成更細的特殊類型。也就是說，必須要經由實證的研究來加以討論，而現在還沒有足夠的實證證據來支持上面這兩種不同的觀點。然而，臨床的證據顯示出，人際心理治療可以比較廣泛地加以運用，之所以沒有辦法快速推展的理由，就是不同的人際心理治療類型，有自己專門適合的個案族群。

　　現在幾乎沒有什麼研究指出，人際心理治療必須要加上哪些因素才會讓它變得更有效。是否在某些情境加入放鬆練習，會讓人際心理治療更有效？或是依規則指派家庭作業，或使用「空椅子」的技術來練習新的溝通技術？基本上，過度嚴格遵守實證研究的模式可能會造成傷害，因為它會大大地阻礙了治療的創造性，[28] 也可能讓其他有效的技術整合無法進入人際心理治療模式。

要有效地執行人際心理治療，必須經過哪些層級的訓練？

人際心理治療在美國大部分是在研究的情境中執行，在歐洲及澳洲已開始推展使用於臨床情境。因此，美國大部分的人際心理治療主要是由經過高度訓練的博士或是醫師層級的治療師來執行，其他則需要經過類似訓練層級的人來操作，或是某些接受了較不那麼嚴格要求訓練的治療師也可以執行。上述這兩種情形，並沒有研究證明到底需要接受哪一個層級的訓練，才能夠有效地執行這種治療。一般而言，我們認為只要能夠接受完整心理動力訓練的治療師，就可以執行人際心理治療，並沒有其他的研究證明，需要延伸心理動力的訓練才可以去執行。再者，現在會建議研究層級的訓練（需要經過四十個小時的口頭訓練，以及被督導過兩個個案），但是這種訓練的建議，還沒有經由臨床情境來測試訓練的有效性以及療效為何。

思考這個問題的重要推論是，治療師本身是否能判斷關係的運用和有效性。一般而言，人際心理治療最好是「按照書上來操作」，或是經由有能力或有經驗的治療師，也就是說根據治療師本身的經驗和判斷，只要能夠達到最大的療效即可，但這兩種觀念仍然沒有結論。相反地，如果只有一點點經驗的治療師，最好是嚴格地遵守手冊的操作，因為他們缺乏臨床判斷的資料庫，無法根據自己的經驗來做有效的判斷。

■■■ 結論

毫無疑問地，人際心理治療是心理治療中最完整研究的療法之一。有許多高品質的研究清楚地顯現出，人際心理治療的療效是可以經由個案對照組的考驗。這些資料相當程度地影響了人際心理治療在非研究情境的操作。雖然現在仍沒有足夠的資料呈現臨床上使用人際心理治療的情形，然而在臨床情境中，治療師的臨床經驗依然是相當有效的決策工具。

1. Klerman, G.L., DiMascio, A., Weissman, M.M., Prusoff, B.A., Paykel, E.S. 1974. Treatment of depression by drugs and psychotherapy. *American Journal of Psychiatry* **131**, 186–91.
2. Weissman, M.M., Prusoff, B.A., DiMascio, A. 1979. The efficacy of drugs and psychotherapy in the treatment of acute depressive episodes. *American Journal of Psychiatry* **136**, 555–8.
3. Weissman, M.M., Klerman, G.L., Prusoff, B.A., Sholomskas, D., Padian, N. 1981. Depressed outpatients: results after one year of treatment with drugs and/or interpersonal psychotherapy. *Archives of General Psychiatry* **38**, 51–5.
4. Frank, E., Kupfer, D.J., Perel, J.M., *et al.* 1990. Three-year outcomes for maintenance therapies in recurrent depression. *Archives of General Psychiatry* **47**, 1093–9.
5. DiMascio, A., Weissman, M.M., Prusoff, B.A. 1979. Differential symptom reduction by drugs and psychotherapy in acute depression. *Archives of General Psychiatry* **36**, 1450–6.
6. Elkin, I., Shea, M.T., Watkins, J.T., *et al.* 1989. National Institute of Mental Health Treatment of Depression Collaborative Research Program: general effectiveness of treatments. *Archives of General Psychiatry* **46**, 971–82.
7. Imber, S.D., Pilkonis, P.A., Sotsky, S.M., *et al.* 1990. Mode-specific effects among three treatments for depression. *Journal of Consulting and Clinical Psychology* **58**, 352–9.
8. Beck, A.T., Rush, A.J., Shaw, B.F., Emery, G. 1979. *Cognitive Therapy of Depression*. New York: Guilford Press.
9. Beck, A.T., Ward, C.H., Mendelson, M., Mock, J., Erbaugh, J. 1961. An inventory for measuring depression. *Archives of General Psychiatry* **4**, 561–71.
10. Hamilton, M.A. 1967. Development of a rating scale for primary depressive illness. *British Journal of Social and Clinical Psychology* **6**, 278–96.
11. Shea, M.T., Elkin, I., Imber, S.D., *et al.* 1992. Course of depressive symptoms over follow-up. Findings from the National Institute of Mental Health Treatment of Depression Collaborative Research Program. *Archives of General Psychiatry* **49**, 782–7.
12. Klein, D.F., Ross, D.C. 1993. Reanalysis of the National Institute of Mental Health treatment of depression collaborative research program general effectiveness report. *Neuropsychopharmacology* **8**, 241–51.
13. Jacobson, N.S., Hollon, S.D. 1996. Cognitive-behavior therapy versus pharmacotherapy: Now that the jury's returned its verdict, its time to present the rest of the evidence. *Journal of Consulting and Clinical Psychology* **64**, 74–80.
14. Elkin, I., Parloff, M.B., Hadley, S.W., Autry, J.H. 1985. NIMH Treatment of Depression Collaborative Treatment Program: background and research plan. *Archives of General Psychiatry* **42**, 305–16.
15. Klerman, G.L., Weissman, M.M., Rounsaville, B.J., Chevron, E.S. 1984. *Interpersonal Psychotherapy of Depression*. New York: Basic Books.
16. Detre, T. 1987. The future of psychiatry. *American Journal of Psychiatry* **144**, 621–5.
17. Engel, G.L. 1980. The clinical application of biopsychosocial models. *American Journal of Psychiatry* **137**, 535–44.

268

18. Stiles, W.B., Shapiro, D.A. 1989. Abuse of the drug metaphor in psychotherapy process-outcome research. *Clinical Psychology Review* **9**, 521–44.

19. Kupfer, D.J., Frank, E., Perel, J.M. 1992. Five year outcomes for maintenance therapies in recurrent depression. *Archives of General Psychiatry* **49**, 769–73.

20. Frank, E., Spanier, C. 1995. Interpersonal psychotherapy for depression: overview, clinical efficacy, and future directions. *Clinical Psychology: Science and Practice* **2**, 349–69.

21. Frank, E., Grochocinski, V.J., Spanier, C.A., *et al.* 2000. Interpersonal psychotherapy and antidepressant medication: evaluation of a sequential treatment strategy in women with recurrent major depression. *Journal of Clinical Psychiatry* **61**, 51–7.

22. Thase, M.E., Buysse, D.J., Frank, E., Cherry, C.R. 1997. Which depressed patients will respond to interpersonal psychotherapy? The role of abnormal EEG sleep profiles. *American Journal of Psychiatry* **154**, 502–9.

23. Martin, S.D., Martin, E., Rai, S.S., Richardson, M.A., Royall, R. 2001. Brain blood flow changes in depressed patients treated with Interpersonal Psychotherapy or venlafaxine hydrochloride: preliminary findings. *Archives of General Psychiatry* **58**, 641–8.

24. Brody, A.L., Saxena, S., Stoessel, P., *et al.* 2001. Regional brain metabolic changes in patients with major depression treated with either paroxetine or interpersonal therapy: preliminary findings. *Archives of General Psychiatry* **58**, 631–40.

25. Edelson, M. 1994. Can psychotherapy research answer this psychotherapist's questions? In: Talley, P.F., Strupp, H.H., Butler, S.F. (eds), *Psychotherapy Research and Practice: Bridging the Gap*. New York: Basic Books.

26. Mufson, L., Moreau, D., Weissman, M.M., Klerman, G.L. 1993. *Interpersonal Psychotherapy for Depressed Adolescents*. New York: Guilford Press.

27. Spinelli, M.A. 2001. Interpersonal psychotherapy for antepartum depressed women. In: Yonkers, K., Little, B. (eds), *Management of Psychiatric Disorders in Pregnancy*. New York: Oxford University Press, 105–21.

28. Henry, W.P. 1998. Science, politics, and the politics of science: the use and misuse of empirically validated treatment research. *Psychotherapy Research* **8**, 126–40.

進階閱讀

國家心理衛生院的憂鬱症治療協同研究計畫

Ablon, J.S., Jones, E.E. 1999. Psychotherapy process in the National Institute of Mental Health Treatment of Depression Collaborative Research Program. *Journal of Consulting and Clinical Psychology* **67**, 64–75.

Agosti, V. 1999. Predictors of persistent social impairment among recovered depressed outpatients. *Journal of Affective Disorders* **55**, 215–19.

Agosti, V., Stewart, J.W. 1998. Social functioning and residual symptomatology among outpatients who responded to treatment and recovered from major depression. *Journal of Affective Disorders* **47**, 207–10.

Agosti, V., Ocepek-Welikson, K. 1997. The efficacy of imipramine and psychotherapy in early-onset chronic depression: a reanalysis of the National Institute of Mental health Treatment of Depression Collaborative Research Program. *Journal of Affective Disorders* **43**, 181–6.

Barber, J.P., Muenz, L.R. 1996. The role of avoidance and obsessiveness in matching patients to cognitive and interpersonal psychotherapy: empirical findings from the Treatment for Depression Collaborative Research Program. *Journal of Consulting and Clinical Psychology* **64**, 951–8.

Blatt, S.J., Quinlan, P.A., Pilkonis, P.A., Shea, M.T. 1995. Impact of perfectionism and need for approval on the brief treatment of depression: the National Institute of Mental Health Treatment of Depression Collaborative Treatment Program revisited. *Journal of Consulting and Clinical Psychology* **63**, 125–32.

Blatt, S.J., Quinlan, D.M., Zuroff, D.C., Pilkonis, P.A. 1996. Interpersonal factors in brief treatment of depression: further analyses of the National Institute of Mental Health Treatment of Depression Collaborative Research Program. *Journal of Consulting and Clinical Psychology* **64**, 162–71.

Blatt, S.J., Sanislow, C.A., Zuroff, D.C., Pilkonis, P.A. 1996. Characteristics of effective therapists: further analyses of data from the National Institute of Mental Health Treatment of Depression Collaborative Research Program. *Journal of Consulting and Clinical Psychology* **64**, 1276–84.

Blatt, S.J., Zuroff, D.C., Bondi, C.M., Sanislow, C.A., Pilkonis, P.A. 1998. When and how perfectionism impedes the brief treatment of depression: further analyses of the National Institute of Mental Health Treatment of Depression Collaborative Research Program. *Journal of Consulting and Clinical Psychology* **66**, 423–8.

Blatt, S.J., Zuroff, D.C., Bondi, C.M., Sanislow, C.A. 2000. Short- and long-term effects of medication and psychotherapy in the brief treatment of depression: further analyses of data from the NIMH TDCRP. *Psychotherapy Research* **10**, 215–34.

Crits-Christoph, P., Connolly, M.B., Shappell, S., Elkin, I., Krupnick, J. 1999. Interpersonal narratives in cognitive and interpersonal psychotherapies. *Psychotherapy Research* **9**, 22–35.

Elkin, I., Pilkonis, P.A., Docherty, J.P., Sotsky, S.M. 1988. Conceptual and methodological issues in comparative studies of psychotherapy and pharmacotherapy, I: Active ingredients and mechanisms of change. *American Journal of Psychiatry* **145**, 909–17.

Elkin, I., Pilkonis, P.A., Docherty, J.P., Sotsky, S.M. 1988. Conceptual and methodological issues in the comparative studies of psychotherapy and pharmacotherapy, II: nature and timing of treatment effects. *American Journal of Psychiatry* **145**, 1070–6.

Elkin, I., Gibbons, R.D., Shea, M.T., *et al*. 1995. Initial severity and differential treatment outcome in the National Institute of Mental Health Treatment of Depression Collaborative Research Program. *Journal of Consulting and Clinical Psychology* **63**, 841–7.

Gibbons, R.D., Hedeker, D., Elkin, I., *et al*. 1993. Some conceptual and statistical issues in analysis of longitudinal psychiatric data. Application to the NIMH Treatment of Depression Collaborative Research Program. *Archives of General Psychiatry* **50**, 739–50.

Hill, C.E., O'Grady, K.E., Elkin, I. 1992. Applying the Collaborative Study Psychotherapy Rating Scale to rate therapist adherence in cognitive-behavior therapy, interpersonal therapy, and clinical management. *Journal of Consulting and Clinical Psychology* **60**, 73–9.

269

Krupnick, J.L., Sotsky, S.M., Simmens, S., *et al.* 1996. The role of the therapeutic alliance in psychotherapy and pharmacotherapy outcome: findings in the National Institute of Mental Health Treatment of Depression. *Journal of Consulting and Clinical Psychology* **64**, 532–9.

O'Malley, S.S., Foley, S.H., Rounsaille, B.J., *et al.* 1988. Therapist competence and patient outcome in interpersonal psychotherapy of depression. *Journal of Consulting and Clinical Psychology* **56**, 496–501.

Rounsaville, B.J., Chevron, E.S., Weissman, M.M. 1984. Specification of techniques in interpersonal psychotherapy. In: Williams, J.B., Spitzer, R.L. (eds), *Psychotherapy Research: Where are We and Where Should We Go?* New York: Guilford Press.

Rounsaville, B.J., Chevron, E.S., Prusoff, B.A., *et al.* 1987. The relation between specific and general dimensions of the psychotherapy process in interpersonal psychotherapy of depression. *Journal of Consulting and Clinical Psychology* **55**, 379–84.

Shea, M.T., Pilkonis, P.A., Beckham, E., *et al.* 1990. Personality disorders and treatment outcome in the NIMH Treatment of Depression Collaborative Treatment Program. *American Journal of Psychiatry* **147**, 711–18.

Sotsky, S.M., Simmens, S.J. 1999. Pharmacotherapy response and diagnostic validity in atypical depression. *Journal of Affective Disorders* **54**, 237–47.

Sotsky, S.M., Glass, D.R., Shea, M.T., *et al.* 1991. Patient predictors of response to psychotherapy and pharmacotherapy: findings in the NIMH Treatment of Depression Collaborative Research Program. *American Journal of Psychiatry* **148**, 997–1008.

Stewart, J.W., Garfinkel, R., Nunes, E.V., Donovan, S., Klein, D.F. 1998. Atypical features and treatment response in the National Institute of Mental Health Treatment of Depression Collaborative Research Program. *Journal of Clinical Psychopharmacology* **18**, 429–34.

Sullivan, P.F., Joyce, P.R. 1994. Effects of exclusion criteria in depression treatment studies. *Journal of Affective Disorders* **32**, 21–6.

Watkins, J.T., Leber, W.R., Imber, S.D., *et al.* 1993. Temporal course of change of depression. *Journal of Consulting and Clinical Psychology* **61**, 858–64.

Whisman, M.A. 2001. Marital adjustment and outcome following treatments for depression. *Journal of Consulting and Clinical Psychology* **69**, 125–9.

Zlotnick, C., Shea, M.T., Pilkonis, P.A., Elkin, I., Ryan, C. 1996. Gender, type of treatment, dysfunctional attitudes, social support, life events, and depressive symptoms over naturalistic follow-up. *American Journal of Psychiatry* **153**, 1021–7.

Zlotnick, C., Elkin, I., Shea, M.T. 1998. Does the gender of a patient or the gender of a therapist affect the treatment of patients with major depression? *Journal of Consulting and Clinical Psychology* **66**, 655–9.

Zuroff, D.C., Blatt, S.J., Sanislow, C.A., Bondi, C.M., Pilkonis, P.A. 1999. Vulnerability to depression: reexamining state dependence and relative stability. *Journal of Abnormal Psychology* **108**, 76–89.

Zuroff, D.C., Blatt, S.J., Sotsky, S.M., *et al.* 2000. Relation of therapeutic alliance and perfectionism to outcome in brief outpatient treatment of depression. *Journal of Consulting and Clinical Psychology* **68**, 114–24.

270

神經生理學的研究

Brody, A.L., Saxena, S., Stoessel, P., *et al*. 2001. Regional brain metabolic changes in patients with major depression treated with either paroxetine or interpersonal therapy: preliminary findings. *Archives of General Psychiatry* **58**, 631–40.

Brody, A.L., Saxena, S., Mandelkern, M.A., Fairbanks, L.A., Ho, M.L., Baxter, L.R. 2001. Brain metabolic changes associated with symptom factor improvement in major depressive disorder. *Biological Psychiatry* **50**, 171–8.

Buysse, D.J., Tu, X.M., Cherry, C.R., *et al*. 1999. Pretreatment REM sleep and subjective sleep quality distinguish depressed psychotherapy remitters and nonremitters. *Biological Psychiatry* **45**, 205–13.

Martin, S.D., Martin, E., Rai, S.S., Richardson, M.A., Royall, R. 2001. Brain blood flow changes in depressed patients treated with Interpersonal Psychotherapy or venlafaxine hydrochloride: preliminary findings. *Archives of General Psychiatry* **58**, 641–8.

Thase, M.E., Buysse, D.J., Frank, E., Cherry, C.R. 1997. Which depressed patients will respond to interpersonal psychotherapy? The role of abnormal EEG sleep profiles. *American Journal of Psychiatry* **154**, 502–9.

271

老人憂鬱症

Buysse, D.J., Reynolds, C.F., Houck, P.R., *et al*. 1997. Does lorazepam impair the antidepressant response to nortriptyline and psychotherapy? *Journal of Clinical Psychiatry* **48**, 426–32.

Dew, M.A., Reynolds, C.F., Houck, P.R., *et al*. 1997. Temporal profiles of the course of depression during treatment. Predictors of pathways toward recovery in the elderly. *Archives of General Psychiatry* **54**, 1016–24.

Dew, M.A., Reynolds, C.F., Mulsant, B., *et al*. 2001. Initial recovery patterns may predict which maintenance therapies for depression will keep older adults well. *Journal of Affective Disorders* **65**, 155–66.

Frank, E., Prigerson, H.G., Shear, M.K., Reynolds, C. 1997. Phenomenology and treatment of bereavement-related distress in the elderly. *International Clinical Psychopharmacology* **2** (suppl. 7), S25–9.

Hinrichsen, G.A. 1997. Interpersonal psychotherapy for depressed older adults. *Journal of Geriatric Psychiatry* **30**, 239–57.

Hinrichsen, G.A. 1999. Treating older adults with interpersonal psychotherapy for depression. *Journal of Clinical Psychology* **55**, 949–60.

Miller, M.D., Wolfson, L., Frank, E., *et al*. 1997. Using interpersonal psychotherapy (IPT) in a combined psychotherapy/medication research protocol with depressed elders. A descriptive report with case vignettes. *Journal of Psychotherapy Practice and Research* **7**, 47–55.

Miller, M.D., Cornes, C., Frank, E., Ehrenpreis, L., Silberman, R., Schlernitzauer, M.A., Tracey, B., Richards, V., Wolfson, L., Zaltman, J., Bensasi, S., Reynolds, CF, III. 2001. Interpersonal psychotherapy for late-life depression: past, present, and future. *Journal of Psychotherapy Practice and Research* **10**, 231–8.

Mossey, J.M., Knott, K.A., Higgins, M., Talerico, K. 1996. Effectiveness of a psychosocial intervention, interpersonal counseling for subdysthymic depression in medically ill elderly. *Journal of Gerontology* **51A**, 172–8.

Opdyke, K.S., Reynolds, C.F., Frank, E., *et al*. 1996. Effect of continuation treatment on residual symptoms in late-life depression: how well is 'well'? *Depression and Anxiety* **4**, 312—19.

Reynolds, C.F., Frank, E., Perel, J.M., *et al*. 1994. Treatment of consecutive episodes of major depression in the elderly. *American Journal of Psychiatry* **151**, 1740–3.

Reynolds, C.F., Frank, E., Perel, J.M., Mazumdar, S., Kupfer, D.J. 1995. Maintenance therapies for late-life recurrent major depression: research and review circa 1995. *International Psychogeriatrics* **7** (suppl.), 27–39.

Reynolds, C.F., Frank, E., Houck, P.R., *et al*. 1997. Which elderly patients with remitted depression remain well with continued interpersonal psychotherapy after discontinuation of antidepressant medication? *American Journal of Psychiatry* **154**, 958–62.

Reynolds, C.F., Dew, M.A., Frank, E., *et al*. 1998. Effects of age at onset of first lifetime episode of recurrent major depression on treatment response and illness course in elderly patients. *American Journal of Psychiatry* **155**, 795–9.

Reynolds, C.F., Frank, E., Dew, M.A., *et al*. 1999. Treatment of 70(+)-year-olds with recurrent major depression. Excellent short-term but brittle long-term response. *American Journal of Geriatric Psychiatry* **7**, 64–9.

Reynolds, C.F., Frank, E., Perel, J.M., *et al*. 1999. Nortriptyline and interpersonal psychotherapy as maintenance therapies for recurrent major depression: a randomized controlled trial in patients older than fifty-nine years. *Journal of the American Medical Association* **281**, 39–45.

Reynolds, C.F., Miller, M.D., Pasternak, R.E., *et al*. 1999. Treatment of bereavement-related major depressive episodes in later life: a controlled study of acute and continuation treatment with nortriptyline and interpersonal psychotherapy. *American Journal of Psychiatry* **156**, 202–8.

Taylor, M.P., Reynolds, C.F., Frank, E., *et al*. 1999. Which elderly depressed patients remain well on maintenance interpersonal psychotherapy alone?: report from the Pittsburgh study of maintenance therapies in late-life depression. *Depression and Anxiety* **10**, 55–60.

Wolfson, L., Miller, M., Houck, P., *et al*. 1997. Foci of interpersonal psychotherapy (IPT) in depressed elders: clinical and outcome correlates in a combined IPT/nortriptyline protocol. *Psychotherapy Research* **7**, 45–56.

憂鬱症的維持治療

Feske, U., Frank, E., Kupfer, D.J., Shear, M.K., Weaver, E. 1998. Anxiety as a predictor of response to interpersonal psychotherapy for recurrent major depression: an exploratory investigation. *Depression and Anxiety* **8**, 135–41.

Frank, E. 1991. Interpersonal psychotherapy as a maintenance treatment for patients with recurrent depression. *Psychotherapy* **28**, 259–66.

Frank, E., Kupfer, D.J. 1987. Efficacy of combined imipramine and interpersonal psychotherapy.

Psychopharmacology Bulletin **23**, 4–7.

Frank, E., Jarrett, D.B., Kupfer, D., Grochocinski, V. 1984. Biological and clinical predictors of response in recurrent depression: a preliminary report. *Psychiatry Research* **13**, 315–24.

Frank, E., Kupfer, D.J., Perel, J.M., *et al.* 1990. Three-year outcomes for maintenance therapies in recurrent depression. *Archives of General Psychiatry* **47**, 1093–9.

Frank, E., Kupfer, D.J., Wagner, E.F., McEachran, A.B., Cornes, C. 1991. Efficacy of interpersonal psychotherapy as a maintenance treatment of recurrent depression. Contributing factors. *Archives of General Psychiatry* **48**, 1053–9.

Frank, E., Grochocinski, V.J., Spanier, C.A., *et al.* 2000. Interpersonal psychotherapy and antidepressant medication: evaluation of a sequential treatment strategy in women with recurrent major depression. *Journal of Clinical Psychiatry* **61**, 51–7.

Kamlet, M.S., Paul, N., Greenhouse, J., Kupfer, D., Frank, E., Wade, M. 1995. Cost utility analysis of maintenance treatment for recurrent depression. *Controlled Clinical Trials* **16**, 17–40.

Kupfer, D.J., Frank, E. 2001. The interaction of drug- and psychotherapy in the long-term treatment of depression. *Journal of Affective Disorders* **62**, 131–7.

Kupfer, D.J., Frank, E., Perel, J.M. 1989. The advantage of early treatment intervention in recurrent depression. *Archives of General Psychiatry* **46**, 771–5.

Kupfer, D.J., Frank, E., Perel, J.M. 1992. Five year outcomes for maintenance therapies in recurrent depression. *Archives of General Psychiatry* **49**, 769–73.

Pilkonis, P.A., Frank, E. 1988. Personality pathology in recurrent depression: nature, prevalence, and relationship to treatment response. *American Journal of Psychiatry* **145**, 435–41.

Spanier, C., Frank, E., McEachran, A.B., Grochocinski, V.J., Kupfer, D.J. 1996. The prophylaxis of depressive episodes in recurrent depression following discontinuation of drug therapy: integrating psychological and biological factors. *Psychological Medicine* **26**, 461–75.

Spanier, C.A., Frank, E., McEachran, A.B., Grochocinski, V.J., Kupfer, D.J. 1999. Maintenance interpersonal psychotherapy for recurrent depression: biological and clinical correlates and future directions. In: Janowsky, D.S. (ed.), *Psychotherapy Indications and Outcomes*. Washington, DC: American Psychiatric Press, 249–73.

Weissman, M.M., Kasl, S.V., Klerman, G.L. 1976. Follow-up of depressed women after maintenance treatment. *American Journal of Psychiatry* **133**, 757–60.

273

周產期的憂鬱症

Klier, C.M., Muzik, M., Rosenblum, K.L., Lenz, G. 2001. Interpersonal psychotherapy adapted for the group setting in the treatment of postpartum depression. *Journal of Psychotherapy Practice and Research* **10**, 124–31.

O'Hara, M.W., Stuart, S., Gorman, L., Wenzel, A. 2000. Efficacy of interpersonal psychotherapy for postpartum depression. *Archives of General Psychiatry* **57**, 1039–45.

Stuart, S. 1999. Interpersonal psychotherapy for postpartum depression. In: Miller, L. (ed.), *Postpartum Psychiatric Disorders*. Washington, DC: American Psychiatric Press, 143–62.

Stuart, S., O'Hara, M.W. 1995. Treatment of postpartum depression with interpersonal psychotherapy. *Archives of General Psychiatry* **52**, 75–6.

Stuart, S., O'Hara, M.W. 1995. Interpersonal psychotherapy for postpartum depression: a treatment program. *Journal of Psychotherapy Practice and Research* **4**, 18–29.

Spinelli, M.A. 2001. Interpersonal psychotherapy for antepartum depressed women. In: Yonkers, K., Little, B. (eds), *Management of Psychiatric Disorders in Pregnancy*. New York: Oxford University Press, 105–21.

Spinelli, M.G. 1997. Interpersonal psychotherapy for depressed antepartum women: a pilot study. *American Journal of Psychiatry* **154**, 1028–30.

Spinelli, M.G., Weissman, M.M. 1997. The clinical application of interpersonal psychotherapy for depression during pregnancy. *Primary Psychiatry* **4**, 50–7.

憂鬱症和 HIV

Markowitz, J.C., Klerman, G.L., Perry, S.W. 1992. Interpersonal psychotherapy of depressed HIV-positive outpatients. *Hospital and Community Psychiatry* **43**, 885–90.

Markowitz, J.M., Klerman, G.L., Perry, S.W. 1993. Interpersonal psychotherapy for depressed HIV-seropositive patients. In: Klerman, G.L., Weissman, M.M. (eds), *New Applications of Interpersonal Psychotherapy*. Washington, D C: American Psychiatric Press, 199–224.

Markowitz, J.M., Klerman, G.L., Clougherty, K.F. 1995. Individual psychotherapies for depressed HIV-positive patients. *American Journal of Psychiatry* **152**, 1504–9.

Markowitz, J.C., Kocsis, J.H., Fishman, B., *et al.* 1998. Treatment of depressive symptoms in human immunodeficiency virus positive patients. *Archives of General Psychiatry* **55**, 452–7.

Markowitz, J.C., Kocsis, B., Fishman, B., *et al.* 1999. Treatment of HIV-positive patients with depressive symptoms. *Archives of General Psychiatry* **55**, 452–7.

Markowitz, J.C., Spielman, L.A., Sullivan, M., Fishman, B. 2000. An exploratory study of ethnicity and psychotherapy outcome among HIV-positive patients with depressive symptoms. *Journal of Psychotherapy Practice and Research* **9**, 226–31.

Markowitz, J.C., Spielman, L.A., Scarvalone, P.A., Perry, S.W. 2000. Psychotherapy adherence of therapists treating HIV-positive patients with depressive symptoms. *Journal of Psychotherapy Practice and Research* **9**, 75–80.

Swartz, H.A., Markowitz, J.C., Spinelli, M.G. 1997. Interpersonal psychotherapy of a depressed, pregnant, HIV-positive woman. *Journal of Psychotherapy Practice and Research* **6**, 165–78.

Swartz, H.A., Markowitz, J.C. 1998. Interpersonal psychotherapy for the treatment of depression in HIV-positive men and women. In: Markowitz, J.C. (ed.), *Interpersonal Psychotherapy. Review of Psychiatry Series*. Washington, DC: American Psychiatric Press, 129–55.

274

輕鬱症

Markowitz, J.C. 1993. Psychotherapy of the post-dysthymic patient. *Journal of Psychotherapy Practice and Research* **2**, 157–63.

Markowitz, J.C. 1994. Psychotherapy of dysthymia. *American Journal of Psychiatry* **151**, 1114–21.

Markowitz, J. 1998: *Interpersonal Psychotherapy for Dysthymic Disorder*. Washington, DC: American Psychiatric Press.

Mason, B.J., Markowitz, J.C., Klerman, G.L. 1993. Interpersonal psychotherapy for dysthymic disorders. In: Klerman, G.L., Weissman, M.M. (eds), *New Applications of Interpersonal Psychotherapy*. Washington, DC: American Psychiatric Press, 225–64.

憂鬱症的團體治療

Levkowitz, Y., Shahar, G., Native, G., *et al*. 2000. Group interpersonal psychotherapy for patients with major depressive disorder – pilot study. *Journal of Affective Disorders* **60**, 191–5.

MacKenzie, K.R., Grabovac, A.D. 2001. Interpersonal psychotherapy group (IPT-G) for depression. *Journal of Psychotherapy Practice and Research* **10**, 46–51.

Wilfley, D.E., MacKenzie, K.R., Welch, R.R., Ayres, V.E., Weissman, M.M. 2000. *Interpersonal Psychotherapy for Group*. New York: Basic Books.

憂鬱症：一般性的

Blanco, C., Lipsitz, J., Caligor, E. 2001. Treatment of chronic depression with a 12-week program of interpersonal psychotherapy. *American Journal of Psychiatry* **158**, 371–5.

Blom, M.B., Hoencamp, E., Zwaan, T. 1996. Interpersoonlijke Psychotherapie voor depressie: een pilot-onderzoek. *Tijdschrift voor Psychiatrie* **38**, 398–402.

Browne, G., Steiner, M., Roberts, J., *et al*. Sertraline and interpersonal psychotherapy, alone and combined, in the treatment of patients with dysthymic disorder in primary care: a 2 year comparison of effectiveness and cost. *Journal of Affective Disorders* (in press).

Cornes, C.L. 1993. Interpersonal psychotherapy of depression (IPT): a case study. In: Wells, R., Gianetti, V. (eds), *Casebook of the Brief Psychotherapies*. New York: Plenum Press, 53–64.

Deykin, E., Weissman, M., Tanner, J., Prusoff, B. 1975. Participation in therapy. A study of attendance patterns in depressed outpatients. *Journal of Nervous and Mental Disease* **160**, 42–8.

DiMascio, A., Weissman, M.M., Prusoff, B.A. 1979. Differential symptom reduction by drugs and psychotherapy in acute depression. *Archives of General Psychiatry* **36**, 1450–6.

Dorrepaal, E., van Nieuwenhuizen, C., Schene, A., de Haan, R. 1998. The effectiveness of cognitive and interpersonal psychotherapy in the treatment of depression: a meta-analysis. [in Dutch]. *Tijdschrift voor Psychiatrie* **40**, 27–39.

Foley, S.H., Rounsaville, B.J., Weissman, M.M. 1989. Individual versus conjoint interpersonal psychotherapy for depressed patients with marital disputes. *International Journal of Family Psychiatry* **10**, 29–42.

Frank, E., Spanier, C. 1995. Interpersonal psychotherapy for depression: overview, clinical efficacy, and future directions. *Clinical Psychology: Science and Practice* **2**, 349–69.

Frank, E., Grochocinski, V.J., Spanier, C.A., *et al*. 2000. Interpersonal psychotherapy and

275

antidepressant medication: evaluation of a sequential treatment strategy in women with recurrent major depression. *Journal of Clinical Psychiatry* **61**, 51–7.

Gillies, L.A. 2001. Interpersonal psychotherapy for depression and other disorders. In: Barlow, D.H. (ed.), *Clinical Handbook of Psychological Disorders: A Step-by-Step Treatment Manual*. 3rd edition. New York: Guilford Press.

Herceg-Baron, R.L., Prusoff, B.A., Weissman, M.M., DiMascio, A., Neu, C., Klerman, G.L. 1979. Pharmacotherapy and psychotherapy in acutely depressed patients: a study of attrition patterns in a clinical trial. *Comprehensive Psychiatry* **20**, 315–25.

Klerman, G.L. 1989. Evaluating the efficacy of psychotherapy for depression: the USA experience. *European Archives of Psychiatry and Neurological Sciences* **238**, 240–6.

Klerman, G.L., Weissman, M.M. 1993. *New Applications of Interpersonal Psychotherapy*. Washington, DC: American Psychiatric Press.

Klerman, G.L., DiMascio, A., Weissman, M.M., Prusoff, B.A., Paykel, E.S. 1974. Treatment of depression by drugs and psychotherapy. *American Journal of Psychiatry* **131**, 186–91.

Markowitz, J.C. 1998. *Interpersonal Psychotherapy*. Washington, DC: American Psychiatric Press.

Markowitz, J.C. 1999. Developments in interpersonal psychotherapy. *Canadian Journal of Psychiatry* **44**, 556–61.

Markowitz, J.C., Schwartz, H.A. 1997. Case formulation in interpersonal psychotherapy of depression. In: Eels, T.D. (ed.), *Handbook of Psychotherapy Case Formulation*. New York: Guilford, 192–222.

Paykel, E.S., DiMascio, A., Klerman, G.L., Prusoff, B.A., Weissman, M.M. 1976. Maintenance therapy of depression. *Pharmakopsychiatrie Neuropsychopharmakologie* **9**, 127–36.

Perez, J.E. 1999. Integration of cognitive-behavioral and interpersonal therapies for Latinos: an argument for technical eclecticism. *Journal of Contemporary Psychotherapy* **29**, 169–83.

Rounsaville, B.J., Weissman, M.M., Prusoff, B.A., Herceg-Baron, R. 1979. Process of psychotherapy among depressed women with marital disputes. *American Journal of Orthopsychiatry* **49**, 505–10.

Stuart, S. 1997. Use of interpersonal psychotherapy for depression. In: *Directions in Psychiatry*. Volume 17. New York: Hatherleigh Company, 263–74.

Thase, M.E., Greenhouse, J.B., Frank, E., *et al*. 1997. Treatment of major depression with psychotherapy or psychotherapy-psychopharmacology combinations. *Archives of General Psychiatry* **54**, 109–15.

Weissman, M.M., Klerman, G.L. 1973. Psychotherapy with depressed women: an empirical study of content themes and reflection. *British Journal of Psychiatry* **123**, 55–61.

Weissman, M.M., Klerman, G.L., Paykel, E.S. 1974. Treatment effects on the social adjustment of depressed patients. *Archives of General Psychiatry* **30**, 771–8.

Weissman, M.M., Prusoff, B.A., Klerman, G.L. 1978. Personality and the prediction of long-term outcome of depression. *American Journal of Psychiatry* **135**, 797–800.

Weissman, M.M., Klerman, G.L., Prusoff, B.A., Sholomskas, D., Padian, N. 1981. Depressed outpatients: results after one year of treatment with drugs and/or interpersonal psychotherapy. *Archives of General Psychiatry* **38**, 51–5.

Weissman, M.M., Markowitz, J.W., Klerman, G.L. 2000. *Comprehensive Guide to Interpersonal*

276

Psychotherapy. New York: Basic Books.

Zuckerman, D.M., Prusoff, B.A., Weissman, M.M., Padian, N.S. 1980. Personality as a predictor of psychotherapy and pharmacotherapy outcome for depressed outpatients. *Journal of Consulting and Clinical Psychology* **48**, 730–5.

雙極性精神病

Frank, E., Kupfer, D.J., Ehlers, C.L., *et al.* 1994. Interpersonal and social rhythm therapy for bipolar disorder: integrating interpersonal and behavioural approaches. *Behavioural Therapist* **17**, 143–6.

Frank, E., Hlastala, S., Ritenour, A., *et al.* 1997. Inducing lifestyle regularity in recovering bipolar disorder patients: results from the maintenance therapies in bipolar disorder protocol. *Biological Psychiatry* **41**, 1165–73.

Frank, E., Swartz, H.A., Mallinger, A.G., Thase, M.E., Weaver, E.V., Kupfer, D.J.1999. Adjunctive psychotherapy for bipolar disorder: effects of changing treatment modality. *Journal of Abnormal Psychology* **108**, 579–87.

Frank, E., Swartz, H.A., Kupfer, D.J. 2000. Interpersonal and social rhythm therapy: managing the chaos of bipolar disorder. *Biological Psychiatry* **48**, 593–604.

Miklowitz, D.J., Frank, E., George, E.L. 1996. New psychosocial treatments for the outpatient management of bipolar disorder. *Psychopharmacology Bulletin* **32**, 613–21.

Robertson, M. 1999. Interpersonal psychotherapy for patients recovering from bipolar disorder. *Australasian Psychiatry* **7**, 329–31.

Swartz, H.A., Frank, E. 2001. Psychotherapy for bipolar depression: a phase-specific treatment strategy? *Bipolar Disorders* **3**, 11–22.

飲食疾患

Agras, W.S., Walsh, T., Fairburn, C.G., Wilson, G.T., Kraemer, H.C. 2000. A multicenter comparison of cognitive-behavioral therapy and interpersonal psychotherapy for bulimia nervosa. *Archives of General Psychiatry* **57**, 459–66.

Birchall, H. 1999. Interpersonal psychotherapy in the treatment of eating disorders. *European Eating Disorders Review* **7**, 315–20.

Fairburn, C.G., Jones, R., Peveler, R.C. 1991. Three psychological treatments for bulimia nervosa: a comparative trial. *Archives of General Psychiatry* **48**, 463–9.

Fairburn, C.G., Jones, R., Peveler, R.C. 1993. Psychotherapy and bulimia nervosa: the longer-term effects of interpersonal psychotherapy, behavioural psychotherapy, and cognitive behaviour therapy. *Archives of General Psychiatry* **50**, 419–28.

Fairburn, C.G., Norman, P.A., Welch, S.L. 1995. A prospective study of the outcome in bulimia nervosa and the long-term effects of three psychological treatments. *Archives of General Psychiatry* **52**, 304–12.

Fernandez, M.L. 1998. Interpersonal therapy applied to a group of family patients with eating

disorders. *Revista de Psiquiatria Infanto-Juvenil* **4**, 238–44.

277 Jones, R., Peveler, R.C., Hope, R.A., Fairburn, C.G. 1993. Changes during treatment for bulimia nervosa: a comparison of three psychological treatments. *Behaviour Research and Therapy* **31**, 479–85.

McIntosh, V.V., Bulik, C.M., McKenzie, J.M., Luty, S.E., Jordan, J. 2000. Interpersonal psychotherapy for anorexia nervosa. *International Journal of Eating Disorders* **27**, 125–39.

Wilfley, D.E., Agras, W.S., Telch, C.F., *et al.* 1993. Group cognitive-behavioral therapy and group interpersonal psychotherapy for the non-purging bulimic individual: a controlled comparison. *Journal of Consulting and Clinical Psychology* **61**, 296–305.

Wilfley, D.E., Frank, M.A., Welch, R., Spurrell, E.B., Rounsaville, B.J. 1998. Adapting interpersonal psychotherapy to a group format (IPT-G) for binge eating disorder: toward a model for adapting empirically supported treatments. *Psychotherapy Research* **8**, 379–91.

焦慮症

Lipsitz, J.D., Marshall, R.D. 2001. Alternative psychotherapy approaches for social anxiety disorder. *Psychiatric Clinics of North America* **24**, 817–29.

Lipsitz, J.D., Markowitz, J.C., Cherry, S., Fyer, A.J. 1999. Open trial of interpersonal psychotherapy for the treatment of social phobia. *American Journal of Psychiatry* **156**, 1814–16.

人際諮商

Dieguez, P.M., Rodriguez, V.B., Fernandez, L.A. 2001. Psychotherapy in primary health care: interpersonal counselling for depression. *Medifam-Revista de Medicina Familiar y Comunitaria* **11**, 156–62.

Klerman, G.L., Budman, S., Berwick, D., *et al.* 1987. Efficacy of a brief psychosocial intervention for symptoms of stress and distress among patients in primary care. *Medical Care* **25**, 1078–88.

Lave, J.R., Frank, R.G., Schulberg, H.C., Kamlet, M.S. 1998. Cost-effectiveness of treatments for major depression in primary care. *Archives of General Psychiatry* **55**, 645–51.

Mossey, J.M., Knott, K.A., Higgins, M., Talerico, K. 1996. Effectiveness of a psychosocial intervention, interpersonal counseling for subdysthymic depression in medically ill elderly. *Journal of Gerontology* **51A**, 172–8.

Schulberg, H.C., Scott, C.P., Madonia, M.J., Imber, S.D. 1993. Applications of interpersonal psychotherapy to depression in primary care practice. In: Klerman, G.L., Weissman, M.M. (eds), *New Applications of Interpersonal Psychotherapy*. Washington, DC: American Psychiatric Press.

Schulberg, H.C., Block, M.R., Madonia, M.J. 1996. Treating major depression in primary care practice. *Archives of General Psychiatry* **53**, 913–19.

生理醫學

Stuart, S., Cole, V. 1996. Treatment of depression following myocardial infarction with interpersonal psychotherapy. *Annals of Clinical Psychiatry* **8**, 203–6.

Stuart, S., Noyes, R. 1999. Attachment and interpersonal communication in somatization disorder. *Psychosomatics* **40**, 34–43.

物質濫用

278

Carroll, K.M., Rounsaville, B.J., Gawin, F.H. 1991. A comparative trial of psychotherapies for ambulatory cocaine abusers: relapse prevention and interpersonal psychotherapy. *American Journal of Drug and Alcohol Abuse* **17**, 229–47.

Carroll, K.M., Rounsaville, B.J., Gordon, L.T., *et al*. 1994. Psychotherapy and pharmacotherapy for ambulatory cocaine abusers. *Archives of General Psychiatry* **51**, 177–87.

Rounsaville, B.J., Glazer, W., Wilber, C.H., Weissman, M.M., Kleber, H.D. 1983. Short-term interpersonal psychotherapy in methadone-maintained opiate addicts. *Archives of General Psychiatry* **40**, 629–36.

青少年

Moreau, D., Mufson, L., Weissman, M.M., Klerman, G.L. 1991. Interpersonal psychotherapy for adolescent depression: description of modification and preliminary application. *Journal of the American Academy of Child and Adolescent Psychiatry* **30**, 642–51.

Mufson, L., Dorta, K.P. 2000. Interpersonal psychotherapy for depressed adolescents: theory, practice, and research. In: Esman, A.H., Flaherty, L.T. (eds), *Adolescent Psychiatry: Developmental and Clinical Studies. Volume 25. The Annals of the American Society for Adolescent Psychiatry*. Hillsdale, NJ: The Analytic Press.

Mufson, L., Fairbanks, J. 1996. Interpersonal psychotherapy for depressed adolescents: a one-year naturalistic follow-up study. *Journal of the American Academy of Child and Adolescent Psychiatry* **35**, 1145–55.

Mufson, L., Moreau, D., Weissman, M.M., Klerman, G.L. 1993. *Interpersonal Psychotherapy for Depressed Adolescents*. New York: Guilford Press.

Mufson, L., Moreau, D., Weissman, M.M. 1994. The modification of interpersonal psychotherapy with depressed adolescents (IPT-A): phase I and phase II studies. *Journal of the American Academy of Child and Adolescent Psychiatry* **33**, 695–705.

Mufson, L., Weissman, M.M., Moreau, R.G. 1999. Efficacy of interpersonal psychotherapy for depressed adolescents. *Archives of General Psychiatry* **56**, 573–9.

Rosselo, J., Bernal, G. 1999. The efficacy of cognitive-behavioral and interpersonal treatments for depression in Puerto Rican adolescents. *Journal of Consulting and Clinical Psychology* **55**, 379–84.

Santor, D.A., Kusumakar, V. 2001. Open trial of interpersonal psychotherapy in adolescents with

moderate to severe major depression: effectiveness of novice IPT therapists. *Journal of the American Academy of Child and Adolescent Psychiatry* **40**, 236–40.

綜合

Chevron, E.S., Rounsaville, B.J., Rothblum, E.D., Weissman, M.M. 1983. Selecting psychotherapists to participate in psychotherapy outcome studies. Relationship between psychotherapist characteristics and assessment of clinical skills. *Journal of Nervous and Mental Disease* **171**, 348–53.

Donnelly, J.M., Kornblith, A.B., Fleischman, S., *et al.* 2000. A pilot study of interpersonal psychotherapy by telephone with cancer patients and their partners. *Psycho-oncology* **9**, 44–56.

279   Feske, U., Frank, E., Kupfer, D.J., Shear, M.K., Weaver, E. 1998. Anxiety as a predictor of response to interpersonal psychotherapy for recurrent major depression: an exploratory investigation. *Depression and Anxiety* **8**, 135–41.

Foley, S.H., O'Malley, S., Rounsaville, B., Prusoff, B.A., Weissman, M.M. 1987. The relationship of patient difficulty to therapist performance in interpersonal psychotherapy of depression. *Journal of Affective Disorders* **12**, 207–17.

Luty, S.E., Joyce, P.R., Mulder, R.T., Sullivan, P.F., McKenzie, J.M. 1998. Relationship between interpersonal psychotherapy problem areas with temperament and character: a pilot study. *Depression and Anxiety* **8**, 154–9.

Markowitz, J.C. 1995. Teaching interpersonal psychotherapy to psychiatric residents. *Academic Psychiatry* **19**, 167–73.

Markowitz, J.C. 1997. The future of interpersonal psychotherapy. *Journal of Psychotherapy Practice and Research* **6**, 294–9.

Markowitz, J.C., Svartberg, M., Swartz, H.A. 1998. Is IPT time-limited psychodynamic psychotherapy? *Journal of Psychotherapy Research and Practice* **7**, 185–95.

Markowitz, J.C., Leon, A.C., Miller, N.L., Cherry, S., Clougherty, K.F., Villalobos, L. 2000. Rater agreement on interpersonal psychotherapy problem areas. *Journal of Psychotherapy Practice and Research* **9**, 131–5.

Rounsaville, B.J., Chevron, E.S., Weissman, M.M. 1984. Specification of techniques in interpersonal psychotherapy. In: Williams, J.B., Spitzer, R.L. (eds), *Psychotherapy Research: Where are We and Where Should We Go?* New York: Guilford Press.

Rounsaville, B.J., Chevron, E.S., Weissman, M.M., Prusoff, B.A., Frank, E. 1986. Training therapists to perform interpersonal psychotherapy in clinical trials. *Comprehensive Psychiatry* **27**, 364–71.

Rounsavillle, B.J., O'Malley, S.S., Foley, S., Weissman, M.M. 1988. Role of manual-guided training in the conduct and efficacy of interpersonal psychotherapy for depression. *Journal of Consulting and Clinical Psychology* **56**, 681–8.

Sole'-Puig, J. 1997. The European launch of interpersonal psychotherapy in the Tenth World Congress of Psychiatry. *European Psychiatry* **12**, 46–8.

Stuart, S. 1997. Use of interpersonal psychotherapy for other disorders. In: *Directions in Mental*

Health Counseling. New York: Hatherleigh Company, 4–16.

Weissman, M.M. 1997. Interpersonal psychotherapy: current status. *Keio Journal of Medicine* **46**, 105–10.

Weissman, M.M. 1998. The many uses of interpersonal therapy. *Harvard Mental Health Letter* **14**, 4–5.

Weissman, M.M., Markowitz, J.C. 1994. Interpersonal psychotherapy. Current status. *Archives of General Psychiatry* **51**, 599–606.

Weissman, M.M., Rounsaville, B.J., Chevron, E. 1982. Training psychotherapists to participate in psychotherapy outcome studies. *American Journal of Psychiatry* **139**, 1442–6.

整合的案例：Allan

Chapter 23

■■■簡介

本章整合本書所有的討論，我們使用人際心理治療來協助 Allan，他是一位 42 歲的男性，因為急性期憂鬱期而來接受治療，以下將描述整個治療和評估的過程。

■■■第一部分：臨床的評估

背景

Allan 是一位 42 歲已婚的父親，有兩個青春期的女兒。他主要的工作是校對，這個工作已經做了十年。剛開始尋求家庭醫師協助，主要是抱怨失眠以及肚子痛。他的家庭醫師在詳細評估之後，診斷他得了嚴重憂鬱症，而且開始使用抗憂鬱劑。三週之後，個案無法從抗憂鬱劑得到明顯的療效，因此轉介給精神科醫師做後續的處理。

剛開始和精神科醫師的會談

Allan比約定的時間早到半小時，而且精神科醫師的祕書告訴他，現正進行中的治療，可能會晚五到十分鐘才結束。這樣的訊息讓個案相當生氣，但他卻沒有表達這些煩躁的感受。

282
Allan 提到，他的睡眠問題已經維持了三到六個月。他覺得易怒、挫折，且抱怨復發腹痛和頭痛。在家庭醫師的轉介信裡，提到他幾乎整天都是憂鬱的情緒，而且一直持續這樣的情緒傾向，往往要到下午心情才會比較好一些。他的家庭醫師發現，個案不僅入睡有困難，而且每天早上大約在四點鐘就會醒過來。他也提到對於平常喜歡的活動，興趣度已經明顯下降，對於享受這些活動的能力也降低了。個案提到，他覺得自己無法專心，因此在工作上的表現出現問題。個案也告訴家庭醫師，他自己有間歇性的自殺想法，想要過量地使用現在正在服用的藥物，甚至使用酒精。

精神科醫師更詳細地詢問嚴重的精神症狀，發現個案並沒有這些症狀，於是醫師欲更詳細地了解個案的自殺意圖。雖然個案提到常常有自殺的想法，認為自己死掉會比較好過一點，但是卻沒有想到要怎樣做，而且從來也沒有嘗試過。再者，他發現如果自己真的自殺，整個家庭會崩潰，因此絕不會這麼做。

隨著會談的進展，精神科醫師詢問個案的社交現況。個案提到他在婚姻生活中越來越不快樂，而且和兩個青春期的女兒都有些衝突：一位是 17 歲的 Eliza，一位是 14 歲的 Anna。當精神科醫師進一步詢問他和太太之間的相處情況時，個案回答：

> Pam看起來無法有更多時間和我相處。她對我似乎已經沒有感情，而且我不認為她還想繼續和我生活在一起。我不認為自己是一個特別好的人，但是在此刻，我看到的所有事情都是破碎而不完整的。

經過進一步的詢問可以發現，個案和太太最近過度地爭吵，如同個案

所形容的，他們的關係已經到了冰點。當精神科醫師詢問個案和他女兒的關係時，他提到自己和大女兒 Eliza 的關係已經快要完蛋了，而小女兒的行為在家裡也是越來越糟，小女兒的行為問題讓個案和太太都覺得很困擾。

當詢問個案，有關於他工作之外的興趣和活動時，可以發現他的社交支持網絡相當少。事實上，除了他的家庭外，他幾乎沒有或很少和其他人接觸，看來是一個社交疏離而且沒有支持系統的人。

醫師開給個案抗憂鬱劑的劑量是中等劑量，但是卻沒有有效改善症狀。他的家庭醫師也開給他 benzodiazepine，當作是晚上鎮靜安眠的藥物，而他越來越依賴這些藥物，且自己會增加藥物的劑量。個案否認他開始使用酒精或者是非法藥物，他也否認曾經在家庭醫師之外的地方，得到鎮靜劑的處方藥物。

過去的精神疾病史

個案否認之前曾經與任何心理衛生工作人員討論過類似的事情，或是接受過精神科的治療。更詳細地詢問之後可以發現，他心情低落的時間已經相當地久，而且有一兩個情況是出現在青少年早期或成人早期，這段期間他曾有過明顯的憂鬱，而且維持好幾個月的時間。他從未想過要接受任何精神科的治療或是諮商。

過去的醫療病史

283

個案提到他的身體狀況還不錯，沒有任何已知的身體問題。他所服用的藥物只有現在的抗憂鬱劑，以及家庭醫師所開給他的 benzodiazepine。

家族精神病史

個案是父母親的獨子。他的母親曾在他童年階段，因為好幾次嚴重的、甚至是精神病狀態的憂鬱症，而多次住院。母親第一次憂鬱症狀發作似乎

是在個案出生之後。他告訴精神科醫師,他在童年階段被好幾個不同的照顧者帶大,而且父親和他以及母親越來越疏離。在個案的記憶中,他從來沒有對任何一個主要照顧者產生感情,或是有親近的感受,他也無法記起是否有過和學校同儕及老師快樂的經驗。個案提到他的母親最近又進入了另一個嚴重的憂鬱期,而且又再度住院了:

> 媽媽之前常常住院都要住很久,我不太確定她是否真的會變得比較好。我從來不知道她有「正常」過。

個案不知道還有其他家庭成員可能有過心理方面的問題。

社會及發展歷史

個案的母親懷孕的過程是順利的。並沒有證據顯示他的母親在生產前有過憂鬱症狀。他不知道自己在發展過程中,是否有發展遲緩的情形。他描述了兒童時期一些重要的依附關係,而且他記得一般的情況都是很容易緊張,而且逃避人際的接觸。他提到自己在學校也是很疏離的,朋友很少,老師描述他是一個害羞而愉快的小孩。因此,並沒有分離焦慮或是童年時期身體化的證據。他完成了五年的中等教育,然後開始加入市政服務的工作,擔任低階的主管,維持大約十年的時間。在市政服務這個工作中,他只有很少的社交接觸,大部分時間都自己一個人鍛鍊身體,例如去健身房鍛鍊體能,或加入慢跑社。

個案和他太太大約在二十歲時,在教會中相遇。他的太太Pam本來住在國外,那時剛好回來度假,兩人相遇後逐漸形成比較穩定的關係。根據個案描述,他們剛開始相當地親密,比較像是友誼關係,而不是愛情關係。Pam後來搬回來和個案一起住,在交往兩年之後結婚。Eliza是他們結婚一年之後生下的第一個小孩,三年後生下了Anna。個案提到擔任父親的角色令他非常高興,尤其是和Eliza,他覺得他們的關係十分親近。他回想自己花了很多時間和這個孩子在一起,尤其在這個孩子還小的時候,他們常常

花時間去長跑。他和 Anna 的關係比較沒那麼親近，但他也覺得兩個人之
間的關係相當好。他描述自己和太太之間是因為他和Eliza關係越來越親近 284
之後，和太太的關係就變得更加惡化。

Eliza待在家裡的時間越來越少，在個案眼中，他覺得這個女兒是在逃
避他，尤其在過去的六個月更加地明顯。他描述大約在九個月之前，他發
現Eliza和另一個年紀較大的女性關係越來越親近，他認為甚至達到性關係
的程度。個案覺得女兒和那個人的性關係，主要的目的是想要「打擊」他。

個案整理他自己現在的人際關係時，說道：

我覺得自己很孤獨，沒有人願意和我在一起。

病前人格

個案描述他長期以來在親密關係上的困擾，他提到自己無法忍受強烈
的情緒狀態，例如憤怒或是悲傷的情緒。他覺得自己有時候會有情緒爆發
的情形，不過只有在覺得很丟臉，而且情緒失控的狀態才會。而這個憤怒
和羞愧的循環，讓他覺得十分地困擾。治療師發現，如果更詳細地加以討
論，個案無法很清楚地描述憤怒這個部分。事實上，治療師觀察到個案所
表示的憤怒或是暴怒的情緒，事實上是一般人小小的生氣而已。看起來個
案非常擔心自己會情緒失控，而且覺得只要表達生氣的情緒就是一種「暴
怒」，是別人無法忍受的。

精神科醫師發現個案有一個傾向，就是會採取強迫或完美的因應策略，
例如延長工作時間，或重複檢查自己需要完成的任務，以避免失敗，抑或
過度強調次序以及目標達成率。他看待這個世界的方式，總是認為要不就
是成功，要不就是一文不值，而且會一直聚焦在生活中負面的部分。精神
科醫師覺得有許多證據顯示，個案的人格功能相當地穩定，而且這種人格
從孩童時期就已經存在了。

精神狀態檢查

　　個案是一位中等身材的中年男性，穿著比較休閒的牛仔褲，以及一件襯衫。他的鬢角經過了修剪而且整齊，戴著眼鏡，留著短髮。精神科醫師發現不太容易和個案建立關係，因為他幾乎沒有給人任何溫暖的感覺。會談過程中都沒有眼神的接觸。個案的情緒非常平淡，但他卻描述自己相當地憂鬱。會談過程發現，個案沒有思考流程的問題，但有明顯的自責以及無助的思考內容，不過還沒有到妄想的程度。個案沒有知覺異常的問題。個案對於自己問題的嚴重性只有部分的病識感，他承認他的某些生理症狀已經令他很不舒服，而且可能是疾病的表現，但是他並不清楚自己已經得了憂鬱症。

診斷的成形

　　精神科醫師根據上面的資料做成了 DSM-IV 五軸的診斷：

285
- 第一軸　　　嚴重憂鬱症

　　　　　　　需排除情緒低落障礙
- 第二軸　　　強迫人格特質
- 第三軸　　　暫時沒有診斷
- 第四軸　　　家庭和婚姻衝突

　　　　　　　母親的疾病

　　　　　　　社交疏離
- 第五軸　　　一般適應功能（GAF）＝ 55

剛開始的處理

　　精神科醫師初次澄清個案是否處於急性自殺危險期，及是否需要住院的急性處置。因為原來的劑量已無法減輕症狀，精神科醫師於是開始增加

抗憂鬱劑的藥物劑量。開始給他非成癮性的鎮靜藥物，對於他已經服用的 benzodiazepine，則按照一定的時間表減少用量。精神科醫師向原來的家庭醫師尋求實驗室檢查的結果，所有的檢查都是正常的。精神科醫師讓個案知道他的身體檢查並沒有什麼特殊異常的發現。

精神科醫師考慮好幾種不同的治療方式來處理個案的問題。精神科醫師清楚地感覺到個案的依附型態是屬於逃避型，從個案早期的環境、當前的人際功能，以及第一次會談中就可以加以驗證。另外在個案描述他長期的社交關係後，他也考慮到個案可能有其他的人格特質在影響整個問題的發展。

精神科醫師考慮了以下幾種可能的治療方式：

1. 認知行為治療（Cognitive behavior therapy, CBT）：這種心理治療的取向有好幾種好處。第一個就是處理局部性的問題，而且比較結構性。因為不需去處理依附關係和心理動力的場面，認知行為治療能夠協助個案處理他現在功能不良的認知基模，尤其是思考和行為的強迫特質。

2. 自體心理學（Self-psychology）：由於個案無法長期受到主要照顧者適當地同理和關心，因此可以考慮個案有這方面的病理。個案描述自己的童年，尤其是和他長期生病的母親以及疏離的父親之間的關係，加上他長期有不同的主要照顧者，還有，他描述自己還是小孩時，幾乎沒有任何滋養性的關係等等，讓精神科醫師想到，治療關係本身就可以當作一種給予情緒的認證，或是提供深度同理經驗的治療場所。

3. 家族治療（Family therapy）：個案所提到的家庭功能，可以看出和他太太以及女兒之間的關係出現了許多難題。我們有證據可以看到家庭系統對於個案的疾病不太能夠調適，而且清楚地顯示出家庭長期的功能，以及對個案憂鬱疾病所造成的影響，都有需要相互調整的地方。

4. 人際心理治療（Interpersonal psychotherapy）：有清楚的生理證據以及心理因素可用以解釋，個案為什麼會在這個階段發展出憂鬱症狀，

286

其中最明顯的部分就是個案在婚姻中以及他和女兒之間的關係，出現了明顯的困境，而且他也顯然有社交疏離的情形。這個部分讓我們認為聚焦在人際問題的處理，對於個案達到症狀的緩解能夠提供最佳的機會，而且必須要在合併藥物治療的情況之下來進行。

在許多實證研究的文獻當中，也能夠引導治療師決定到底要選擇哪一種治療的方式。第一個，從效能的研究中發現，人際心理治療相當適合個案所遭遇到的憂鬱症狀，而且在實證的研究中，也適合用來治療長期的情緒低落障礙。第二個，在美國國家心理衛生院的憂鬱症治療協同研究計畫（NIMH-TDCRP）中，人際心理治療比較適合有強迫特質傾向的個案，而且比認知行為治療更加適合。雖然還沒有足夠的證據能夠顯示，合併藥物以及心理治療會對個案有更大的幫助，精神科醫師仍選擇使用抗憂鬱劑再加上心理治療，這個部分的決策是來自於其臨床的經驗，他認為合併藥物和心理治療對這個個案當下的情形應該是最有幫助的。

在治療關係中可能會出現一些問題，因為個案長期人際關係的挫敗，讓精神科醫師認為採取人際心理治療來修正個案當下的逃避型依附型態，應該是有療效的。其中第一個理由就是，治療師發現必須要花比較長的時間來和個案建立聯盟關係，而且需對個案提供反應性的傾聽，以及表達適當的同理。第二，治療的速度應該加以調整，因為個案可能需要更長的時間才能建立對治療師的信任關係，然後才能比較習慣自由地表露自己。最後，治療師發現必須很小心地和個案溝通，他必須真的想要去了解個案，而且必須對於治療議題保持彈性，這樣個案才不會認為治療師好像要強加某些議題在他身上。

人際問題的成形

對於個案的人際問題概念化請見圖 23.1。

治療師對個案提供了口頭以及書面的回饋如下：

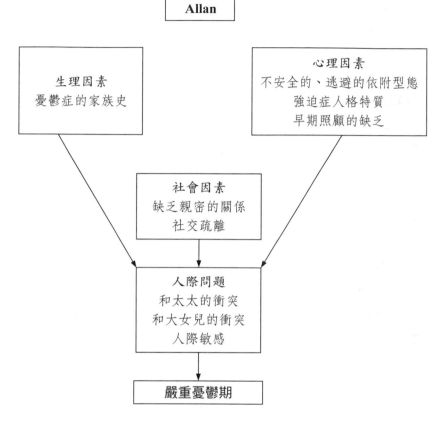

Allan

生理因素
憂鬱症的家族史

心理因素
不安全的、逃避的依附型態
強迫症人格特質
早期照顧的缺乏

社會因素
缺乏親密的關係
社交疏離

人際問題
和太太的衝突
和大女兒的衝突
人際敏感

嚴重憂鬱期

圖 23.1　人際問題的形成架構

　　Allan，你現在看起來正處於嚴重憂鬱之中。根據你所描述的臨床表現以及症狀的嚴重性，讓我相信現在你不只有悲傷的情緒。很清楚地，在人生的這個時間點上，還有許多的因素促成你這一次的嚴重憂鬱期出現。嚴重憂鬱症某一部分是因為基因，你的母親曾經有過嚴重的憂鬱，讓我相信你可能有遺傳到對於這個疾病部分的體質。幸運的是，現在看起來還沒有其他身體因素會導致這個疾病，因為這幾年來，你的身體狀況都維持得相當不錯。

　　我也認為可能還有許多心理因素，導致你變得這麼憂鬱。你是一個很努力工作的人，而且非常重視細節，事實上這個特質也讓你在工作上有許多成就，但這些特質也變成你現在處理生活的阻礙。這種更努力工作的方式，對

你過去處理問題可以發揮效果，但對於最近的狀況，用原來的策略來處理看起來已經無法產生效果了。

287　　更令我注意的還有，現在讓你產生憂鬱的背景。你曾經告訴我，和太太的婚姻關係逐漸惡化，而且你覺得無法處理。你也告訴我，你和大女兒之間的關係有了改變，對你的生活來說，也算是一種嚴重的失落。

　　我會覺得藥物在你的治療當中占了重要地位，我相信在心理治療中我們會更詳細地來討論這些主題。心理治療就如同藥物一樣，也有很多的差異性。例如，某些治療可能會去了解你思考的習慣，或是你和其他家人互動的方式。我覺得，因為你的憂鬱症狀和現在的人際問題極為相關，因此人際心理治療，也就是所謂的 IPT，應該對你最有幫助。

　　人際心理治療是一種問題的焦點治療，主要是用來處理當前的人際關係。在許多的科學研究中，發現有助於處理急性憂鬱症狀，而且能夠協助不同的人，處理自己遭遇到不同的人際問題。我相信我們能夠好好地藉由心理治療聚焦於你的人際關係，協助你改變當前的人際關係。對於我剛剛所說的這些，你有什麼看法？

　　個案對於精神科醫師做出回應，他認為精神科醫師的問題概念化相當地正確，而且在和精神科醫師的合作關係中，他也抱著某種程度的希望和期待。雖然仍有點懷疑和某些人談論自身問題的這種方式，但他還是同意開始接受人際心理治療。

　　治療師很小心地描述對問題的概念化，希望能讓個案接受。第一，他用個案自己的話來描述這些事情——治療師常常談論到個案的想法，而非治療師自己的感覺，在整理個案的想法之後，再詢問個案是否如此，而不是直接詢問他對於事情的感受。第二，治療師特別強調個案的優點，而非288　將問題解釋成是因為他虛弱無力，這樣的解釋會讓個案認為是一種批評。最後，治療師將這個概念化當作是一種假設，而不是一種絕對的解釋，並且很小心地邀請個案對這個部分提供回饋。

治療契約

　　個案和醫師同意人際心理治療進行的方式，每次五十分鐘，總共進行十二次。他們剛開始同意每週碰面一次，待個案比較改善之後，再討論減少碰面次數。個案同意參加治療，而且如果想要改變碰面的時間，必須要在二十四小時之前通知治療師。個案同意聚焦於人際議題，而且和治療師共同完成人際問卷，並評估特定人際焦點。治療師提供個案一張治療訊息的說明單（有關於人際心理治療的訊息，請見附錄 A）。然後用手寫下人際問題的概念化，治療師還提供他一份人際問題的概念圖表。治療師同意在每次會談開始和結束時，都會和他討論藥物處理的任何問題，但大部分的時間應該要專注於人際議題。為了更加注意個案對治療的期待，治療師覺得應該正式地寫下契約書，並且在下一次會談時交給個案。

■■■第二部分：人際心理治療的療程

人際問卷

　　在第一和第二次的會談中，個案和治療師完成了人際問卷（請見附錄 B）。人際問卷請見圖 23.2。

　　完成人際問卷之後，針對以下三個人際問題的領域，做了更深度的討論。

1. Allan 和 Pam 的關係

　　個案和太太會在假日碰面。個案說他很喜歡和太太在一起，尤其是能夠增加自己的社交接觸。個案描述太太負責安排兩個人的社交生活，他一開始都是一個人過的，直到太太做些安排之後，才打破人際關係的冷場。

289

人際問卷

個案姓名：*Allan*

出生日期：×××××

其他的治療師：××××××

保險細節：×××××

第一次諮詢的日期：×××××

契約訂定的會談次數：*12*

　其他關係人的姓名：*Pam*

　和個案的關係：夫妻

　個案主訴的問題：個案說：「太太很恨我」——他認為身邊常常有許多朋
　　　　　　　　　友阻礙他們的溝通。他們兩人之間的溝通常常是過度苛
　　　　　　　　　求而且充滿憤怒——太太常常刻意不順先生的意來回應，
　　　　　　　　　像是不把垃圾拿出去丟；他下午四點去上班，而太太在
　　　　　　　　　下午五點鐘回家——當他回家時，太太幾乎都已經上床
　　　　　　　　　睡覺。在角色扮演當中，沒有辦法改變講話的語氣。看
　　　　　　　　　起來已經掉入了一個憤怒的循環，而且越來越無法克制
　　　　　　　　　不這樣去做。

　必須進一步澄清的問題領域：之前和太太如何處理關係的問題，以及個案
　如何溝通

　雙方同意的問題領域：~~衝突~~　角色轉換　哀傷反應和失落　人際敏感　僵局

　特殊的議題：

圖 23.2 人際問卷

個案並不覺得自己有過度的社交焦慮，他還能夠接受在夫妻關係中，自己
比較被動的角色。

　　個案提到太太最近對於他的行為越來越不耐煩。他提到：「最近不願
意去做我所要求的，尤其是不願意待在家裡，而我和她為了這些事情越來
越常爭吵。」個案提到他們的對話常常變成是一種爭執，一直到現在，談
話中幾乎沒有辦法討論事情。

　　個案告訴治療師，太太現在花越來越多的時間和自己的朋友在一起，　　289
而且增加了在外面工作的時數。過去幾年來，個案工作的時間都是在下午，
太太工作的時間都是在白天。他們接觸的時間都很少，只有在傍晚的時間。
當個案工作下班回到家中，太太幾乎都已入睡。週末時，太太仍然和她的
女性朋友在一起，他則完全被排除在外。個案提到他們之間的性關係幾乎
是停止的，兩個人之間也幾乎沒什麼感情。

　　治療師詢問了某些特定的人際事件，是發生了什麼事之後他們才開始
產生衝突。個案提到以下幾種互動的方式：

治療師：請告訴我，上一次你和太太發生爭執的時候，是什麼樣的情形？

Allan　：好，昨晚我們就有吵架。

治療師：請你多告訴我一些，那時候發生了什麼事情。

Allan　：我回到家，垃圾已經滿出來了，而且廚房水槽堆滿了一堆髒盤子。

治療師：後來發生了什麼事情，讓你們產生衝突？

Allan　：我記得我特別告訴過她，必須要把這些垃圾拿出去丟掉，並且洗洗
　　　　盤子。

治療師：請告訴我，你是如何叫她去做這些事情的？

Allan　：你是說用什麼字去說嗎？

治療師：是的，我希望能夠更加了解你和太太的溝通是怎麼進行的。

Allan　：我說：「Pam，我早就告訴過妳要把垃圾拿出去丟掉，這個房子變
　　　　得一團糟，妳是想要把我逼瘋嗎？」　　　　　　　　　　　　290

治療師：然後，太太怎麼回應？

Allan　：她什麼都沒說。

治療師：你想要傳達什麼情緒呢？你是覺得很煩、很生氣，或者沒有什麼特
　　　　殊的情緒？

Allan　：大部分是想要表達我很生氣。我讓我的聲音變得很大聲，但事後卻
　　　　發現，我情緒失控。我必須要更努力地來控制自己的情緒。

　　從這個事件以及其他好幾個人際事件中，治療師發現個案和他太太之

間的溝通有問題，而且他必須要特別聚焦在這些溝通的方式，來當作治療處理的重點。後續他也整理了好幾個問題的領域，個案覺得他和太太的問題最符合人際衝突的這個問題領域，而且他認為雙方已經達到了僵局階段。

❦ 2. Allan 和 Eliza 的關係

　　Allen 和他的女兒 Eliza 在九個月之前，仍有相當不錯的關係，直到女兒決定要離開高中五年級，開始去工作。這個決定讓個案非常失望，他希望女兒能完成學校的期末考再去找工作。個案提到他和女兒之間的關係多年以來都比他和太太還要親近。他很高興地回想起和女兒一起去慢跑和游泳，而且兩個人有著相當友善的競爭，希望能夠更加發揮自己的「長處」。

　　治療師發現個案正在討論的，是失去了和女兒之間的關係，當時的情緒變得越來越壓抑而且受到限制，雖然他描述的是一個很明顯的失落反應。治療師開始詢問個案對於女兒與另一個女性之間的關係有什麼看法。個案說：

　　我無法了解，為什麼她要這麼對我。我到底做錯了什麼事？

　　治療師很想要討論，Eliza 明顯地選擇用性關係來懲罰個案，對於這件事情，個案的認知歷程到底是什麼。雖然這件事情是非常有意義的，但治療師提醒自己，治療焦點應該聚焦在特殊的人際問題領域，來了解個案和他女兒之間關係變化對他造成的影響。於是治療師對個案說：

治療師：Allen，我可以看到你對於女兒的選擇，有相當程度的衝突，而且清楚地感受到這是一種懲罰的方式。我希望能夠聚焦的部分是更加了解，你和女兒之間的關係到底發生了哪些事情，而這種改變對於你、還有你的憂鬱症狀有什麼影響。你必須要考慮將這個問題當成一種人際衝突，就如同討論到你和太太之間的關係，我們當時對問題的分類一樣，或是更清楚地來想想看，哀傷反應是否也符合另外一個

問題的領域，也就是為了失落而憂傷。我能夠想像應該還有角色轉換的問題，因為除了失去和女兒之間舊有關係外，最大的挑戰是如何與她發展出新的關係。

Allan ：我的確有失落的感覺，而且我也覺得哀傷反應相當符合我的狀況。你能夠多告訴我一些角色轉換的部分嗎？

治療師：好的，角色轉換主要是在看到人際關係的改變，而這些改變如何對每個人造成不同的影響。許多人會出現心理症狀，因為在當時的人際背景中，的確是遭遇了失落的經驗，而且常常會有極度的焦慮和難過，常常需要學會採取新的角色，才能面對當時的需要。哀傷反應實際上可以反映出你現在的感受，角色轉換也相當符合。我認為不論是哀傷反應或是角色轉換都可以當作處理的焦點，我覺得這是需要由你來決定的。

291

Allan ：好的，我仍然是她的父親，所以我們來看看角色轉換的部分是否能夠有最好的處理效果。

治療師：所以我們必須要討論舊的角色，或者你失去的舊關係，而且也要了解新的角色中，你獲得了什麼。

Allan ：這樣做對我會比較容易，好的，我們就這樣做吧！

因此，個案和治療師決定討論舊的角色、新的角色，以及每一種角色的優點和缺點。

3.人際敏感的議題

治療師對於個案的社交隔離，以及能否運用社會支持網絡相當地關心，認為這是造成他情緒症狀的重要因素，而且也是當前需要處理的盲點。治療師覺得這是一個相當重要的問題領域，因此開始和他討論，以下是他們的互動過程：

治療師：Allan，除了我們剛討論過的家庭衝突，我仍想和你討論有關於你一直有的疏離感受。

Allan ：好的，這的確是個問題。

治療師：你曾經告訴我，你之前習慣把太太當成一個人際關係的「破冰」角
色。

Allan ：沒錯。

治療師：如果你自己要去破冰，你會發現有什麼困難嗎？

Allan ：我覺得我應該從來沒有嘗試過吧！

治療師：你覺得為什麼會是這樣？

Allan ：我向來在人際關係中都沒有什麼好運。從我小的時候就是這樣，長
大之後也沒有什麼好運氣。

治療師：你覺得曾有某些困難一再地出現而造成現在的情形嗎？

Allan ：我還沒有用這種方式來想過這個問題。

治療師：可能我們可以來看看關係當中的某些例子，對於這些事情你的感受
可能就是問題的所在，我們來看看是否有這樣的習慣出現。

Allan ：你的意思是說，把舊的故事再搬出來討論嗎？

治療師：是的，雖然我們現在正在處理的是當前的關係，我覺得我們仍可以
從比較接近現在的、已經發生的事件，來看看對於當前的問題有什
麼幫助。

　　具有這些資訊的交換後，個案和治療師討論了某些例子，在這些例子
中，個案無法成功地開始人際的接觸。很明顯地，最常見的主題是，他習
慣把周遭的人看得太好，認為自己無法比得上他們，而不會有後續的接觸。
個案描述，如果對方沒有主動地邀請他，或不符合自己的預期，個案常會
表現出不悅的臉色。典型的結果是，個案不會再主動地接觸，最後關係就
跟著消失了。治療師對個案提供了以下的回饋：

治療師：你所描述的這些問題，常見於焦慮和憂鬱的人。在人際心理治療中，
我們會討論這種人際敏感的議題，這是一個獨立的問題領域。人際
敏感特別是指某些人不太容易和別人開始以及維持社交支持的關係。
有許多證據顯示，這樣的人不太容易主動開始並且維持適當的社會

292

支持網絡。如果我們將人際敏感當成是問題領域，這個領域當中提
供了一個想法，就是要協助有這些問題的人，能夠更加清楚地來描
述，到底問題實際的情況是什麼、他的觀點是什麼，來協助他學會
找到人際關係困境的新方法，並且加以克服。當然我們不期望改變
這個人的個性，而最常見的方式，就是找出他其中一兩個人際溝通
的盲點，然後協助他們直接來處理這些問題，或是增加他們的社交
技巧。

　　個案和治療師雙方都同意，從人際問卷中，找出個案三個主要的問題
領域，這也是他將來需要處理的方向：
- 和太太正處於僵局階段的人際衝突。
- 和女兒之間的角色轉換。
- 人際敏感。

第三次會談

　　第三次會談開始的時候，個案提早了十五分鐘來。治療師邀請個案先
坐一下，然後說：

治療師：Allan，我們接下來會改變會談的節奏，後續七到八次的會談，大部
　　　　分會用討論的方式進行。你還可以記得當初在人際問卷中，有哪一
　　　　個問題是你希望今天開始討論的？

　　在這樣的邀請下，個案選擇了和太太的人際衝突議題來討論。治療師
使用了人際事件的技巧，來更加清楚地了解他和太太之間意見不一致的詳
細例子，只要能清楚找出他們衝突的兩個相當重要的因素：第一，個案無
法清楚地、適當地傳遞自己想要表達的訊息；第二，治療師發現個案對於
太太的期待不符合現實。
　　個案習慣會用這樣的敘述：「太太從來不聽我說」，而且對於這樣的
敘述表達出憤怒、失望和挫折。治療師應適當地讓個案了解，對於這樣的

要求，太太可能也覺得十分生氣和挫折，當然他的期待還是有可能達到，但是仍需帶著這樣的觀點來了解對太太的期待是否不太合理。個案後來承認，他必須要採取另外的角度以及不同的方法來和太太討論。

在會談結束時，個案仍覺得兩個人的關係已經達到了僵局的程度，但比較不會認為這樣的問題是完全不可能解決的。

293　第四次會談

在這次的會談，治療師開始使討論聚焦在上週討論過的人際議題：

治療師：Allan，上個禮拜我們討論了你和太太有爭執的細節。你可以告訴我，這個禮拜你們之間的關係如何？

Allan說這個禮拜有二到三次的爭執，仍是按照以前的模式來進行。治療師要求個案，能夠提出更清楚的例子來表達他們是如何溝通的。個案提供了許多詳細對話的例子，包括：「只要是我要求妳的，妳從來都不會去做，根本就是不尊重我。」以及「我已經告訴妳一千次了，禮拜一晚上必須把垃圾拿出去丟。」他們總共討論了好幾個詳細的事件，每一個事件都是重複之前個案所報告的溝通習慣。

治療師建議個案，必須採取不同的方式和太太討論，於是利用角色扮演的方式，來修改他們出現問題的溝通方式。會談的其他時間，治療師和個案則是經由不同的例子來做角色扮演，練習太太不太喜歡做家事的這個部分。個案和治療師剛開始的扮演，先讓個案扮演自己。個案持續表現出挑剔的態度，而且看起來很生氣。治療師沒有對個案的溝通型態直接給予回饋，他建議個案可以採取治療師所扮演的方式，也就是用不同的方式來和太太溝通。治療師很注意表達的方式，不要讓個案覺得是在挑剔他，因為個案在早期治療中曾經出現逃避的人際依附型態。

在對調的角色扮演中，治療師嘗試著示範非面質性的溝通方式，包括個案可以說：「老婆，我們喝完這杯咖啡之後，再一起做家事如何？」或是：「老婆，妳覺得我們要怎樣做，才能讓這個房子看起來更舒服？」個

案看出了這種講話方式的好處，但仍然將他的問題歸咎在別人身上，另一方面他也承認這麼做，可以改善自己的溝通方式。

第五次會談

　　第五次會談開始得比較晚，因為治療師和前一個個案討論的時間比較長，而且還接了一通緊急電話。當個案進來會談室坐下的時候，看起來非常地生氣。個案說：

294

> 我無法相信你的時間規畫這麼混亂！上一次會談時，你提早四分鐘結束，而
> 這一次晚了十五分鐘才開始。我猜你仍然對我收一樣的費用。

　　治療師對於這樣的表達相當驚訝，而且剛開始不知道該如何回應。最後治療師說：

> Allan，我很抱歉讓你覺得我不夠重視你的時間。我會很努力地來遵守原來的
> 時間表，但有時候會因為接電話而無法完全掌握，或是某些人可能會超過時
> 間。雖然如此，我非常了解為什麼你對我這麼生氣，我也很感謝你讓我知道
> 這些事實，以及你的感覺。

　　當治療師開始回應時，個案開始哭了起來。治療師對這種反應也嚇了一跳，因為這是個案從會談開始以來，第一次表達自己真實的情緒。當個案重新整理自己的情緒之後，治療師試著連結個案當下的情緒以及他的看法。個案說：

> 我不相信剛剛發生的這些事。每一個和我相處的人都讓我失望，而且關係也
> 都不會有所進展。你是唯一一個重視我的人，但是我們的關係卻一樣要走下
> 坡。

　　治療師試著認證個案的感受，並去檢查對於個案的話能夠有正確的了

解。然後對個案的回應：

> Allan，我聽到了你的擔心和挫折。我很好奇剛剛發生的這些事情，是否也發
> 生在其他的人際關係上，尤其是你和太太之間的衝突也是如此。我之前沒有
> 注意到你對於時間壓力的感受，雖然我知道你應該會有這樣的期待。我很好
> 奇這同樣的習慣，是否也讓你和太太的關係發展到這樣的程度。如果我們能
> 夠找到你和太太之間的關係是如何進展的，我就能更清楚地了解你和她之間
> 的衝突。

　　治療師運用治療關係，考慮了好幾種處理的方法。其中一種可能的方
法就是檢查個案如何對治療師表達自己的期待。雖然他注意到個案是如何
變得不高興，但是他覺得應該不要直接去處理個案和他之間的關係，尤其
個案帶著不安全的依附型態。因此治療師進一步去探索，是否類似的關係
也發生在個案和他太太身上。個案對於這種新的情緒經驗覺得相當有動機，
而且最後能夠連結，原來這樣的期待也是造成他和太太衝突的原因。
　　在這個會談準時結束時，治療師說：

> Allan，我覺得這是我們開始會談以來，最有進展的一次。我非常感謝即使在
> 很困難的情況下，你仍能對我延遲的部分給予回饋，但是這種冒險能讓我對
> 你有更好的了解。我非常感謝你提醒我必須要按照原來的時間表，才能夠更
> 加地有組織。

第六及第七次會談

　　第六次會談準時開始，個案對於前一次的行為向治療師道歉。治療師
接受了道歉，並再一次增強個案上次的回饋，向個案表示他的行為十分有
助於治療師更加地了解他。對個案來說，討論自己的挫折感，並且經由治
療師的保證，而減少挫折感，讓個案覺得他和太太之間的關係還有救。他
和治療師談論了對於太太真實的期待，然後經由角色扮演練習如何表達。

個案描述他覺得和太太之間的問題已經有了改善，他希望後續能夠聚焦在處理和女兒之間的關係。

治療師開始回到人際問卷，然後讓個案重新整理他對於新舊兩個角色的優點和缺點加以討論。治療師邀請個案回憶和大女兒童年愉快的相處經驗，這個過程有助於個案更加了解自己的情緒轉變。

第六次會談之後緊接著第七次會談開始，治療師順著第六次會談的討論，並聚焦在探索新角色的討論上：

治療師：對我來說，我可以清楚地看到，隨著女兒長大，你覺得失去了一個
　　　　很重要的東西。

Allan　：我不太能具體地描述。女兒持續地改變，而我相信我也是如此，但　　295
　　　　是我們已經不像之前那麼親密。

治療師：隨著時間的改變，我們有些地方也變得更加地脆弱。

個案和治療師討論，他不曉得如何去處理女兒和另一個較年長的女性之間的關係。他並不是那麼地擔心女兒和這個人已經有了性關係，而是擔心女兒被這個人占便宜，並且感情受傷。治療師描述道，自己和許多為人父母的討論過，父母親常常在孩子長大後不曉得要如何對待他們，這也是常見的一種壓力來源。治療師覺得和個案的關係已進展到一個新的程度，他可以表露出某些自己的生活經驗。

治療師：我想我可以了解你的困難。記得當我的孩子長大時，最常見的困難
　　　　就是不曉得要給他們更多的自由、給他們選擇，或是什麼時候要給
　　　　他們一些限制和提醒。這個部分是我從來沒有辦法完全不去擔心的，
　　　　你是否也是如此？

Allan　：你說得真對。我就是一直擔心我的大女兒，雖然我常常不知道要怎
　　　　麼表達出我是多麼擔心她。

治療師建議個案本週的家庭作業是：個案和大女兒討論她和朋友之間

的關係，而不要聚焦在他自己的擔心，他必須要詢問大女兒和這個女性的關係進展得如何，以及大女兒對這種關係的看法。但必須要採取一種友善的、有興趣的態度來面對，而不是一位擔心的父親。

第八及第九次會談

第八次會談，個案開始討論到自己的家庭作業，就在上次討論結束之後的傍晚去執行，而且非常地成功。最後，他能夠和大女兒討論她的交友關係，並且邀請女兒的這位朋友到家裡來坐坐。他說：

> 我猜我和她的關係應該會繼續這樣下去吧！我非常懷念自己心目中那個小女孩的樣子，但是她現在再也不是一個小孩子了。我應該用一個年輕女性的角度和她相處。

治療師詢問個案，這個部分會如何影響到他和第二個女兒的關係。個案說：

> 她對於很多發生在自己周遭的事都會說出來。我覺得如果我和太太及大女兒的關係能夠穩定下來，我和小女兒的關係應該可以處理得來。

討論開始轉移到人際敏感的議題。在人際問卷中，治療師發現個案對於其他人的期待，一直都不太符合現實，而且溝通不良，導致他的人際關係持續地失敗。個案看起來對於自己的問題已經有所了解，但治療師仍必須要引導他逐漸改善自己的自尊心。對於個案的社交技巧並沒有給他直接的回饋，治療師選擇聚焦在如何建立個案一般的社交支持系統。

296 治療師：就如同我們前面所討論過的，如果一個人沒有好的社交支持系統，很容易產生心理的困擾。是否可以有一些方法，能使你發展出家庭以外的社交支持系統？

　　治療師使用問題解決的技術，來協助個案發展出增加社交支持系統的方法。個案列出了以下三個可能性：

- 下班後和同事一起去喝酒。
- 參加健行俱樂部。
- 參加教會的聚會。

　　Allan同意去做家庭作業，考慮上面所提出的這些方法到底哪一個比較可行，並且提出一些邀請。

　　在第九次會談時，個案告訴治療師，他已經去詢問了健行俱樂部有關於契約和細節的部分。他說他選擇上班時間和同事做某些接觸，也發現和他們之間比較有了連結。會談的其餘時間，個案則是經由角色扮演，用來反覆練習他的溝通策略。對於個案所設計的家庭作業，就是希望他能夠在下班之後邀請同事一起去喝啤酒。

第十次會談

　　第十次會談時，個案提到了下班之後邀請同事一起出去，而且喝酒喝得很快樂。他說他的同事後來邀請他和他太太，下週去他們家一起烤肉。治療師發現個案的情緒已經有明顯改善，雖然個案提到了他的睡眠仍然有一些問題。個案同意自己在關係中覺得比較沒有壓力，而且婚姻問題已經有了明顯改善。

　　治療師開始回到前面的主題，詢問個案有關於加入健行俱樂部的進展。後續的討論則專注於練習自己的溝通技術，因為他們在這個週末要和朋友一起去郊區的小森林健行。

　　治療師提醒個案，在急性期治療，只剩下兩次的會談就要結束整個治療。由於個案進展得相當不錯，治療師要求個案是否考慮後續的會談變成兩個禮拜一次，或者每個月一次。個案覺得延長會談時間的建議不錯，而且他也覺得可以靠自己。他補充，他仍然沒有準備要結束治療，而且兩次會談之間，碰面的間隔時間很長，他還是希望能夠和治療師討論一些事情。之後，兩個人同意最後兩次的會談，延長到每個月碰面一次。

第十一次會談

　　一個月之後，個案提到了一般的人際關係表現得還不錯。他在工作中也繼續維持人際接觸，雖然仍有所局限，但他覺得從關係當中得到了許多好處。個案提到對於自己能夠開始某些新的關係，他覺得既驚訝而且很高興，他對於自己的社交技巧也有了新的信心。他和太太的關係仍然持續地改善，而且他和大女兒的關係也是如此進展。在雙方回顧了心理治療一直到今天的進展後，開始了下面的對話：

治療師：Allan這是倒數第二次的會談。一般來說，我們已經進入了結束期，聽起來對我來說是有點戲劇化的。我比較喜歡把這一次的會談當作是，把許多事情放在一起整理，然後開始來規畫下一個階段的治療到底要怎樣進行。我們引用英國邱吉爾首相所說的一段話：「這不是結束的開始，這卻是開始階段的結束……。」〔編注：英國邱吉爾首相於二次大戰最黑暗的 1942 年說出這句至今為人熟知的名言：「這不是結束，甚至不是結束的開端。但它也許是開端的結束。」（This is not the end. It is not even the beginning of the end. But it is perhaps, the end of the beginning.）〕

Allan　：你學他的口音沒那麼像，但是我知道你的意思。

治療師：Allan，對於這麼快就要結束治療，你有什麼想法？

Allan　：我覺得我會表現得還不錯，我不會太擔心。

治療師：那真的很好，我相信你的信心。而我真正想要了解的是，你對於結束我們之間的關係有什麼樣的看法。

Allan　：我真的沒想到太多。畢竟，你仍然會開藥給我吃，而且我們每三個月仍會碰面一次，看起來並不像是永遠也見不到你。

治療師：我很高興我們可以一段時間碰面一次，我希望能繼續和我曾經協助過的人保持接觸，了解他們是否可以繼續維持在良好的狀況。我曾經和許多個案會談過，雖然某些部分覺得在治療中已經可以結束了，但是後續還會有比較不頻繁的碰面，因為有些人無法馬上停止所有

297

的接觸。

Allan ：我覺得我也是這樣，我很高興能和你說話，至少經過了一段時間之
　　　　後仍是如此。我仍然會懷念這樣的關係，這是一種探討問題很好的
　　　　方式。我自己從來沒有想過，這樣的方式居然會對我有用。

治療師：我也想讓你知道，我會懷念和你會談的這段時間，我很高興能與你
　　　　一起討論，而且很棒的是你有了這麼大的進步。

　　在這個時間點，治療師持續讓個案考慮並討論對於結束治療的種種看
法。根據個案的反應，治療師覺得繼續討論這個議題沒有什麼特殊的好處，
尤其是個案有著不安全的依附型態。再者，如果繼續討論這個部分，就會
將個案引導進入治療關係的討論，這個部分實在是不符合我們整個治療的
架構。治療師也看不出到現在為止，兩人的關係需要進行這樣的討論，而
且個案本身在關係中表現得也還不錯。另外，治療師希望能重新建構後續
的治療，讓整個治療看起來不要那麼快就突然結束，而是希望能逐漸拉長
後續碰面的時間，並且能開始建立給藥的契約，這個部分可以減少個案對
於會談結束所產生的衝擊。

　　治療師因此決定重新回到原來的人際問卷，並強調當初所討論的問題
以及概念化，然後討論個案到目前為止問題改善的程度。治療師提醒個案，
人際衝突本來到了了僵局的程度，但現在已經進到了重新協調期，他們雙方
之間的溝通已經變得比較有效，而且對於太太的期待也比較合乎現實。個
案提到他和太太之間的關係有明顯的改善，而且太太會和個案一起去參加
他的健行活動。

　　治療師之後開始整理角色轉換對於個案和大女兒關係之間的影響，並
提醒個案，他已經失去了和小女孩之間原來的關係，而必須用一個成年人
的角度，來和女兒建立新的關係。治療師肯定個案調適環境的能力，以及
邀請女兒的朋友到家裡來吃飯的行為。個案對於他在這個領域的進展也相
當高興，他更加有信心和大女兒相處，他們兩個人之間：「可以像父女一
樣談話，但她卻是以一個女人，而不是小女孩的方式來和我說話。」

298

　　治療師對於個案能開始新的社交接觸也加以鼓勵。治療師發現個案溝

通能力明顯改善，也是讓他憂鬱症狀改善的重要因素。

治療師給個案一個最後的家庭作業，這是最後一次會談的家庭作業，就是列出他將來可能遭遇到的所有人際問題。

第十二次會談

最後一次會談在一個月之後進行。個案開始承認對於治療的結束有一點悲傷。治療師對於個案的回應是，解釋急性期的治療將要結束了，而後續則是給他精神科的藥物，來預防症狀的復發，並且維持在穩定的狀態。由於臨床的契約仍然會繼續下去，治療師鼓勵個案若發現出現新的問題，可以來找治療師討論是否要訂立新的治療契約。

個案提到上次的家庭作業，他列出了許多將來會遭遇到的問題。其中一個問題就是他和太太之間的溝通問題可能會再度出現。治療師和個案討論一旦這些問題出現時，應該運用哪些技術。

他們也討論了溝通問題，個案覺得大女兒和她伴侶之間的關係可能會有更多的後遺症，他仍會將她當作一個大人，盡自己的力量來幫助這個大人處理這些問題。

個案和治療師討論了個案的社會支持網絡。個案了解自己社交疏離的傾向可能會重新出現，他會注意到自己是如何對朋友表達自己的需求和期待，而且也注意到和剛認識的人應該有如何不同的表達。

治療師因此下了這樣的結論：

Allan，當我們第一次碰面時，我非常關心你在生活中所遭遇的困擾，而且老實地說，我除了擔心你之外，也擔心你的安全。我曾經擔心過心理治療不曉得對你是否有效，因為剛開始的時候，你不太願意討論你的問題以及周遭的人際關係。雖然我有這麼多的擔心，但你實在表現得很好，我對於你的表現非常地激賞，不僅是因為你和太太以及大女兒之間的關係，而且發現你能將這些事情這麼深入地和我討論。整個治療的經驗對我來說，我也覺得很有成就感，尤其是你這麼努力地去嘗試，而且進步了這麼多。

　　就和他平常的表現一樣，個案紅著臉並微笑了起來。他站起來，和治療師握手後離開，時間剛好是他進來會談之後的五十分鐘結束。

附　錄

附錄 A
告知個案關於人際心理治療的相關資訊
Appendix A

　　你的治療師建議你接受人際心理治療，以下的內容，就是要協助你了解人際心理治療，以及一般接受這種治療的人最常詢問的相關問題。

■■何謂「人際心理治療」？

　　人際心理治療是一種結構性的心理治療或諮商，用以了解人際關係當中出現哪些問題可能導致心理困擾，或是心理的問題如何影響人際關係。諮商的方式有非常多種，每一種方式所強調的焦點和重點各有所不同。人際心理治療和其他的心理治療形式不同，主要是因為焦點放在人際關係的問題。當一個人能更有效率地處理人際關係，他的心理症狀常常就能夠有所改善。人際心理治療主要是希望能夠協助個案找出自己的人際問題是什麼，並且能夠改變自己的人際關係。許多科學研究證明，使用人際心理治療有明顯的療效。

■■人際心理治療中要談什麼？

　　你的治療師可能會花好幾次的時間和你討論當下的人際關係，並試著

附錄 A 告知個案關於人際心理治療的相關資訊

找出你的症狀和這些人際問題是如何連結在一起的。你的治療師一般會聚焦在以下這幾個人際問題。因人際問題而前來求助的個案,其所遭遇的關係問題通常可分成下列幾個領域:

- **人際衝突**:也就是和其他人的意見不同或是有爭執,雙方的期待無法被滿足。
- **角色轉換**:你正處在某些生活變動的環境下,例如退休或是家裡生了一個小孩。
- **哀傷和失落**:這是一種因為嚴重失落而導致的反應,例如某一個和你相當親近的人死去。而關係的失去和健康狀態的喪失,也都被歸在這類問題當中。
- **人際敏感**:沒有辦法開始或是維持與其他人之間的關係。

302

人際心理治療的規則為何?

你的治療師會和你討論幾件比較重要的事情。第一個就是總共要有多少次的會談,以及整個會談的長度。每個人的情況不同,但是大約是在二十次左右。在人際心理治療中,限定時間是非常重要的,因為希望能讓治療的進展比較快。你的治療師在你的同意下,會協助你維持會談的次數以及每次會談的長度,除非你們兩個人都同意要做一些調整,否則你的治療師會和你討論,如果遲到或是沒有來,會談應該要做什麼樣的處理,而且會讓你知道在緊急狀況時應該要怎麼辦。

是否需要服用藥物?

結合人際心理治療和藥物,例如同時使用抗憂鬱劑,在人際心理治療裡相當常見。而且對於某些人,可能結合兩種方式會優於單獨使用單一種方法。如果你的治療師是一個醫師,他可能會和你討論使用藥物對你的影

響，並在會談中花時間和你討論服用的藥物。如果你的醫師開藥給你，但他卻不是你的心理治療師，請你一定要告訴治療師有關於藥物的訊息，以及是否有改變任何藥物處方。

■■■ 在整個療程結束時，我可以期待什麼結果？

在人際心理治療剛開始時，你和治療師會花時間整理生活中重要的人際關係，而且希望你能更詳細地來討論這些部分。你的治療師會和你一起完成人際問卷，這個部分能記錄你最重要的人際關係以及問題所在。這個問卷提供了你和治療師之間的參考，而且在整個療程中會成為討論的焦點。你和治療師會在前幾次會談中，盡量試著完成人際問卷，這個部分也會成為後續討論的焦點。

在治療的中間階段，你和治療師必須討論特定的問題領域，而且雙方要一起找出解決問題的方法。其中有某些常用的方法包括以腦力激盪來解決某些問題，找出改善溝通的方法，以及討論對於關係問題中，你所伴隨的各種情緒反應。

而在結束的階段，你和你的治療師會討論整個治療當中的進展。你們會花時間討論將來可能產生的人際問題。你和治療師應該要針對將來是否還要繼續某些心理治療，來做預先的規畫。

附錄 B
人際問卷的格式

Appendix B

303

個案姓名：

出生日期：

其他的治療師：

保險細節：

第一次諮詢的日期：

契約訂定的會談次數：

其他關係人的姓名：

和個案的關係：

個案主訴的問題：

必須進一步澄清的問題領域：

雙方同意的問題領域：衝突　角色轉換　哀傷反應和失落　人際敏感

特殊的議題：

附錄 C
人際心理治療問題概念化表單
Appendix C

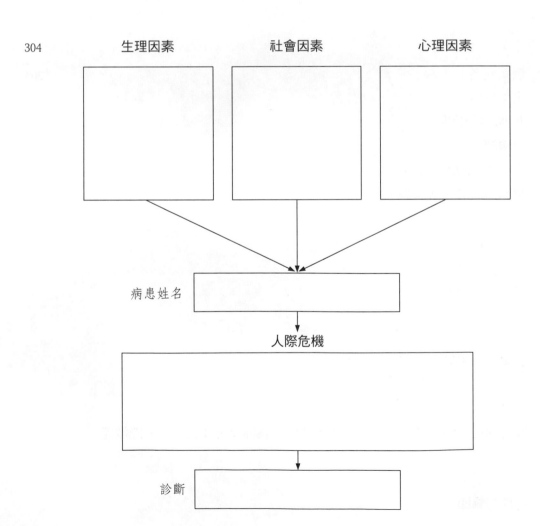

附錄 D

人際心理治療國際學會

Appendix D

在 2000 年 5 月，來自於全世界的臨床治療人員和研究者，決定要創立　305
一個國際性的組織，希望能夠更有效地推廣人際心理治療，運用在臨床和
治療的研究之中。人際心理治療國際學會（International Society of Interpersonal Psychotherapists, ISIPT）因此成立，是一個非營利的組織。

ISIPT 成立的宗旨包括：

1. 促進人際心理治療，能更有效而且有效率地來處理精神疾病和心理
   的問題。
2. 對於人際心理治療的治療模式提供訓練、督導以及認證。
3. 希望能夠正式的、定期的讓臨床工作人員和研究者交換想法、使用
   人際心理治療來做新的研究，以及推廣人際心理治療。

到現在為止，ISIPT 有三個地方性的分支：美國、大洋洲以及歐
洲。每一個分支都有自己當地的委員會，而且都有當地跨國的人際心理
治療活動。這個學會有自己的網頁，可以從以下這個網址看到相關訊息
www.interpersonalpsychotherapy.org。連結到此網頁之後，可以看到人際心
理治療包括當前的研究訊息，而學會等相關訊息也可以從這個網頁中看到。

附錄 E
人際心理治療的訓練和認證
Appendix E

306   1984 年的人際心理治療教科書[1]建議,未來的人際心理治療師應該是來自於諮商或醫學的背景,參與人際心理治療的理論及實施所指定的訓練時數,並且在一位被認可的專家督導下,至少處理兩個人際心理治療個案。這些指導方針本質上要與 NIMH-TDCRP[2]一致,這些指導方針近來被多數此領域專家所接受,可以作為任命一位有「研究性質」(research quality)治療師的標準。

國際人際心理治療學會成立於 2000 年,訓練與任命的議題即為其主要關心的重點,國際人際心理治療學會定義人際心理治療的臨床訓練應該至少包含:

1. 一般心理健康的訓練,包括:醫療、心理、社會工作、職能治療精神科或護理等領域。

2. 參與國際人際心理治療學會所認可的訓練課程,至少十六至二十四小時的教學授課時數,課程應以人際心理治療的理論與實務面向為主,並應該包括互動的機會,透過角色扮演以及臨床實務的討論等方式學習。

3. 接受人際心理治療國際學會所認可的督導至少督導一名個案,需包括錄影及錄音的治療會談在內。

在本書出版的同時,相關的臨床認定方式尚未達成意見上的一致,對人際心理治療有興趣的治療師可以透過以下的網址,與人際心理治療國際學會取得聯繫:www.interpersonalpsychotherapy.org.

1. Klerman, G.L., Weissman, M.M., Rounsaville, B.J., Chevron, E.S. 1984. *Interpersonal Psychotherapy of Depression*. New York: Basic Books.
2. Elkin, I., Parloff, M.B., Hadley, S.W., Autry, J.H. 1985. NIMH Treatment of Depression Collaborative Treatment Program: background and research plan. *Archives of General Psychiatry* **42**, 305–16.

附錄 F
如何在研究情境中操作人際心理治療？
Appendix F

307　　　本書是運用在臨床情境中，操作人際心理治療的守則和引導。經由本書，我們特別希望強調臨床判斷的重要性，以及治療本身應該具有彈性，這樣才能夠運用於不同精神疾病和心理問題的處理。我們的目標是希望能夠推廣人際心理治療，我們認為這是一個相當有療效，而且有效率的治療方式，能夠嘉惠許多個案。

　　　為了要促進臨床運用人際心理治療，我們必須要有更多的實證經驗，可以用來證實人際心理治療[1,2]的療效和效率。所謂的效率（effectiveness）就是指非控制的臨床情境中，需要結合實際生活情境的操作，以及保持資料的彈性。所謂療效（efficacy），也就是在研究情境中，研究本身能否重新被複製當作是主要的考量，而這些研究包括了隨機指派到不同的治療模式，並且加以比較的這種設計。兩種研究在人際心理治療中都是必須的，而且在其他心理治療也是如此。

　　　《憂鬱症最新療法：人際心理治療的理論與實務》希望能夠形諸於文字，當作是一種引導，或者如同效率研究（effectiveness studies）的操作手冊。在這些研究中，主要的目標是希望能夠了解人際心理治療的好處，而且希望能夠運用在臨床情境中，了解治療者的角色和判斷，且能夠在執行治療時，遵守治療計畫的要求，但根據臨床情境發生的實際狀況做彈性的調整。大部分個案的問題都可以在這樣的情境下加以檢驗，而臨床的個案因為容易合併其他精神疾病，而且面臨更加複雜的社交情境，則必須要做

進一步的調整和修正。

本書也希望能夠作為療效研究的指標，如果要達到這個階段，仍然必須做以下的修正。第一，研究中的個案族群，必須要特別加以定義。除了書中所提到的，我們強調人際心理治療應該要運用在非限定的診斷中，因為大部分的研究都是以疾病診斷為導向，所以描述的都是某些特定診斷的個案族群。第二，治療師需特定的訓練，而且必須符合人際心理治療是療效研究的要求。第三，必須要有特定的結果測量，而這種測量方式要能夠運用在所有的個案上，傳統上大部分都是以症狀為導向，而不是社交功能或一般生活滿意度這類的指標，其實後面這些指標，才是臨床情境中相當重要的部分，除了症狀的改善之外，這些部分也需加以測量。

治療的彈性必須要在療效研究中清楚地表明。必須要考慮到人際心理治療在臨床的運用，一般療效研究當中會限定會談的次數，且每一次會談進行的時間表和格式都有固定規格。在療效研究中，急性心理治療和維持治療必須要給予操作性的定義。

在運用本書來做療效研究時，必須要特別注意使用的技術，到底有哪些部分可以使用，而哪些部分不可以使用，都必須要加以標定。當然容許治療師的判斷力，例如是否需要安排其他會談，也必須要加以描述。最重要的部分就是，整個研究計畫必須要詳細地記錄，而且必須要用操作性的字眼來描述，這樣療效的研究才能重新被複製。

總之，研究者在執行療效研究時，必須詳述他們所處理的個案情形，到底要怎樣地去操作整個治療，以及研究治療師必須要經過哪些訓練。而效率研究也必須要這樣做，雖然治療師的判斷以及病人的同質性可能無法像療效研究控制得那麼嚴謹，但仍必須要盡量遵守療效研究的原則。

我們最主要的目標，是希望能夠盡量地推廣以及在臨床情境當中使用人際心理治療。我們希望這本書能夠啟發研究者，繼續地來了解人際心理治療在不同研究情境、不同臨床經驗當中，進行更多的療效以及效率的研究。

1. Barlow, D.H. 1996. Health care policy, psychotherapy research, and the future of psychotherapy. *American Psychologist* **51**, 1050–8.
2. Nathan, P.E., Stuart, S., Dolan, S. 2000. Research on psychotherapy efficacy and effectiveness: between Scylla and Charybdis? *Psychological Bulletin* **126**, 964–81.

索引

（條目後係原文書頁碼，檢索時請查正文側邊頁碼）

B

D

E

F

國家圖書館出版品預行編目資料

憂鬱症最新療法：人際心理治療的理論與實務/ Scott Stuart,
Michael Robertson 原作；唐子俊等譯. -- 初版. --
臺北市：心理, 2006 [民 95]
　面；　公分. --（心理治療；73）
含參考書目及索引
譯自：Interpersonal psychotherapy: a clinician's guide
ISBN 978-957-702-945-4（平裝）

1. 心理治療　2. 人際關係

178.8　　　　　　　　　　　　　　　　　　95017131

心理治療 73　憂鬱症最新療法：人際心理治療的理論與實務

原　作　者：Scott Stuart & Michael Robertson
譯　　　者：唐子俊、唐慧芳、黃詩殷、戴谷霖
執 行 編 輯：陳文玲
總　編　輯：林敬堯
發　行　人：洪有義
出　版　者：心理出版社股份有限公司
社　　　址：台北市和平東路一段 180 號 7 樓
總　　　機：(02) 23671490　　傳　　真：(02) 23671457
郵　　　撥：19293172　心理出版社股份有限公司
電子信箱：psychoco@ms15.hinet.net
網　　　址：www.psy.com.tw
駐美代表：Lisa Wu　Tel：973 546-5845　Fax：973 546-7651
登 記 證：局版北市業字第 1372 號
電腦排版：臻圓打字印刷有限公司
印　刷　者：東縉彩色印刷有限公司
初版一刷：2006 年 9 月
初版二刷：2009 年 10 月

本書獲有原出版者全球繁體中文版出版發行獨家授權，請勿翻印
Copyright © 2006 by Psychological Publishing Co., Ltd.
定價：新台幣 500 元　■ 有著作權‧侵害必究 ■
ISBN　978-957-702-945-4